Andrea Fischer

Dramen zu David, Batseba und Urija
(2 Sam 11)

Exegese in unserer Zeit

Kontextuelle Bibelinterpretationen

herausgegeben von

Ute E. Eisen (Gießen / Deutschland)
Irmtraud Fischer (Graz / Österreich)
Erhard S. Gerstenberger (Marburg / Deutschland)

Band 27

LIT

Andrea Fischer

Dramen zu David, Batseba und Urija (2 Sam 11)

Zur Rezeption hebräischer Erzählkunst
in Literatur und Theater –
Paul Alberti (1904), Martha Hellmuth (1906)
und Emil Bernhard (1919)

LIT

Umschlagbild: ÖNB Wien: Cod. 2554, fol. 45r

Dissertation an der Universität Kassel im Fachbereich 02
Geistes- und Kulturwissenschaften, Disputation am 19.05.2017

Zweiter Teilband der Dissertation
Der erste Teil der Dissertation erscheint als Band 26 der Reihe *Exegese in unserer Zeit* unter dem Titel: *Königsmacht, Begehren, Ehebruch und Mord – Die Erzählung von David, Batseba und Urija (2 Sam 11). Narratologische Analysen*

Bibliografische Information der Deutschen Nationalbibliothek
Die Deutsche Nationalbibliothek verzeichnet diese Publikation in der Deutschen Nationalbibliografie; detaillierte bibliografische Daten sind im Internet über http://dnb.dnb.de abrufbar.

ISBN 978-3-643-14062-3 (br.)
ISBN 978-3-643-34062-7 (PDF)
Zugl.: Kassel, Univ., Diss., 2017

© LIT VERLAG Dr. W. Hopf Berlin 2023
Verlagskontakt:
Fresnostr. 2   D-48159 Münster
Tel. +49 (0) 2 51-62 03 20
E-Mail: lit@lit-verlag.de   https://www.lit-verlag.de

Auslieferung:
Deutschland: LIT Verlag, Fresnostr. 2, D-48159 Münster
Tel. +49 (0) 2 51-620 32 22, E-Mail: vertrieb@lit-verlag.de

VORWORT

Dieses Buch ist eine leicht überarbeitete Fassung meiner Dissertationsschrift, die unter dem Titel „*Literarische Rezeptionen der ‚David, Batseba und Urija'-Erzählung (2 Sam 11)*" 2017 am Fachbereich 02 Geistes- und Kulturwissenschaften der Universität Kassel angenommen wurde. Für die Drucklegung war es aufgrund des Umfangs und der unterschiedlichen Akzentuierung der beiden Teile meiner Dissertation erforderlich, eine Zweiteilung vorzunehmen. Bei diesem Buch handelt es sich um den zweiten Teilband und somit die Fortsetzung des Buches „*Königsmacht, Begehren, Ehebruch und Mord – Die Erzählung von David, Batseba und Urija (2 Sam 11). Narratologische Analyse*", das ebenfalls in der Reihe *Exegese in unserer Zeit* unter der Bandnummer 26 veröffentlich wurde.

Beim Erscheinen dieses Bandes danke ich erneut den Herausgeberinnen Prof. Dr. Ute E. Eisen und Prof. Dr. Dr. Irmtraud Fischer sowie dem Herausgeber Prof. Dr. Gerhard S. Gerstenberger für die Aufnahme der Studie in die Reihe *Exegese in unserer Zeit*.

Für das Weitere verweise ich ausdrücklich auf das Vorwort meines ersten Bandes (EXUZ 26, 2019).

Steinbach, im August 2023 *Andrea Fischer*

INHALTSVERZEICHNIS

I.	*Hinführung*	11
1.	Theoretischer Rahmen	13
2.	Anlage der Untersuchung	19
3.	Forschungsziele	23
II.	*Analyse der Text-Text-Beziehungen zwischen 2 Sam 11 und ausgewählten Dramatisierungen*	27
1.	Ergebnisse des Rechercheprozesses und Begrenzung des Untersuchungsgegenstandes	27
1.1	Erste Bestandsaufnahme	27
1.2	Recherche von Dramentexten	32
2.	Der Stoff der „David, Batseba und Urija"-Erzählung in deutschsprachigen Dramen um 1900	39
3.	Referenzelemente zwischen biblischer Erzählung und deren Rezeptionen	48
3.1	Ableitung der Referenzelemente aus den Ergebnissen der exegetisch-narratologischen Analyse	60
3.1.1	Elemente der biblischen Erzählung	60
3.1.1.1	Handlung	60
3.1.1.2	Perspektive	63
3.1.1.3	Übergeordnete Erzählinstanz	66
3.1.1.4	Figuren	71
3.1.2	Leerstellen und Ambiguitäten in 2 Sam 11	77
3.1.3	Ergebnisse der symptomatischen Figurenanalyse	80
3.2	Bibelübersetzung und Rezeptionskontext	83
3.3	Bibelwissen – „Steht es nicht so geschrieben?"	91
3.3.1	Begriffsklärung	91
3.3.2	Bibelwissen zu 2 Sam 11	94
4.	Gesellschaft und Literatur um 1900	97
4.1	Moderne Gesellschaft	97
4.2	Literatur um 1900	111
4.2.1	Naturalismus	112
4.2.2	Fin de Siècle	114
4.2.3	Expressionismus	119
4.2.4	Autorenschaft	120

5.	Ausgewählte Rezeptionen der „David, Batseba und Urija"-Erzählung in deutschsprachigen Dramentexten	124
5.1	Alberti, Paul: *Bath-Sebas Sünde* (1904)	124
5.1.1	Bath-Sebas Sünde (1904) – Struktur, Sprache und Handlung	125
5.1.2	Analyse des Dramentextes unter Anwendung der Referenzelemente	132
5.1.2.1	Handlung	133
5.1.2.2	Perspektive	142
5.1.2.3	Figuren	143
5.1.2.4	Die übergeordnete Erzählinstanz	159
5.1.2.5	Bibelwissen	159
5.1.2.6	Bibelübersetzung und Rezeptionskontext	160
5.1.3	Historische und kulturelle Verortung	160
5.1.3.1	Der Schriftsteller Paul Albers (1852–1929)	160
5.1.3.2	Dramenaspekt: Die Figur Bath-Seba als Femme fatale	163
5.2	Hellmuth, Martha: *David und Bathseba* (1906)	172
5.2.1	David und Bathseba (1906) – Struktur und Inhalt	174
5.2.2	Analyse des Dramentextes unter Anwendung der Referenzelemente	188
5.2.2.1	Handlung	188
5.2.2.2	Perspektive	191
5.2.2.3	Figuren	193
5.2.2.4	Die übergeordnete Erzählinstanz	203
5.2.2.5	Bibelübersetzung und Rezeptionskontext	204
5.2.2.6	Bibelwissen	206
5.2.3	Historische und kulturelle Verortung	206
5.2.3.1	Die Schriftstellerin Martha Schlesinger (1854 – nach 1932)	206
5.2.3.2	Dramenaspekt: Davids Ringen um und mit Gott	209
5.3	Bernhard, Emil: *Der Brief des Uria* (1919)	221
5.3.1	Der Brief des Uria (1919) – Struktur und Inhalt	224
5.3.2	Analyse des Dramentextes unter Anwendung der Referenzelemente	235
5.3.2.1	Handlung	235
5.3.2.2	Perspektive	242
5.3.2.3	Figuren	246
5.3.2.4	Die übergeordnete Erzählinstanz	258
5.3.2.5	Bibelübersetzung und Rezeptionskontext	258

5.3.2.6	Bibelwissen	259
5.3.3	Historische und kulturelle Verortung	261
5.3.3.1	Der Schriftsteller Emil Moses Cohn (1881–1948)	261
5.3.3.2	Dramenaspekt: Identität	267
5.4	Zusammenfassung	276
6.	Wechselwirkungen zwischen Bibel- und Rezeptionstext	287
III.	*Reflexion und Zusammenfassung*	291
IV.	*Abkürzungsverzeichnis*	299
V.	*Literaturverzeichnis*	301
1.	Biblische Textausgaben und Quellen	301
2.	Sekundärliteratur	302
VI.	*Anhang*	319
1.	Übersicht der Referenzelemente	319
2.	Übersicht der recherchierten literarischen Rezeptionen von 2 Sam 11	325

I. HINFÜHRUNG

Die Bibel hat sich [...] so breit und tief in die deutschsprachige Literatur eingeschrieben wie kein anderer Text: Sie sitzt auf allen Ebenen, in jedem Winkel und in allen Formen literarischer Texte, vor, nach und in der Aufklärung, vor, nach und in der Moderne, und sie rechnet damit, erkannt und verstanden zu werden, weil die literarischen Autoren damit gerechnet haben und zumindest zum Teil noch immer rechnen, dass die Bibelbezüge in ihren Texten erkannt und verstanden werden, damit ihre literarischen Werke funktionieren.[1]

In ihrer Einschätzung macht die Germanistin Andrea Polaschegg deutlich, wie wirkmächtig die Bibel in Bezug auf die Literatur war und noch ist. Die biblischen Texte besitzen für Schriftstellerinnen und Schriftsteller einen zeitüberdauernden Reiz.[2] Ein Grund dafür liegt in der Besonderheit der Bibel, die als „kleine Bibliothek" ein Buch aus vielen einzelnen Büchern ist und somit ein immenses Spektrum von Textgattungen und den darin verhandelten Inhalten bietet.[3] Besonders reizvoll sind vor allem die Grunderzählungen mythischer und geschichtstheologischer Provenienz, die sowohl zwischenmenschliche Beziehungen aufgreifen als auch die Beziehungen der Menschen zu Gott und ebenso ihre Erfahrungen mit Gott thematisieren.[4] Georg Langenhorst konstatiert in diesem Zusammenhang für die Bibel:

---

[1] Polaschegg, Literatur, S. 46.
[2] In der vorliegenden Arbeit findet inklusive Sprache Verwendung, damit sollen bereits durch die Sprache Männer und Frauen sichtbar gemacht werden. Aus diesem Grund wird wie hier konsequent von Schriftstellerinnen und Schriftstellern oder an anderer Stelle z. B. von Leserinnen und Lesern in der femininen und maskulinen Form gesprochen bzw. die pluralische Bezeichnung (z. B. Lesenden), bei der beide Geschlechter mitgedacht werden, verwendet. Bei Zitaten aus älterer Forschungsliteratur wird gelegentlich von dieser Praxis abgewichen.
[3] Siehe Dohmen, Bibel, S. 11. In der lateinischen Bezeichnung *biblia*, das besser als „Bücherei" oder „Büchersammlung" zu übersetzen ist, lässt sich, so Dohmen, noch erkennen, dass die Bibel ein Buch ist, das aus vielen einzelnen Büchern gewachsen ist.
[4] Siehe Langenhorst, Wörter, S. 16.

Denn was für Geschichten sind dort aufbewahrt: Erzählungen um Liebe, Schuld und Scham (Adam und Eva), um Eifersucht und Brudermord (Kain und Abel), um Massensterben und Rettung (Noach), um Größenwahn und Sprachverwirrung (Turmbau zu Babel), um Segen und Betrug (Isaak und Jakob), um Selbstaufopferung und Tyrannenmord (Ester und Judit), um Liebe, Klugheit und Aufnahme (Rut), um Menschwerdung und Rettungstod (Jesus), um Treue und Verrat (Petrus), um Berufung und Mission (Paulus) – und damit sind nur wenige Erzählhöhepunkte schlaglichtartig benannt. Wahrlich – was für Stoffe für Schriftstellerinnen und Schriftsteller![5]

Auch hierin liegt eine Besonderheit der Bibel: Durch die in der Bibel dargestellten Inhalte und verwendeten Stoffe ist sie für viele Autorinnen und Autoren über die Jahrhunderte hinweg zu einem Ideen- und Materialpool für das eigene künstlerische Schaffen geworden. Andrea Polaschegg würdigt die Bibel gar „als prominenteste(n) aller buchgewordenen Multiplikatoren und Transformatoren der literarischen Kommunikation".[6]

Mit der biblischen „David, Batseba und Urija"-Erzählung in 2 Sam 11 liegt ein weiterer Erzählstoff vor, der wie die anderen genannten Stoffe wirkmächtig geworden ist und eine reiche Auslegungs-, Wirkungs- und Rezeptionsgeschichte hervorgebracht hat. Gründe dafür sind zweifelsohne die Dreieckskonstellation von David, Batseba und Urija und die in der Erzählung behandelten Themen wie Königsmacht, männliches Begehren, Ehebruch und Mord.

Die vorliegende Untersuchung beschäftigt sich mit der literarischen Rezeptionsgeschichte dieser biblischen Erzählung und entwickelt eine methodische Herangesehensweise für die Analyse von (literarischen) Bibelrezeptionen, die exemplarisch an ausgewählten Dramatisierungen zu 2 Sam 11 angewendet wird. Auf Grundlage dieser Analyse eröffnet sich das korrelative und produktive Wechselspiel zwischen biblischer Vorlage

---

[5] Langenhorst, Wörter, S. 16f.
[6] Polaschegg, Literatur, S. 46. Die Bedeutung der biblischen Schriften lässt sich nicht nur auf die Textproduktion begrenzen, sondern die Bibel hat immensen Einfluss auf die deutsche Sprache genommen: So sind nicht nur die biblischen Stoffe und Erzählzusammenhänge, sondern sogar einzelne biblische Wörter wie „Tohubawohu" (Gen 1,2) oder „Sündenbock" (Lev 3) heute noch im Sprachgebrauch zu finden. Gleiches gilt für Formulierungen und Redewendungen biblischer Provenienz wie beispielsweise „Hochmut kommt vor dem Fall" (Spr 16,18) oder „Wer anderen eine Grube gräbt, fällt selbst hinein" (Spr 26,27). Vgl. Schäfer, Redensarten.

und (literarischer) Rezeption, das beispielgebend vorgestellt wird und den Ertrag der Rezeptionsgeschichte für die Bibelauslegung herausstellt. Zugrunde gelegt wird den rezeptionsgeschichtlichen Analysen der „David, Batseba und Urija"-Erzählung eine narratologische Untersuchung des Bibeltextes, an die die folgenden rezeptionsgeschichtlichen Arbeitsschritte anknüpfen. In Bezug auf die Konzeption der Untersuchung ist hierbei Folgendes zu beachten: Der Umfang der Studie erfordert ihre Veröffentlichung in zwei Bänden. Die exegetisch-narratologische Analyse der biblischen „David, Batseba und Urija"-Erzählung ist Gegenstand eines eigenständigen Bandes, der bereits unter dem Titel *„Königsmacht, Begehren, Ehebruch und Mord – Die Erzählung von David, Batseba und Urija (2 Sam 11). Narratologische Analysen"* in der Reihe „Exegese in unserer Zeit" veröffentlicht wurde.[7] Die darauf aufbauende Ausarbeitung einer Methodik zur Analyse literarischer Rezeptionen der biblischen Erzählung und ihrer Anwendung auf ausgewählte Dramatisierungen von 2 Sam 11 ist Thema des vorliegenden Bandes. Um einen vollständigen und der Gesamtstudie entsprechenden Einblick in Vorgehensweise und Arbeitsweise zu geben, werden diese im Folgenden entsprechend ihrer beiden Teile kurz vorgestellt.[8] Zuvor ist es notwendig, den theoretischen Rahmen und den Begriff „Narratologie" zu erläutern, womit die methodologische und hermeneutische Basis der vorliegenden Arbeit benannt ist.[9]

1. Theoretischer Rahmen

Die vorliegende Studie lässt sich dem Forschungsfeld *Bibel und Literatur* zuordnen, das enormes Potential besitzt und angesichts seines Gegenstandes und des bedeutenden Einflusses der Bibel in den letzten zweitausend Jahren auf die europäische Kulturgeschichte unüberschaubar

---

[7] Vgl. Fischer, Andrea: Königsmacht, Begehren, Ehebruch und Mord – Die Erzählung von David, Batseba und Urija (2 Sam 11). Narratologische Analysen (EXUZ 26), Berlin 2019.

[8] Eine ausführliche Darstellung zum theoretischen Rahmen und zur Anlage der Untersuchung mit ausführlichen Literaturhinweisen findet sich in der Einleitung des ersten Teilbandes, vgl. ebd., S. 25–56.

[9] Eine ausführlichere Erläuterung zur Narratologie und ihres Stellenwertes für die vorliegende Studie findet sich in Fischer, Königsmacht, S. 48–50.

scheint.[10] In den vergangenen Jahren ist ein wachsendes Interesse am Thema *Religion bzw. Theologie* in Wissenschaft und Gesellschaft zu beobachten. Auch das Forschungsfeld *Bibel und Literatur* gewinnt in den letzten zehn Jahren zunehmend an Relevanz, wie die Summe der Publikationen der letzten Jahre offenbart. Von den vielen Veröffentlichungen sollen hier stellvertretend die *„Encyclopedia of the Bible and its Reception"* (EBR, seit 2009), die Reihen *„Studies of the Bible and its Reception"* (SBR, seit 2013) und *„Handbooks of the Bible and its Reception"* (HBR, seit 2016) sowie die beiden Zeitschriften *„Journal of the Bible and its Reception"* (JBR, seit 2014) und *„Die Bibel in der Kunst"* (BiKu, seit 2017) genannt werden.[11]

Im Forschungsfeld *Bibel und Literatur* haben sich in den letzten Jahrzehnten mehrere Positionen bzw. Traditionen herauskristallisiert. Dabei handelt es sich erstens um die *Motivgeschichte*, die die Verwendung und Ausprägung bestimmter biblischer Elemente in literarischen Texten untersucht.[12] Zweitens begegnen *autormonographische Studien*, die den Gebrauch der Bibel im Werk von einzelnen Dichterinnen und Dichtern als Untersuchungsgegenstand haben. Drittens ist der für die deutsche Forschung spezifische Zugang über die prominente Frage der *„Säkularisation" der Religion* zu benennen.[13]

Die vorliegende Untersuchung ist allerdings dem vierten Forschungsgebiet, der *Bibel als Literatur,* zuzuordnen, einem Zugang zum Themengebiet über die literaturwissenschaftliche Analyse der Bibel. Dabei wird

---

[10] Das Forschungsfeld *Bibel und Literatur* lässt sich dem größeren Forschungszusammenhang von *Theologie und Literatur* zuordnen, der sich seit den 1970er Jahren als akademischer Forschungsbereich herausgebildet hat und ein spezifisches Eigenprofil besitzt. Eine Übersicht der ersten Wegmarken in diesem theologischen-literarischen Forschungsfeld findet sich in: Langenhorst, Theologie und Literatur, S. 13–48. Für weitere Bestandsaufnahmen und Entwicklungen innerhalb des Forschungsgebiets siehe Langenhorst, Standortbestimmung, S. 121–132; Langenhorst, Tendenzen, Sp. 355–372. Zu den Schwierigkeiten, u. a. aufgrund der interdisziplinären Ausrichtung des Forschungsgebietes, siehe Schult, Grenzgebiet, S. 1–30.

[11] Vgl. die aufürhliche Darstellung des Forschungsfeldes *Bibel und Literatur* in der Einleitung des ersten Bandes: Fischer, Königsmacht, S. 19–25. Dort findet sich auch eine ausführliche Überblicksdarstellung zu den Publikationen im Forschungfeld.

[12] Siehe Polaschegg / Weidner, Bibel, S. 12f. Die *Motivgeschichte* begegnet häufig in Form von Überblicksdarstellungen oder Hilfsmitteln: vgl. Schöpflin, Weltliteratur; Klauck, Encyclopedia; Bocian, Lexikon; Motté, Tränen; Schmidinger, Bibel; Jeffrey, Dictionary.

[13] Zur Differenzierung siehe Polaschegg / Weidner, Bibel, S. 13f.

die Bibel als literarischer Text verstanden, der sich insofern nicht von anderen literarischen Texten unterscheidet. Dieser Ansatz, der im englischen Sprachraum bereits seit Jahrzehnten disskutiert und angewendet wird und mit Namen wie Robert Alter, Mieke Bal, David Clines, Cheryl Exum, Jan Fokkelman und Meir Sternberg verbunden ist, findet in den vergangenen Jahren zunehmend auch in der deutschsprachigen Bibelwissenschaft Interesse und breitere Akzeptanz.[14]

Die aus dieser Zuordnung resultierenden Konsequenzen für den Textbegriff und die hermeneutische Herangehensweise sind im Folgenden zu erläutern. Unter dem Begriff „Text" wird in der vorliegenden Studie einerseits ein komplexes Geflecht aus Beziehungen verstanden, das eine kohärente und formale Einheit bildet. Andererseits erlangen (biblische) Texte Sinn im intertexuellen Wechselspiel mit anderen Texten, da sie durch ihre Interdependenz mit anderen Texten über die eigenen Textgrenzen hinausreichen. Im Anschluss an Umberto Eco wird das Verstehen eines Textes als Kommunikationprozess aufgefasst, wonach sich der Sinn bzw. die Bedeutung eines Textes im Verhältnis der einzelnen Kommunikationspole der Autorin bzw. des Autors, dem Text und den Lesenden sowie ihren Perspektiven der *intentio auctoris,* der *intenio operis* und der *intentio lectoris* konstituiert.[15]

Mit der *Narratologischen Bibelauslegung* und der *rezeptionsorientierten Auslegung* wurden in der vorliegenden Unterschung ein textorientierter sowie ein leser- und leserinnenzentrierter Ansatz als hermeneutische Zugänge gewählt, die im Folgenden überblicksartig vorgestellt werden.[16]

Die *Narratologische Bibelauslegung* verortet sich im Kontext der postklassischen Narratologie bzw. Erzähltheorie, die seit den 1990er Jahren durch eine zunehmende Interdisziplinarität sowie Internationalität gekennzeichnet ist.[17] Im Zuge dieser neuen Ausrichtung kommt es im

---

[14] Eine ausführlichere Darstellung der Entwicklung der Narratologischen Bibelauslegung und ihres Stellenwertes in der deutschsprachigen Bibelwissenschaft ist Teil der Einleitung des ersten Bandes. Vgl. Fischer, Königsmacht, S. 28–31.

[15] Vgl. Eco, Grenzen.

[16] Eine ausführliche Vorstellung, Problematisierung und Anwendbarkeit dieser Zugangsweisen auf den Untersuchunggegenstand der vorliegenden Studie findet sich in: Fischer, Königsmacht, S. 28–44.

[17] Einen kurzen Überlick über die Phasen der Erzählforschung bieten Vera und Ansgar Nünning, vgl. Nünning / Nünning, Narratologie, S. 5. Gegenstand der Narratologie ist die Narration. Diese hat als (Unterschungs-)Gegenstand der Erzählforschung ex-

Anschluss an den *cognitive turn* zu einer stärkeren Orientierung am Lese- bzw. Rezeptionsprozess. Die Rezipierenden sowie ihre Kontexte finden verstärkt Beachtung und Kategorien wie „Kultur" und „gender" rücken mit in den Fokus der Theorien und Analysen. Mit der Narratologie wird in der vorliegenden Untersuchung eine Lesart aufgegriffen, die in der deutschsprachigen Bibelwissenschaft nach teilweise distanzierter Betrachtung von der Peripherie mittlerweile in das allgemeine Bewusstsein der bibelwissenschaftlichen Forschung gerückt ist.[18]

Im Kontext der Entscheidung für die *Narratologische Bibelauslegung* wird der biblische Text in 2 Sam 11 als literarisches Kunstwerk angesehen. Leerstellen, Ambiguitäten, Brüche oder Spannungen werden nicht wie im Kontext der im deutschsprachigen Gebiet dominierenden historisch-kritischen Exegese als Hinweise für die Entstehungsgeschichte des Textes wahrgenommen, sondern als Bedeutungsträger verstanden. Die Analyse der biblischen „David, Batseba und Urija"-Erzählung zielt darauf, die Erzählung, ihre Bedeutung sowie ihre Struktur mit Hilfe von narratologischen Erzählkategorien (wie *Erzählstimme, Perspektive, Zeit, Raum, Handlung* und *Figuren*) zu erfassen. Die in der Erzähltheorie entwickelten Methoden bieten dazu ein Instrumentarium, das eine reflektierte, stringente, detaillierte und transparente Analyse des Bibeltextes ermöglicht.

Neben der Verortung in der postklassischen Narratologie und den daraus resultierenden und auch benannten Konsequenzen für die Wahrnehmung der biblischen Erzählung ist zudem die transmediale und transgenerische Ausrichtung der Narratologie von Vorteil für die vorliegende Untersuchung. „Die Narratologie hat die Aufgabe, Kategorien zu entwickeln, die Einsichten in das Funktionieren fiktionaler wie faktualer Narrationen in unterschiedlichen Medien vermitteln"[19], wodurch sie besonders für die vorliegende Untersuchung geeignet ist. Eine so verstandene, transgenerisch ausgerichtete Narratologie vermag den vermeintlichen Graben zwischen den unterschiedlichen Textgattungen zu schließen, wie er auch in der folgenden Analyse der Text-Text-Beziehungen zwischen dem biblischen *Erzähltext* in 2 Sam 11 und dessen *Dramatisierungen* begegnet.

---

plizite Modelle und Theorien hervorgebracht und weist einen transdisziplinären Charakter auf.

[18] Einen Überblick über die Entwicklungen der Biblischen Narratologie bietet Joachim Vette, siehe Vette, Poetics, S. 30–58.

[19] Schmid, Narratology, S. 145.

Neben der *Narratologischen Bibelauslegung* dient die *Rezeptions-Lesart* als weiterer hermeneutischer Zugang, der den Lesenden bzw. Rezipierenden im kommunikativen Prozess der Textlektüre eine aktive Rolle bei der Erzeugung des Textsinns zuspricht.[20] In Folge des *reader response criticsm* entwickelten sich unterschiedliche Konzepte und Beschreibungsmodelle zur Rezeptionstheorie heraus wie etwa die Rezeptionsgeschichte, Rezeptionsästehtik, Wirkungsästhetik und empirische Rezeptionsforschung.[21]

Diese Konzepte wurden in den Bibelwissenschaften ab den 1980er Jahren selektiv aufgenommen und angewendet. Nachdem die Rezeptionsforschung lange Zeit vernachlässigt wurde, gewinnt sie, mit dem Ziel, den Prozess der Interaktion zwischen biblischen Texten und den Lesenden zu erhellen, in den letzten Jahren an Bedeutung.[22] Der Bibeltext und seine ihm inhärente Bedeutung wird hinsichtlich vielfältiger historischer, kultureller und situativer Kontexte seiner Lektüre untersucht. Der Fokus richtet sich dabei auf die Frage: Wie wurde der biblische Text und seine Bedeutung jeweils rezipiert, inkulturiert oder gar missbraucht?[23] Eine so verstandene Rezeptionsgeschichte zielt auf die Untersuchung der historischen und spezifischen Bedingungen der Auslegung und erfordert eine Öffnung der Bibelwissenschaft für weitere geistes- und kulturwissenschaftliche Disziplinen.[24]

---

[20] In der vorliegenden Analyse wird aufgrund der unübersichtlichen und teilweise diffusen Terminologie der neutrale Terminus *Rezeptions-Lesart*, dem keine der Rezeptionstheorien inhärent ist, als Oberbegriff für die Sammlung an rezeptionstheoretischen Ansätzen verwendet, die sich in diesem hermetischen Zugang bündeln. In der bibelwissenschaftlichen Forschung herrscht begriffliche Unschärfe: In Oemings Handbuch „*Biblische Hermeneutik*" findet sich die Bezeichnung „wirkungsgeschichtliche Exegese". Vgl. Oeming, Hermeneutik. Häufig findet der Begriff „Rezeptionsästhetik" Verwendung. Vgl. Grohmann, Aneignung, passim; Eberle-Küster, Lesen, S. 6–52; Dieckmann, Segen. Dieser Begriff hat sich in der literaturwissenschaftlichen Forschung als Oberbegriff etabliert, allerdings ist er problematisch, da er mit dem gleichnamigen Ansatz von Jauß in Zusammenhang gebracht werden kann. Vgl. Kipfer, David, S. 13: Anm. 4. In der Bibelwissenschaft wird für die rezeptions-orientierte Auslegung biblischer Texte mittlerweile häufig der Begriff *Rezeptionsgeschichte* bzw. *reception history* verwendet. Vgl. Fischer u. a., Frauen, S. 31f.

[21] Die unterschiedlichen Konzepte wurden in der Einleitung des ersten Teilbandes vorgestellt, siehe Fischer, Königsmacht, S. 36–38.

[22] Darauf deutet die Vielzahl neuerer Publikationen hin. Eine kurze Übersicht dazu findet sich in Fischer, Königsmacht, S. 35f.

[23] Siehe Fischer u.a., Frauen, S. 30.

[24] Vgl. Beal, Reception, S. 364f.

Das gegenwärtige Forschungsfeld der biblischen *Rezeptionsgeschichte* weist mehrere Desiderate auf, wie die fehlende Beachtung der ökonomischen Aspekte der Textproduktion und Vermarktung sowie den unzureichenden oder gar fehlenden Einbezug der *material-* und *mediahistorical approaches* hinsichtlich der Bibel. Ein weiteres Erschwernis stellt die schwierige Bestimmung des „Originaltextes" dar. So liegen beispielsweise im Bereich des Ersten Testament mit dem Masoretischen Text (MT) und der Septuaginta (LXX) verschiedene Gestalten des biblischen Kanons und somit mehrere Textgrundlagen vor. Als eine weitere Schwierigkeit benennt Thimothy Beal die Frage nach dem Beginn der Rezeptiongeschichte biblischer Texte, da die Übergänge von Überlieferung, Verschriftlichung, Fortschreibung und Tradierung biblscher Texte fließend sind.[25]

Entsprechend des gewählten Ansatzes, die *Bibel als Literatur* zu verstehen, knüpft in der vorliegenden Studie die *rezeptionsgeschichtliche Auslegung* der biblischen „David, Batseba und Urija"-Erzählung an die Ergebnisse der *Narratologischen Bibelauslegung* und ihre Ziele, die Bedeutung und Struktur von 2 Sam 11 herauszustellen, an und ergänzt diese. Der Fokus richtet sich dabei auf das Wechselspiel zwischen biblischer Erzählung und ausgewählten Dramatisierungen, wobei sowohl die Eigenart der Rezeptionstexte als auch ihr Bezug zum biblischen Text herausgearbeitet werden soll. Ebenso gilt es in der folgenden Untersuchung, die genannten Desiderate der Rezeptionsforschung wahrzunehmen und zu berücksichtigen. Die Dramatisierungen von 2 Sam 11 sind dementsprechend hinsichtlich ökonomischer und medialer Aspekte ihrer Textproduktion zu untersuchen.

---

[25] Siehe ebd., S. 365. Ebenso Siquans, Rezeption, S. 1: Die „Rezeption der Bibel beginnt bereits im Prozess der Textentstehung und setzt sich bis in die Gegenwart fort".

2. Anlage der Untersuchung

Der Untersuchungsgegenstand dieser interdisziplinär ausgerichteten, rezeptionsorientierten Studie ist die biblische „David, Batseba und Urija"[26]-Erzählung in 2 Sam 11.[27] Diese Textstelle eignet sich besonders für die vorliegende Untersuchung, da sie einerseits eine reiche Auslegungs-, Wirkungs- und Rezeptionsgeschichte sowohl in Literatur als auch in bildender Kunst aufweist und andererseits ein Beispiel für die hohe Erzählkunst und ästhetische Qualität biblischer Texte ist.[28]

Die exegetisch-narratologische Analyse im *ersten Teilband* hat gezeigt, dass die Textanalyse unter Anwendung ausgewählter exegetischer Methoden und mit Hilfe narratologischer Erzählkategorien sowie der konstruktiven Figurentheorie von Jens Eder[29] eine detaillierte Beschreibung der biblischen Erzählung ermöglicht und sich 2 Sam 11 als ein herausragendes Beispiel für die hebräische Erzählkunst erweist.[30] Die kunstvolle Struktur der Erzählung äußerst sich sowohl in den vielen ambigen Text- und zahlreichen Leerstellen, die in der Lektüre von den Lesenden geschlossen werden müssen, als auch in der fehlenden Introspektion bei den Figuren, die im Widerspruch zu den interessanten Inhalten stehen. Die biblische „David, Batseba und Urija"-Erzählung ist ein Text, indem ebenso viel verschwiegen wie erzählt wird. Die Lesenden haben gerade angesichts der erzählten Ereignisse um den Ehebruch und die Mordintrige ein besonderes Interesse daran, Kenntnis von den Motivationen, Gedanken oder Gefühlen der einzelnen Figuren zu erlangen. Allerdings gewäh-

---

[26] Die Schreibweise biblischer Namen sowie biblischer Bücher orientiert sich in dieser Untersuchung an den Loccumer Richtlinien. Vgl. Fricke u. a., Verzeichnis. Die Schreibweise der *personae dramatis* richtet sich hingegen nach den Figurenbezeichnungen und Schreibweisen des jeweiligen Dramas.

[27] Als Grundlage der exegetisch-narratologischen Analyse dient der masoretische Text (MT) in der Edition der *Biblia Hebraica Stuttgartensia* (BHS). Von dieser Textgrundlage aus werden die Referenzelemente (RE) der an die Textanalyse anschließenden rezeptionsgeschichtlichen Untersuchung hergeleitet, ohne dabei eine Vorrangstellung des MT zu präferieren.

[28] Siehe weitere Gründe zur Auswahl des Bibeltextes als Untersuchungsgegenstand in: Fischer, Königsmacht, S. 44–48.

[29] Vgl. Eder, Figur; Eder, Gottesvorstellungen, S. 27–54.

[30] Vgl. Fischer, Königsmacht, S. 581–619.

ren weder die Erzählstimme noch die figuralen Perspektiven eine solche Introspektion. Aufgrund der ambigen Textstruktur und der vielfach fehlenden Introspektion, die eine Vielzahl unterschiedlicher, gar gegensätzlicher Auslegungen zulassen, bedarf es für die biblische Erzählung der Reflexion von Auslegungsspielräumen, d. h. für die biblische Erzählung wurden im ersten Teilband Interpreationsgrenzen bestimmt. Dies gilt für die Rezeptionen von 2 Sam 11, dem zweiten Untersuchungsgegenstand der vorliegenden Arbeit, nicht.[31] Das Spektrum möglicher Lesarten von 2 Sam 11 hat sich bereits in der Figurenrezeption im Rahmen der Narratologischen Bibelauslegung des ersten Teilbandes und den darin vorgestellten und untersuchten Rezeptionen und Adaptionen des biblischen Erzählstoffes um David, Batseba und Urija angedeutet.[32] So wurde die biblische Erzählung beispielsweise zur Darstellung grenzenloser Lust genutzt. Dies lässt sich anhand von Entwicklungen innerhalb der europäischen Malerei belegen, wonach die Nacktheit Batsebas und somit der weibliche Akt aus der Erzählung herausgelöst und dies zum zentralen Kennzeichen der Adaption wird.[33] Daneben begegnen Lesarten, nach denen 2 Sam 11 als Liebesgeschichte gedeutet wird oder als abschreckendes Exempel zur Selbstdisziplinierung der Gläubigen dient.[34] Es ist m. E. unerlässlich für

---

[31] Mit dem Begriff „Rezeption" (lat. *recipere*, „aufnehmen" und „annehmen") wird in der vorliegenden Studie zum einen die materielle Aktualisierung und Konkretisierung eines biblischen Textes im Verlauf von dessen Entstehungs- und Traditionsgeschichte bezeichnet. Zum anderen findet der Begriff „Rezeption" im engeren Sinn als Synonym für die Tätigkeit des Lesens Verwendung, worunter die Interaktion zwischen Autor/Autorin/Text einerseits und Lesenden/Gesellschaft andererseits verstanden wird.

[32] Vgl. die Analysen der Figurenrezeption zu David, Batseba, Urija und Joab in Fischer, Königsmacht, S. 391–396 (David); S. 438–471 (Batseba); S. 503–516 (Urija); S. 538–544. Entsprechend der verwendeten Figurentheorie von Jens Eder wird die Figurenrezeption als Analyse der biblischen Figur als „Symptom" bezeichnet. Siehe Eder, Figur, S. 541–560. Zur Anwendung von Eders Figurentheorie auf biblische Figuren als Symptom vgl. ebd., S. 343–345.

[33] Siehe Welzel, Bathseba, S. 16. Vgl. auch dazu den Exkurs *„Batseba" im Bilde – Die europäische Kunstproduktion* im ersten Teilband: Fischer, Königsmacht, S. 461–463.

[34] Die biblische Erzählung in 2 Sam 11 als Liebesgeschichte zwischen David und Batseba zu lesen, verbietet sich, wie im ersten Teilband herausgestellt wurde, siehe Fischer, Königsmacht, S. 405; 613. Cheryl Exum spricht in diesem Zusammenhang von einer *„curious"* Lesart. Siehe Exum, Women, S. 171. Im Unterschied dazu ist diese Lesart für die Rezeption der biblischen Erzählung legitim und begegnet in der Rezeptionsgeschichte des Textes häufiger. Es bildet sich, wie im ersten Teilband dar-

eine rezeptionsgeschichtliche Deutung, den historischen, medialen und kulturellen sowie situativen Kontext solcher Lesarten zu berücksichtigen, denn nur so kann eine unreflektierte Vereinnahmung der Rezeptionen oder einzelner Aussagen daraus und ihrer Welt- und Menschensicht vermieden werden.

Angesichts dieser Unterschungsgegenstände gilt es, eigene Dispositionen zu reflektieren und Distanz gegenüber unbefragten Vorannahmen zu schaffen. Aufgrund der langen und reichen Auslegungs-, Wirkungs-, und Rezeptionsgeschichte von 2 Sam 11 wurde der Bibeltext derart oft gelesen und ausgelegt, dass solche Transformationen die biblische Erzählung selbst überlagern können. Daher ist es notwendig, einerseits den Fokus auf die biblische Erzählung selbst zu richten und dabei die eigenen und die Vorannahmen, Haltungen und Verstehenskonzepte anderer Exegetinnen und Exegeten sowie Rezipientinnen und Rezipienten wahrzunehmen und zu überprüfen. Anderseits gilt es, die Fremdheit und Sperrigkeit der biblischen Erzählung sowie ihrer literarischer Rezeptionen zu berücksichtigen. Eine Beschäftigung mit der biblischen Erzählung – und gleiches gilt auch für deren literarische Rezeptionen – erfordert erstens eine genretypische Analyse der semantischen und syntaktischen Strukturen, und zweitens ist ein historisch verantworteter Umgang mit den Bibel- und Rezeptionstexten und deren historischen, kulturellen sowie situativen Kontexten zwingend notwendig.

Aus diesem Grund folgt die Studie der folgenden Vorgehensweise: Die *erste Teilband* gliedert sich in drei Teile. Die *Einleitung (I)* umfasst neben einer *Hinführung(1),* in der die Relevanz des Themas anhand von Spuren des biblischen Erzählstoffes um David, Batseba und Urija in der populären Kultur sowie in wissenschaftlichen Kontexten aufgezeigt wird, einen *theoretischen Rahmen (2)* der Studie, indem die narratologische Bibelauslegung sowie der rezeptionsorientierte Zugang vorgestellt und miteinander verknüpft werden. Daran schließt die Darstellung der *Vorgehens- und Arbeitsweise (3)* der Gesamtstudie an, in der die Auswahl der Untersuchungsgegenstände begründet und die Forschungsziele vorgestellt werden. Im Zentrum des ersten Teilbandes steht die exegetisch-narratologische *Analyse der „David, Batseba und Urija"-Erzählung (II)* und umfasst neben einer einleitenden *Abgrenzung (1)* der Texteinheit,

---

gelegt, eine Traditionslinie heraus, wonach die Liebe zwischen David und Batseba vorherbestimmt war. Vgl. Fischer, Königsmacht, S. 449–466.

ihre *Einordnung in den literarischen Kontext (2)* sowie ihre *Gliederung (3)*. Daran schließt eine detaillierte *Narratologische Analyse (4)* an, in der die biblische Erzählung anhand zentraler Kategorien wie Erzählstimme, Perspektive, Handlung, Zeit, Raum und Figuren untersucht wird. Die Ergebnisse der exegetisch-narratologischen Analyse der „David, Batseba und Urija"-Erzählung werden, den ersten Teilband abschließend, in einem *Ertrag (III)* zusammengefasst.

Der *zweite Teilband* gliedert sich ebenfalls in drei Hauptteile und beginnt mit einer kurzen *Hinführung (I)* als komprimierte Einleitung in die Gesamtstudie. Im Mittelpunkt des zweiten Teilbandes steht eine detaillierte *Analyse der Text-Text-Beziehungen zwischen 2 Sam 11 und ausgewählten Dramatisierungen (II)* und die Einordnung dieser Dramen in ihren historischen und kulturenen Entstehungskontext. In einem ersten Schritt werden dazu zunächst die *Ergebnisse des Rechercheprozesses* von literarischen Rezeptionen vorgestellt und eine notwendige *Begrenzung des Untersuchungsgegenstandes (1)* vorgenommen. Daran schließt eine Übersicht über die *deutschsprachigen Dramatisierungen des biblischen Erzählstoffs von 2 Sam 11 um 1900 (2)* an und es wird nochmals kriteriengeleitet eine Begrenzung des Untersuchungsgegenstandes vorgenommen. Im Fokus der weiteren Untersuchung stehen die Dramen:
- „*Bath-Sebas Sünde*" von Paul Alberti (1904),
- „*David und Bathseba*" von Martha Hellmuth (1906) und
- „*Der Brief des Uria*" von Emil Bernhard (1919).[35]

Im Anschluss an die Auswahl der Dramentexte werden in einem weiteren Schritt die *Referenzelemente zwischen biblischer Erzählung und deren Rezeptionen (3)* abgeleitet und ein methodisches Instrumentarium für die anschließende Analyse der Beziehungen zwischen biblischer Vorlage und den ausgewählten Dramatisierungen entwickelt. Dieser „Katalog an Referenzelementen" greift zuerst die *Ergebnisse der exegetisch-narratologischen Analyse (3.1)* auf und leitet darüber hinaus weitere Referenzelemente ab. Zu diesen zählen die *Bibelübersetzungen und Rezeptionskontexte (3.2)*, die den Dramentexten möglicherweise zugrunde gelegen haben sowie das *Bibelwissen (3.3)*, jene vermeintlichen Erzählzüge, die im Bibeltext jedoch selbst gar nicht beggnen.

---

[35] Vgl. Alberti, Bath-Sebas Sünde; Hellmuth, David und Bathseba, Sp. 583–626; Bernhard, Brief des Uria.

Bevor die ausgewählten Daramatisierungen mit Hilfe der abgeleiteten Referenzelemente beschrieben werden, wird zunächst *Gesellschaft und Literatur um 1900 (4)* vorgestellt. Dieser Schritt zielt darauf ab, ein Porträt der Zeit zu entwickeln, in welcher vermehrt eine Rezeption der biblischen „David, Batseba und Urija"-Erzählung zu verzeichnen ist. Berücksichtigt werden dabei Kontinuitäten und Verändungen innerhalb dieser Zeit in Bezug auf ereignis-, sozial-, literatur- und wissensschaftsgeschichtliche Aspekte. Im Anschluss daran folgt unter Anwendung des entwickelten Instrumentariums die Analyse *ausgewählter Rezeptionen der „David, Batseba und Urija"-Erzählung in deutschsprachigen Dramentexten (5)*. Die Dramenanalyse gliedert sich dabei jeweils in drei Schritte: Nach dem Beschreiben der Struktur und des Inhalts des Dramentextes in Bezug auf die Handlung, die Sprache sowie die Figuren wird das Drama unter Anwendung der Referenzelemente untersucht, bevor es historisch und kulturell verortet wird. Daran anknüpfend sollen die drei Dramenanalysen zueinander in Verbindung gesetzt werden, bevor am Ende dieses Hauptteils die *Wechselwirkungen zwischen Bibel- und Rezeptionstext (6)* exemplarisch vorgestellt werden. Der zweite Teilband schließt mit einer *Reflexion* der Arbeitsweise und des Forschungsprozesses sowie mit einer *Zusammenfassung (III)* der wichtigsten Erkenntnisse.

3. Forschungsziele

Die vorliegende Untersuchung mit ihrer interdisziplinären, narratologischen und rezeptionsgeschichtlichen Ausrichtung zielt primär auf ein vertieftes Verständnis der „David, Batseba und Urija"-Erzählung. Durch die narratologische wie auch die rezeptionsgeschichtliche Analyse soll eine Vielzahl unterschiedlicher und sich gar teilweise ausschließender Lesarten aufgezeigt werden. Durch die hermeneutische Ausrichtung auf den textorientierten Zugang der Narratologischen Bibelauslegung sowie den leserinnen- und leserorientierten Ansatz der rezeptionsorientierten Auslegung versteht sich die vorliegende Arbeit auch als inhaltlicher sowie methodisch reflektierter Beitrag zur Verknüpfung von narratologischer Analyse und Rezeptionsforschung.

Ein weiteres wesentliches Ziel der vorliegenden Arbeit ist es, das produktive Wechselspiel zwischen biblischer Erzählung und den ausgwählten Rezeptionstexten exemplarisch aufzuzeigen. Dieses Forschungsziel steht im größeren Kontext des Bestrebens, den rezeptionsgeschichtlichen Zugang zu biblischen Texten stärker in den Fokus der bibelwissenschaftlichen Auseinandersetzung zu rücken. Es soll dabei aufgezeigt werden, dass der Blick historischer Rezipientinnen und Rezipienten auf die biblische „David, Batseba und Urija"-Erzählung sowie die Art und Weise, wie diese den Bibeltext in Rahmen ihres kulturellen und situativen Kontextes rezipiert haben, auch für heutige Exegetinnen und Exegeten und ihre Wahrnehmung und Auslegung des Bibeltextes weiterführend und gewinnbringend sind.

Die Textanalyse des *ersten Hauptteils* resp. *ersten Bandes* zielt einerseits auf die Herausstellung der charakterstischen Erzählweise in 2 Sam 11 und andererseits auf die Benennung der im Bibeltext zum Einsatz kommenden Erzähltechniken und narrativen Besonderheiten. Die in der exegetisch-narratologischen Analyse herausgearbeiteten Spezifika der Erzählung in 2 Sam 11 bilden den Grundbestandteil eines „Katalogs" an Referenzelementen (RE), der als Analyseraster sowohl einen gesicherten *ersten* Zugang zu den Rezeptionstexten ermöglicht als auch eine detaillierte Untersuchung der Text-Text-Beziehungen zwischen Bibeltext und Dramentext gewährleistet.[36]

Der *zweite Teil* resp. *zweite Band* der Studie zielt darauf, den kontinuierlichen und kulturspezifischen Prozess der Interaktion zwischen biblischen Texten und den Lesenden exemplarisch anhand ausgewählter Dramatisierungen des biblischen Erzählstoffs in 2 Sam 11 um 1900 zu erhellen. In der Absicht, diese Wechselwirkung nachzuzeichnen und evaluierbar zu machen, soll eine Methodik hergeleitet werden, an die folgende Anforderungen gestellt werden:

1. Die Methodik soll als Analyseinstrumentarium fungieren, um die intertextuellen Beziehungen zwischen Rezeptions- und Prätext herauszustellen.

---

[36] Dabei ist zu beachten, dass die Auflistung der RE nicht als festgelegter und starrer Katalog konzipiert ist, mit dem die Text-Text-Beziehungen zwischen biblischer Erzählung in 2 Sam 11 und ihren Dramatisierungen lediglich abgeglichen werden sollen. Vielmehr ist der in der vorliegenden Studie entwickelte „Katalog" an RE als Eröffnung für einen korrelativen, intertextuellen Dialog zwischen Bibeltext und Dramentext sowie zwischen Dramentext und Bibeltext zu verstehen. Aus diesem Grund finden sich in der Auflistung nicht nur ausschließlich Elemente der Erzählung, sondern es werden auch Leerstellen, Ambiguitäten oder Erkenntnisse der Figurenrezeption als RE gelistet.

2. Sie muss einen Zugang zu den literarischen Rezeptionen und deren Eigenarten bieten.
3. Es gilt die Vergleichbarkeit verschiedener Rezeptionstexte miteinander zu ermöglichen, um konstitutive Elemente des Rezeptionsstoffes eines zeitlich und räumlich begrenzten Abschnittes zu bestimmen.
4. Die Methodik soll die kulturellen, historischen und situativen Kontexte der Rezeptionstexte beachten und muss gegenenfalls offen für eine transgenerische Ausrichtung sein.
5. Die Methodik muss auf andere literarische Rezeptionen übertragbar sein und kann somit als Ausgangspunkt für künftige Untersuchungen anderer Rezeptionstexte von 2 Sam 11 wie z. B. für Romane fungieren.

Als Methodik wird im Folgenden ein Katalog an Referenselementen entwickelt, der unter Berücksichtigung der genannten Anforderungen auf eine detaillierte Analyse von Text-Text-Beziehungen zwischen biblischer Erzählung und ihren Rezeptionen zielt. Dieses Instrumentarium greift neben den Erkenntnissen der Textanalyse auf weitere, außertextliche Elemente zurück. Zu diesen zählen die mögliche Bibelübersetzung, die der literarischen Rezeption zugrunde liegt, sowie der Rezeptionskontext, worunter die Aufnahme zeitgenössischer exegetischer sowie archäologischer Erkenntnisse und Vorstellungen zur biblischen Zeit gefasst wird. Als weiterer Ansatz für die Bestimmung von Referenselementen dient das „Bibelwissen", worunter jene Wissensbestände verstanden werden, die kulturell relevant geworden sind, sich jedoch nicht mit dem Wissen aus den biblischen Texten decken.

Die Analyse der drei ausgewählten Dramen und ihres jeweiligen Dramenaspekts zielt zudem darauf, die Perspektive herauszustellen, die die jeweiligen Dramatisierungen von 2 Sam 11 anbieten. Dabei sind sowohl der situative Kontext der Dramen als auch das kommunikative Potenzial des biblischen Erzählstoffes, welches ihm im ausgewählten Zeitraum der Jahrhundertwende um 1900 zukommt, in den Blick zu nehmen.

II. ANALYSE DER TEXT-TEXT-BEZIEHUNGEN ZWISCHEN 2 SAM 11 UND AUSGEWÄHLTEN DRAMATISIERUNGEN

1. Ergebnisse des Rechercheprozesses und Begrenzung des Untersuchungsgegenstandes

1.1 Erste Bestandsaufnahme

Im Rahmen der vorliegenden Untersuchung wurde am Beginn des Forschungsprozesses mit Hilfe bibliographischer Hilfsmittel und Hinweisen aus bisher veröffentlichter Literatur zur Rezeption der biblischen Figuren in 2 Sam 11 eine Bestandsaufnahme von literarischen Rezeptionen vorgenommen. Besonders hilfreich erwiesen sich die beiden Nachschlagewerke *„Stoffe der Weltliteratur"* und *„Motive der Weltliteratur"* von Elisabeth Frenzel.[1] Darüber hinaus wurden als bibliographische Hilfsmittel für die Recherche von literarischen Rezeptionen das *„Lexikon der biblischen Personen"* von Martin Bocian, das von David Lyle Jeffrey herausgegebene *„A Dictionary of Biblical Tradition in English Literature"* sowie das Handbuch *„Themen und Motive in der Literatur"* von Horst und Ingrid Daemmrich verwendet.[2] Ein wichtiges Hilfsmittel, um Rezeptionstexte von 2 Sam 11 zu recherchieren, stellt zudem die seit 2009 herausgegebene Reihe der *„Encyclopedia of the Bible and Its Reception"* dar, von der gegenwärtig die ersten siebzehn Bände erschienen sind.[3] Darüber hinaus konnten mit Hilfe fachspezifischer Lexika wie dem

---

[1] Vgl. Frenzel, Stoffe, S. 177–182, sowie die beiden Artikel zu *„Herrscher, der beschämte"* und *„Nebenbuhlerschaft"* in: Frenzel, Motive, S. 350–362.564–577.

[2] Vgl. Bocian, Lexikon, S. 68–70.83–92.502f; La Bossière, Art. Bathsheba, S. 77f.; Frontain, David, S. 180–185; Daemmrich / Daemmrich, Themen, S. 92.

[3] Momentan liegen die Bände mit den Stichworten *Aaron* bis *Masrekah* vor, sodass die Artikel zu *David*, *Bathsheba*, *Joab* und *Adultery* einsehbar sind, allerdings nicht jene zu *Urija* oder *messenger*. In den veranschlagten dreißig Bänden der EBR werden in alphabetischer Reihung die einzelnen Stichworte hinsichtlich ihrer Auslegungs-, Wirk- und Rezeptionsgeschichte im Judentum, Christentum, Islam und in anderen sowie neueren religiösen Bewegungen untersucht. Darüber hinaus werden die Stichworte hinsichtlich ihrer Aufnahme in Literatur, bildende Kunst, Musik, Film und Tanz bewertet.

„Lexikon der christlichen Ikonographie" oder dem *„Lexikon des Mittelalters"* weitere Rezeptionen recherchiert werden.[4]

Neben diesen genannten lexikalischen und enzyklopädischen Werken fanden sich Hinweise auf weitere literarische Rezeptionen zu 2 Sam 11 auch in fachwissenschaftlichen Veröffentlichungen der Exegese sowie der Literaturwissenschaft.

In diesem Zusammenhang ist die Monographie *„David. Der Herrscher mit der Harfe"* von Walter Dietrich zu nennen, die in der Reihe „Biblische Gestalten"[5] veröffentlicht wurde und eine Vielzahl an Hinweisen auf Rezeptionen enthält. Daneben lieferte die Monographie *„„Esters Tränen, Judiths Tapferkeit'. Biblische Frauen in der Literatur des 20. Jahrhunderts"* von Magda Motté weitere wertvolle Hinweise auf literarische Rezeptionen.[6] Der tabellarische Überblick am Ende dieses Werkes bietet zu biblischen Frauenfiguren, so auch zu Batseba, neben der Namensdeutung und der Angabe der biblischen Referenzstellen vor allem weitere Hinweise auf literarische Rezeptionen in der deutschen sowie ausländischen Literatur ab 1900. Komplementiert wird dieser Überblick mit der Angabe von Sekundärliteratur zu den Rezeptionen.[7]

In den vergangenen Jahrzehnten ist zudem eine Vielzahl von Sammelbänden zur Figur Davids veröffentlicht worden, in denen häufig einzelne Aufsätze Beispiele aus der breit gefächerten Wirk- und Rezeptionsgeschichte der Figur aufgreifen und diese beleuchten. In diesem Zusammenhang sind die Bände *„The Fate of King David. The Past and Present of a Biblical Icon"*[8], *„König David – biblische Schlüsselfigur und euro-*

---

[4] Vgl. Kirschbaum, Lexikon; Auty u. a., Lexikon.

[5] Die Bände zu biblischen Figuren, die in dieser Reihe erscheinen, weisen eine gemeinsame Struktur auf. Nach der Einführung und dem Hauptteil, der Darstellung der biblischen Figur im Anschluss an die aktuelle exegetische Forschung, widmet sich der dritte Teil ihrer Wirk- und Rezeptionsgeschichte. Zur Rezeptionsgeschichte Davids vgl. Dietrich, David, S. 201–357.

[6] Vgl. Motté, Tränen, S. 128–132.

[7] Der tabellarische Überblick zur biblischen Frauenfigur Batsebas umfasst Hinweise auf Erzählungen, Gedichte, Dramen und Romane, siehe Motté, Tränen, S. 295f., und ist hinsichtlich der Gattungszuweisung beim Werk „Bathseba im Bade" von Hans Halden zu korrigieren. Es handelt sich hierbei nicht um ein Drama, sondern um eine Komödie.

[8] Siehe Linafelt, u. a., Fate; darin vor allem: Havea, David.

päische Leitgestalt"[9] sowie *„The David Myth in Western Literature"*[10] zu benennen.

In Bezug auf literarische Rezeptionen von 2 Sam 11 innerhalb des antiken Judentums und frühen Christentums liegen einige Untersuchungen vor, aus denen Hinweise auf Belege literarischer Rezeptionen der „David, Batseba und Urija"-Erzählung entnommen werden konnten. In der Dissertationsschrift *„Isn't this Bathsheba? A study in characterization"* von Sara M. Koenig, deren Textkorpus zur Charakterisierung der Batseba-Figur über 2 Sam 11 hinausgeht, wird in einem eigenständigen Kapitel die jüdische Interpretation Batsebas vorgestellt.[11] Darüber hinaus gibt es weitere kleinere Untersuchungen zu einzelnen rabbinischen und jüdischen Rezeptionen zu 2 Sam 11.[12] Für die frühchristliche Rezeption der „David, Batseba und Urija"-Erzählung liefert die Monographie *„David"* von Theresia Heither aus der Reihe „Biblische Gestalten bei den Kirchenvätern" wertvolle Hinweise.[13] Zudem werden in der kunstgeschichtlichen Dissertation von Elisabeth Kunoth-Leifels im einführenden Kapitel zur „Interpretation von theologischen Quellen des 4. Jahrhunderts beginnend"[14] Rezeptionen zu 2 Sam 11 innerhalb der patristischen Literatur benannt.

Ein Großteil der fachwissenschaftlichen Literatur zur Rezeption von 2 Sam 11 fokussiert die jüngsten literarischen Rezeptionen im 20. Jahrhundert. Neben der bereits genannten Untersuchung von Motté ist in diesem Zusammenhang auf den entsprechenden Aufsatz in Heinrich Schmi-

---

[9] Siehe Dietrich / Herkommer, Schlüsselfigur. Dieser Sammelband, der als Publikation des 19. Kolloquiums der Schweizerischen Akademie der Geistes- und Sozialwissenschaften im Jahr 2000 dient, fasst im letzten Hauptteil mehrere Beiträge zu biblischen Figur David in der Literaturgeschichte zusammen, darunter u. a. Engler, David; Rusterholz, Heym.

[10] Siehe Frontain / Wojcik, David Myth. Für die vorliegende Untersuchung war der Aufsatz Wojcik, Discrimination, S. 12–35, besonders weiterführend.

[11] Koenig, Bathsheba, S. 134–160. In Bezug auf den gewählten Textkorpus in Koenigs Untersuchung ist bei der Erzählung 2 Sam 11,1–27 zu monieren, dass sie nicht den kompletten Text für ihre Analysen zugrunde legt, sondern Textpassen wie 2 Sam 11,6–7.12–18.22–24 auslässt.

[12] Vgl. Valler, King, S. 129–142; Oberhänsli-Widmer, Midrasch, S. 3–16; Oberhänsli-Widmer, Gikatilla, S. 72–82.

[13] Vgl. Heither, David, S. 83–101. Die Rezeptionen zu 2 Sam 11 werden unter der Überschrift „Die Sünde Davids" subsumiert und in einem eigenen Unterkapitel eigens vorgestellt.

[14] Kunoth-Leifels, Darstellung, S. VII.

dingers zweibändigem Werk „*Die Bibel in der deutschsprachigen Literatur des 20. Jahrhunderts*" zu verweisen, der weitere wertvolle Hinweise auf Rezeptionstexte lieferte.[15]

Die Recherche von literarischen Rezeptiongen, basierend auf den genannten bibliographischen Hilfsmitteln und Hinweisen aus der Sekundärliteratur, erbrachte ein Ergebnis von etwa 160 Auslegungen, Rezeptionen und Adaptionen der „David, Batseba und Urija-Erzählung" in verschiedenen Textgattungen, diversen Sprachen und aus unterschiedlichen zeitlichen Epochen.[16] Darüber hinaus lagen Hinweise auf weitere literarische Rezeptionen vor, sodass an diesem Punkt der Recherche zur Wahrung der qualitativen und zeitlichen Durchführbarkeit sowie Lesbarkeit eine Begrenzung des Untersuchungsgegenstandes notwendig wurde.[17] Dafür erwiesen sich der Rechercheprozess und die ersten Erkenntnisse daraus als hilfreich und weiterführend: Es zeichnen sich zwei Zeiträume ab, in denen jeweils vermehrt 2 Sam 11 in einer Textgattung rezipiert wurde. Dabei handelt es sich zum einen um Dramentexte um 1900 und zum anderen um Romane ab der Mitte des 20. Jahrhunderts. Unter letzteren sind u. a. namhafte Werke wie Stefan Heyms „*Der König David Bericht*" (1972), Torgny Lindgrens „*Bat Seba*" (1984), Josephs Hellers „*God knows*" (1984) oder Grete Weils „*Der Brautpreis*" (1988) zu zählen.

Der Zugang zu einigen der Romane ist allerdings nur in Form von Übersetzungen möglich, so wurde beispielsweise Lindgrens Roman 1984 in schwedischer Sprache veröffentlicht und erst nach drei Jahren, 1987, ins Deutsche übertragen.[18] Da jede Übersetzung zugleich eine Interpreta-

---

[15] Vgl. Langenhorst, Könige, S. 151–176; Motté, Zeichen, S. 205–258. Es gibt eine Vielzahl kleinerer Beiträge zur Rezeption des David-Stoffes im 20. Jahrhundert neben den beiden genannten Werken in: Schmidinger, Bibel. Vgl. ebenso Dietrich, Macht, S. 301–308; Müllner, Blickwechsel, S. 348–366; Dietrich, Deuteronomisten, S. 100–119; Gubler, Bathseba, S. 31–44; Wuckelt, Brautpreis, S. 107–123; Dietrich, Ethan, S. 3–39.

[16] Eine Übersicht aller recherchierten literarischen Rezeptionen findet sich im Anhang, siehe S. 325–329.

[17] Weitere, in der vorliegenden Untersuchung nicht nachgegangenen Hinweise zur Rezeption von 2 Sam 11 in der französischen Literatur finden sich im Sammelband „L'Histoire de David et Bethsabée. Etude interdisciplinaire" von Daniel Bodi sowie im Aufsatz „David et Batsheba dans la littérature française" von Oliver Millet und Phillippe Robert, siehe Bodi, David et Bethsabée; Millet / Robert, David, S. 777–791.

[18] Speziell im Fall von Torgny Lindgrens Roman wird deutlich, dass der Zugang zu den historischen und kultruellen Kontexten des Romans, worauf die vorliegende Untersuchung letztlich abzielt, nicht anhand von Übersetzungen möglich ist. Lindgrens 1984

tion ist[19], die Übersetzung meist von einer anderen Person vorgenommen wird und in einigen Fällen zwischen der Publikation des Originals und der Anfertigung der Übersetzung wie im Beispiel von Torgny Lindgrens Roman „*Bat Seba*" teilweise mehrere Jahre vergehen können, ist der unmittelbare Zugang zum (Rezeptions-)Text der Autorinnen und Autoren ohne den Umweg über eine Übersetzung vorzuziehen.[20] Des Weiteren gibt es zu diesen neueren Romanen bereits eine Fülle an Publikationen[21] und zum Teil detaillierte Forschungsarbeiten wie die beiden Dissertationen zu Stefan Heyms Roman „*Der König David Bericht*".[22]

Basierend auf dem Rechercheprozess und den Erkenntnissen daraus lassen sich somit folgende beiden Begrenzungen bei der Auswahl von literarischen Rezeptionen benennen: Mit dem gehäuften Vorkommen von literarischen Rezeptionen von 2 Sam 11 innerhalb einer Gattung und einer begrenzten Zeitspanne ist eine erste Auswahl getroffen. Eine zweite Begrenzung erfolgt basierend auf dem Plädoyer für einen unmittelbaren sprachlichen Zugang zum Originaltext, sodass der Fokus auf deutschsprachigen, literarischen Rezeptionen liegt. Daraus resultiert, dass bei einer Entscheidung für die Romane ab der Mitte des 20. Jahrhunderts als Korpus der Rezeptionsforschung grundlegende Werke wie der preisgekrönte Roman „*Bat Seba*" von Torgny Lindgren nicht berücksichtigt werden würde. Aus diesem und den oben genannten Gründen werden in der vorliegenden Untersuchung die Dramtexte um 1900, in denen die

---

veröffentlichter Roman wurde 1987 in der Bundesrepublik Deutschland im Hanser Verlag herausgegeben, die Übersetzung stammt von Verena Reichel. Ein Jahr später wurde der Roman, ebenfalls von Verena Reichel übersetzt, im Verlag Volk und Wissen der Deutschen Demokratischen Republik veröffentlich. Nach ersten Vergleichen, sind die beiden Übersetzungen identisch.

Für andere Romane wie Marek Halters „Bethsabée. Ou L'Eloge de l'adultère" liegt keine deutsche oder englische Übersetzung vor, sodass die Autorin keinen Zugang dazu hat.

[19] Siehe Grohmann, Vorwort, S. 7.

[20] Eine Ausnahme hierbei stellt „*Der König David Bericht*" von Stefan Heym dar. Dieser wurde von Heym zunächst im Englischen verfasst, wobei seine Sprache an die Übersetzung der King-James-Version erinnert. 1972 erschien eine deutsche Ausgabe des Romans, die Heym selbst anfertigte und bei der er den sprachlichen Duktus seines Werkes an die Luther-Übersetzung anpasste. Die englische Ausgabe des Romans erschien erst ein Jahr später, 1973. Siehe Rusterholz, Heym, S. 811.

[21] Vgl. die bibliographischen Angaben in Fußnote 15 in diesem Kapitel.

[22] Vgl. Neumann, Heym; Eckstein, König.

„David, Batsebas und Urija"-Erzählung aufgegriffen und rezipiert werden, für die weitere Analyse exemplarisch als Rezeptionstexte verwendet. Die weitere Recherche, Sammlung und Sichtung von Rezeptionstexten orientierten sich an dem begrenzten Korpus, sodass wesentlich zielgerichtete Bestandsaufnahmen für dramatische Rezeptionen von 2 Sam 11 im Zeitraum um 1900 vorgenommen werden konnten.

1.2 Recherche von Dramentexten

Für die Dramatisierungen von 2 Sam 11 lagen meist keine exakten Titel und Autorennamen vor, sodass zunächst von mehreren Titelmöglichkeiten ausgegangen werden musste. Die Recherche erfolgte in einem ersten Schritt über die Namen der handlungsleitenden Figuren der biblischen Erzählung. Als Schwierigkeit erwies sich dabei, dass bei den „David-Dramen" der Erzählstoff von 2 Sam 11 nicht aufgegriffen wurde und sich diese Rechercheergebnisse als „Sackgasse" herausstellte.[23] Zur biblischen Figur des Königs gibt es mehrere voneinander zu unterscheidende Stoffkreise, die in den Dramen in Teilen bzw. sogar nur einzeln aufgegriffen wurden.[24] Bei der Suche über die Figurennamen mussten zudem auf die verschiedenen Schreibvarianten der biblischen Figuren z. B. Batsebas (Bathseba, Bath Seba, Bath-Seba, Batschua, Bethsabe, Beersabee) oder Urijas (Uria, Urias) geachtet werden.

In einem zweiten Schritt wurde die Suche in den bibliographischen Hilfsmitteln nach Dramatisierungen zu 2 Sam 11 auf dem Erzählstoff verwandte Begriffe ausgeweitet. Dazu zählen die folgenden Begriffe:
- König
- Ehebruch
- Bad

---

[23] Als solche sogenannten „Sackgassen" erwiesen sich folgende Dramen: Frohmut, David; Simeon, König; Perwe, David; Zarek, David.

[24] Siehe Langenhorst, Könige, S. 160. Als solche Stoffkreise benennt Inger Nebel folgende: David und Saul, David und Abschalom, der alternde David und Abischag sowie David und Batseba. Siehe Nebel, Harfe, S. 24, Fußnote 76. Georg Langenhorst benennt hingegen acht relativ eigenständige Blöcke, die gleichfalls ein komplexes Motivnetz bilden: der Kampf mit Goliat, Davids Beziehung zu Jonathan, Samuel und David, Davids Beziehung zu Batseba, David und Michal, David und Abigajil, der alternde David und Abischag von Schumen sowie das literarische Motivnetz um den Königssohn Abschalom. Siehe Langenhorst, Könige, S. 160–165.

- Todesbrief
- Uriasbrief
- Schuld

Der Anspruch auf Vollständigkeit bei der Bestandsaufnahme dramatischer Rezeptionen von 2 Sam 11 relativiert sich bereits an dieser Stelle. Denn obwohl bei der Titelsuche über die Figurennamen der Handlungsträgerinnen und Handlungsträger in 2 Sam 11 hinaus auch Begriffe zur biblischen Erzählung verwendet wurden, lässt sich die Existenz von dramatische Rezeptionen, bei denen es im Dramentitel keinen Hinweis auf 2 Sam 11 gibt, nicht ausschließen.

Zur vertieften Recherche von Dramentexten wurden die oben genannten bibliographischen Hilfsmittel und Recherchemittel verwendet. Darüber hinaus konnten weitere Hinweise auf dramatische Rezeptionen aus den Katalogen der Nationalbibliotheken Deutschlands, Österreichs und der Schweiz entnommen werden.

Mit der Literaturzeitschrift *„Das Literarische Echo. Halbmonatsschrift für Literaturfreunde"* liegt eine weitere Bezugsquelle für Rezeptionstexte vor. Das LE erschien zwischen 1898 und 1923 zweimal monatlich und bietet einen Überblick über die Literatur um 1900.[25] Dort finden sich Hinweise auf Uraufführungen und Kritiken vor allem weniger breitenwirksamer Theaterstücke zum Erzählstoff von 2 Sam 11. Basierend auf der Suche in den Beständen des LE wurden vier Dramen nachgewiesen.[26] Ausgehend von dieser Information konnten die Dramentexte gezielt in den Beständen der Bibliotheken auf ihre Existenz hin gesucht, eingesehen und gesichtet werden. Zudem zeigt sich durch die Angaben der Uraufführungen im LE, wonach Albertis Drama am 15.01.1908 und Cohns Trauerspiel am 12.04.1908 uraufgeführt wurden, dass deren Uraufführung häufig mit zeitlichem Abstand vor oder nach der Veröffentlichung des Dramentextes datiert ist. Albertis Drama wurde beispielsweise erst vier Jahre nach Veröffentlichung des Dramentextes auf die Bühne gebracht. Im Unterschied dazu liegt bei Emil Cohns Drama, das erst im Jahr 1919 veröffentlicht wurde, zwischen Uraufführung und Publikation

---

[25] Da das LE erst ab 1898 erschien, umfasst es nur einen Teil der Zeitspanne des ausgewählten Korpus an Rezeptionstexten. Für die Zeit zwischen 1898 bis 1923 stellt die Literaturzeitschrift eine wichtige Quelle dar.

[26] Zu diesen zählen das Trauerspiel *„Bath-Sebas Sünde"* von Paul Alberti, das biblische Spiel *„Das Weib des Uria"* von Albert Geiger, das Trauerspiel der *„Der Brief des Uria"* von Emil Cohn sowie die Tragödie *„David"* von Friedrich Sebrecht.

des Dramentextes eine zeitliche Diskrepanz von elf Jahren. Zudem herrscht eine gänzlich veränderte kulturelle Situation im Anschluss an das geschichtsträchtige Jahr 1914 vor, das u. a. im Ausbruch des Ersten Weltkrieges kulminiert. Aus dieser Beobachtung ergibt sich die Notwendigkeit, dass möglichst – Voraussetzung dafür ist ein gesicherter Quellenbeleg – für jedes Drama das Datum der Uraufführung recherchiert und in die folgenden Überlegungen mit einbezogen wird.

Eine weitere Möglichkeit, Hinweise auf dramatische Rezeptionen der „David, Batseba und Urija"-Erzählung zu finden, stellen die Vorworte der Dramentexte dar. In Carl Roberts Drama „David und Bathseba" findet sich in den einführenden Bemerkungen des Autors eine Reminiszenz an die 1851 erschienene Tragödie *„Das Weib des Urias"* von Alfred Meissner.

Auf diesen dargestellten Ansätzen zur Recherche von Dramentexten, die 2 Sam 11 rezipieren, wurde eine Anzahl von 26 Hinweisen auf mögliche Dramatisierungen der biblischen Erzählung gefunden. Aus dieser Fülle konnten die Dramen *„David"* (1878) von J. Bearle, *„Urias Tochter"* (1893) von Wilhelm Gaedke sowie das Drama *„Das Weib des Uria"* von Lion Feuchtwanger nicht aufgefunden werden, da diese verschollen sind oder durch die Autoren nicht veröffentlicht wurden.[27] In Bezug auf fünf weitere Hinweise ergab die Sichtung und Lektüre der Werke, dass ihrer Handlung Inhalte eines anderen David-Stoffes oder eines gänzlich anderen Ursprungs zugrunde liegen.[28] Bei drei Rezeptionsbelegen wurde des Weiteren nach Anschaffung und Lektüre festgestellt, dass sie anderen Gattungen zuzurechnen und somit nicht für die weitere Analyse geeignet sind.[29]

Nunmehr liegen für die Analyse 16 Dramatisierung der biblischen „David, Batseba und Urija"-Erzählung vor. Es handelt sich dabei um

---

[27] Der Hinweis auf das Drama von Gaedke stammt aus Elisabeth Frenzels Lexikon *„Stoffe der Weltliteratur"*, siehe Frenzel, Stoffe, S. 180. Einen Hinweis auf Feuchtwangers Drama *„Weib des Uria"* findet sich u. a. in der tabellarischen Übersicht bei Magda Motté, siehe Motté, Tränen, S. 295. Zu den Gründen, weshalb die zweibändige Sammlung *„Kleine Dramen"* mit insgesamt sechs Einaktern als Gesamtausgabe verschollen und nunmehr nur in Dramenfragmenten vorliegen, siehe Nebel, Harfe, S. 31–34.

[28] Vgl. Frohmut, David; Simeon, König; Perwe, David; Zarek, David; Weiser, Rabbi David.

[29] Vgl. Steinberg, David; Zapletal, David und Bethsabe; Halden, Bade.

folgende dramatischen Werke, die in chronologischer Reihung nach dem Jahr der Publikation aufgelistet sind:

1851
Meißner, Alfred von: Das Weib des Urias. Tragödie in fünf Akten, Leipzig: Herbig 1851.

1871
Hartmann, Karl Robert Eduard von (Pseudonym: Carl Robert): David und Bathseba. Drama in 5 Aufzügen, in: Carl Robert (Hrsg.): Dramatische Dichtungen. Tristan und Isolde. David und Bathseba: Berlin: Wilh. Müller, 1871, S. 127–237.

1876
Türk, Franz: Das Weib des Urias. Trauerspiel in 5 Acten nebst einem Vorspiel, Wien: Rosner 1876 (Neues Wiener Theater Bd. 55).

1904
Albers, Paul (Pseudonym: Paul Alberti): Bath-Sebas Sünde. Trauerspiel in fünf Akten, Zürich: Caesar Schmidt 1904.

1906
Schlesinger, Martha (Pseudonym: Marta Hellmuth): David und Bathseba. Drama in vier Aufzügen, in: Ost und West. Illustrierte Monatsschrift für modernes Judentum 6 (1906), H. 8/9, Sp. 583–626.

1909
Geiger, Albert: Das Weib des Uria. Ein biblisches Spiel in fünf Aufzügen, Heilbronn: Eugen Salzer 1909.

1911
Böttcher, Maximilian: Bath-Seba. Das Weib des Uria, Berlin: Oesterheld & Co 1911.

1916
Sorge, Reinhard Johannes: König David. Schauspiel, Berlin: Fischer 1916.

1917
Hartlieb, Wladimir Eugen Kajetan Moritz Freiherr von Wallthor (Pseudonym: Wladimir von Hartlieb): König David. Ein Drama in fünf Aufzügen, Leipzig; Wien: Hugo Heller 1917.

1918
Sebrecht, Friedrich: David. Tragödie, Leipzig: Kurt Wolff 1918.

1919
Cohn, Emil (Pseudonym: Emil Bernhard): Der Brief des Uria. Ein Trauerspiel in fünf Akten, Bonn: Botenverlag 1919.

Markus, Stefan: Bathseba. Drama in einem Akt, in: Ders. (Hrsg.): Biblische Tragödien, Stuttgart: Theaterverlag Heukeshoven 1919, S. 63–107.

1920
Lehmann, Leopold: Batseba. Ein Drama, Berlin: Reuss & Pollack 1920.

Lepel, Hans von: Bath-Seba. Ein Vorspiel und drei Akte aus dem Alten Testament. Manuscript, S.l. 1920.

1921
Spiering, Anna Luisa: Bath Seba. Dramatische Szenen von vor drei Jahrtausenden, Leipzig: Haberland 1921.

1935
Werfel, Franz: Der Weg der Verheissung. Ein Bibelspiel, Wien: Paul Zsolnay 1935.

Diese Dramatisierungen der biblischen „David, Batseba und Urija"-Erzählung konnten für die Zeitspanne von 1851–1935 n. Chr. gefunden werden. In dem genannten zeitlichen Rahmen fallen mehrere historische und literaturgeschichtliche Epochen mit kulturellen Umbrüchen, sodass es einer erneuten zeitlichen Begrenzung bedarf. Die vorliegende Untersuchung richtet sich nach den literaturgeschichtlichen Epochengrenzen der *literarischen Moderne*. In diesem Kontext ist problematisch, dass es für den Zeitraum um die Jahrhundertwende unterschiedliche, konkurrierende und zum Teil komplementäre Epochenbegriffe bzw. Stil-Bezeichnungen gibt.[30] Zu diesen zählen geographische Bezeichnungen wie *Wiener* oder *Berliner Moderne*, aus der Kunstgeschichte übernommene Begriffe wie *Impressionismus* und *Jugendstil* oder Ausdrücke wie *Neuromantik, Neoklassik* oder *Symbolismus*, die ein bestimmtes Vorverständnis präfigurieren. Daneben finden sich Bezeichnungen wie *Fin de siècle* oder *Décadence*, die auf einer geschichtsphilosophischen Theorie basieren.

Literaturgeschichtliche Epochen bezeichnen jedoch Zeiträume der Literaturgeschichte, „die sich im Vergleich zum Vorher und Nachher als

---

[30] Siehe Kimmich / Wilke, Literatur, S. 9.

relativ homogen darstellen und zumeist durch eine Reihe von Trennereignissen begrenzt sind"[31]. Hierin liegt nun genau die Schwierigkeit, die komplexen, unterschiedlichen literarischen und kulturellen Strömungen um 1900 unter einem Epochenbegriff zu fassen. Aus diesem Grund plädieren Kimmich und Wilke dafür, die *Jahrhundertwende* als „Aufbruch in die Moderne"[32] und sozusagen als erste große Phase der *Moderne* zu verstehen, die dann von der *klassischen Moderne*, die etwa bis zum Ausgang des Zweiten Weltkrieges reicht, abgelöst wird. Daran schließt der bisher letzte Abschnitt der *Moderne*, die sogenannte *Postmoderne*.[33] Die *Jahrhundertwende* wäre somit trotz innerer Differenzen als eine in sich geschlossene Epoche zu fassen, in der die moderne Gesellschaft entsteht und in der sich dabei neue soziale Schichten ausbilden und neue Geschlechterdiskurse geführt werden. Weitere Kennzeichen dieser (literarischen) Epoche stellen die Herausbildung von europäischen Metropolen (z. B. Wien, Paris, Berlin und München) dar und die Formierung einer „modernen" Ästhetik, Kunst und Literatur.[34]

Den Begriff *Moderne* ist von dem Literarturhistoriker Eugen Wolff um 1886 in einer Abhandlung als relationale Bezeichnung für die zeitgenössische Literatur geprägt worden: „Das ‚Princip' der Moderne wird hier bestimmt als ‚das moderne Ideal' im ‚Gegensatz zur Antike' und unter Bezugnahme auf die zeitgenössische Lebenswelt."[35] Wolff etablierte damit innerhalb des literarischen Diskurses des ausgehenden 19. Jahrhunderts eine bindende Terminologie und weist auf die Komplexität des Begriffes und des bezeichneten Phänomens hin, denn nach seiner Beobachtung ist die literarische *Moderne* einerseits von Revolution und andererseits von ästhetischen Reformen geprägt.[36] Das verbindende Kennzeichen der Literatur um 1900 ist nach Sabina Becker und Helmuth Kiesel die Gleichzeitigkeit. Trotz unterschiedlicher Ausprägungen innerhalb der literarischen Moderne liegt als gemeinsame Referenz das „gesellschaftliche und kulturelle System"[37] zugrunde.

---

[31] Göbel, Art. Epochen, S. 165.
[32] Kimmich / Wilke, Literatur, S. 9.
[33] Siehe ebd., S. 9f.
[34] Siehe ebd., S. 10.
[35] Becker / Kiesel, Moderne, S. 9.
[36] Beide Begriffe finden sich im Untertitel der Abhandlung wieder, worauf Kimmich und Wilke hinweisen. Siehe Kimmich / Wilke, Literatur, S. 9.
[37] Becker / Kiesel, Moderne, S. 30.

Wird die Ereignisgeschichte mit in die Überlegungen zur Datierung des Anfangs und Endes der literarischen Epoche der *Jahrhundertwende* einbezogen, so lässt sich der Beginn ab 1885 n. Chr. festlegen,[38] das Ende hingegen mit den tiefen historischen Einschnitten durch den Ersten Weltkrieg und der davon ausgehenden, politischen Neukonsolidierung Europas. Demnach wäre das Ende der literarischen Epoche der *Jahrhundertwende* mit dem Kriegsende und der Gründung der Weimarer Republik um 1918/1919 gleichzusetzen.[39]

In der vorliegenden Untersuchung wird als zeitlicher Rahmen die literarische Epoche der *Jahrhundertwende* verwendet, wobei deren Anfang zwischen 1885 und 1890 n. Chr. und das Ende im Jahr 1919 gesetzt wird.

Von den oben genannten Dramentexten scheiden aus der weiteren Untersuchung aufgrund der Begrenzung auf die literarische Epoche der *Jahrhundertwende* (1885–1919) die Werke von Alfred Meissner (1851), Carl Robert Eduard von Hartmann (1871), Franz Türk (1876) sowie Franz Werfel (1935) aus. Die Dramen, die im Jahr 1920 und 1921 entstanden, werden in die Analyse mit einbezogen, denn eine Uraufführung, die der Publikation des Dramentextes vorausgeht, kann nicht ausgeschlossen werden, wie sie beispielsweise bei den Dramen von Stefan Markus (Publikation 1919, Uraufführung 1913) oder Emil Cohn (Publikation 1919, Uraufführung 1909) vorliegt.

---

[38] Siehe Kimmich / Wilke, Literatur, S. 8. Ebenso: Ajouri, Literatur, S. 11.
[39] Gegen diese Auffassung wenden Kimmich und Wilke ein, dass bereits um 1910 mit dem Expressionismus avantgardistische Bewegungen zu fassen sind, womit ein ästhetischer Umbruch einhergeht, der den ereignisgeschichtlichen Entwicklungen vorausgeht. Als Konsequenz daraus und mit Hinweis auf die Entstehungs- und Erscheinungsjahre der Texte, die den Zeitraum ‚um 1900' in literarischer Hinsicht maßgeblich geprägt haben, lege es sogar eher nahe, sein Ende im Umfeld schon des Jahres 1910 zu verorten. Kimmich / Wilke, Literatur, S. 8.
Als andere Datierung legen Maillard und Tietzmann unter dem kulturgeschichtlichen Aspekt der Wechselwirkung von Literatur und Wissen(schaften) den Zeitraum von ca. 1890 bis ca. 1930/35 zugrunde. Als gemeinsames Kennzeichen für die Epoche der *frühen Moderne* sowohl in der Geschichte der Wissenschaften sowie der deutschsprachigen Literatur nennen sie das Krisenbewusstsein sowie revolutionäre Innovationen und einen grundlegenden Strukturwandel. Vgl. Maillard / Titzmann, Vorstellung, S. 7.

2. Der Stoff der „David, Batseba und Urija"-Erzählung in deutschsprachigen Dramen um 1900

Um die Jahrhundertwende bis etwa 1920–1925 entsteht eine Vielzahl von Dramen, in denen biblische Stoffe, Motive und Figuren aufgegriffen und dramatisiert werden. Diese Werke stammen von Schriftstellern unterschiedlicher Religionen (Juden und Christen) und Glaubenshaltungen (z. B. Agnostiker) sowie mit unterschiedlichen Weltanschauungen (Positivismus, Marxismus, Existenzialismus).[1] Der Dramaturg und Theaterkritiker Julius Bab stellt in seiner 1919 erschienenen Abhandlung *„Der Wille zum Drama. Neue Folge der Wege zum Drama. Deutsches Dramenjahr 1911–1918"* folgende Tendenz fest:

> Es ist keine unbedeutende Wendung, daß ein großer Teil der beachtenswertesten der Versuche, junge Kräfte in das Ringen ums Drama einzusetzen, jetzt wieder stofflich aus der allerältesten Quelle schöpft: Dramatisierungen biblischer Motive herrschen vor![2]

Diese grundlegende Beobachtung Babs zum biblischen Motiv in der Dramaturgie zwischen 1911 und 1918 ergänzt der Theaterkritiker durch eine Wertung der in diesem Zeitraum entstanden Werke:

> Der Stoffkreis, der fast stets in bestimmten Jahren mit allgemein herrschender Gewalt die Dichter anzieht, ist nie bedeutungslos. [...] Nicht einmal die Richtung ist bedeutungslos, die der große Strom des Dilettantismus nimmt; an all den ‚Saul' – ‚Bathseba' – ‚Moses', die ich seit längerem gedruckt und geschrieben monatlich, ja wöchentlich mehrere vorgesetzt erhalte, ist nichts als die Tatsache ihres massenhaften und stoffgleichen Auftretens interessant.[3]

Die Wahrnehmung des Theaterkritikers Bab zum „massenhaften und stoffgleichen Auftreten(s)"[4] von Batseba-Dramen ist korrekt. Sie entspricht dem Ergebnis der hier vorliegenden Recherche: in den Jahren

---

[1] Siehe Motté, Tränen, S. 322.
[2] Bab, Wille, S. 205.
[3] Ebenda.
[4] Ebenda.

1911–1919 wurden die meisten dramatischen Adaptionen des Erzählstoffs von 2 Sam 11 publiziert. Die abwertende Diktion von Babs Äußerung ist hingegen zu relativieren, denn diese Häufung an Dramatisierungen biblischer Stoffe sowie ihre Aufführung auf den Theaterbühnen um die Jahrhundertwende deuten auf eine entsprechende Resonanz im Publikum hin.[5] Inger Nebel weist in diesem Zusammenhang darauf hin, dass um die Jahrhundertwende „biblische Dramen vom Publikum oft hochgeschätzt"[6] wurden. Sie konstatiert in ihrer Durchsicht der Zeitschrift „*Das Literarische Echo*", dass zwischen 1898 und 1923 mehr als 50 Dramatisierungen biblischer Stoffes auf den Bühnen gespielt wurden. „Dies zeigt, daß Bibelstoffe begehrt waren – wenn sie auch oft von den Kritikern mit herabsetzender Ironie bedacht wurden."[7] Ihre Durchsicht ergibt zudem, dass die biblischen Stoffe, die besonders Interesse bei den Dramatikerinnen und Dramatikern fanden, sich auf die Erzählkomplexe um „Saul und David", „Kain" und „Judas Iskariot" sowie auf den für die vorliegende Untersuchung wichtigen Erzählstoff von „David, Batseba und Urija" beziehen.[8]

Ein erster Vergleich der 12 recherchierten Dramentexte für die Epoche der Jahrhundertwende zeigt eine ungleiche Verteilung der Dramenpublikationen innerhalb des Zeitraums 1885/1890 bis 1921.[9] Dies wird anhand der folgenden Grafik ersichtlich, die anschließend näher betrachtet werden soll:

---

[5] Ebenso Nebel, Harfe, S. 41. Bei ihrer Durchsicht des LE konnte sie für den Zeitraum 1898 bis 1923 neben den recherchierten „Saul und David"-Dramen weitere 55 Bibel-Dramen zählen, die im LE benannt werden und andere biblische Stoffe rezipieren. Auch Nebel stellt in ihrer Dissertationsschrift „*Harfe, Speer und Krone. Saul und David in deutschsprachigen Dramen 1880–1920*" eine Diskrepanz zwischen den kritischen Äußerungen von Theaterkritikern und der Resonanz beim Publikum fest. Siehe ebd., S. 41.

[6] Ebd., S. 267.

[7] Ebd., S. 41.

[8] Siehe ebd., S. 42. Nebel weist zudem darauf hin, dass trotz der Theaterzensur zwischen 1900 und 1912 auch mehrere Dramen mit dem Titel „Jesus" verfasst wurden. Siehe ebenda.

[9] Eine Übersicht dieser Dramen befindet sich im vorausgehenden Kapitel „*Recherche von Dramentexten*", siehe S. 35f.

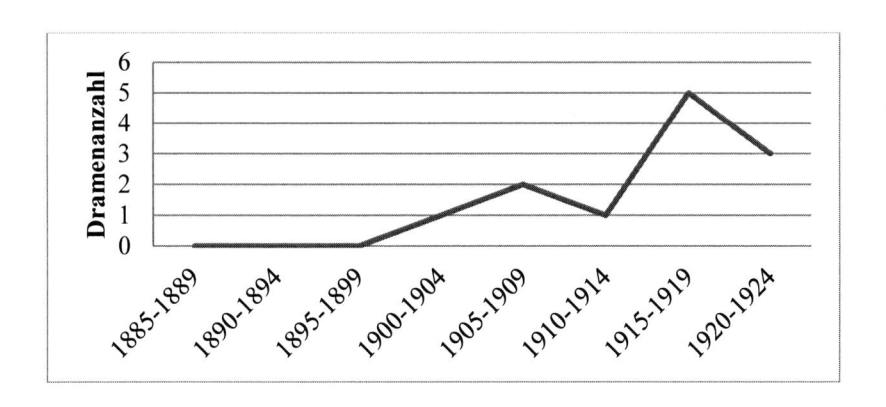

Abb. Veröffentlichungszeiträume der Dramatisierungn von 2 Sam 11

In der Grafik ist zu erkennen, dass zu Beginn der literaturgeschichtlichen Epoche der Jahrhundertwende keine und ab 1904 nur vereinzelt Dramatisierungen zum Erzählstoff von 2 Sam 11 vorliegen. Der Höhepunkt an Veröffentlichungen von Dramatisierungen zu 2 Sam 11 liegt hingegen am Ende dieser Epoche. Allein im Zeitraum von 1915 bis 1919 wurden fünf und von 1920 bis1921 nochmals drei Dramen zum Erzählstoff der „David, Batseba und Urija"-Erzählung publiziert.

Eine etwas andere Verteilung ließe sich erkennen, wenn nicht die Publikationsjahre, sondern die Zeiträume der Abfassung bzw. der Uraufführungen berücksichtigt werden. Wie bereits erwähnt, sind die beiden 1919 publizierten Dramen *„Der Brief des Uria"* von Emil Cohn und *„Bathseba"* von Stefan Markus wesentlich früher fertiggestellt und uraufgeführt worden. Da diese Angaben nicht für alle der Dramentexte erfassbar sind bzw. eruiert werden konnten, fehlt eine vergleichbare aussagekräftige Darstellung zu den Entstehungszeiten bzw. den Datierungen der Uraufführungen.[10] Für fünf der Dramen konnten die Daten der Uraufführungen erfasst werden:

---

[10] Im 1918 veröffentlichten Drama „David" von Friedrich Sebrecht findet sich der Hinweis, dass dieses Bühnenstück bereits im November 1915 fertiggestellt wurde. Auch das 1917 publizierte Drama „König David" von Wladimir Freiherr von Hartlieb enthält eine Information, wonach es bereits 1915 als abgeschlossenes Manuskript vorlag. Der 1919 publizierte Einakter „Bathseba" von Stefan Markus wurde schon 1911 vollendet. Für fünf Dramen konnten die folgende Daten der Uraufführungen erfasst

- Geiger, Weib des Uria, UA: 05.12.1908 in Karlsruhe
- Alberti, Bath-Sebas Sünde, UA: 15.01.1909 in Hamburg
- Bernhard, Brief des Uria, UA: 12.04.1909 in Berlin
- Markus, Bathseba, UA: 27.05.1913 in Zürich
- Sebrecht, David, UA: 03.11.1917 in Frankfurt.

Von den 12 Dramatisierungen von 2 Sam 11 wurden lediglich zwei von Autorinnen verfasst. Dies ist, so Magda Motté, nicht verwunderlich, denn zum einen liegt das Ausdrucksfeld der Schriftstellerinnen um 1900 vielmehr in der Lyrik oder in der Kurzprosa, zum anderen waren die Schriftstellerinnen bis in die Mitte des 20. Jh. „als Autorinnen absolut unterpräsentiert und diejenigen, die alttestamentliche Stoffe aufgreifen, mit Ausnahme von A. Miegel (*Abischag*), Jüdinnen"[11]. Dies trifft auch für die deutsch-jüdische Autorin Martha Schlesinger (1854 – nach 1932) zu, die unter dem Pseudonym Martha Hellmuth das Drama „*David und Bathseba*" verfasst hat. Über Anna-Luisa Spiering, die zweite Schriftstellerin, die mit dem 1921 publizierten Stück „*Bath Seba*" ebenfalls eine Dramatisierung von 2 Sam 11 vorgelegt hat, konnten keine biographischen Daten ermittelt werden.

Gleiches gilt für den Autor Leopold Lehmann, der 1920 den Einakter „*Batseba*" (1920) publiziert hat. Aufgrund dieser fehlenden biographischen Informationen kann bei Leopold Lehmann nicht ausgeschlossen werden, dass dies ein Pseudonym ist, hinter dem sich eine Autorin verbirgt.[12] Die Besonderheit bei Lehmanns Einakter „*Batseba*" ist dabei die Aufnahme und Gestaltung der Figur Batsebas als Femme fatale. Damit greift er (bzw. sie) einen in der Literatur um 1900 vorkommenden Weiblichkeitsentwurf auf. Von den 12 Dramentexten wurden nachweislich folgende vier unter einem Pseudonym veröffentlicht:

---

werden: Geiger, Weib des Uria, UA: 05.12.1908 in Karlsruhe; Alberti, Bath-Sebas Sünde, UA: 15.01.1909 in Hamburg; Bernhard, Brief des Uria, UA: 12.04.1909 in Berlin; Markus, Bathseba, UA: 27.05.1913 in Zürich; Sebrecht, David, UA: 03.11.1917 in Frankfurt.

[11] Motté, Zeichen, S. 208.

[12] In den Lexika zu Pseudonymen finden sich allerdings keine Hinweise darauf, vgl. Weigand, Pseudonyme; Eymer, Pseudonymen-Lexikon. Auch in den spezifischen Lexika zu Schriftstellerinnen konnte keine Hinweise darauf gefunden werden, dass Leopold Lehman das Pseudonym einer Autorin ist, vgl. Friedrichs, Schriftstellerinnen; Pataky, Frauen.

- Paul Alberti (Pseudonym für: Paul Albers): Bath-Sebas Sünde, 1904
- Marta Hellmuth (Pseudonym für: Martha Schlesinger): David und Bathseba, 1906
- Wladimir von Hartlieb (Pseudonym für: Wladimir Eugen Kajetan Moritz Freiherr von Wallthor Hartlieb): König David, 1917
- Emil Bernhard (Pseudonym für: Emil Cohn): Der Brief des Uria, 1919

Wie sich weiter oben bereits andeutet, handelt es sich bei den Autorinnen und Autoren der Dramatisierungen zu 2 Sam 11 überwiegend um weniger bekannte Schriftstellerinnen und Schriftsteller. In den verschiedenen biographischen Werken finden sich daher meist nur wenige Angaben zu ihnen, im Fall von Leopold Lehmann und Anna Luisa Spiering fehlen Einträge gänzlich.[13] Dieser Gruppe der wenig bekannten Autorinnen und Autoren sind zudem noch Albert Geiger (1866–1915)[14], Wladimir Eugen Kajetan Moritz Freiherr von Hartlieb (1887–1951)[15], Stefan Markus (1884–1957)[16] sowie Hans von Lepel (geb. 1894)[17] zuzuordnen.

---

[13] Für die Recherche wurden unter anderem die folgende Nachschlagewerke herangezogen: Killy, Literaturlexikon; Killy / Vierhaus, Enzyklopädie; Hagestedt, Literatur-Lexikon; Friedrichs, Schriftstellerinnen; Pataky, Frauen; Heuer, Bibliographia; Heuer, Lexikon.

[14] Albert Geiger schrieb das Drama „Das Weib des Uria", das 1909 Eugen Salzer Verlag in Heilbronn veröffentlicht wurde. Die meiste Zeit seines Lebens verbrachte er in Süddeutschland, genauer in Karlsruhe, wo seine Dramatisierung von 2 Sam 11 1908 uraufgeführt wurde, siehe Sallwürk, Echo, Sp. 521f. Ab 1912 lebte er zusammen mit seiner jüdischen Frau in Berlin. Nach kurzer Zeit kehrte Geiger nach Karlsruhe zurück, wo der am 15.1.1915 starb, siehe Stüssi, Art. Geiger, Sp. 114f.

[15] Hartlieb veröffentlichte sein Drama „König David" 1917 unter dem Pseudonym Wladimir von Hartlieb. Der Autor wuchs in verschiedenen Orten der Donaumonarchie auf und lebt später in Wien und Salzburg. Seine dramatischen Arbeiten blieben, so Sachslehner, erfolglos. Zu seinem Œuvre zählen neben theologischen Schriften und Aphorismensammlungen auch Werke, die der nationalsozialistischen Ideologie verpflichtet sind und in denen für einen Anschluss Österreichs plädiert wird. Siehe Sachslehner, Art. Hartlieb, S. 31.

[16] Der schweizer Autor Stefan Markus, der jüdisch aufgewachsen ist und sich später als reformierter Christ taufen ließ, ist nicht nur als Dramatiker ausgewiesen, sondern auch als Übersetzer und Filmproduzent, vor allem als Mitbegründer der Filmproduktionsfirma „Gotthard-Film GmbH" bekannt geworden. Siehe Heuer, Lexikon, S. 327. Sein Einakter „Bathseba" erschien 1919 im Theaterverlag Heukeshoven in Stuttgart.

[17] Über Hans von Lepel sind nur wenige biographische Informationen zu finden. Er wurde 1894 in Darmstadt geboren und arbeitete als Dramaturg und war Mitglied des

Nur eine geringe Anzahl an Autoren einer Dramatisierung von 2 Sam 11 erlangten überregionale Bekanntheit bzw. galten um die Jahrhundertwende als bedeutende Persönlichkeiten des kulturellen Lebens. Als solcher gilt Reinhard Johannes Sorge (1892–1916) der mit seinem Stück „Der Bettler" als „Begründer der expressionistischen Dramatik in die Literaturgeschichte eingegangen"[18] ist. Gemeinsam mit Hermann Burte wurde Sorge auf Vorschlag von Richard Dehmel 1912 mit dem Kleist-Preis ausgezeichnet.[19] Seine Biographie ist wesentlich von seinem kurzen Aufenthalt in Norderney im Februar 1912 gekennzeichnet, nach dem er 1913 zusammen mit seiner Frau Susanne zum Katholizismus konvertierte und von Jena nach Flüen in die Schweiz zog. Sorges Drama „König David" wurde 1916 veröffentlicht und weist expressionistische Züge auf. Nebel hebt hervor, dass Sorges Biographie im engen Zusammenhang mit dem Schauspiel „König David" steht. Das Stück ist „ein lyrisches, von der katholisch-christlichen Inbrunst des eben bekehrten jungen Autors geprägtes Drama"[20].

Die 1918 veröffentlichte Tragödie „David" von Friedrich Sebrecht (1888–1956) ist wie fast alle seine Dramen stark vom Expressionismus geprägt.[21]

> S(ebrecht) bevorzugte bibl(ische) Stoffe, aus denen er schwerblütige, heute sehr pathetisch wirkende Tragödien schuf, die in getragener, überhöhter Sprache nicht psycholog(ische) Probleme, sondern einen Kampf der Ideen u(nd) Weltanschauungen bieten sollten.[22]

Ebenso wie Reinhard Johannes Sorge ist Friedrich Sebrecht zu den bekannteren Autoren zur Zeit der Jahrhundertwende zu rechnen. Dies gilt auch für Maximilian Böttcher (1872–1950), der das Drama „Bath-Seba. Das Weib des Uria" 1911 unter seinem Geburtsnamen veröffentlichte. Böttcher, der viele Jahre in Berlin und ab 1930 in Eisenach lebte, ist unter

---

Würzburger Stadttheaters. Siehe Lüdtke / Neuner, Literatur-Kalender, Sp. 510. Sein Drama „Bath-Seba" wurde nicht in einem Verlag publiziert und galt bis vor kurzem als vergriffen. Das einzige, noch erhaltene Exemplar der Landesbibliothek Coburg liegt mittlerweile als Digitalisat des Bühnenmanuskripts vor.

[18] Schöttker, Art. Sorge, S. 71.
[19] Siehe Bigler-Marschall, Art. Sorge, Sp. 332; Schöttker, Art. Sorge, S. 71.
[20] Nebel, Harfe, S. 194.
[21] Siehe Krumme, Art. Sebrecht, S. 484f.
[22] Ebd., S. 484.

seinem Pseudonym Hans von Unruh als Autor der Komödie „*Krach im Hinterhaus*"[23] bekannt geworden. Neben der Tragödie „*Bathseba*" verfasste er 1926 zum Erzählstoff von 2 Sam 11 noch das Versdrama „*David und Bathseba*".[24]

Auch der deutsch-jüdische Autor Emil Moses Cohn (1881–1948), der unter dem Pseudonym Emil Bernhard das Drama „*Der Brief des Uria*" 1919 veröffentlichte, erlange überregionale Bedeutung sowohl als Schriftsteller als auch in seiner Tätigkeit als Rabbiner.[25]

Nach diesen ersten Hinweisen zu den Autorinnen und Autoren der Dramatisierungen von 2 Sam 11 sollen, bevor ausgewählte Dramentexte eingehend analysiert werden, einige Auffälligkeiten und Beobachtungen zu allen Dramentexten in Bezug auf Titel und Handlungsschluss dargestellt werden.

Die 12 recherchierten Dramen aus der Zeit der Jahrhundertwende enthalten alle in ihren Titeln einen der drei Figurennamen: David, Batseba oder Urija. Daraus lässt sich rückschließen, dass der Erzählstoff von 2 Sam 11 einerseits wesentlich mit den Figuren verbunden ist, und andererseits legt dies nahe, dass diese intertextuelle Markierung über den Titel den Zeitgenossinnen und Zeitgenossen verständlich war.[26] Zugleich bestätigt die Aufnahme der Figurennamen in den Dramentitel „eine keineswegs neue Tendenz der Zeit, schon mit dem Titel die Aufmerksamkeit auf die dramatischen Hauptfiguren zu lenken, wodurch der Charakter und die Persönlichkeit pointiert werden"[27].

Auffällig ist dabei, dass in fünf Dramen die Figur Batsebas im Titel Erwähnung findet, die somit die meisten Referenzen in den Dramentitel besitzt.[28] Diese Beobachtung korrespondiert mit einer Entwicklung, wonach die Figur Batsebas, in der Literatur vor 1900 – im Unterschied zur Ikonographie, wo sie bereits im 16. Jh. n. Chr. zum bestimmenden Bildinhalt wurde – als Figur nicht prominent war, sondern stattdessen als literarisches Instrument zur Charakterisierung anderer Figuren (vor allem

---

[23] Böttcher, Krach.
[24] Hess, Art. Böttcher, Sp. 343.
[25] Genaueres zur Biographie findet sich im Abschnitt zum Schriftsteller Emil Moses Cohn, siehe S. 259–265.
[26] Zum letzteren siehe Nebel, Harfe, S. 25.
[27] Ebd., S. 25f.
[28] Siehe Alberti, Bath-Sebas Sünde; Markus, Bathseba; Lehmann, Batseba; Lepel, Bath-Seba; Spiering, Bath Seba.

David) fungiert.[29] Dies ändert sich in der Literatur der Jahrhundertwende. Die Figur Bathseba rückt nun, aus unterschiedlichen Gründen, in den Fokus des Interesses. Eine Entwicklung, die sich bereits am Dramentitel erkennen lässt, denn in den Dramatisierungen der frühen zweiten Hälfte des 19. Jh. n. Chr., wird die Figur im Titel nicht separat angeführt. Während Karl Robert Eduard von Hartmanns (1871) Dramatisierung den Titel *„David und Bathseba"* trägt, findet sich bei den Dramen von Alfred Meißner (1851) und Franz Türk (1876) die Bezeichnung *„Das Weib des Uria"*.[30] Dies ist kein Synonym für den Figurennamen Batseba, sondern steht vielmehr im Sinne einer Substitution für den gesamten Erzählstoff, die Schuld Davids an Urija.

Eine Besonderheit stellt der Titel *„Bath-Sebas Sünde"* von Paul Albertis Trauerspiel dar. Durch die Kombination des Figurennamens mit dem Nomen kommt es bereits im Dramentitel zu einer Charakterisierung Bath-Sebas als Sünderin. Auch Emil Cohns Drama *„Der Brief des Uria"* fällt aufgrund seines Titels auf, denn dort wird die Figur Urijas erwähnt und in Zusammenhang mit dem so genannten Todesbrief oder Urijasbrief gestellt.[31]

Bei der Hälfte der Dramentexte liegt der klassische Dramenaufbau im Umfang von fünf Akten vor. Dieser findet sich in den Stücken bei Alberti, Geiger, Sorge, Hartlieb, Sebrecht sowie Bernhard. Im Unterschied dazu sind die Dramen von Hellmuth und Böttcher in vier Akte und die Stücke von von Lepel und Spiering in drei Akte gegliedert. Mit den Dramen von Markus und Lehmnann liegen zudem zwei Einakter vor.

Bei den Dramatisierungen lassen sich drei Varianten des Handlungsschlusses erkennen. Die Dramen enden entweder mit dem Tod einer der Figuren, der Entsühnung Davids oder mit einem (prospektiven) Verweis auf Salomo. Bei Böttcher, Geiger und Spiering stirbt am Handlungsschluss die Dramenfigur Batseba. Ebenso häufig, dreimal, ist Urijas Tod Gegenstand des Handlungsschlusses (Markus, Bernhard, Lehmann). Lediglich bei Sorge kulminiert die Handlung im Tode Davids, denn sein Drama rezipiert die gesamten biblischen Daviderzählungen mit der Inten-

---

[29] Siehe dazu Kunoth-Leifels, Darstellung; Welzel, Bathseba. Eine Übersicht zur Figurenrezeption Batsebas findet sich im ersten Teilband dieser Untersuchung, siehe Fischer, Königsmacht, S. 438–471.
[30] Siehe Hartmann, David und Bathseba; Meißner, Weib des Urias; Türk, Weib des Urias.
[31] Siehe dazu ausführlich in der vorliegenden Arbeit, S. 219; 238–240.

tion eines sich dahinter verbergenden ewigen Gottesplanes für die Welt.[32] Albertis Drama endet mit dem Tod des im Ehebruch gezeugten Kindes. Während in den Dramen Hellmuths und Hartliebs am Handlungsschluss die Geburt Salomos thematisiert wird, richtet sich der Fokus in von Lepels Drama am Ende auf die Figur Bath-Seba, die als Mutter Salomos gerühmt wird. Das Thema der Entsühnung Davids ist Gegenstand des Handlungsschlusses bei Sebrecht und ebenso bei Schlesinger.

Eine eingehende Untersuchung aller 12 recherchierten Dramatisierungen von 2 Sam 11 ist im Kontext dieser Untersuchung aufgrund des begrenzten Rahmens nicht möglich, stattdessen soll exemplarisch an drei ausgewählten Dramentexten das kommunikative Wechselspiel zwischen biblischer Erzählung, ihren dramatischen Rezeptionen und deren historischen und kulturellen Kontexten gezeigt werden.

Die Wahl der Dramentexte für die anschließende eingehende Untersuchung richtet sich sowohl nach inhaltlichen als auch nach externen Kriterien. Für die Einordnung in den historischen und kulturellen Kontext der Dramen sowie ihrer Autorinnen bzw. Autoren ist es essentiell, dass biographisch-bibliographische Daten vorliegen. Somit scheiden die Dramentexte von Lehmann, von Lepel und Spiering aus. Da immerhin mindestens zwei Dramentexte von Autorinnen stammen, ist es naheliegend, eines dieser Stücke auszuwählen. Darüber hinaus ist als weiteres Kriterium die zeitliche Nähe zu benennen: Die Dramentexte sollten einen gemeinsamen, möglichst zeitlich engen Rahmen für ihre Entstehungszeit aufweisen. Trotz der genannten Gemeinsamkeiten ist eine Differenzierung der Dramentexte angeraten. Eine geeignete Möglichkeit, um dies sicherzustellen, bietet sich m. E., wenn die drei ausgewählten Dramentexte jeweils eine der Hauptfiguren der Dreiecksbeziehung zwischen David, Batseba und Urija in den Fokus nehmen. Die genannten Kriterien, die die Auswahl erheblich eingrenzen, werden durch folgende Dramen erfüllt:

- Albers, Paul (Pseudonym: Paul Alberti): Bath-Sebas Sünde. Trauerspiel in fünf Akten, Zürich: Caesar Schmidt 1904.
- Schlesinger, Martha (Pseudonym: Marta Hellmuth): David und Bathseba. Drama in vier Aufzügen, in: Ost und West. Illustrierte Monatsschrift für modernes Judentum 6 (1906), H. 8/9, Sp. 583–626.

---

[32] Siehe Nebel, Harfe, S. 198.

- Cohn, Emil (Pseudonym: Emil Bernhard): Der Brief des Uria. Ein Trauerspiel in Fünf Akten, Bonn: Botenverlag 1919.

Diese drei Dramentexte weisen einen engen zeitlichen Rahmen ihrer Entstehungs- bzw. Publikationszeiten auf und außerdem fokussieren sie je eine der drei Hauptfiguren. Paul Albers Drama „*Bath-Seba Sünde*" das im Jahr 1904 entstanden und veröffentlich wurde, fokussiert Bath-Seba und entwirft ein Figurenmodell, das wesentliche Züge des Weiblichkeitsentwurfs der Femme fatale aufweist. Martha Schlesingers 1906 veröffentlichtes Drama „*David und Bathseba*" nimmt hingegen – anders als der Titel vielleicht vermuten lässt – die Figur Davids in den Blick. Emil M. Cohns Drama „*Der Brief des Uria*", dass dem Titel entsprechend den Fokus auf die Figur Urija legt, weicht in Bezug auf das Erscheinungsjahr der Publikation von den beiden erstgenannten ab. Allerdings entstand das Drama bereits 1908 und ist ein Jahr später uraufgeführt worden.

Bevor diese Dramen eingehend untersucht und deren jeweilige Adaptionen des biblischen Stoffs der „David, Bathseba und Urija"-Erzählung herausgestellt werden, ist es notwendig die Kennzeichen und Kriterien dieses Erzählstoffes zu erfassen. Dazu werden im Folgenden Abschnitt Referenzelemente benannt.

3. *Referenzelemente zwischen biblischer Erzählung und deren Rezeptionen*

In diesem Abschnitt sollen Antworten gefunden werden auf folgende Fragen: Wie lassen sich die intertextuellen Beziehungen zwischen der biblischen „David, Batseba und Urija"-Erzählung und deren Dramatisierungen beschreiben? Welches Instrumentarium kann helfen, diesen Rezeptionsprozess zu beschreiben? Dabei ist es notwendig, die Elemente zu benennen, die diesen intertextuell verstandenen Prozess auslösen (können).

Für die Analyse der Relation zwischen den Dramentexten und der biblischen „David, Batseba und Urija"-Erzählung wird im Folgenden der Begriff „*Referenzelement*" (RE) eingeführt. Mit diesem Terminus werden jene Elemente bezeichnet, die, abgeleitet vom biblischen Text in 2 Sam 11 und seiner Rezeptionsgeschichte, Charakteristika des biblischen Erzählstoffes darstellen. Die im Anschluss vorgestellte Auflistung von RE dient als Analyseinstrumentarium, um einerseits aufzuzeigen, welche der Charakteristika der Erzählung in 2 Sam 11, wie sie u. a. in der exegetisch-narratologischen Analyse herausgearbeitet wurden, in den Dramentexten vorhanden sind. Andererseits wird bei der Analyse der RE der Fokus auf jene Passagen der Dramentexte gerichtet, die keine RE aufweisen. Durch die Auslassung von RE stellt sich für solche Passagen die Frage ihrer Provenienz. Handelt es sich um Aufnahme zeitgenössischer Diskurse alltagskultureller bzw. wissenschaftlicher Art oder findet eine Anpassung an zeitgenössische literarische Konzepte oder ästhetische Strömungen statt?

Die folgenden Ausführungen zielen darauf, die verschiedenen Ansätze zur Ableitung von RE vorzustellen. Zunächst werden die Ergebnisse des ersten Bandes der Untersuchung, der exegetisch-narratologischen Auslegung der biblischen „David, Batseba und Urija"-Erzählung, aufgegriffen und davon ableitend, RE benannt.[1] Um die unterschiedlichsten Ergebnisse besser zu überblicken, bietet sich deren Systematisierung an. Dabei ist zwischen RE zu unterscheiden, die entweder Elemente der biblischen Erzählung aufgreifen und wiedergeben oder solchen, die auf indeterminierte Stellen Bezug nehmen und entweder Leerstellen füllen oder Ambiguitäten auf eine einzige Deutung festlegen. Eine weitere Differenzierung basiert auf den Ergebnissen der Figurenanalyse zum Symptom im Rahmen der der narratologischen Analyse.[2] Dort wurden Linien innerhalb der Traditionen und Rezeptionen zu den Figuren Davids, Batsebas, Urijas und Joabs aufgezeigt, die als solche gar nicht oder nur ansatzweise im begrenzten Korpus von 2 Sam 11 enthalten sind. Es handelt sich hierbei um das Wissen zu biblischen Figuren, das sich aus der Auslegungs- und Rezeptionsgeschichte ableitet und sich mit dem Wissen aus den biblischen Texten, worunter 2 Sam 11 und andere Texte zählen, deckt.[3] Ein Beispiel dafür stellt die Traditionslinie zur Figur Batsebas dar, wonach der Figur eine verwandtschaftliche Beziehung zu Ahitofel zugesprochen

---

[1] Vgl. Fischer, Königsmacht, S. 581–619.
[2] Vgl. ebd., S. 391–396; 438–471; 503–516; 538–544.
[3] Das „Bibelwissen", ein Begriff, der im Folgenden eingeführt und ausführlich vorgestellt wird, bezeichnet jenes Wissen um biblische Figuren, Motive oder Stoffe, das sich gerade nicht mit dem Wissen aus den alttestamentlichen Texten deckt. Als Beispiel dafür lässt sich Batsebas Nacktheit anführen. In der biblischen Erzählung gibt es keinen Hinweis darauf, dass sie nackt ist. Die Beschreibung des Figurenkörpers ist eine Leerstelle. Das Wissen um ihre Nacktheit findet sich nicht in der biblischen Erzählung, sondern ist, wie in der Figurenanalyse zu Batseba gezeigt, ein Ergebnis der Wirkungs- und Rezeptionsgeschichte dieses Textes. Siehe dazu den Exkurs „,Batseba' im Bilde – Die europöische Kunstproduktion" in: Fischer, Königsmacht, S. 461–463.

wird.[4] Das Wissen um die familiäre Relation zwischen den beiden Figuren lässt sich in den alttestamentlichen Erzähltexten unter Annahme einer Kongruenz Eliams in 2 Sam 11,3 und 2 Sam 23,34 belegen. Solche rezeptions- und traditionsgeschichtlichen Linien nehmen Einfluss bei der Etablierung von Figurenmodellen, indem sie auf die mentalen Dispositionen der Lesenden Auswirkungen haben. Aus diesem Grund werden die Ergebnisse der symptomatischen Figurenanalyse mit ihren Hinweisen auf figurenbezogene Linien der Rezeption in einem eigenständigen Abschnitt als RE benannt.

Darüber hinaus gibt es neben den Anknüpfungspunkten, die sich aus den Ergebnissen der exegetisch-narratologischen Analyse ableiten, weitere außertextuelle Elemente, die konstruktiv für einen Vergleich von biblischer Vorlage und literarischer Rezeption herangezogen werden können, um so die Spezifik und Besonderheit der jeweiligen Rezeption herauszuarbeiten. Ein solches Element stellt die Bibelübersetzung bzw. die Bibelausgaben dar, die der Rezeption zugrunde gelegen haben bzw. die dem Autor bzw. der Autorin vorlagen. Auf die Spezifik von Bibelübersetzungen weist Marianne Grohmann hin, denn „(j)ede Bibelübersetzung ist Rezeption, Aufnahme in einen neuen Kontext [...]. Gleichzeitig ist jede Rezeption ein Übersetzungs- und Transformationsvorgang"[5].

Den Bibelübersetzungen liegt jeweils eine Intention zugrunde, sie unterscheiden sich nicht nur in ihrem Wortlaut als Offenbarungsliteratur, sondern den verschiedenen Bibelübersetzungen sind spezifische theologische Grundausrichtungen eigen, wie dies an der Gestalt und dem Umfang des jeweiligen Kanon ersichtlich wird.[6] Die Wahl einer Bibelübersetzung ist somit meist nicht willkürlich, sondern kann von einer religiösen oder konfessionellen Zugehörigkeit bestimmt sein. Auch ästhetische oder translationswissenschaftliche Ansprüche können entscheidend bei der Auswahl sein.[7] Zudem besitzen einige Übersetzungen eine kulturelle Hegemonie – im deutschsprachigen Raum ist an die Lutherübersetzung zu denken. In diesem Zusammenhang ist auf die Wirkmächtigkeit von Luthers Bibelübersetzung hinzuweisen, „die im Verbund mit seiner ‚sola-scriptura'-Lehre und den engen Bezügen zur Herausbildung einer deutschen Hochsprache die Wörtlichkeit der biblischen Texte zusätzlich ak-

---

[4] Vgl. Fischer, Königsmacht, S. 549–552.
[5] Grohmann, Vorwort, S. 7f.
[6] Siehe ebd., S.7f.
[7] Vgl. Nord, Version, S. 146f.

zentuierte."⁸ Mit dieser Vorannahme, dass die Wahl der Bibelübersetzung nicht zufällig, sondern intendiert ist, sind die Dramentexte nach den ihnen zugrundeliegenden Bibelübersetzungen zu befragen. Um welche Übersetzung es sich handelt, lässt sich einerseits innertextlich erkennen, z. B. anhand von expliziten Bibelzitaten oder durch die Benennung der verwendeten Bibelübersetzung. Andererseits können außertextlich Rückschlüsse auf die verwendete Bibelübersetzung gezogen werden, indem Nachlässe oder Korrespondenzen der Autoren Aufschluss darüber liefern. An diesem Punkt soll bereits auf die Schwierigkeiten hingewiesen werden, die sich bei der Anwendung dieses RE im Rahmen der Analyse ergeben. Nicht immer lassen sich in den Dramentexten eindeutige Hinweise darauf finden, ob oder welche der vielen Bibelübersetzungen um 1900 zugrunde liegen. Zudem sind neben den bekannteren Autoren wie Lion Feuchtwanger, Reinhard Johannes Sorge und Emil Cohn die meisten Schriftstellerinnen und Schriftsteller der Dramentexte eher unbekannt, was die Suche nach den verwendeten Bibelübersetzungen z. B. durch Sichtung von Nachlässen oder Forschungsliteratur erheblich erschwert bzw. unmöglich macht. Die folgenden Dramenanalysen werden zeigen, inwieweit dieses RE Anwendung finden kann.

Neben der Bibelübersetzung gibt es gelegentlich in literarischen Rezeptionen Hinweise darauf, dass die Schriftstellerinnen und Schriftsteller beratend von Experten aus den Bereichen der Exegese und Altorientalistik unterstützt wurden. Ein bekanntes Beispiel aus der neueren Literatur, in der die Figur David rezipiert wird, stellt der „*König David Bericht*" von Stefan Heym dar.⁹ Im Vorwort seines Werkes dankt Heym dem Exegeten Walter Beltz, der damals wissenschaftlicher Mitarbeiter und später langjähriger Professor für Orientalistik und Religionsgeschichte an der Universität Halle war, für die beratende Unterstützung bei der Entstehung des Werkes.¹⁰ Somit greift der Autor Heym auf fachwissenschaftliche Kompetenz zurück,¹¹ wodurch in sein Werk bibelhermeneutische und exegetische Ansätze der damaligen Zeit, konkret des Exegeten Beltz, Eingang fanden.

---

[8] Polaschegg, Bibelwissen, S. 212.
[9] Siehe Heym, Bericht, S. 5.
[10] Vgl. Rusterholz, Heym, S. 819.
[11] Siehe Dietrich, Ethan, S. 19: „Man darf diesem Mann [Walter Beltz, A.F.] zutrauen, dass er Heym über den seinerzeitigen Stand der exegetischen Forschung an den Samuelbüchern informiert bzw. ihm wichtige einschlägige Literatur genannt hat."

Da eine solche Kooperation auch für die Jahrhundertwende nicht auszuschließen ist, bedarf es eines RE, das den Rezeptionskontext der Dramentexte im Hinblick auf den Einbezug solch einer fachlichen Kompetenz thematisiert. Die exegetische Forschung um die Jahrhundertwende ist zum einen wesentlich durch die historisch-kritische Auslegung bestimmt. Zum anderen gewinnt die archäologische Erforschung Palästinas, die ab der Mitte des 19. Jahrhunderts einsetzte und Ausgrabungen in Jerusalem und später in weiteren Teile des Landes umfasst, um die Jahrhundertwende an Popularität, denn „(d)as Interesse an der Erforschung des Heiligen Landes war eng mit der wissenschaftlichen Erkundung des Alten Orients verbunden"[12].

Neben den RE, die erstens von den Ergebnissen der exegetisch-narratologischen Analyse abgeleitet werden und zweitens in Bezug zur Bibelübersetzung und ggf. wissenschaftlichem Rezeptionskontext stehen, ist drittens nach jenem Wissen um biblische Figuren, Handlungen oder Stoffen zu fragen, das kulturell und literaturgeschichtlich relevant geworden ist, sich jedoch nicht mit dem biblischen Wissen aus den alt- und neutestamentlichen Texten deckt. Subsumiert wird dies im Folgenden unter dem von Andrea Polaschegg eingeführten Begriff „Bibelwissen". Um Missverständnissen zuvor zu kommen, soll bereits hier darauf verwiesen werden, dass unter dem Begriff „Bibelwissen" in der vorliegenden Arbeit gerade nicht das bibelkundliche Wissen bzw. Einleitungswissen verstanden wird sondern jenes Wissen um biblische Stoffe, das als historisch gebundenes Wissen zur Bibel produziert wurde, sich aber nicht mit dem biblischen Wortlaut deckt. Weitere Ausführungen zum Bibelwissen sowie Beispiele und Konsequenzen daraus für den Lesevorgang und das Textverständnis finden sich im Abschnitt *3.3 Bibelwissen – „Steht es nicht so geschriebendes?*

Die anschließende Grafik fasst die verschiedenen Ansätze zur Ableitung von RE zusammen, die in der vorliegenden Untersuchung Anwendung finden:

---

[12] Vieweger, Art. Archäologie, 1.

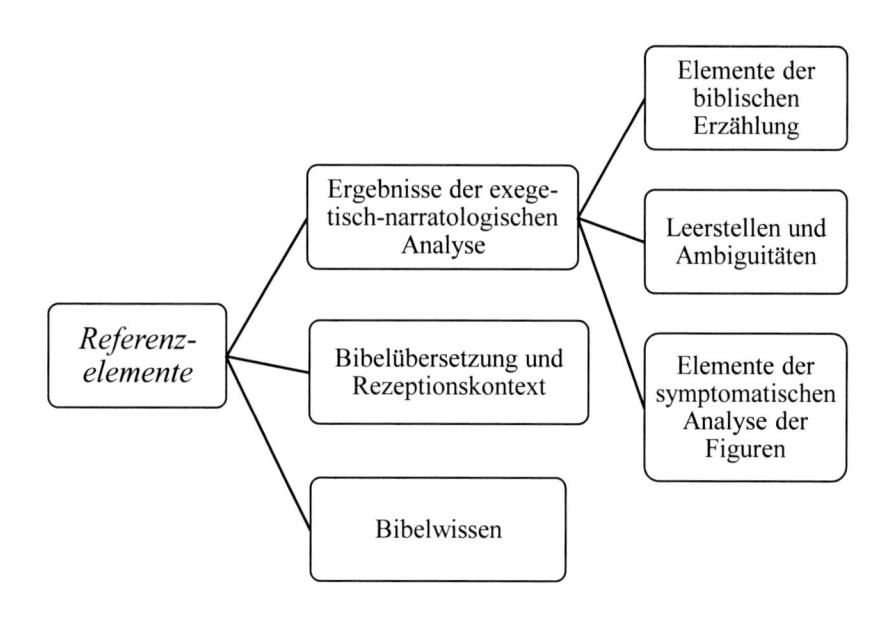

```
                                    ┌─────────────────┐
                                    │ Elemente der    │
                                    │ biblischen      │
                                    │ Erzählung       │
                                    └─────────────────┘
                   ┌──────────────────┐
                   │ Ergebnisse der exege-│
                   │ tisch-narratologischen│   ┌─────────────────┐
                   │ Analyse          │      │ Leerstellen und │
                   └──────────────────┘      │ Ambiguitäten    │
                                              └─────────────────┘
┌──────────────┐
│ Referenz-    │   ┌──────────────────┐      ┌─────────────────┐
│ elemente     │   │ Bibelübersetzung und│   │ Elemente der    │
└──────────────┘   │ Rezeptionskontext│      │ symptomatischen │
                   └──────────────────┘      │ Analyse der     │
                                              │ Figuren         │
                                              └─────────────────┘
                   ┌──────────────────┐
                   │ Bibelwissen      │
                   └──────────────────┘
```

Abb. Übersicht zur Ableitung der RE

Bevor die einzelnen Ansätze nun weiter vorgestellt und die daraus abgeleiteten RE benannt werden, sind einige Überlegungen zu transgenerischen Prozessen notwendig. Wie eingangs gezeigt, ist die dramatische Rezeption der „David, Batseba und Urija"-Erzählung um 1900 äußerst signifikant innerhalb der Rezeptionsgeschichte dieses biblischen Textes. Mit der rezeptionsorientierten Analyse von Dramentexten wird in Bezug auf die biblische Erzählung zugleich ein Wechsel innerhalb der literarischen Genres vollzogen.

In diesem Zusammenhang stellt sich zunächst die Frage, was ist ein Drama? Peter W. Marx weist im *„Handbuch Drama"* darauf hin: Den meisten Dramentheorien sei gemeinsam,

> dass sie das Drama in der Spannung von *Textualität* vs. *Performativität* verorten – auch wenn die Begrifflichkeit nur selten so explizit genannt wird. Textualität meint hier in einem weiten Sinn die Verfasstheit in einem ‚Speichermedium' sowie die Lesbarkeit, die auf spezifischer Organisation und semantischer Kohärenz basiert […]. Performativität hingegen kann als der tatsächlich situative

(Sprach-)Handlungsvollzug verstanden werden. Das Drama steht nun zwischen diesen beiden Polen.[13]

Diese Performativität, die Ausrichtung auf die szenische Darstellung, ist, darauf verweist Marx weiter, wiederholt zum Fixpunkt bei der Gattungsbestimmung geworden.[14]

Insofern unterscheiden sich Dramen aufgrund ihrer Gattungsspezifik von Erzählungen, denn Dramen stellen eine „direkte leibhafte Präsentation einer Geschichte durch lebendige Schauspieler in ihren körperlichen Aktionen und Reden"[15] dar. Von dieser konkreten und mimetischen Repräsentation leitet sich der entscheidende Unterschied zu Erzählungen ab, denn Dramen funktionieren im Unterschied zu den Erzählungen auch ohne eine (diegetische) Vermittlung durch die Erzählstimme, der personalisierten Erzählinstanz. Diese Unterscheidung besaß lange Zeit Gültigkeit und war bis in das 19. Jahrhundert die markante Gattungsdifferenz.[16] Dies änderte sich durch den ab der Mitte des 19. Jahrhunderts einsetzenden und vor allem zu Beginn des 20. Jahrhunderts vollzogenen Theaterboom, der einerseits an der übermäßigen Anzahl von neueröffneten Theaterhäusern erkennbar ist und andererseits eine Ausdifferenzierung theatraler Gattungen sowie Aufführungsformen auslöste.[17] Eine Hinwendung und Aufnahme von zeitgenössischen Erkenntnissen, wie beispielsweise aus der Psychoanalyse Jungs oder Freuds, führte zur Abkehr von der antiken Tradition des Dramas. Mit Blick auf diese Neuerungen manifestiere sich, so Szondi, ab 1880 „eine ‚Krise' der klassischen Konzeptionen des ‚absoluten Dramas', die schließlich zur Integration vor allem epischer Stilmittel ins Drama der ersten Hälfte des 20. Jahrhunderts führen wird"[18].

---

[13] Marx, Dramentheorie, S. 1.
[14] Siehe ebd., S. 5.
[15] Lahn / Meister, Erzähltextanalyse, S. 261.
[16] Richardson fasst dies in der prägnanten Formulierung: „fiction was narrated, while drama was merely enacted". Richardson, Drama, S. 151.
[17] Siehe dazu die weiteren Ausführungen von Leonhardt, Theaterboom, S. 283, sowie die dort genannte weiterführende Literatur.
[18] Boenisch, Absolutheit, S. 157. Der Begriff *Absolutheit des Dramas* geht zurück auf Peter Szondi, der diesen Ansatz in seiner Monographie zur *„Theorie des modernen Dramas, 1880–1950"*, die er 1956 veröffentlichte, entfaltete. Siehe Boenisch, Absolutheit, S. 157–159. Mit *Absolutheit des Dramas* ist ein idealtypisches Konstrukt bezeichnet, das zugleich als Gegenbegriff zur Ausdifferenzierung der Dramengattungen sowie der Aufführungspraktiken im ausgehenden 19. Jahrhundert fungiert. Boenisch

In diesem Zusammenhang kommt es beispielsweise zur Ausgestaltung differenzierter Vermittlungsebenen, indem eine extradiegetische, personalisierte Erzählerfigur eingesetzt wird, wie z. B. in Bertolt Brechts *„Der Kaukasische Kreidekreis"* oder Thornton Wilders *„Our Town"*.[19] Aber auch andere Merkmale dramatischen Erzählens erscheinen, wie Chorreden oder Figuren, die das Drama in Form eines Prologs oder Epilogs rahmen.

Unter den Organisationsformen dramatischer Rede besitzen Monodramen, Monologe, aber auch Botenberichte eine hohe Narrativität. Auch Zuhöreradressierungen, selbstreflektierende oder meta-dramatische Kommentare sowie Verweise auf Metalepsen und selbstreferentielle Techniken wie das *„play-within-the-play"*[20] können als Merkmale dramatischen Erzählens aufgefasst werden.[21] Ein weiteres, wesentliches narratives Element in Dramen stellen die Figuren dar, die eine Geschichte erzählen oder anderen Figuren einige Ereignisse berichten bzw. erzählend vermitteln.[22]

Diese literatur- und dramengeschichtliche Entwicklung, wonach vor allem ab dem 20. Jahrhundert vermehrt narrative Elemente Eingang in die Dramen finden, korrespondiert mit der Auffassung, „daß das Narrative nicht auf bestimme (z. B. literarische) Textgenres beschränkt ist, sondern in einer Vielzahl von Gattungen, Texttypen und Medien in Erscheinung

---

stellt die Besonderheit des *absoluten Dramas* heraus, indem er auf drei typische Aspekte verweist. Erstens ist das Drama absolut präsent, weshalb „(d)ramaturgische Formen wie Prolog, Epilog oder Chor, die über diesen absoluten Augenblick hinausweisen [...] zugunsten des gegenwärtigen Dialogs verdrängt werden". Boenisch, Absolutheit, S. 158. Zweitens herrscht in diesem Dramentypus absolute Inter-Subjektivität vor. In den Dialogen, die sich als Akte entfalten, wird das Drama konstituiert. Diesem Verständnis widersprechen Gestaltungsformen wie der Monolog oder das vor allem im modernen Drama häufig inszenierte Interesse am Innen- bzw. Seelenleben der Figuren. Drittens ist das *absolute Drama* gekennzeichnet durch eine „absolut finale Sukzession: Jedes Element, und dabei vor allem jede Replik in einem Dialog, zeitigt eine Folge, die in die abgeschlossene Kausalkette der Dramenhandlung eingegliedert und in dieser syntaktischen Verknüpfung nicht verschiebbar ist." Boenisch, Absolutheit, S. 159. Das *absolute Drama* weist eine Zeitstruktur auf, die final determiniert ist. Siehe ebd., 159.

[19] Siehe Hühn / Sommer, Art. Narration, 2.
[20] Ebd., S. 2.
[21] Siehe ebd., 2.
[22] Richardson, Drama, S. 151.

tritt"²³. Hierbei handelt es sich um eine Erkenntnis der narratologischen Forschung der letzten 25 Jahre. Ansgar und Vera Nünning weisen darauf hin, dass die erzähltheoretische Forschung in den vergangenen Jahren mehrere Öffnungen und Erweiterungen in Form von transgenerischen, intermedialen und interdisziplinären Ansätzen erfahren hat.²⁴

Eine Voraussetzung dafür ist die Festlegung des Gegenstandsbereichs von Erzähltheorie und Texttypologien auf einen weiten Begriff von Narrativität. Dieser ist zu unterscheiden von dem „engen" Begriff von Narration, der bei jenen Ansätzen vorliegt, die den Erzählvorgang in den Fokus rücken und die erzählerische Vermittlung als *das* konstitutive Element etablieren.²⁵ In diesem Sinne bekommen nur dann Genres eine Narrativität zugesprochen, wenn diese verbal erzählt werden oder in ihnen eine vermittelnde Erzählinstanz erkennbar ist.²⁶ Unter diesem engen Begriff von Narrativität lassen sich Erzählgenres wie Epen, Romane, Novellen, Kurzgeschichten, Alltagserzählungen sowie Geschichtswerke subsumieren.

Im Unterschied dazu herrscht bei einem „weiten" Begriff von Narrativität, wie er beispielsweise der Erzähltheorie Barthes' zugrunde gelegt ist, die Auffassung vor, „daß Erzählungen (im Gegensatz zu Beschreibungen, Abhandlungen und anderen Texttypen) durch eine zeitlich organisierte Handlungssequenz definiert sind, in der es durch ein Ereignis zu einer Situationsveränderung kommt"²⁷. Das Kennzeichen von Narrativität wäre nach diesem (weiten) Verständnis die *Handlung*.

---

[23] Nünning / Nünning, Grenzüberschreitungen, S. 9.
[24] Vgl. ebd., S. 4.
[25] Siehe ebd., S. 6.
[26] Vgl. Stanzel, Theorie, S. 15–38. Auch Genette legt seiner Erzähltheorie einen eher „engen" Begriff von Narrativität zugrunde, wonach das spezifisch charakteristische Merkmal der Narrativität in der verbalen Vermittlung von fiktionalen Geschichten liegt. Nünning und Sommer benennen die Problematik von Genettes Narrativitätsbegriff in Bezug auf einen transgenerischen Ansatz: „If one follows Genette, neither the dramatic representation of stories on the stage nor their transmission by what he terms extranarrative media (film, comic, strip, etc.) can be termed ‚narrative', and neither are phenomena that are genuinely interesting to narratology or, more specifically, to discourse-oriented narratology." Nünning / Sommer, Narrativity, S. 344.
[27] Nünning / Nünning, Grenzüberschreitungen, S. 6. Ausgehend von diesem weiten Verständnis von Narrativität − „(t)he narratives of the world are numberless" − fasst Barthes eine Vielzahl unterschiedlicher Genres: „narrative is present in myth, legend, fable, tale, novella, epic, history, tragedy, drama, comedy, mime, painting (thinks of

In Bezug auf diesen „weiten" Begriff und der weiter oben vorgestellten, grundlegenden Beobachtung, dass narrative Elemente Gegenstand von Dramen sind, entwickelten sich in der erzähltheoretischen Forschung der vergangen Jahre mehrere transgenerische Ansätz zwischen Drama und Narratologie.[28] Eine Grundauffassung dabei stellt die These dar, dass

> die Narratologie nicht nur für die Untersuchung der Handlung und der Figuren im Drama relevant [ist, A. F] [...], sondern auch für eine Vielzahl weiterer Aspekte der Dramenanalyse, die bislang von einer normativen Gattungstheorie weitgehend ausgeblendet wurden.[29]

Als wesentliche Untersuchungen des transgenerischen Zugangs zum Drama lassen sich unter anderem die Arbeiten von Manfred Jahn, Brian Richardson, Monika Fludernik sowie Ansgar Nünning und Roy Sommer nennen.[30]

Nach Jahn stellt das Theaterstück eine narrative Welt im Sinne einer Diegese dar, die sich grundsätzlich nicht von anderen narrativen Welten unterscheidet.[31] In seinem Aufsatz postuliert er im Anschluss an Chatman, dass in Dramen Erzählinstanzen omnipräsent sind, die je nach Drama teilweise mehr oder minder als personalisierte Sprecherinnen bzw. Sprecher zu erkennen sind. Das konstitutive Element aller narrativen Gattungen ist eine

> structurally mediated by a first-degree narrative agency which, in a performance, may either take the totally unmetaphorical shape of a vocally and bodily present narrator figure (a scenario that is unavailable in written epic narrative), or be a disembodied ‚voice' in a

---

Carpaccio's Saint Ursula), stained glass windows, cinema, comics, news item, conversation." Barthes, Image, S. 79.

[28] Eine Übersicht liefern Hühn und Sommer, siehe Hühn / Sommer, Art. Narration, 3.1. Als Bezeichnung für dieses transgenerische Konzept wählen Nünning und Sommer „Narratologie des Dramas". Siehe Nünning / Sommer, Drama, S. 105.

[29] Ebd., S. 107.

[30] Vgl. Jahn, Voice, S. 659–679; Richardson, Drama, S. 142–155; Fludernik, Narrative, S. 353–381; Nünning / Sommer, Drama, S. 105–128; Nünning / Sommer, Narrativity, S. 329–352.

[31] Siehe Jahn, Voice, S. 674f.

printed text, or remain an anonymous and impersonal narrative function in charge of selection, arrangement, and focalization.[32]

Darüber hinaus plädiert er dafür, dass auch Bühnenanweisungen diegetisch zu betrachten sind und etabliert ein Kommunikationsmodell, das er von Chatmans Texttypen-Modell her ableitet und davon ausgehend modifiziert. Jahn führt die strikte Unterscheidung zwischen Text und Performanz ein. Er fordert, „(t)he playscipt [...] must be accepted as a ‚readable' medium *sui generis*"[33], wodurch der Dramentext bzw. das *playscript* von seinen Realisierungen im Theater zu differenzieren sind.

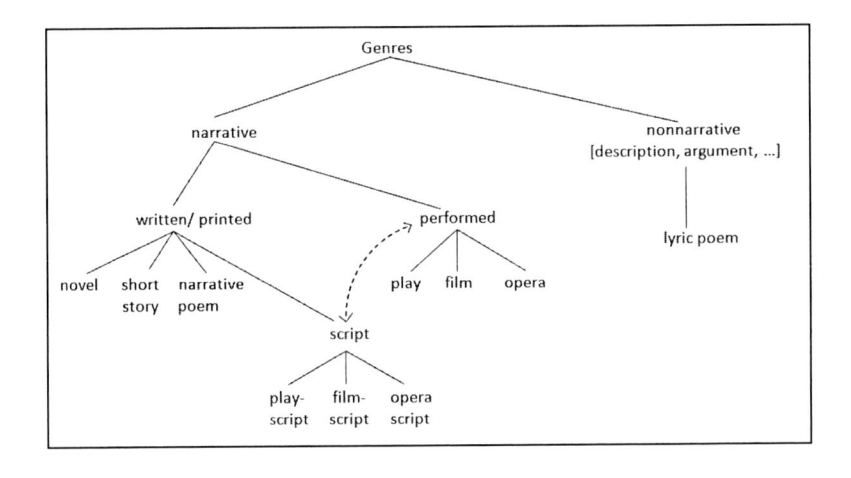

```
                              Genres
                   /                        \
              narrative                   nonnarrative
             /        \                [description, argument, ...]
    written/printed    performed              |
       /  |  \         /  |  \            lyric poem
  novel short narrative play film opera
        story poem
                      script
                    /   |   \
                 play- film- opera
                 script script script
```

Abbildung: Klassifikation von Texttypen nach M. Jahn[34]

Basierend auf dieser grundsätzlichen Unterscheidung zwischen Text (*written* oder *printed*) und *performance* sowie mit der damit einherge-

---

[32] Jahn, Voice, S. 674. Diese Auffassung einer übergeordneten, vermittelnden Erzählinstanz, die in dramatischen Texten Szenen auswählt, segmentiert sowie kombiniert und die Perspektive auf diese lenkt, lässt sich auch für Dramen voraussetzen. Diese Erzählinstanz kann mit dem Konzept des „abstrakten Autors" bezeichnet werden. Siehe Schmid, Elemente, S. 61; Hühn / Sommer, Art. Narration, 2.
[33] Jahn, Voice, S. 675.
[34] Ebenda.

henden Betonung des Dramentextes (*playscript*) als Lesemedium *sui generis* liefert Jahn für die vorliegende Untersuchung eine wesentliche Voraussetzung. Die ausgewählten Dramentexte werden aufgrund fehlender medialer Vergegenwärtigungen – seien es filmische Aufnahmen von Inszenierungen aus der damaligen Zeit oder sei es die nochmalige Aufnahme der Dramen in den Spielplan späterer Jahre oder der Gegenwart – ausschließlich anhand des *playscript* analysiert. Darüber hinaus leitet sich von Jahns Postulat einer omnipräsenten, mehr oder weniger personalisierten Erzählinstanz für die Ableitung der RE die Konsequenz ab, dass aus der narratologischen Analyse auch die Erkenntnisse zur Erzählstimme für den komparativen Vergleich zwischen biblischer Erzählung und den Dramentexten fruchtbar gemacht werden können. Die konkrete Umsetzung wird im folgenden Abschnitt geklärt.

Neben dem Ansatz von Jahn erweist sich die Überblicksstudie „*Drama and narrative*"[35] und die darin dargestellten Untersuchungen von Brian Richardson als ebenfalls hilfreich. Richardson zeigt in seinem Aufsatz, dass die wichtigsten narratologischen Hauptkategorien (*Figuren*, *Handlung*, *Erzählende*, *Zeit* und *Raum*) auf Dramen allgemein und im Speziellen anhand des Beispiels „*Endgame*" (1965) von Samuel Beckett und darüber hinaus weiterer dramatischer Beispiele fruchtbar angewendet werden können. Daneben weist er auf markante Unterschiede bei den Applikationen narratologischer Kategorien auf Dramentexte hin, durch die das terminologische Verständnis jener Erzähltheorien und die darunter subsumierten theoretischen Ansätze bereichert werden.[36]

Wie diese transgenerischen Ansätze zeigen, können neben *Handlung* und *Figuren* auch weitere narratologische Kategorien auf Dramentexte angewendet werden. Mit Blick auf die vorliegende Untersuchung ist die Ableitung von RE, die anhand der biblischen Erzählung in 2 Sam 11 unter Anwendung von narratologischen Kategorien erschlossen worden, gesichert. Zugleich sensibilisieren diese transgenerischen Ansätze dafür, dass bei der Ableitung der RE von den einzelnen Erzählkategorien ggf. Variationen und Anpassung in Hinblick auf die Dramentexte notwendig sind.

---

[35] Vgl. Richardson, Drama, S. 142–155.
[36] Siehe ebd., S. 154.

3.1 Ableitung der Referenzelemente aus den Ergebnissen der exegetisch-narratologischen Analyse

3.1.1 Elemente der biblischen Erzählung

Bei der Benennung von RE werden zunächst die Egebnisse der exegetisch-narratologischen Analyse aufgegriffen und mit Blick auf die oben benannte transgenerische Ausrichtung formuliert. Nach einer kurzen Vorstellung der RE sind diese in Form einer tabellarischen Auflistung dargestellt und werden mit einer Nummer versehen.

Dieser Schritt ist notwendig, da durch die Erstellung einer Liste mit RE ein übersichtliches Analyseinstrumentarium für die Dramentexte und ihren Vergleich mit der biblischen „David, Batsebas und Urija"-Erzählung geschaffen wird. Außerdem erleichtert diese Aufstellung die Durchführung des Vergleichs immens und spezifiziert den Untersuchungsfokus. Mit Hilfe dieses Vergleichsinstrumentariums lässt sich beispielsweise aufzeigen, welche der Elemente in den Dramen adaptiert werden. Von besonderer Prägnanz sind dabei die Fragen, ob es einzelne RE oder gar eine Kombination aus diesen gibt, die sich als konstitutiv für die Dramentexte um 1900 erweisen. Durch die Zusammenstellung von RE in der gewählten Form wird es zudem möglich sein, die Häufigkeit sowie die Frequenz ihres Auftretens innerhalb der ausgewählten Dramen zu untersuchen und die RE hinsichtlich möglicher Variationen oder Umdeutungen zu betrachten.

Aufgrund der Summe von Erkenntnissen über Charakteristika der biblischen Erzählung in 2 Sam 11 und für die Wahrung der Übersichtlichkeit ist eine zusätzliche Systematisierung der Kategorie *Elemente der biblischen Erzählung* notwendig. Diese Ergebnisse der exegetisch-narratologischen Analyse werden nachfolgend entsprechend der narratologischen Kategorien in *Handlung, Perspektive, Erzählstimme* und *Figuren* unterteilt. Mit Hilfe der übergeordneten Systematisierung in *Ergebnisse der exegetisch-* dieser und *narratologischen Analyse, Bibelübersetzung und Rezeptionskontext* sowie *Bibelwissen* wird es zudem in der anschließenden Analyse der Dramentexte leichter, aufzuzeigen, auf welche der genannten Rubriken ein nachgewiesenes RE zurückgeht.

3.1.1.1 Handlung

Unter dem ersten RE werden die 25 Handlungselemente der „David, Batseba und Urija"-Erzählung subsumiert, die in der narratologischen

Analyse als konstitutiv für die Handlung herausgestellt wurden.[37] Die Reihenfolge der benannten Handlungselemente richtet sich nach deren Reihung innerhalb der *Geschichte* von 2 Sam 11.[38] In Bezug auf dieses RE ist zu überprüfen, welche *Handlungselemente* von 2 Sam 11 in den Dramentexten aufgenommen und welche ausgelassen werden. Darüber hinaus sind die zu untersuchenden Dramentexte auf Umordnungen der Handlungselemente im dramatischen Gefüge zu befragen.

Ausgehend von den Erkenntnissen der Handlungsanalyse werden darüber hinaus die *Handlungsenden* als zweites RE etabliert. Die biblische Erzählung setzt mit der Konstituierung einer fiktionalen Welt mit eigenen Gesetzen und Figurenkonstellationen ein. Diese fiktionale Welt basiert auf der räumlichen Konstruktion der beiden Hauptschauplätze Rabba und Jerusalem. Die Handlung endet mit einem doppelten Erzählschluss. Auf das scheinbare *happy end* folgt die explizite Verurteilung von Davids Taten durch die Gottesfigur bzw. die übergeordnete Erzählinstanz (Erzählstimme).

Unter dem RE Nr. 2a ist demnach zu fragen, ob dieser Handlungsbeginn identisch ist mit der Exposition des Dramas oder ob der Dramentext eine Vorgeschichte umfasst, die z. B. in Form eines Prologs vermittelt wird. Der Prolog stellt aufgrund seiner rekapitulierenden oder enthüllenden Vorgeschichte ein „neuralgisches Moment im Drama"[39] dar und ist entweder als handlungsexterner Beginn oder handlungsinterne Exposition dargestellt.[40]

> Diese separate Textpartie kann eine Huldigung an das Publikum und seine Begrüßung enthalten, kann das Stück sowie seine Figuren vorstellen, Handlungszusammenhänge andeuten, also Vorausdeutung liefern, und didaktische, moralische sowie sozialkritische Auslegungen des Inhalts entwickeln.[41]

---

[37] Vgl. Fischer, Königsmacht, S. 217–246.
[38] Mit dem Begriff *Geschichte* wird narratologisch ein Handlungselement verstanden. Werden die *Ereignisse* als kleinster Einheit einer Handlung, in einem *Geschehen* als chronologisch geordnete Sequenzen aufeinander bezogen und auch kausal in Beziehung zueinander gesetzt, so handelt es sich um eine zusammenhängende *Geschichte*. Die dargestellten Veränderungen werden erst dann zu einer *Geschichte* (im Unterschied zur Sequenz des *Geschehens)*, wenn diese motiviert sind. Siehe dazu Fischer, Königsmacht, S. 202–205.
[39] Schößler, Dramenanalyse, S. 57.
[40] Siehe ebenda.
[41] Ebenda.

Der Handlungsschluss der zu untersuchenden Dramentexte ist hinsichtlich seiner Kongruenz gegenüber dem Ende der biblischen Erzählung zu befragen. Liegt eine solche Kongruenz nicht vor, so sind die Dramenenden näher zu untersuchen. Handelt es sich beispielsweise um eine geschlossene Dramenform, so ist im Kontext des Handlungsendes danach zu fragen, ob dieser der Tragödienkonvention entspricht, wonach sich „die Katastrophe im 5. Akt [...] aus den vorangegangenen Ereignissen ergeben"[42] sollte. Die beiden ersten RE werden folgend im tabellarischen Überblick zusammengefasst:

Nr.	Referenzelement
1	Handlungselemente
a	David sendet Joab, seine Diener mit ihm und ganz Israel aus
b	David bleibt in Jerusalem
c	David sieht eine Frau sich waschen
d	Die Frau ist von sehr schönem Aussehen (Eigenschaftsaussage)
e	Waschende Frau wird als Batseba, Tochter Eliam, Frau Urijas identifiziert (Eigenschaftsaussage)
f	David lässt sie nehmen
g	David liegt bei ihr
h	Frau wird schwanger
i	David sendet zu Joab
j	Urija kommt zu David
k	Urija legt sich an den Eingang des Palastes
l	Aber zu seinem Haus stieg er nicht hinab (Zustandsaussage)
m	Urija bleibt in Jerusalem
n	Aber zu seinem Haus stieg er nicht hinab (Zustandsaussage)
o	Urija geht aus dem Palast, um sich auf sein Lager bei (den) Dienern seines Herrn zu legen
p	David schreibt einen Brief an Joab
q	Motiv des Todesbriefes: Wiedergabe des Briefinhalts
r	Joab stellt Urija an die gefährdete Stelle
s	Urija stirbt
t	Joab sendet aus
u	Bote berichtet David alles

---

[42] Schößler, Dramenanalyse, S. 55.

Nr.		Referenzelement
1	v	David spricht zum Boten
	w	Frau hält Totenklage für ihren Ehemann
	x	David nimmt Urijas Frau in sein Haus auf
	y	JHWH verurteilt Davids Taten (Zustandsaussage)
2		Handlungsenden
	a	Erzählanfang: Entwurf einer fiktionalen Welt mit ihren eignen Gesetzen und Figurenkonstellationen mit räumlicher Konstruktion zweier Hauptschauplätze *(Jerusalem und Rabba)*
	b	Doppelter Erzählschluss: auf das scheinbare *happy end* folgt die explizite Verurteilung von Davids Taten durch JHWH/Erzählstimme

3.1.1.2 Perspektive

Im Anschluss an die genannten RE zur Handlung werden im Folgenden die Anknüpfungspunkte benannt, die sich aus Ergebnissen der narratologischen Analyse der Perspektive ableiten lassen. Nach Surkamp stellt, wie in der narratologischen Analyse gezeigt, der *situative Kontext* einen Faktor dar, durch den die Perspektiven der Figuren determiniert werden.[43] Der *situative Kontext* einer Figur wird zum einen durch den Raum, dem eine Figur zugeordnet ist bzw. den Schauplatz, an dem sich die Figur im Geschehen befindet, etabliert und zum anderen durch den Zeitpunkt, an dem die Figur über das Geschehen berichtet bzw. urteilt, bestimmt.[44] Aus diesem Grund finden sich nun unter der Rubrik Perspektive auch Ergebnisse der Raumanalyse (RE Nr. 7–9) und der Zeitanalyse (RE Nr. 4).

Der Tod Urijas ist, wie in der narratologischen Analyse der Perspektive, Handlung sowie Zeitstruktur von 2 Sam 11 aufgezeigt, nicht nur ein konstitutives Handlungselement, sondern stellt zudem den *„Sinn der Erzählung"*[45] dar. Dabei handelt es sich um jenes Geschehensmoment, dem innerhalb der Erzählung die höchste Bedeutung zukommt. Aus diesem Grund wird unter dem dritten RE der Tod Urijas als *Sinn der Erzählung* subsumiert. Bei der Analyse der Dramentexte ist daher zu fragen, ob

---

[43] Siehe Fischer, Königsmacht, S. 153.
[44] Siehe Surkamp, Perspektivenstruktur, S. 41.
[45] Im Anschluss an die Theorie von Wolf Schmid, vgl. Schmid, Elemente, S. 236.

in den Dramenhandlungen ebenfalls der Tod Urijas das Geschehensmoment ist, dem die höchste Bedeutung zukommt.

Das vierte RE impliziert das *multiperspektivische Erzählen* über den Tod Urijas. In der biblischen Darstellung wird aus der Erzählerperspektive sowie den Figurenperspektiven Davids und Joabs iterativ erzählt, wie Urija stirbt.

Das fünfte und sechste RE leitet sich aus den Ergebnissen der exegetischen Untersuchung des *literarischen Kontextes* ab. Während die rahmende Darstellung des „Ammoniterkrieges" (2 Sam 10; 12,26–31) mit seinen Kriegs- und Gewaltkonnotationen eine Folie für die erzählten Ereignisse in 2 Sam 11,1– 12,25 bildet (RE Nr. 5), wurde die davidkritische Tendenz der TFE im Rahmen der exegetischen Analyse auch für 2 Sam 11 nachgewiesen (RE Nr. 6).

Mit dem Schauplatz Jerusalem als *Raum*, der durch zwei sich diametral gegenüberstehende Binnenräume charakterisiert wird, ist der siebte Anknüpfungspunkt benannt. Dieser lässt sich über die diametrale Dichotomie hinaus nochmals durch die Raumsemantik der Binnenräume untergliedern. Wie in der Raumanalyse dargelegt, ist der Palast Davids als Raum der königlichen Macht und Sexualität konnotiert (RE Nr. 7a). Im Unterschied dazu bildet das Haus Urijas einen Raum der Gravidität und Reproduktion (RE Nr. 7b).

Das achte RE hat den zweiten Hauptschauplatz der „David, Batseba und Urija"-Erzählung zum Inhalt: die Stadt Rabba, die als gefährdeter, unsicherer Raum sowie als Ort von Urijas Tod konnotiert ist. Eine weitere Erkenntnis der Raumanalyse wird unter dem neunten Anknüpfungspunkt subsumiert. Die *Bewegungsverben* וישלח (V.4a), ויקחה (V.4b) und ותבוא (V.4c) sowie ihre Reihenfolge machen deutlich, dass der sexuellen Akt *nicht* als aktive oder freiwillige Handlung der Figur Batsebas zu verstehen ist.

Im Rahmen der Perspektivenanalyse wurde 2 Sam 11 auch hinsichtlich der *Fokalisierung* untersucht, wobei die Auswahl des Wirklichkeitsausschnitts und die Regulierung der erzählerischen Informationsvergabe im Interesse der Untersuchung standen. Die doppelte Fokalisierung ist ein signifikantes Gestaltungsmittel in 2 Sam 11, das dort zweimal vorkommt. Es findet Anwendung in V.2d–e, dem Blick Davids auf die sich waschende Frau, sowie in V.27f, dem Blick JHWHs auf Davids Taten, und impliziert jeweils eine Wertung. Aufgrund der Relevanz des Gestaltungsmittels und der hohen Bedeutung für die perspektivische Wahrnehmung wird beiden Stellen, an denen die doppelte Fokalisierung auftritt, ein eigenes RE zugewiesen. Unter dem zehnten RE ist der Blick Davids auf Batseba subsumiert, wobei Davids Blick mit der Wertung von Batseba Schönheit einhergeht und den Auslöser für Davids (sexuelles) Begehren darstellt. Unter dem RE Nr. 11 wird schließlich der Blick JHWHs auf Davids Taten zusammengefasst, wobei dem Blick eine Verurteilung Davids inhärent ist.

Vor der Auflistung der eben vorgestellten RE zur Rubrik Perspektive soll an dieser Stelle auf die Dissertationsschrift „*Erzählperspektive im Drama. Ein Beitrag zur transgenerischen Narratologie*" von Eike Muny hingewiesen werden. Muny differenziert das *Perspektivische Erzählen* einerseits in den nichtfiguralen Wahrnehmungsvorgang (sog. Kameratechnik) und anderseits in den figuralen Erlebnishorizont (Fokussierung) sowie Erlebnisvorgang (Fokalisierung).[46] In seinem Ansatz verwendet Muny eine Terminologie, die von den in der vorliegenden Untersuchung verwendeten Fachtermini abweicht und sogar konträr dazu ist. Mit dem Begriff „Kameratechnik" bezeichnet Muny den nichtfiguralen Wahrnehmungsvorgang, bei dem die Lesenden „die Handlung aus der Perspektive eines potentiellen Beobachters"[47] wahrnehmen. Damit liegt eine dem Dramen eigene Form von Perspektivierung vor, nach der die Handlung zwar in Form einer Wahrnehmung präsentiert wird, sich allerdings keine Figur als Wahrnehmungssubjekt ausmachen lässt.

Dramatische Perspektivierung, so Muny, trete vor allem in der zitierten Erlebnisrede (im Haupttext) auf. Darüber hinaus „kann der Erzähler auch mit eigenen Worten das Erleben seiner Figuren präsentieren (im Nebentext)"[48]. In Bezug auf die übergeordnete Erzählinstanz weist Muny zudem darauf hin, dass diese in perspektiv dargestellten Passagen aus dem figuralen Erlebnisvorgang implizit bleibt, denn einerseits liefert sie Informationen, die für das Wirklichkeitsmodell der Figur, aus deren Perspektive wahrgenommen wird, konstitutiv sind, und anderseits berichtet die übergeordnete Erzählinstanz „spürbar sukzessiv"[49].

---

[46] Siehe Muny, Erzählperspektive, S. 139.
[47] Ebd., S. 112.
[48] Ebd., S. 131.
[49] Ebd., S. 131. Dieser Vorgang wird von Muny detaillierter beschrieben. Die übergeordnete Erzählinstanz greift beispielsweise auf deiktische Ausdrücke zurück oder verwendet Figurenworte. Außerdem markiert sie die Fokalisierung, indem sie Verben des Erlebens aufgreift. „Dem Leser aber wird so nahe gelegt, das Erleben aus der figuralen Perspektive mitzuerleben." Ebd., S. 124.

Schließlich weist Muny darauf hin, dass die übergeordnete Erzählinstanz in Dramentexten Perspektiven gestaltet und zwar in Form eines gesprochenen Monologs. Darin unterscheidet sich nach Muny das Drama von vielen epischen Texten. Der gesprochene Monolog stellt einen Bewusstseinsvorgang dar und liegt vor allem dann vor, wenn neben der sprechenden Figur keine weiteren Figuren auftreten und ihre Rede nicht an andere adressiert ist.[50] Die genannten Hinweise aus Munys Dissertationsschrift finden bei der anschließenden Dramenanalyse Berücksichtigung. Unter der Subkategorie *Perspektive* werden folgende neun RE zusammengefasst, die im Anschluss in tabellarischer Form dargestellt sind:

Nr.	*Referenzelement*	
3	Tod Urijas als „Sinn der Erzählung"	
4	Multiperspektivisches Erzählen über den Tod Urijas	
5	Kriegs- und Gewaltkonnotation	
6	Davidkritische Erzählweise	
7	Jerusalem als Raum mit zwei sich diametral gegenüberstehenden Binnenräumen *(Dichotomie oben - unten beim Blick Davids auf Batseba; Auseinandersetzung zwischen David und Urija um Raum)*	
	a	Palast als Raum der königlichen Macht und Sexualität
	b	Haus Urijas als Raum der Gravidität und Reproduktion
8	Rabba als gefährdeter, unsicherer Raum und Ort von Urijas Tod	
9	sexueller Akt als *nicht* aktive oder freiwillige Handlung der Figur Batseba	
10	Blick Davids auf Batseba mit Wertung ihrer Schönheit als Auslöser für sein (sexuelles) Begehren	
11	Blick JHWHs auf Davids Taten, verbunden mit deren Verurteilung	

3.1.1.3 Übergeordnete Erzählinstanz

Eng mit der Perspektive ist narratologisch die Erzählstimme verbunden. So verfügt sie über eine Erzählerperspektive, wodurch ausgehend von ihrem Wirklichkeitsmodell Ereignisse dargestellt, bewertet oder kommentiert werden. Der Erzählstimme kommt in narrativen Texten die zent-

---

[50] Siehe Muny, Erzählperspektive, S. 126.

rale Funktion der Vermittlung des Geschehens zu, wobei sie mehr oder weniger explizit in Erscheinung treten kann.

Wie eingangs dargestellt, gibt es einige transgenerische Ansätze, die sich mit Erzählinstanzen im Drama sowie der übergeordneten Erzählinstanz beschäftigen.[51] Im Anschluss an die Vorstellung der wesentlichen Ansätze dieser transgenerischen Beiträge sollen im Folgenden die Ergebnisse, die in der narratologischen Analyse erarbeiteten wurden, als RE formuliert werden.

Richardson hat in mehreren transgenerischen Beiträgen eine Differenzierung von Erzählinstanzen im Drama auf mehrere Erzählebenen etabliert, die Gemeinsamkeiten zur erzählerischen Vermittlung in Erzähltexten aufweist.[52] Seine Definition von „Erzähler" umfasst nicht nur im Sinne der klassischen Dramenanalyse Erzählfiguren, die Ereignisse, die im *off* stattfinden, in Form eines Berichts zusammenfassen, sondern darüber hinaus auch jene Figuren, der eine Funktion als Erzählinstanz zukommt. Anhand von Beispielen zeigt er die Spanne der erzählerischen (diskursiven) Vermittlung in Dramen auf. Richardson unterscheidet dabei zwischen *internen Erzählern*, worunter Figuren im Drama verstanden werden, die eine Geschichte erzählen oder einige Ereignisse an andere Figuren erzählerisch wiedergeben, und *monodramatischen Erzählern*. Damit ist auf die Gattung des Monodramas verwiesen, in dem eine Figur ihre Gedanken und Erlebnisse als einzige Figur auf der Bühne erzählerisch vermittelt. Diese beiden Typen von Erzählinstanzen unterscheiden sich lediglich durch den Umfang der ihnen zugewiesenen Redeanteile. Davon ist der *frame narrator* in Prologen und Epilogen zu unterscheiden, worunter Erzählfiguren subsumiert werden, die beispielsweise im Prolog die folgende Handlung kommentieren oder die Figuren und das Stück vorstellen.[53] Als weitere Erzählinstanz etabliert Richardson den *generative narrator*, d. h. jenen „character who comes on stage and narrates events which are then enacted before the audience"[54]. Damit etabliert Richard-

---

[51] Der Begriff „übergeordnete Erzählinstanz" wird im Folgenden in Bezug auf Dramentexte verwendet und bezeichnet jene (Erzähl-)Instanz, die – vergleichbar der Erzählstimme im narrativen Texten – dem textinternen Bereich zugeordnet ist und die fiktionale Textwelt entwirft.
[52] Vgl. u. a. Richardson, Voice, S. 681–694; Richardson, Drama, S. 142–155. Zur Bewertung von Richardsons Ansatz siehe Nünning / Sommer, Drama, S. 117.
[53] Siehe Richardson, Drama, S. 151.
[54] Richardson, Drama, S. 152. In Bezug auf den „*generative narrator*" unterscheidet Richardson nochmals: „(O)ne who is part of the story world he or she describes […];

son, so die Wertung von Nünning und Sommer, eine Erzählfigur, „deren Funktionen denen von allwissenden Erzählern in narrativen Texten mit auktorialen Erzählsituationen ähneln"[55].

Ausgehend von Richardsons Differenzierung in die verschiedenen Erzählinstanzen lässt sich m. E. kein Äquivalent zur narratologischen Kategorie der Erzählstimme finden. Der Ansatz über die Etablierung sowie Ausdifferenzierung von Kommunikationsebenen in dramatischen Texten ist somit für die vorliegende Arbeit nicht weiterführend.

Einen anderen Ansatz verfolgt Manfred Jahn.[56] Er knüpft in seinem Aufsatz „Narrative Voice and Agency in Drama" an die von Chatman eingeführte Kategorie des *covert narrator* an, wonach eine Erzählinstanz unabhängig vom Grad ihrer Explizität existiert. Auch wenn eine übergeordnete Erzählinstanz nicht explizit in Erscheinung tritt (z. B. durch die selbstreferenzielle Ich-Form), so weist doch jedes Drama eine übergeordnete Erzählinstanz auf, die sich beschreiben lässt als „the agent who manages the exposition, who decides what is to be told, how it is to be told (especially, from what point of view, and in what sequence), and what is to be left out"[57]. Als Beispiel wählt Jahn die Figur des Gower im Prolog von Shakespeares Drama „*Perikles, der Prinz von Tyrus*" und plädiert für die Aufwertung des Nebentexts eines Dramas. Dies setzt voraus, dass ein Dramentext, bevor er als Anleitung des Dramaturgen für die Performanz und ggf. Aufführung dient, zunächst als fiktionaler Text gelesen und verstanden werden muss. Davon ausgehend konstatiert Jahn, dass „the enunciating subject of the stage directions is not (or at least not initially) the playwright but a narrator"[58]. Jahn postuliert im Anschluss an Chatman eine Omnipräsenz von Erzählinstanzen in Dramen, wobei diese Instanzen mehr oder minder explizit als Sprecher auftreten.

Als dritter transgenerischer Ansatz wird im Folgenden die Abhandlung zum „*Erzähler im Drama*" von Muny vorgestellt.[59] Als Voraussetzung für eine transgenerische Annäherung an den Erzähler benennt Muny ebenso wie Jahn die Aufwertung des Nebentextes, denn

---

the other more closely resembles a third-person narrator and exists outside (or above) the storyworld that the narration creates" Ebd., S. 152.
[55] Nünning / Sommer, Drama, S. 116.
[56] Vgl. Jahn, Voice, S. 669–674.
[57] Ebd., S. 670.
[58] Ebd., S. 672.
[59] Siehe Muny, Erzählperspektive, S. 67–86.

dann zeigt sich, dass der Nebentext in aller Regel gar nicht in instruktiver Form auftritt [...], sondern dass er wie die Äußerungen epischer Texte die Ereignisse ‚als etwas tatsächlich Geschehendes' behandelt und damit als komplex narrative Rede funktioniert.[60]

Der Nebentext gehe, so Muny, vergleichbar wie die nichtfigurale Rede in Erzähltexten, auf die übergeordnete Erzählinstanz (resp. Erzählstimme) zurück.[61] Für seine Analyse greift er die von Wolf Schmid benannten indizialen Zeichen des Erzählers auf und verwendet diese als Analysekategorien für den Erzähler des Dramas.[62] Dabei führt er eine Differenzierung der Zeichen ein und unterscheidet zwischen den obligatorischen Kriterien eines latenten Erzählers und den fakultativen Kriterien des expliziten Erzählers.[63] Nach Muny ist der Erzähler im Drama somit jene „Ordnungsinstanz, die über den Einsatz der verschiedenen narrativen Techniken verfügt"[64].

Mit Hilfe der transgenerischen Ansätze konnte sich dem Erzähler im Drama bzw. der *übergeordneten Erzählinstanz* angenähert werden. Die Erkenntnis, dass Erzählstimmen in Dramen omnipräsent sind, stellt dafür eine Voraussetzung dar. Eine zweite Voraussetzung ergibt sich im Hinblick auf den Nebentext, der nach Muny als komplex narrative Rede funktioniert und somit aufgewertet wird. Wie Jahn ausgeführt hat, ist das sprechende Subjekt der Bühnenanweisungen im Nebentext nicht bzw.

---

[60] Muny, Erzählperspektive, S. 69. Ausnahmen davon stellen nach Muny die frühen mittelalterlichen Bibelspiele sowie zeitgenössische Dramen wie etwa Textpassagen bei Elfriede Jelinek dar.
[61] Siehe ebd., S. 69f.
[62] Vgl. Schmid, Elemente, S. 71f.
[63] Als obligatorische Kriterien eines latenten Erzählers gelten nach Muny: „1. Auswahl von Momenten (Personen, Situationen, Handlungen) aus dem Geschehen als dem narrativen Material zur Bildung einer Geschichte. 2. Konkretisierung und Detaillierung der ausgewählten Geschehensmomente durch bestimmte Eigenschaften. 3. Komposition des Erzähltextes, d.h. Zusammenstellung und Anordnung der ausgewählten Momente in einer bestimmten Ordnung. 4. Sprachliche (lexikalische wie syntaktische) Präsentation der ausgewählten Momente." Muny, Erzählperspektive, S. 72 im Anschluss an Schmid, Narratologie, S. 72. Unter dem fakultativen Kriterium eines expliziteren Erzählers fasst Muny „5. Jegliche Art von Einmischung, d.h. Reflexionen, Kommentare, Generalisierungen, die auf die erzählte Geschichte, das Erzählen oder die eigene Person bezogen sind." Muny lässt als eines der von Schmid aufgestellten indizialen Zeichen, die (explizite) „Bewertung der ausgewählten Momente", aus. Schmid, Narratologie, S. 73.
[64] Muny, Erzählperspektive, S. 86.

nicht zuerst die Dramatikerin bzw. der Dramatiker, sondern eine Erzählerin bzw. ein Erzähler. Bei diesen handelt es sich im Drama um jene Erzählinstanz, deren Funktionalität darin besteht, als Ordnungsinstanz den Einsatz verschiedener narrativer Techniken zu lenken. Dabei lässt sich, so Muny, differenzieren zwischen impliziten und expliziten bzw. „einmischenden"[65] Erzählfunktionen.

Mit diesem Wissen und aus den Ergebnissen der narratologischen Analyse lassen sich vier Charakteristika der Erzählstimme in 2 Sam 11 benennen, die im unterschiedlichen Maß eine Relevanz für Dramentexte besitzen. Von hoher Bedeutung ist sicherlich die Explizität der Erzählstimme, die durch drei Erzählerkommentare in 2 Sam 11 punktuell gegeben ist. Unter dem RE Nr. 15 werden die Erzählerkommentare subsumiert, wobei die Unterkategorisierung auf die einzelnen Kommentare hinweist. Im Erzählverlauf von 2 Sam 11 gibt es insgesamt drei Erzählerkommentare. Während in V.4e ein evaluativer Erzählerkommentar vorkommt, in welchem von Batsebas Reinigung von der Unreinheit erzählt wird (RE Nr. 15a), ist in V.9b ein explanativer Kommentar der Erzählstimme zu finden, in dem Urijas Weigerung, in sein Haus zu gehen, dargestellt ist (RE Nr. 15b). Die höchste Explizität in 2 Sam 11 liegt am Ende der Erzählung im evaluativen Erzählerkommentar in V.27f vor (RE Nr. 15c).

Unter dem RE Nr. 12 wird die repräsentationslogische Bestimmung der Erzählstimme in Relation zur Erzählung subsumiert. In 2 Sam 11 ist die Erzählstimme als anonyme Erzählinstanz außerhalb der Gesamterzählung (extradiegetisch) präsentiert. Sie erscheint nicht in der erzählten Welt (RE Nr. 13), und aufgrund ihres heterodiegetischen Status verfügt sie über Allwissenheit (RE Nr. 13a), Omnitemporalität (RE Nr. 13b) und Omnipräsenz (RE Nr. 13c).

Unter dem RE Nr. 14 wird die Beobachtung gefasst, dass die Erzählstimme in 2 Sam 11 jene diegetische Erzählinstanz ist, die im Hinblick auf Umfang und Anzahl die meisten Erzählanteile aufweist. Dieses RE ist, um das bereits vorwegzunehmen, im Hinblick auf die Dramentexte problematisch. Wie anhand der transgenerischen Ansätze gezeigt, tritt der Erzähler im Sinne einer übergeordneten Erzählinstanz innerhalb des Haupttextes (falls überhaupt) nur latent in Erscheinung. Als Erzählinstanz, die Geschehensmomente auswählt, diese konkretisiert und zu

---

[65] Muny, Erzählperspektive, S. 86.

einer bestimmten Ordnung komponiert, ist sie eher im Nebentext fassbar. Der Nebentext weist in den recherchierten Dramentexten jedoch einen viel geringeren Umfang auf als der Haupttext, sodass dieses RE nur bedingt auf 2 Sam 11 anwendbar ist.

Bevor die Figuren als nächste Kategorie thematisiert werden, sind die RE zur *übergeordneten Erzählinstanz* in der folgenden Tabelle zusammengefasst:

Nr.	Referenzelement	
12	anonyme, extradiegetische Erzählstimme	
13	Heterodiegetische Erzählstimme	
	a	Allwissenheit *(Introspektion; Wissen um das anderen Figuren Verborgene; gewährt nur begrenzt Einblick in Gefühle, Motivationen usw.)*
	b	Omnitemporalität
	c	Omnipräsenz
14	Erzählstimme als jene diegetische Erzählinstanz, die am meisten erzählt	
15	Erzählerkommentare als Ausdruck ihrer Explizität	
	a	Batsebas Reinigung von der Unreinheit (V.4e)
	b	Urijas Weigerung, in sein Haus zu gehen (V.9b)
	c	Wertung von Davids Taten (V.27f)

3.1.1.4 Figuren

Im Unterschied zur Erzählstimme sind die Figuren eine konstante Kategorie des Dramas. Die *dramatis personae* weisen in ihrer Spezifik einige Gemeinsamkeiten mit biblischen Figuren auf. So ist beispielsweise die Innenschau, der Blick auf die Figurenpsyche, in Dramen nur in begrenztem Maß möglich, z. B. in Form von Monologen.[66] Hierin besteht eine Gemeinsamkeit mit der Figurenbeschreibung innerhalb der „David, Batseba und Urija"-Erzählung, bei der ebenfalls kaum Introspektion ge-

---

[66] Siehe Schößler, Dramenanalyse, S. 81.

währt wird.⁶⁷ „Das Drama kann diesen Verzicht auf Introspektion jedoch kompensieren, indem es die Figuren innerhalb des vernetzten Gefüges mit Anderen über ihre *Interaktion* bestimmt."⁶⁸ Die hohe Relevanz der Figurenkonstellation im Drama korrespondiert mit dem bibelwissenschaftlichen Ansatz der konstellativen Figurenanalyse, wonach biblische Figuren stets in ein Beziehungsnetz eingebunden sind.⁶⁹ Die Charakterisierung der Figuren erfolgt durch die *korrelative Profilierung der Figuren* innerhalb dieses Beziehungsnetzes direkt durch Eigenschaftszuschreibungen und indirekt durch Figurenhandlungen.

Eine weitere Gemeinsamkeit stellt m. E. die Relevanz von Figurennamen dar. Für die Dramenanalyse sind, so Schößler, Figurennamen von besonderer Bedeutung, da sie nicht von den Figuren verfügbar sind, sondern auf die Erzählfunktion und deren Wertung hinweisen.⁷⁰ *Sprechende Namen* begegnen, wie in der narratologischen Figurenanalyse herausgestellt wurde, häufig in biblischen Erzählungen.⁷¹ Die Funktion solcher Figurennamen besteht in der Eigenschaftszuweisung, wobei zu differenzieren ist, ob der sprechende Name dem Verhalten der Figur und ihrer Funktion im dramatischen bzw. narrativen Text genau entspricht oder ob stattdessen eine kommentierende Differenz zwischen Figurenname und Namensträger besteht.⁷²

In seinem transgenerischen Beitrag „*Drama and narrative*" benennt Richardson in Bezug auf die Kategorie Figur vier Ebenen der Figurenkonzeption, die er aus den umfassenderen Figurentheorien ableitet. Es handelt sich erstens um die *mimetische Relation* („*mimetic relation*") der Figuren zum Menschen. Zweitens weisen Figuren ein „*formal level*" auf, wonach „characters can also be functions or part of an abstract design that constitutes the plot or forms a symmetrical pattern"⁷³. Mit der dritten Ebene verweist Richardson auf die symbolische Bedeutung von Figuren, derzufolge ihnen eine „*ideological position*" inhärent sein kann. Schließ-

---

⁶⁷ Siehe dazu die Ausführungen zur Anwendbarkeit von Eders Modell auf biblische Figuren in: Fischer, Königsmacht, S. 333–345.
⁶⁸ Schößler, Dramenanalyse, S. 81 (Hervorhebung im Original, an dieser Stelle durch Kursivschrift ersetzt [A. F.]).
⁶⁹ Zum Konzept der „konstellativen Figurenanalyse" siehe Müllner, Samuelbücher, S. 90–94.
⁷⁰ Siehe Schößler, Dramenanalyse, S. 89.
⁷¹ Vgl. Fischer, Königsmacht, S. 342f.
⁷² Siehe Schößler, Dramenanalyse, S. 89f.
⁷³ Richardson, Drama, S. 143.

lich ist den Figuren, die performt werden, eine vierte „*enacted*" Ebene eigen.[74] Letztere Ebene wird in der folgenden Analyse aufgrund der Begrenzung des Untersuchungsgegenstandes auf den schriftlichen Dramentext nicht aufgegriffen. Die drei ersten Ebenen, die Richardson benennt, entsprechen den Dimensionen der Figur als *dargestelltem Wesen*, *Artefakt* und *Symbol*, die Eder in seiner Figurentheorie etabliert und die in der vorliegenden Untersuchung an 2 Sam 11 angewendet wurden.[75]

Das RE Nr. 26 umfasst das Verzeichnis derjenigen Figuren und Figurengruppen der „David, Batseba und Urija"-Erzählung, die auf der Erzählebene K II vorkommen und agieren.[76] Durch die Unterkategorisierung des RE werden die Einzelfiguren (a–f) sowie die Figurengruppen (g–h) jeweils einzeln aufgelistet. Durch diesen Vorgang erleichtert sich der Vergleich mit dem Personenverzeichnis im Nebentext der Dramen. In den Dramatisierungen werden darüber hinaus neben Figuren, die bereits aus dem biblischen Text in 2 Sam 11 bekannt sind, auch weitere Figuren auftreten, die nicht in 2 Sam 11 vorkommen. In Bezug auf diese *dramatis personae* ist es notwendig, eine weitere Differenzierung einzuführen, die ebenfalls Gegenstand des RE Nr. 16 ist. Es ist danach zu fragen, ob diese *dramatis personae* gänzlich frei erfunden sind oder eine Adaption von biblischen Figuren darstellen, die entweder im Zusammenhang mit den biblischen Daviderzählungen stehen oder aus einem anderen biblischen Kontext entnommen sind und an diesen biblischen Kontext erinnern.

Nr.	Referenzelement	
16	Verzeichnis der Figuren in 2 Sam 11	
	a	David
	b	Frau/Batseba
	c	Urija
	d	Joab
	e	Bote (Joabs) als Überbringer der Nachricht von Urijas Tod
	f	Gott

---

[74] Siehe Richardson, Drama, S. 143.
[75] Vgl. Fischer, Königsmacht, S. 333–345. Siehe Eder, Figur; Eder, Gottesvorstellung, S. 27–54.
[76] Figuren, die auf der Ebene K III als Figuren innerhalb der Figurenrede oder K IV als Figuren in der Rede von erzählenden Figuren auftreten, finden aus Gründen der Übersichtlichkeit und Stringenz im Folgenden keine Berücksichtigung.

Nr.		Referenzelement
16	g	Diener (Davids)
	h	ganz Israel
	i	(kriegstüchtige) Männer

Neben dieser Zusammenstellung der Figuren von 2 Sam 11 werden im Folgenden zu den Figuren David, Batseba, Urija und Joab, die in der narratologischen Analyse ausführlicher vorgestellt und untersucht wurden, weitere RE aus dem Ergebnis der Analyse benannt. Darüber hinaus sind der Gottesfigur infolge ihrer Relevanz für die Erzählung und deren Gestaltungsmittel in 2 Sam 11 vier REs zugeordnet. Die Ergebnisse sind aufgrund der Ausführlichkeit der Figurenanalysen und den zusammenfassenden Ergebnissicherungen im ersten Band[77], folgend in tabellarischer Form dargestellt:

	Nr.		Referenzelement
David	17		machtvolle Figur
		a	Sozialität als König
		b	statische Zuordnung am Ort des Palastes als semantisch aufgeladener Raum
		c	versetzt die übrigen Figuren durch Befehle in Bewegung
	18		Keine explizite Bezeichnung als König *(Indirekte Ableitung im ambigen V.1)*
	19		Kontrastfigur: Die Figur David weist die häufigsten kontrastären Gegenüberstellungen zu anderen Figuren(gruppen) auf: Urija (V.8–11), Batseba (V.4e), JHWH (V.25c.27f), Joab und das Heer (V.1)
	20		Negatives Bild Davids, durch:
		a	Erzählmotive und ihre Abweichung von den traditionellen Erzählverläufen: Darstellung der Figur David als exemplarisch fehlbaren Herrscher
		b	Distanzierung durch Erzählstimme

---

[77] Vgl. Fischer, Königsmacht, S. 345–546.

	Nr.	Referenzelement	
David	21	Davids Motivation ist wesentlich von der Vertuschung des Ehebruchs bestimmt	
	22	Verschleierung seiner Beteiligung an der Tötung Urijas (V.14–15)	
	23	Etablierung eines Wertesystems aus der Figurenperspektive Davids (V.25c): David als urteilende Instanz	
Batseba	25	Einführung der Figur über ihre Körperlichkeit *(Grundlage für die Entwicklung des mentalen Modells)*	
	26	Zuschreibung der Schönheit Batsebas aus der Perspektive Davids	
	27	Hervorhebung der sozialen Stellung als Ehefrau und werdende Mutter	
	28	Selbstheiligung als Hinweis auf Batsebas Motivation mit dem Ziel der Kontrastierung gegenüber David	
	29	Hervorhebung der Schwangerschaftsbekanntgabe	
	30	Schwangerschaftsbekanntgabe als Partizipation an Batsebas Figurenperspektive	
	31	Wesentliche Handlungen der Figur:	
		a	Waschen
		b	Selbstheiligung
		c	Schwangerschaftsbekanntgabe mit Abgabe der Handlungsoption an David
		d	Totenklage für Urija
	32	Ehefrau Batseba im Kontext von Davids Heiratspolitik	
Urija	33	Einführung der Figur über ihre Sozialität als Ehemann	
	34	Erster Auftritt: Sozialität als Soldat im Heer Davids	
	35	Bestimmung der Körperlichkeit durch:	
		a	charakteristische Verhaltensweisen *(Weigerung, in sein Haus zu gehen)*
	35	b	räumliche Zuordnung *(Zuordnung zu gefährdeten Räume; hohe Bewegungsfrequenz, weiträumige Bewegungen)*
	36	Figurenname durch *gentilic* „der Hethiter" als Hinweis auf seine ursprüngliche Identität	
	37	Handlungen: Weigerung, in sein Haus zu gehen; sterben (4mal); legen (3mal, als Kontrastierung zu David)	

	Nr.	Referenzelement
Joab	38	Einführung über die Sozialität als Heerführer
	39	familiäre Relation zwischen Joab und David
	40	Ambivalente Relation zum König
	a	Kontrastierung am Erzählanfang *(David „alleine", in Jerusalem, während Joab mit Heer [als „Ganzheit" präsentiert] vor Rabba aktiv Krieg führt)*
	b	Versteckte Kritik am König *(Verweis auf das Fallbeispiel Abimelechs)*
	41	geschickter Rhetoriker
	42	Symbolische Bedeutung als Opponent des Königs *(„Motiv der Söhne der Zeruja")*
	43	Verweis auf JHWH durch den Kultgegenstand der Lade
Gottesfigur	44	Einführung als Einzelfigur am Ende der Erzählung
	45	Zuschreibung von anthropomorphen Zügen (רעע, עין) und übernatürlichen Fähigkeiten *(z.B. stetige Wahrnehmung der Ereignisse)*
	46	Gestaltungsweise der Gottesfigur (doppelte Fokalisierung mit Überlagerung der Erzählerperspektive durch die Perspektive der Gottesfigur sowie die Position am Erzählende) bestimmen maßgeblich die Interpretation des Gesamttextes *(Werturteil auf der reflexiven Metaebene zum Geschehen)*

Aus den Ergebnissen der exegetisch-narratologischen Analyse wurden für die „David, Batseba und Urija"-Erzählung insgesamt 46 Elemente des biblischen Textes in 2 Sam 11 abgeleitet. Damit sind unter dieser ersten Subkategorie *Elemente der biblischen Erzählungen* mehr als die Hälfte der insgesamt 69 RE subsumiert.

3.1.2 Leerstellen und Ambiguitäten in 2 Sam 11

In der exegetisch-narratologischen Analyse der „David, Batseba und Urija"-Erzählung wurden mehrere indeterminierte Textstellen nachgewiesen, die entweder in Form von Mehrdeutigkeiten oder Leerstellen auftreten. Es sind solche Textpassagen, die den elliptischen Erzählstil biblischer Texte kennzeichnen. Andrea Polagschegg hat in diesem Zusammenhang darauf hingewiesen, dass

> die Bibel eine beachtliche Zahl von Erzählungen und Episoden [enthält, A. F.], deren stenographische und elliptische Ausführung eine nachträgliche narrative und visuelle Konkretisierung und Füllung nahezu zwangsläufig gemacht hat, um sie als sinnhaltige Erzählungen überhaupt rezipieren zu können.[78]

Ambiguitäten und vor allem Leerstellen dienen späteren Schriftstellerinnen und Schriftstellern als Anknüpfungspunkte für eigene Dramatisierungen. Aus dem genannten Grund eigenen sich diese indeterminierten Textstellen besonders für den Vergleich zwischen biblischer Erzählung und Dramentexten.

Der Begriff der *Mehrdeutigkeit* wird in der vorliegenden Untersuchung synonym für das Konzept der Ambiguität verwendet. Es steht für jene Wörter oder größeren sprachlichen Einheiten, deren Kennzeichen eine „klar zu beschreibende Mehrdeutigkeit"[79] ist. Nach Pia Eckstein ist es die Ambiguität, die sie in den Erzählungen über die biblische Figur David nachgewiesen hat, die „die Besonderheit und de(n) Reiz"[80] dieser Erzählungen ausmacht. Für die „David, Batsebas und Urija"-Erzählung haben Menahem Perry und Meir Sternberg in ihrer herausragenden Studie *„The King through Ironic Eyes"* auf die ambigen Textstellen in 2 Sam 11 hingewiesen.[81] Sie legten dar, wie die Ambiguität basierend auf einer Leerstelle und durch die fehlende Leserinnen- und Leserlenkung, ganz unterschiedliche und im Fall der Figur Urijas sogar gegensätzliche Möglichkeiten des Verstehens hervorruft. Ambiguitäten sind für die Erzählung in 2 Sam 11 charakteristisch und werden deshalb auch als RE bestimmt.

---

[78] Polaschegg, Bibelwissen, S. 217.
[79] Bauer, Art. Ambiguität, S. 17.
[80] Eckstein, König David, S. 171
[81] Vgl. Perry / Sternberg, King, S. 275–322.

In der narratologischen Analyse wurde im Anschluss an Bodner auf die „*motivational ambiguity*" am Beginn der Erzählung hingewiesen. Die besondere Gestaltung des Einleitungsverses in V.1a–d hebt die anschließende Zustandsbeschreibung, dass David in Jerusalem bleibt, hervor. Die Figur Davids steht im Fokus des Interesses der Lesenden, bei denen sich eine Erwartungshaltung aufgebaut hat: Sie möchten den Grund für Davids Zurückbleiben in Jerusalem erfahren, um dann u. a. eine Wertung bezüglich seines Verbleibens aufzustellen. Die Erzählung bietet keine Hinweise auf Davids Motivation, wodurch mehrere Möglichkeiten denkbar sind.[82] Während diese Ambiguität unter dem RE Nr. 47 gefasst wird, bezeichnet das folgende RE die Mehrdeutigkeit basierend auf dem indeterminierten Wort דבר. Die Gottesfigur verurteilt die nicht näher definierte Sache bzw. Tat, die David getan hat. Der Erzähltext ist an dieser Stelle ambig, da unklar bleibt, welche Handlung Davids verurteilt wird: sein Fernbleiben vom Schlachtfeld (V.1), der sexuelle Akt mit Batseba (V.4), die Tötung Urijas (V.15–17) oder Davids Einschätzung der Situation gegenüber den Boten Joabs (V.25c).

Unter dem dritten RE zur Ambiguität in 2 Sam 11 (RE Nr. 49) wird die Mehrdeutigkeit der Figur Urijas gefasst. Die Figur ist ambig, da über den gesamten Erzählverlauf bis zum Tod der Figur unklar bleibt, welche Information sie zu einem bestimmten Zeitpunkt des Geschehens besitzt (RE Nr. 49a). Weiß Urija um den Ehebruch Davids und von der Schwangerschaft Batsebas? Sternberg und Perry haben in ihrem Aufsatz zwei Leseweisen aufgezeigt, die nicht miteinander kompatibel sind, aber die Ambiguität der Figur belegen. Evident ist diese Mehrdeutigkeit im Kontext der Figurenrede Urijas in 2 Sam 11. Durch Urijas (Un-)Wissen über den Ehebruch und die Schwangerschaft wird seine Antwort auf Davids Frage, weshalb er nicht in sein Haus gegangen ist (V.10f), ambig. Aus der Antwort Urijas lassen sich mehrere Erklärungen für seine Weigerung finden: Urija geht nicht in sein Haus, weil er erstens an ethischen Idealen wie der Solidarität und Loyalität gegenüber seinen Mitsoldaten festhält. Seine Weigerung lässt sich zweitens auf die Beachtung von religiös-

---

[82] Innerhalb der Forschung gibt es zu dieser Frage, warum bleibt David in Jerusalem, während er Joab uns sein Heer aussendet, unterschiedliche Position. Wähend Garsiel oder Bar-Efrat im Verbleib Davids in Jerusalem nichts Verwerfliches sehen, wertet Sternberg hingegen sein Verbleib als ironische Kontrastierung zu den anderen Figuren, woraus sich eine negative Konnotation der Figur Davids ergibt. Vgl. Garsiel, Story, 249f.; Bar-Efrat, Samuel, S. 107; Sternberg, Poetics, S. 195.

asketischen Vorschriften während des Krieges zurückführen. Drittens stellt seine Zurückhaltung, unter der Vorannahme, Urija weiß um Ehebruch und Schwangerschaft, einen Ausdruck seiner Würde und Selbstbestimmtheit gegenüber König David dar. Diese verschiedenen Möglichkeiten, die sich aus der Figurenrede Urijas ableiten lassen, besitzen allesamt Gültigkeit, da die Erzählung keinerlei implizierte Hinweise für die Lenkung der Lesenden liefert.[83] Die genannten Ambiguitäten werden in der folgenden Tabelle zusammenfassend dargestellt:

Nr.		Referenzelement
47		Davids Verbleiben in Jerusalem (V.1e)
48		Gegenstand von Gottes Verurteilung: Ambiguität des Wortes „Sache" (V.27f)
49		Ambiguität Urijas
	a	Fehlende Informationen zum Wissen Urijas hinsichtlich Ehebruch und Schwangerschaft Batsebas
	b	ambige Begründung Urijas für seine Weigerung, in sein Haus zu gehen (V.11)

Unter dem Begriff *Leerstellen* werden die Stellen semantischer Unbestimmtheit bzw. unterbrochener oder ausgesparter Ausschließlichkeit gefasst. Es handelt sich um einen zentralen Begriff der von Iser entwickelten Theorie der Wirkungsästhetik, die in den 1970er Jahren entstand.[84] Mit Blick auf das Sinn konstituierende Geschehen in der Interaktion von Text und Leser werden diese „Lücken" im Text geschlossen, dabei überlässt der Text es den Leserinnen und Lesern, die Leerstellen zu füllen und die Erzählung durch ihre eigene, subjektive Hypothesenbildung mit Sinn zu erschließen. „Insofern sind gerade die Leerstellen für

---

[83] Eine ausführliche Analyse von Urijas Figurenrede findet sich im ersten Teilband der Untersuchung, siehe Fischer, Königsmacht, S. 195–198; 486–492.
[84] Die Funktion der Leerstelle als Kommunikationsbedingung erklärt sich aus der Annahme einer fundamentalen Asymmetrie von Text und Leser, „die sich in der mangelnden Gemeinsamkeit einer Situation und in der mangelnden Vorgegebenheit eines gemeinsamen Bezugsrahmens anzeigt". Iser, Akt, S. 262f.

das Verstehen eines Textes von zentraler Bedeutung. Ein Text lebt geradezu von seinen Leerstellen."[85]

In der narratologischen Analyse wurden insgesamt sieben Leerstellen in 2 Sam 11 benannt, die in der folgenden Übersicht als RE dargestellt sind. Bereits in diesem Zusammenhang ist darauf hinzuweisen, dass die Auflistung der Leerstellen keine Vollständigkeit anstrebt, vielmehr wird die Analyse der Dramentexte weitere Leerstellen in der biblischen Erzählung aufzeigen.

Nr.	Referenzelement
50	Ort der sich Waschenden
51	Charakteristik der ehelichen Beziehung zwischen Urija und Batseba
52	Körperlichkeit Batsebas (z. B. Figurenkörper, Haarfarbe, Kleidung)
53	fehlende Introspektion in die Figur Batseba (Gefühle, Motivation, Emotionen)
54	Körperlichkeit Urijas (Figurenkörper, Alter)
55	Position Urjias im Heer Davids
56	Reaktion Joabs auf den Todesbrief

3.1.3 Ergebnisse der symptomatischen Figurenanalyse

Neben den Anknüpfungspunkten, die sich einerseits aus den Elementen der biblischen Erzählung ableiten lassen und andererseits indeterminierte Textstellen in 2 Sam 11 benennen, sollen im Folgenden Referenzelemente aus den Ergebnissen einer ersten, rezeptionsgeschichtlichen Analyse bestimmt werden. In der exegetisch-narratologischen Analyse des Teilbandes war dies Gegenstand der symptomatischen Figurenanalyse, bei der die Wirkung einer Figur innerhalb der kommunikativen Kontextbezüge erfasst wurde.[86] Für die Analyse der Dramentexte ist es in diesem Zusammenhang von Interesse, ob die Schriftstellerinnen und Schriftstel-

---

[85] Koenen, Art. Erzählende Gattungen, 1.4.
[86] Vgl. die Ausführungen zur Auslegungs-, Wirk- und Rezeptionsgeschichte der Figuren in 2 Sam 11 in: Fischer, Königsmacht, S. 391–396; 438–471; 503–516; 538–544.

ler an bestehende Traditionen, Tendenzen oder Entwicklungen innerhalb der Rezeptionsgeschichte anknüpfen und diese aufgreifen, umdeuten oder gar konterkarieren.

Das facettenreiche Bild Davids, das die biblischen Texte zeichnen, findet in dieser Vielfältigkeit innerhalb der Rezeptionsgeschichte Aufnahme. In Bezug auf die Figur Davids avancierte 2 Sam 11 bereits in der frühen Auslegungs- und Rezeptionsgeschichte zur exemplarischen Erzählung über seine Schuld und Sünde. David wird – meist unter Hinzunahme der Erzählung in 2 Sam 12 – zum Exempel des (reuenden) Sünders. Diese Tendenz innerhalb der Auslegungs- und Rezeptionsgeschichte ist Gegenstand des RE Nr. 57.[87]

Die nächsten vier RE beziehen sich auf die Figur Batsebas und ihre Wirk- und Rezeptionsgeschichte. In der symptomatischen Analyse der biblischen Figur wurde eine divergente Entwicklung aufgezeigt, die sich herunterbrechen lässt auf die widersprüchliche Darstellung Batsebas als Figur, die in den Rezeptionen entweder passiver oder aktiver an dem Geschehen beteiligt ist.

In einigen Rezeptionen ist die Frauenfigur stärker typisiert, indem ihre Individualisierung z. B. durch Zuweisung des Figurennamens vermieden wird. Ihr Figurenname ist, wie in der Analyse einiger Rezeptionen aufgezeigt, austauschbar (vgl. 1 Chr 3,5) oder wie im Stammbaum Jesu durch den femininen Artikel τῆς innerhalb der Wendung ἐκ τῆς τοῦ Οὐρίου ersetzbar (vgl. Mt 1,6).[88] Die Vermeidung einer Individualisierung Batsebas korrespondiert mit der Reduzierung ihrer Komplexität als Figur. Dies hat zur Folge, dass die Figur viel passiver hinsichtlich des Ehebruchs dargestellt wird (Vgl. LXX $_{Luk}$).[89] Diese Tendenz ergibt sich aus der Vermeidung einer Individualisierung Batsebas und Reduzierung ihrer Komplexität und wird als RE Nr. 58 aufgenommen.

Im Unterschied dazu steht eine Vielzahl an Rezeptionstexten, die Batseba eine stärke Partizipation an den Ereignissen zusprechen (RE Nr. 59). Erstmals findet sich diese Tendenz, wie ausführlich vorgestellt, in den „Antiquitates Iudaicae" bei Flavius Josephus (Ant., 7.130–146), wo Batseba David darum bittet, den Ehebruch zu verbergen.[90] Ausgehend von dieser aktiveren Rolle Batsebas innerhalb des Geschehens

---

[87] Vgl. Fischer, Königsmacht, S. 395f.
[88] Vgl. ebd., S. 439–443.
[89] Vgl. ebd., S. 443f.
[90] Vgl. Fischer, Königsmacht, S. 446–449.

entwickelt sich ab dem ausgehenden 15. Jh. n. Chr. in der bildlichen sowie, zeitlich verzögert, in der literarischen Rezeption ab der Renaissance Batseba als Typus der Verführerin.[91]

Neben den beiden genannten Tendenzen begegnen in der Rezeptionsgeschichte Batsebas zwei Traditionslinien, wonach sie einerseits als Enkeltochter Ahitofels präsentiert wird (RE Nr. 60) und andererseits ihre Zuordnung zu und Zusammengehörigkeit mit David herausgestellt ist (RE Nr. 61).[92]

Aus den Ergebnissen der symptomatischen Analyse der Figur Urijas lassen sich ebenfalls mehrere signifikante REs benennen. In einigen Rezeptionstexten (4Q51 fr 91,9; Josephus, Ant. 7,131) wird die biblische Leerstelle zu Urjias Position im Heer Davids geschlossen. Der Soldat ist dabei in der Funktion des Waffenträgers Joabs dargestellt – eine Zuordnung, die mit dem RE Nr. 62 bezeichnet wird. Ebenfalls bei Josephus begegnet eine weitere Tendenz innerhalb der Rezeptionsgeschichte zur Figur Urijas. Batsebas Ehemann werden moralische Defizite zugewiesen (RE Nr. 63). Hierbei wird beispielsweise Davids Tötungsbefehl mit der Weigerung Urijas begründet. Diese Umdeutung basiert auf der Aufhebung der biblischen Kontrastierung zwischen David und Urija und zielt auf eine Entschuldung des eigentlich schuldigen Davids auf Kosten Urijas.

Dem letzten RE zur Figur Urijas (RE Nr. 64) ist die Beobachtung aus der symptomatischen Analyse der Figur zugeordnet, dass es innerhalb der Rezeptionen zur Reduzierung der Komplexität der Figur Urijas kommt. Wie in der narratologischen Analyse im Anschluss an Sternbergs Darstellung der Ambiguität Urijas aufgezeigt, existieren in 2 Sam 11 zwei Lesarten der Figur. Urija kann einerseits als integre Figur aufgefasst werden, die religiöse Vorschriften einhält und sich loyal gegenüber den Mitsoldaten, Joab sowie David verhält. Anderseits lässt sich die Figur unter der Vorannahme, dass Urija um Ehebruch und Schwangerschaft weiß, als ein Mann verstehen, der sein Schicksal, welches David vorgegeben hat, (sich selbst behauptend) annimmt.

---

[91] Siehe Koosed, Art. Bathsheba, Sp. 606.
[92] Die Traditionslinie der verwandschaftlichen Verbindung Batsebas und Ahitofels findet im rabbinischen Traktat *bSan 69b* sowie in den folgenden literarischen Rezeptionen Aufnahme: Hellmuth, David und Bathsheba (1906); Horie, David (1993), Rivers, Batseba (2003). Zur Traditionslinie der Zusammengehörigkeit Davids und Batsebas siehe Fischer, Königsmacht, S. 449–453; 456–460.

Das letzte RE wird in Bezug auf die symptomatische Wirkung der Figur Joabs etabliert. Es umfasst die in den Samuelbüchern implizite und in den Rezeptionstexten explizit benannte Rivalität Joabs mit anderen Feldhauptmännern. Die folgende Auflistung bietet einen zusammenfassenden Überblick hinsichtlich der abgeleiteten REs aus der Rezeptionsgeschichte der Figuren:

Nr.	Referenzelement
57	David als reuender Sünder
58	Tendenz der Vermeidung einer Individualisierung Batsebas und Reduzierung ihrer Komplexität
59	Tendenz einer stärkeren Partizipation Batsebas an den Ereignissen
60	Traditionslinie: Batseba als Enkeltochter Ahitofels
61	Traditionslinie: Zusammengehörigkeit von David und Batseba
62	Urija als Waffenträger Joabs
63	Tendenz: Zuweisung von moralischen Defiziten und Diskreditierung Urijas
64	Reduzierung der Komplexität der Figur Urijas
65	Rivalität Joabs gegenüber anderen Feldhauptmännern

3.2 Bibelübersetzung und Rezeptionskontext

Neben den Anknüpfungspunkten, die sich aus den Ergebnissen der exegetisch-narratologischen Analyse ableiten werden als weitere Referenzelemente die Bibelübersetzung, die dem Drama zugrunde gelegt wurde, und dessen Rezeptionskontext aufgegriffen. Auf die Notwendigkeit für die Bestimmung der dem Dramentext zugrunde liegenden Bibelübersetzung und die Schwierigkeiten bei der Bestimmung dieser wurde bereits hingewiesen. Letztere sollen im Folgenden näher ausgeführt werden.

„Die Bibel ist das Buch der Bücher, das so häufig wie kein anderes literarisches Werk gedruckt, gelesen, übersetzt und verarbeitet wurde."[93] Einen Eindruck über Vielzahl von Bibelübersetzungen, die im 19. Jahr-

---

[93] Bechtoldt, Bibelübersetzungen, S. 11.

hundert entstanden bzw. verwendet wurden, bieten die entsprechenden Artikel in den theologischen Lexika.[94] Diese lassen die Fülle an Bibelübersetzungen erkennen, die um 1900 existierten und im Gebrauch waren. Zudem weisen die genannten Artikel bereits auf eine Differenzierung der deutschsprachigen Bibelübersetzungen in der Zeitspanne vom 17. bis zum Beginn des 20. Jahrhunderts hin. Sie werden unterschieden nach jüdischen sowie christlichen Übersetzungen.

In der Studie *„Jüdische deutsche Bibelübersetzungen vom 18. bis zum Beginn des 20. Jahrhunderts"* benennt Hans-Joachim Bechtoldt zunächst, basierend auf einer Sichtung von Nachschlagewerken, zwölf jüdische Bibeleditionen, die für diesen Zeitraum in Nachschlagewerken enumerativ angegeben wurden.[95] Auf Grundlage seiner Forschung verweist Bechtoldt zudem auf weitere 19 jüdische Bibelübersetzungen, die mit unterschiedlichem Umfang, Form sowie Ausrichtung und Verwendungszweck allein im 19. Jahrhundert entstanden sind.[96]

Auch im Bereich der christlichen Übersetzungen lässt sich das Angebot an Bibelübersetzungen um 1900 kaum überblicken. Auffällig ist sowohl die Fülle an katholischen Bibelübersetzungen vor allem ab dem 18. Jahrhundert als auch die besondere, herausgehobene Bedeutung der Lutherbibel unter den vielen Übersetzungen.[97] Der Lutherübersetzung kommt in der evangelischen Konfession mit Ausnahme der Schweiz eine führende Stellung zu und sie hat wie keine andere Bibelübersetzung die deutsche Sprache und Kultur geprägt.[98] Anhand der Lutherbibel kann zudem ein Spezifikum von Bibelübersetzungen aufgezeigt werden, das eine Zuordnung von Bibelzitaten aus den Dramentexten zu einer Bibelübersetzung wesentlich erschwert. „Bis zum Ende des 19. Jahrhunderts werden bis zu elf verschiedene Lutherbibeln gezählt."[99] Diese Anzahl an Lutherübersetzungen, die parallel in Gebrauch sind, geht auf regionale

---

[94] Vgl. Knoch / Scholtissek, Art. Bibel, Sp. 389–391; Gundert, Art. Bibelübersetzungen, S. 272–276.
[95] Siehe Bechtoldt, Bibelübersetzungen, S. 59. Zu diesen jüdischen Bibelübersetzungen dieser Zeitspanne zählen in alphabetischer Reihung die Editionen von Jakob Auerbach, Simon Bernfeld, Martin Buber und Franz Rosenzweig, Salomon Dubno, Julius Fürst, Lazarus Goldschmidt, Salomon Herxheimer, Moses Mendelssohn, Ludwig Philippson, Gotthold Salomon, Harry Torcyner und Leopold Zunz.
[96] Siehe Bechtoldt, Bibelübersetzungen, S. 66.
[97] Siehe Knoch / Scholtissek, Art. Bibel, Sp. 389.
[98] Siehe Bigl, Reformationszeit, S. 31.
[99] Ebd., S. 33.

Revisionsprozesse zurück und äußert sich durch Abweichungen in den Textfassungen.[100] Die Notwendigkeit einer Vereinheitlichung in Form einer übergreifenden Revision wurde sowohl von Theologen als auch von der Deutschen Evangelischen Kirchenkonferenz gesehen. Nach langer Vorarbeit, deren Beginn im Jahr 1855 zu sehen ist, einigen sich 1857 die Bibelgesellschaften darauf, zukünftig nur noch einen gemeinsamen Luthertext herauszugeben.[101] 1863 stimmt die Deutsche Evangelische Kirchenkonferenz einer Revision zu und beschließt verbindliche Richtlinien. Der erste, vollständige Probedruck von 1883 wird überarbeitet und 1892 findet die erste Revision der Lutherbibel schließlich ihren Abschluss.[102] „(D)as Ergebnis ist fundamental: Nach knapp 350 Jahres gibt es wieder *eine* Lutherbibel."[103]

Bereits ab 1906 erfolgt auf Antrag der sächsischen Haupt-Bibelgesellschaft eine erneute Revision der Lutherbibel.[104] Der Deutsche Evangelische Kirchenausschuss beauftragt eine Kommission mit dem Vorarbeiten zur Revision. Am 21. März 1912 wird der Revisionstext der Kommission vorgelegt und beschlossen. Bis Ende September 1912 er-

---

[100] Zu diesen zählen u. a. die im mitteldeutschen Raum verbreitete „Normalbibel" von 1581, die „Kurfürstenbibel" von 1641, die „Stader"-Bibel von 1690 sowie die „Canstein-Bibel", die bis in das ausgehende 19. Jahrhundert die weitverbreitetste Bibelübersetzung war. Siehe Bigl, Reformationszeit, S. 32f.

[101] In seiner Darstellung über die „Anfänge der ersten kirchenamtlichen Lutherbibelrevision" resümiert Lothar Schmidt: „Ein beherrschender Eindruck bei der ganzen ersten kirchenamtlichen Revision der Lutherbibel ist, daß man Zeit hat und sich Zeit läßt, sowohl bei der Vorbereitung als auch bei der Ausführung." Schmidt, Lutherbibelrevision, S. 59. Als einen der ersten Schritte zur Revision lässt sich die Erarbeitung einer kritischen Edition der Lutherbibel auf Basis möglichst aller verfügbaren Fassungen von Luthers Übersetzung durch Ernst Bindseil und Hermann A. Niemeyer in den Jahren 1845–1855 benennen. Daran schließt die Schrift von Carl Mönkeberg aus dem Jahr 1855, in der er die Arbeit an einer Revision der Lutherübersetzung initiiert und konkrete Revisionsvorstellungen sowie -wünsche benennt. Mönkeberg unterstreicht die Notwendigkeit einer Revision und legt dar, dass eine Revision nicht in der Rückkehr zur Bibelübersetzung von 1545 vollzogen werden könne, sondern der Text modernisiert werden müsse. Außerdem nennt er als weitere Aufgabe die Überarbeitung der Orthographie sowie des Wortschatzes. Siehe ebd., S. 45.

[102] Siehe Fricke, Revisionsarbeit, S. 149–152.

[103] Bigl, Reformationszeit, S. 34.

[104] Von den vier beantragten Punkten wurden die beiden folgenden in der neuen Revision aufgenommen. Die Orthographie der Lutherbibel ist der damals geltenden Rechtschreibung angepasst und die Zeichensetzung den Schulregeln angeglichen worden. Außerdem sind Archaismen durch gegenwärtig gebräuchliche Wort- sowie Bildungsformen ersetzt. Vgl. Fricke, Revisionsarbeit, S. 153.

scheint das Neue Testament, ein Jahr später wird die vollständig, revidierte Lutherbibel veröffentlicht.

Dieser kurze Auszug aus der Geschichte der Lutherbibel und ihrer Revisionen lässt einige Schwierigkeiten erkennen, die sich bei der Bestimmung von Bibelübersetzungen, die den Bibelzitaten aus den Dramentexten zugrunde lagen, ergeben. Bis zur ersten Revision 1892 und sicherlich im häuslichen Gebrauch auch über diesen Zeitpunkt hinaus, existierten ganz unterschiedliche Textfassungen der Lutherbibel. Im Zeitraum der Jahrhundertwende, aus dem die im Folgenden näher untersuchten Dramentexte stammen, wurden zudem gleich zwei Revisionen durchgeführt.[105] Ein Vergleich von Bibelzitaten aus den Dramentexten mit *der* Lutherbibel ist somit nicht möglich, stattdessen müssen die Bibelzitate idealiter mit allen Textfassungen sowie Revisionen abgeglichen werden.

Gleiches gilt für die sogenannte Allioli-Bibel, die von Josef Franz von Allioli in den Jahren 1830–1834 veröffentlicht wurde und die zur maßgeblichen katholischen Bibelübersetzung bis in das 20. Jahrhundert avancierte. Die Allioli-Bibel lehnt sich an die Übersetzung von Heinrich Braun (1786) und deren Überarbeitung durch J. M. Feder (1803) an. In mehreren Auflagen wurde sie im 19. Jh. veröffentlicht. Die zehnte Auflage der Allioli-Bibel wurde ab 1897 durch A. Arndt bearbeitet und 1899 als Revision publiziert.[106]

Anhand dieser beiden Beispiele lässt sich erkennen, wie komplex die Textgeschichte einzelner deutschsprachiger Bibelübersetzungen ist. Der Blick auf die Anzahl verschiedener Textfassungen einer einzelnen Übersetzungstradition wie der Lutherbibel, die Anlehnung an bestehende Bibelübersetzungen oder die hohe Auflagenanzahl der Allioli-Bibel sowie die mehrfachen Revisionen beider Übersetzungen eröffnen die Fülle des Textkorpus, mit denen die Bibelzitate aus den Dramentexten abzugleichen sind.

---

[105] Als Erkennungszeichen für die beiden ersten Revisionen der Lutherbibel lässt sich in Abgrenzung zu den späteren Bearbeitungen und Revisionen (1984; 2016) die Satzstellung benennen, die von Luther übernommen wurde. Danach wird auch in Nebensätzen das Verb häufig an den Anfang gestellt. Diese Satzstellung erweckt „zumindest für den modernen Leser den Eindruck einer Inversion". Bigl, Reformationszeit, S. 37.

[106] Siehe Knoch / Scholtissek, Art. Bibel, Sp. 390f.; Gundert, Art. Bibelübersetzungen, S. 275.

Neben den beiden genannten maßgeblichen Bibelübersetzungen der Konfessionen entstehen im 19. Jahrhundert folgende weitere Bibelübersetzungen: Wilhelm Martin Leberecht de Wette (NT: 1809–1810, AT: 1814); Johann Anton Dereser (1801); Leander van Ess (NT: 1807 unter Mitarbeit von Karl van Ess, AT: 1836, Bibel: 1939); Johann Heinrich Jäck (1838); Elberfelder-Bibel (NT: 1855, AT: 1871) Valentin Loch und Wilhelm Reischl (1851–1854); Emil Kautzsch (1890).[107]

Der Textkorpus an Bibelübersetzungen, die im 19. Jahrhundert entstanden und den Dramatikerinnen sowie den Dramatikern ggf. vorlagen, ist äußerst umfassend. Daraus resultieren mehrere Schwierigkeiten bei der Analyse der Dramentexte in Bezug auf die zugrundeliegende Bibelausgabe. Nicht alle Bibelübersetzungen bzw. ihre verschiedenen Textfassungen sind heute noch erhalten oder zugänglich. Darüber hinaus ist nicht auszuschließen, dass den Autorinnen bzw. den Autoren mehrere Bibelübersetzungen vorlagen, sie gar eine der altsprachlichen Übersetzungen wie die Vulgata oder Septuaginta verwendeten oder den hebräischen Text als Grundlage nutzten. Ein weiteres, grundsätzliches Problem liegt im Erkennen der Bibelzitate im Dramentext. Es kann nicht ausgeschlossen werden, dass über die erfassten Bibelzitate weitere Bibelstellen im Drama zitiert oder paraphrasiert werden.

Durch die Benennung und die aufwendige Darlegung dieser Problematik soll bereits an dieser Stelle dafür sensibilisiert werden, dass die Erfolgsaussichten bei der Bestimmung der Bibelübersetzungen für die im Dramentext vorkommenden Bibelzitate eher gering sind.

In den Dramentexten begegnen verschiedene Formen, wie biblische Texte zitiert werden. Eine Variante begegnet in Martha Hellmuths Drama „David und Bathseba" im 4. Akt, Szene 9. Das dort dargestellte Gebet der Figur Davids endet mit einem Zitat aus Ps 42,2f., welches durch Anführungszeichen hervorgehoben ist.[108] Dies Zitat gilt es mit den verschie-

---

[107] Die Bibelübersetzungen sind nach ihrer Chronologie angeordnet, unabhängig von der konfessionellen Zugehörigkeit oder Imprimatur der Übersetzungen. Die Jahreszahlen beziehen sich, wenn nicht eigens vermerkt, auf die Veröffentlichung beider Testamente. Dieser ging häufig bereits die Publikation einzelner Testamente voraus. Siehe Knoch / Scholtissek, Art. Bibel, Sp. 390f.; Gundert, Art. Bibelübersetzungen, S. 272–276.

[108] Hellmuth, David und Bathseba, Sp. 623f: „Gott, wie ich kam aus meiner Mutter Leibe/Nackt, bloss und hilflos, liege ich vor Dir!/ [...] /Ich halte dich und lasse Dich nicht wieder,/Die Welt zerfiel, — in mir ist Gottes Reich!/,Wie der Hirsch schreiet nach frischem Wasser,/So schreit meine Seele, Gott, zu Dir!/Meine Seele dürstet nach

denen oben genannten Bibelübersetzungen abzugleichen. Eine weitere Form der Bibelzitation in den Dramentexten stellt die einleitende Widmung in Reinhard Johannes Sorges Drama „*König David*" dar, in der Ps 44 zitiert ist und die mit dem Verweis auf die Belegstelle „Psalm 44"[109] endet. Diese markanten Indizien für verwendete Bibelzitate stellen Ausnahmen dar, häufig werden biblische Texte ohne Hervorhebungen im Schriftbild oder Angabe der Bibelstelle zitiert. Dies erschwert das Erfassen und die Zuordnung möglicher Bibelzitate in den Dramatisierungen immens. Aus der Lektüre der Dramentexte lässt sich erkennen, dass sowohl der Inhalt des Todesbriefes (2 Sam 11,15) als auch die Parabel des Propheten Natan (2 Sam 12,1–4) häufig zitiert werden, sodass sich diese Texte besonders für einen Abgleich mit den Bibelübersetzungen anbieten.

Neben den ihnen zugrundeliegenden Bibelausgaben sind die Dramatisierungen von 2 Sam 11 in Bezug auf ihren Rezeptionskontext hin zu befragen. Aus dem Jahr 1905 liegt mit der Dissertationsschrift „*Die Verwendung des biblischen Stoffes von David und Bathseba im englischen Drama*" von Max Dannenberg eine wissenschaftliche Untersuchung zur zeitgenössischen Rezeption von 2 Sam 11 vor, die es ermöglicht, den Rezeptionskontext näher zu beschreiben. In der Dissertation werden drei englische Dramentexte untersucht, die die biblische Erzählstoff von David, Batseba und Urija aufnehmen. Es handelt sich um das 1599 datierte Drama „*The Love of King David and fair Bathsabe*" (1599) von George Peele und um die Stücke aus der Jahrhundertwende: „*David And Bathshua*" (1903) von Charles Whitworth Wynne sowie „*The Sin of David*" (1904) von Stephen Phillips.

Für die vorliegende Untersuchung sind im Rahmen der Darstellung des Rezeptionskontextes die einführenden Bemerkungen, in denen Danneberg Charakteristika und elementare Elemente von 2 Sam 11 für die dramatische Adaption benennt, weiterführend. Als erstes Merkmal der Dramatisierungen von 2 Sam 11 benennt er die Notwendigkeit, dass Da-

---

dem lebendigen Gott!/Wann werde ich dahin kommen, dass ich Gottes Angesicht Schaue?'" Im originalen Dramentext befinden sich doppelte Anführungszeichen, die aufgrund der besseren Übersichtlichkeit der Zitierung hier durch einfache Anführungszeichen ersetzt werden.

[109] Sorge, Schauspiel, S. 7. Der dort zitierte Ps 44 weist auf die griechische Zählung hin, die auch in der lateinischen Vulgata zu finden ist. Nach der hebräischen Zählung handelt es sich um Ps 45. Zitiert werden die ersten drei Verse.

vids Sünde in eine Verfehlung umzuwandeln ist. Danneberg merkt diesbezüglich Folgendes an:

> Dem Bearbeiter des dankbaren Stoffes ist viel Spielraum gelassen. Aber er muss auf die scharf gezogenen Linien in seiner Vorlage achtgeben. Der Mord des Urias ist und bleibt eine feige, nichtswürdige Tat; sie kann nur durch aussergewöhnliche Mittel in ein erträgliches Licht gesetzt werden.[110]

Damit plädiert Danneberg für einen Umgang mit dem biblischen Stoff, der, wie in ersten Teilband dieser Untersuchung dargestellt, bereits innerhalb der Rezeption der biblischen Figur Davids begegnet. Nach Danneberg gibt die biblische Erzählung in 2 Sam 12 mit ihrer Darstellung von Davids Ahnungslosigkeit bei Nathans Schilderung selbst vor, wie die Tat des Königs zu erklären ist:

> Das muss ein Grundzug in dem Charakter des Königs sein: königliche Leichtfertigkeit oder auch Erschlaffung des Verantwortlichkeitsgefühls [...]. Liebesleidenschaft allein, so notwendig sie ist, genügt nicht, die Tat zu begründen.[111]

Als zweites Kennzeichen für die Dramatisierung der biblischen Erzählung weist Danneberg auf die notwendige Darstellung der dramatischen seelischen Läuterung des Helden Davids hin. Diese steht im Zusammenhang mit der Strafe, die über Davids ganzes Haus kommt.

Schließlich gibt er drittens Hinweise zur Ausgestaltung Batsebas, indem er zunächst feststellt, die Figur hat „nach der Bibel nur wenig charakteristische Züge. [...] Dem Bearbeiter ist Bewegungsfreiheit ermöglicht; er kann das Weib, das den König zur Sünde verführt, nach seinem Belieben zeichnen." Danneberg spricht Batseba eine Schuldhaftigkeit zu, die er nicht hinterfragt, sondern als gegeben vorausgesetzt.[112] Damit greift er auf *Bibelwissen* zurück, d. h. auf Wissensbestände, die sich nicht mit dem Wissen aus der biblischen Erzählung in 2 Sam 11 decken. Die Figur Batsebas wird von Danneberg als Verführerin Davids stilisiert[113].

---

[110] Dannenberg, Verwendung, S. 1f.
[111] Ebd., S. 2.
[112] Ergänzt wird diese Aussage, indem Danneberg Batsebas Schuld und die Schuld Davids ins Verhältnis setzt. „Mag Bathseba dem Könige noch so sehr entgegenkommen, dieser bleibt doch am meisten für die Freveltaten verantwortlich." Ebd., S. 3.
[113] Basierend auf den Erkenntnissen der exegetisch-narratologischen Analyse in der vorliegenden Arbeit lässt sich Dannebergs Darstellung von Batseba als Verführerin

Dies setzt eine Typisierung der biblischen Frauenfigur voraus. Danneberg fordert: „Der Dichter tut also gut, Bathseba nicht mit zu hohen Gaben des Geistes und Gemütes auszustatten, denn durch diese tritt sie neben David in den Vordergrund."[114]

Mit der Dissertationsschrift Dannebergs von 1905 liegt eine Untersuchung aus der Jahrhundertwende vor, die einerseits auf das dramatische Potential der biblischen Erzählung verweist und andererseits zeitgenössische Merkmale zur Dramatisierung von 2 Sam 11 benennt.[115] Beachtenswert ist dabei, dass die von Danneberg genannten Momente, die „gern in den Bau der Tragödie gefügt"[116] werden, in der dieser Untersuchung vorliegenden Systematisierung der RE nicht den *Elementen der biblischen Erzählung* zuzuordnen sind, sondern einen anderen Ursprung aufweisen.

Mit der Forderung Dannebergs, Davids Sünde in eine Verfehlung umzuwandeln, sowie der Darstellung Batsebas als Verführerin werden Entwicklungen innerhalb der Rezeptionsgeschichte der beiden biblischen Figuren aufgegriffen. Die Schuldhaftigkeit Batsebas, um ein Ergebnis des folgenden Abschnitts vorwegzunehmen, stellt *Bibelwissen* zur Figur dar. Das Moment der „seelische Läuterung des Helden"[117] ist bislang in keinem der benannten REs enthalten. Ob dieses Moment psychologisierenden Ursprungs ist und als Referenz auf zeitgenössische, wissenschaftliche Diskurse zu werten ist, kann an dieser Stelle nicht entschieden werden.

Nr.	Referenzelement
66	verwendete oder vorliegende Bibelübersetzung/Bibelausgabe der Dramenautorinnen bzw. Dramenautoren
67	Rezeptionskontext: Aufnahme zeitgenössischer (exegetischer, archäologischer) Erkenntnisse und Vorstellungen zur biblischen Zeit

---

    Davids, die im zeitgenössischen Kontext einzuordnen und zu verstehen ist, nicht als Stilisierung, sondern eher als Diffamierung bezeichnen.

[114] Danneberg, Verwendung, S. 3.
[115] In Bezug auf die „Verwendung des biblischen Stoffes von David und Bathseba" verweist Danneberg, dass dieser „Stoff" ein „reiches dramatisches Leben enthält und gerade deshalb grosse Anforderungen an seinen Bearbeiter stellt". Danneberg, Verwendung, S. 3.
[116] Ebd., S. 1.
[117] Ebenda.

3.3 Bibelwissen – „Steht es nicht so geschrieben?"

3.3.1 Begriffsklärung

In der eingangs dieser Untersuchung zitierten zweiten Strophe von Leonard Cohens weltberühmtem Song „Hallelujah", dargestellt in der Hinführung des ersten Teilbandes, werden die biblischen Stoffe der „David, Batsebas und Urija"-Erzählung (2 Sam 11) und der „Simson und Delila"-Erzählung (Ri 16) miteinander verbunden.[118] Der Text der zweiten Strophe lautet:

> Your faith was strong, but you needed proof. / You saw her bathing on the roof. / Her beauty and the moonlight overthrew ya. / She tied you to her kitchen chair, / She broke your throne and she cut your hair, / And from your lips she drew the hallelujah. / Hallelujah, Hallelujah, Hallelujah, Hallelujah.[119]

Unter dem Aspekt des *Bibelwissens* ist dabei die Zeile „She broke your throne, and she cut your hair"[120] besonders hervorzuheben, denn sie spiegelt eine Tradition wider, wonach Delila die Handlung des Scherens zugesprochen wird, d. h. dass sie eigenhändig die Locken Simsons abschnitt und somit dem Nasiräer die übermenschliche Kraft raubte. Dies stellt eine Lesart dar, die die meisten Bibelkenner hundertprozentig unterstützen würden, denn sie verbindet durch die Motive der männlichen Haarpracht und der männerstürzenden Frau in dieser Figuration die beiden Kategorien Gewalt und Geschlecht, die der biblischen Erzählung in Ri 16 eine pikante Note geben und ihr einen besonderen Reiz verleihen.[121] Damit begegnet im Vergleich zur biblischen Erzählung, nach der Simsons Stärke in seiner Beziehung zu Gott liegt, eine verkürzte Darstellung des Stoffes.[122] Zudem zeigt eine Lektüre von Ri 16,19, dass Delila die Scherarbeit nicht eigenhändig durchführt, sondern an einen Mann delegiert:

---

[118] Vgl. Fischer, Königsmacht, S. 15–18.
[119] Cohen, Hallelujah.
[120] Ebenda.
[121] Siehe Polaschegg, Literatur, S. 50.
[122] Vgl. Motté, Tränen, S. 94. In der modernen Rezeption wurde diese Szene aus Ri 16,4–20 mit Kastration zusammengebracht, diese Verbindung deckt sich nicht mit der biblischen Darstellung, sondern lässt sich nur über die Wirkgeschichte nachvollziehen.

Sie aber brachte ihn auf ihrem Schoss zum Einschlafen und rief einen Mann, und der schnitt ihm die sieben Strähnen seines Haupthaars ab. So begann sie ihn zu überwältigen und seine Kraft wich von ihm.[123]

Hier klafft ein Unterschied zwischen dem vermeintlichen Wissen, wie es in der Bibel steht und der tatsächlichen Darstellung des biblischen Textes. Für dieses Wissen jenseits des biblischen Wortes bzw. Textes hat die Germanistin Andrea Polaschegg den Begriff „Bibelwissen" eingeführt.[124] Das *Bibelwissen* bezeichnet nach Polaschegg jenes kulturelle und literarturgeschichtlich relevant gewordene Wissen um biblische Figuren, Handlungen, Motive etc., das sich nicht mit dem biblischen Wissen aus den alt- und neutestamentlichen Texten deckt.

Dem Begriff „*Bibelwissen*" ist eine Spannung eigen, denn einerseits „gehört mit der Bibel [...] auch das Wissen über sie ‚der ganzen Welt an [...]', ist also weder [...] von einem speziellen Wissenssegment abhängig noch durch ein spezifisches historisches oder nationales Allgemeinwissen enzyklopädischer Provenienz determiniert"[125]. Anderseits kommt es zur Ausgestaltung des *Bibelwissens* durch dessen ästhetische Realisationen. Die dabei ausgebildeten Traditionen obliegen dem zeitlichen Wandel, sind durch Epochenbrüche geprägt und verbinden sich mit anderen (epochenspezifischen) Wissenssegmenten.

Als Voraussetzung für die Herausbildung und Etablierung von *Bibelwissen* benennt Polaschegg zum einen die „Tradition des biblischen Wortlautgebrauchs, in dem die Bibel als ein überzeitlich mit sich selbst identischer Text erscheint, der als solcher in die Rezeption Eingang fin-

---

[123] Ri 16,19 (ZÜR). Die ELB gibt das feminine Verb גלח (Piel) faktitiv-resultativ wieder: „Und sie ließ ihn auf ihren Knien einschlafen. Dann rief sie den Mann und ließ die sieben Haarflechten seines Hauptes abscheren."

[124] Der Begriff „Bibelwissen" ist nicht unproblematisch, denn häufig wird unter demselben Begriff das bibelkundliche Wissen sowie Einleitungswissen subsumiert. Vgl. die Homepage der württembergischen Bibelgesellschaft, www.wuebg.de/bibelwissen/ (zuletzt geprüft: 20.09.2016). Aus diesem Grund ist eine Begriffsunterscheidung an dieser Stelle notwendig. Unter dem Begriff „Bibelwissen" wird in der vorliegenden Arbeit im Anschluss an Polaschegg jenes Wissen um biblische Stoffe verstanden, das durch unterschiedliche Prozesse als ein historisch gebundenes Wissen von der Bibel produziert wurde, sich allerdings nicht mit dem Wortlaut der biblischen Texte deckt. Im Unterschied dazu wird jenes vom Wortlaut ausgehende und im Bibeltext begründete Wissen als „*biblisches Wissen*" bezeichnet, das Einleitungs- sowie bibelkundliche Wissen lässt sich zudem als „*Bibelkenntnis*" benennen.

[125] Polaschegg, Bibelwissen, S. 236.

det"[126]. Zum anderen sind die biblischen Stoffe (wie Figuren, Handlungen, Motive) und ihre theologische Deutung nicht auf den Wortlaut oder das Medium Schrift beschränkt. Gerade in Zeiten eines verbreiteten und flächendeckenden Analphabetentums kommt anderen Vermittlungsmedien hohe Bedeutung zu. Sehr früh ist die Bibel durch Bilder vermittelt worden, wobei die Tendenz solcher Ikonographien, ein Eigenleben zu entwickeln, eine wesentliche Bedeutung bei der Rezeption der Bibel spielt. Der biblische Text ist darüber hinaus durch performative Akte vermittelt, die sich in der Liturgie und Frömmigkeitspraxis nachweisen lassen. In diesem Zusammenhang stellt die Eucharistiefeier das anschaulichste Beispiel dar.[127]

Als dritte Voraussetzung für das *Bibelwissen* lässt sich die Auslegung der Bibel benennen, deren Anfang in unmittelbarem Zusammenhang mit dem Prozess der Kanonisierung steht. Bereits der Kanonisierungsprozess ist wesentlich geprägt durch die gegenseitigen Profilierungen im Judentum und Christentum und Tendenzen der Abgrenzung zur jeweils anderen Religion. Dabei wurden eigenständische und differenzierte Auslegungstraditionen hervorgebracht. Im Christentum wurden die theologischen Deutungen biblischer Text weiter ausdifferenziert und transformiert, u. a. durch typologische, semantische, symbolische, historisch-kritische Auslegungen. Diese Transformation steht einerseits in Abhängigkeit zu den konfessionellen Ausprägungen und ist andererseits durch den historischen Wandel bestimmt. All diese Prozesse der biblischen Auslegungs-, Wirk- und Rezeptionsgeschichte haben, so die These Polascheggs,

> ein jeweils historisch gebundenes Wissen von der Bibel produziert, das weder im Wortlaut des Textes aufgeht, noch ihm einfach etwas hinzufügt, sondern das im intertextuellen Prozeß an die systematische Stelle jenes Hypo- oder Prätextes tritt, den wir ‚Bibel' zu nennen gewohnt sind, um als solcher literarisch wirksam zu werden.[128]

Das kulturell relevante *Bibelwissen* besitzt somit eine Eigendynamik und eine eigene Geschichte.[129] In einigen Fällen ist das *Bibelwissen* nicht (mehr) ableitbar aus den biblischen Texten oder es steht im deutlichen

---

[126] Polaschegg, Bibelwissen, S. 213.
[127] Vgl. ebd., S. 214.
[128] Ebd., S. 214.
[129] Siehe Polaschegg, Literatur, S. 49.

Widerspruch dazu, wie Polaschegg am Fall Maria Magdalenas herausstellt.[130]

Das *Bibelwissen* kann wie am eingangs gewählten Beispiel von Delilas (delegierter) Scherarbeit (Ri 16,19) die Form einer Umschreibung des biblischen Textes aufweisen oder als Ergänzung und Konkretisierung eines biblischen Textes auftreten, wie dies im Kontext der „Paradies"-Erzählung in Gen 2–3 vorliegt.[131] Der häufig mit der Erzählung vom Paradies verbundene Apfel stellt beispielwiese eine Konkretisierung der im Bibeltext nicht näher determinierten Frucht (פרי) dar.[132]

3.3.2 Bibelwissen zu 2 Sam 11

„Die Bibel ist früh Bild geworden"[133] und als solche besonders wirk- und rezeptionsmächtig. Dies trifft auch auf die „David, Batseba und Urija"-Erzählung zu, wie der Exkurs zur europäischen Kunstproduktion im Rahmen der Figurenanalyse im ersten Teilband der Untersuchung aufzeigt.[134] Wie dort dargestellt, rückt die *Nacktheit Batsebas* zum bestimmenden Bildinhalt auf. Dem liegt eine Entwicklung zugrunde, bei der der weibliche Akt allmählich aus der Geschichte herausgelöst und so zu ih-

---

[130] Zur Genese und Gestalt des Maria Magdalena-Synkretismus siehe Polaschegg, Bibelwissen, S. 216–240. In ihrer Analyse zeigt Polaschegg auf, dass das literarische *Bibelwissen* „nicht nur eine eigene Geschichte [besitzt, A.F.], sondern auch einen ästhetischen Eigensinn, der sich weder auf religionsgeschichtliche Entwicklungen noch auf innerbiblische Strukturmerkmale zurückführen läßt." Ebd., S. 215.

[131] Für die weitere Untersuchung ist auf die Differenzierung zu verweisen, nach der die Ergänzungen und Konkretisierungen entweder aus Leerstellen und Ambiguitäten *in* 2 Sam 11 resultieren oder Ergebnis des *Bibelwissens* sind.

[132] Der Apfel im Paradies stellt *Bibelwissen par excellen*ce dar. Dieser biblisch nicht belegte Zusammenhang von Apfel und Paradies ist so geläufig und nach wie vor als Rezeption präsent, dass vielen Lesenden der Bibel das Fehlen des „Apfels" in deutschsprachigen Bibelübersetzungen nicht auffällt. Die Geschichte dieses *Bibelwissens* lässt sich nachzeichnen und nimmt ihren Anfang in der Vulgata, der lateinischen Bibelübersetzung. Dort wird der Baum der Erkenntnis *von Gut und Böse* (Gen 2,17) als *lignum scientiae boni et mali* bezeichnet. Diese Doppeldeutigkeit des lateinischen Wortes *malum*, das sowohl „Böse" als auch „Apfel" bezeichnet, bildet die Grundlage. „Aus dieser Wortgleichheit wurde schließlich Theologie: Je mehr die Paradiesgeschichte zur Sündenfallgeschichte wurde – obwohl in ihr das Wort ‚Sünde' nicht einmal auftaucht –, desto mehr wurde das ‚Böse' mit der Frau und – der lateinischen Sprache sei Dank – mit dem Essen des ‚Apfels' identifiziert." Bauer, Rippe, S. 15.

[133] Polaschegg, Bibelwissen, S. 214.

[134] Siehe Fischer, Königsmacht, S. 461–463.

rem zentralen Kennzeichen wird.[135] Die Nacktheit Batsebas ist einerseits eine wesentliche Rezeptionslinie in der Ikonographie und erweist sich auch für die literarischen Rezeptionen, wie in der weiteren Analyse aufgezeigt wird, als konstitutives Element. Damit erfährt die Schönheit Batsebas, die der Figur aus der Perspektive Davids in V.2e zugesprochen wird, eine Konkretisierung. Ein Hinweis auf ihre Nacktheit findet sich in 2 Sam 11 nicht, dennoch lässt sich in der Kunstgeschichte die Herausstellung Batsebas als Akt und zentrales Bildthema nachweisen.[136] Die Nacktheit Batsebas lässt sich somit dem *Bibelwissen* zuordnen.

Als weiterer Bestand des *Bibelwissens* lässt sich die *Schuldhaftigkeit Batsebas* nennen. In 2 Sam 11 werden ausschließlich Davids Taten in V.27f in Form eines evaluativen Kommentars der Erzählstimme und aus der Perspektive der Gottesfigur verurteilt. In einigen Manuskripten der LXX wird die Frauenfigur zudem passiver dargestellt als im MT. Während im MT Batseba als Subjekt des Kommens (בוא) in V.4c benannt ist, wird diese Handlung in der LXX David zugewiesen, wodurch alle Handlungsinitiative vor und während des sexuellen Aktes (V.4a–d) ausschließlich bei David liegt. Somit lässt sich *in* 2 Sam 11 keine (Mit)Schuld Batsebas an dem Ehebruch oder dem Tod ihres Mannes aufzeigen. Dies ändert sich bereits bei Lektüren und Auslegungen von 2 Sam 11, die von 1 Kön 1–2 herkommend auch für die Geschichte in 2 Sam 11 Batseba strategische Züge, die ihr in 1 Kön 1–2 zugewiesen sind, unterstellen. Diese Tendenz, Batseba eine (größere) Beteiligung an dem Ehebruch bzw. dessen Vertuschung zuzusprechen, lässt sich in vielen literarischen Rezeptionen aufzeigen. Mit Flavius Josephus Schrift *„Die Jüdischen Altertümer"* liegt eine frühe Auslegung vor, die dieser Tendenz folgt. In

---

[135] Die Kunsthistorikerin Welzel weist darauf hin, dass der Brief in der Hand der Frau, der in der biblischen Erzählung nicht erwähnt wird, die wesentliche Hinzufügung ist, um die dargestellte Badende als Batseba zu identifizieren und das Thema kenntlich zu machen. Siehe Welzel, Bathseba, S. 129. Der einzige Brief, der explizit in 2 Sam 11 benannt ist, ist der Urijasbrief, den David schreibt an Joab (V.14b) und dessen Inhalt in der Erzählung wiedergegeben ist (V.15). Der Brief in Batsebas Hand, wie er beispielsweise in Rembrandts Gemälde von 1654 oder bei Drost (1654) und Flink (1659) zu finden ist, stellt hingegen ein Schriftstück des Königs dar, mit dem er Batseba zu sich vorlädt (vgl. 2 Sam 11,4a).

[136] Vgl. Welzel, Bathseba, passim. Nach Kunoth-Leifels stellt das letzte datierte Bild Rembrandts von Batseba (1654), das im Louvre ausgestellt ist, eine geniale Synthese aller Aussagen der älteren Darstellungen von „Batseba im Bade" dar: „Man sieht die Frau des Urias, wie David sie sah, doch nun in der Auseinandersetzung mit der Botschaft des Königs." Kunoth-Leifels, Art. Bathsheba, Sp. 257.

Josephus Darstellung bittet Batseba König David darum, den Ehebruch und die Schwangerschaft zu verbergen, damit ihr der Tod als Strafe für den Ehebruch erspart bleibe (Ant., 7.131). Batseba wird im Vergleich zur biblischen Erzählung hier stärker als Handlungsträgerin wahrgenommen, denn sie gibt im Unterschied zu 2 Sam 11 dem König die Anweisungen für das Vertuschen des Ehebruchs und der Schwangerschaft. Wie ausführlich in der Figurenanalyse Batsebas als Symptom gezeigt, erhält Batseba in der Darstellung der Schrift „Jüdische Altertümer" eine höhere Beteiligung sogar (Mit-)Schuld[137] an dem Vertuschungsversuch sowie Urijas Tod zugesprochen.[138] Nach der Darstellung bei Josephus basieren alle weiteren Handlungen auf Batsebas Forderung, der Ehebruch müsse verborgen bleiben.

Nr.	Referenzelement
68	Nacktheit Batsebas
69	Schuldhaftigkeit Batsebas

---

[137] Siehe van der Bergh, Bathsheba, S. 182.
[138] Vgl. Fischer, Königsmacht, S. 446–449.

4. Gesellschaft und Literatur um 1900

Bevor die im vorigen Abschnitt genannten REs an den ausgewählten Dramentexten angewendet werden, ist es notwendig, sich dem gesellschaftlichen und kulturellen Kontext dieser Literatur anzunähern. Der zeitliche Rahmen wurde bereits benannt.[1] Im Folgenden sollen nun Phänomene und Aspekte der *Moderne* vorgestellt werden, die die Gesellschaft und die Literatur um 1900 wesentlich beeinflusst und bestimmt haben.[2] Die Darstellung zielt darauf, diese zeitspezifischen Erscheinungen zu benennen und kurz zu charakterisieren. Eine ausführliche Darstellung der einzelnen Aspekte, ihre Entwicklung und Interdependenzen kann im begrenzten Rahmen dieser Arbeit nicht vorgenommen werden.[3]

4.1 Moderne Gesellschaft

Der Begriff „Moderne", der erstmals 1888 von Eugen Wolff in einer Abhandlung zur Charakterisierung der neuesten Literatur verwendet wurde, verweist bereits auf ein signifikantes Phänomen dieser Zeit. Nach Ajouri impliziert der „Moderne"-Begriff ein besonderes Verhältnis zur Zeit.[4] Das Zeiterleben um 1900 ist wesentlich durch Beschleunigung bestimmt. Die Vergangenheit wird dabei als etwas wahrgenommen, das zunehmend rasant veraltet. Die Gegenwart hingegen ist in die Zukunft gerichtet.[5]

Die Beschleunigung resultiert zum einen aus den elektrotechnischen Entwicklungen der zweiten industriellen Revolution. Erfindungen wie der Telegraph oder das Telefon revolutionieren die Kommunikation und führen im Vergleich zum bisherigen Briefverkehr zu einer beschleunigten Verständigung untereinander.[6] Durch weitere Innovationen wie die elektrischen Straßenbahnen oder motorisierte Omnibusse kommt es zur Beschleunigung auch des Verkehrs:

---

[1] Siehe dazu die Ausführungen im vorausgegangenen Abschnitt, S. 36–38.
[2] Zur Problematik des Begriffs „Moderne", siehe Kimmich / Wilke, Literatur, S. 9–11.
[3] Eine ausführliche und detaillierte Darstellung bietet Nipperdey in seinen beiden Bänden Nipperdey, Bürgergeist; Nipperdey, Machtstaat.
[4] Siehe Ajouri, Literatur, S. 11.
[5] Siehe ebenda.
[6] Siehe Kimmich / Wilke, Literatur, S. 19.

Hatte eine Reise von Berlin nach Frankfurt mit der Postkutsche – ohne Übernachtung – 69 Stunden, also mehrere Tage, gedauert, so braucht ein Reisender mit der Eisenbahn um 1900 nur noch 9 Stunden.[7]

Neben der Beschleunigung beeinflusst die Erfindung des künstlichen Lichts wesentlich den Alltag der Menschen, vor allem der Stadtbewohner. Durch die Entwicklung des elektrischen Lichts und der elektrischen Straßenbeleuchtung wird in den Großstädten der Zeitrhythmus, der bislang von den Grenzen zwischen Tag und Nacht bestimmt war, erheblich verändert.[8]

Ein weiteres Kennzeichen der modernen Gesellschaft um 1900 ist ein Meinungspluralismus, der erstmals in dieser Form auftritt. Zeitgleich herrschen ganz unterschiedliche und zum Teil konkurrierende Auffassungen über die Deutung der Gegenwart oder über Erwartungen in Bezug auf die Zukunft vor. Ajouri deutet dieses Spektrum der unterschiedlichen Positionen und Überzeugungen im Folgenden an:

> War die Gesellschaft im Fortschritt oder im Verfall begriffen? Was war ein gesellschaftliches Ideal, für das sich zu kämpfen lohnte? Eine klassenlose Gesellschaft, wie die Sozialisten dachten, die Einheit und Reinheit des Volkes, wie Teile der völkischen Bewegung glaubten, die Rückkehr zu einem natürlichen Leben, wie sie von Anhängern der Lebensreformbewegung gefordert wurde, oder, ganz im Gegenteil, der technische Fortschritt? Sollte das Deutsche Reich eine Monarchie bleiben, war eine demokratische Gesellschaftsordnung erstrebenswert oder wollte man gar anarchische Zustände?[9]

Neben Beschleunigung und Meinungspluralismus ist die Urbanisierung ein weiteres wesentliches Phänomen sowie ein bedeutsamer Faktor für die Modernisierung um 1900. Im ausgehenden 19. Jahrhundert, im Anschluss an die Gründung des Deutschen Reiches 1871, sind nach Kimmich die Voraussetzungen gegeben, dass sich Großstädte durch den Zuzug vieler Menschen in Metropolen verwandeln. Berlin, die Reichs-

---

[7] Kimmich / Wilke, Literatur, S. 20f. Zudem gewinnt die Mobilität in der Wahrnehmung der Menschen an Bedeutung. Sie rückt in den Großstädten in das Zentrum, wie der 1880 neu errichtete Frankfurter Bahnhof belegt, der im Stadtzentrum errichtet wurde, das bislang von Repräsentationsgebäuden geprägt war. Siehe ebd., S. 21.
[8] Siehe ebd., S. 19.
[9] Ajouri, Literatur, S. 11.

hauptstadt wird neben London, Paris oder Wien nach Ajouri zur „einzige(n) echte(n) Metropole auf deutschsprachigem Boden"[10]. Durch die Urbanisierung und die damit einhergehenden Migrationsbewegungen, die auch mit dem Terminus „Landflucht"[11] bezeichnet werden, etabliert sich als weiteres Phänomen der modernen Gesellschaft – die „Masse"[12]. Zudem ändern sich die sozialen Strukturen der Großstädte, wobei sowohl die traditionellen Konventionen und Gewohnheiten des Großstadtlebens infrage gestellt werden als auch sich mit dem industriellen Proletariat eine neue soziale Schicht in der Großstadt formiert.[13]

Ein weiter Aspekt, der die moderne Gesellschaft um die Jahrhundertwende wesentlich bestimmt hat, ist das Phänomen der Nervosität.[14] Am Ende des 19. Jahrhunderts etabliert sich die „Neurasthenie" als neues Krankheitsbild. Betroffen sind von diesem Phänomen der Nervenschwäche weite Kreise der Bevölkerung, wobei Teile vor allem der Oberschicht sowie Stadtbewohner glaubten, von dieser Krankheit betroffen zu sein. „Neurastehnie" bezeichnet die Überlastung des Nervensystems eines Einzelnen aufgrund von schädlichen Lebensbedingungen, mit denen sich der Mensch angesichts der modernen Lebensbedingungen konfrontiert sieht. Als Krankheitsursache gelten die großstädtischen Lebens- sowie Arbeitsbedingungen, der Alkohol- und Tabakkonsum, die extensive Sexualität sowie die zeitliche Beschleunigung. Auch die räumliche Verdichtung des Reizpotentials durch Beleuchtung, Reklame usw. wird als besonders schädlich aufgefasst.[15]

Neben der Entwicklung des künstlichen Lichts fällt in die Jahrhundertwende ein in der Kulturgeschichte einmaliger Anstieg an Waren. „Allein zwischen 1895 und 1900 steigert sich die Warenproduktion um

---

[10] Ajouri, Literatur, S. 19.
[11] Fuchs / Raab, Wörterbuch, S. 468.
[12] Kimmich / Wilke, Literatur, S. 19. Die „Masse" ist ein Kennzeichen der städtischen Lebenswelt und verstärkt den Gegensatz zwischen Großstadt und Landleben. Dieser Gegensatz war nach Ajouri um 1900 sicher größer als heute, denn die modernen Entwicklungen wie Telefon, Kino, Straßen- und Wohnraumbeleuchtung, Straßenbahnen oder Lichtreklame wurden zunächst in den Großstädten eingeführt und fanden dort vielfältige Verwendung. Siehe Ajouri, Literatur, S. 19.
[13] Siehe Kimmich / Wilke, Literatur, S. 21.
[14] Ajouri wertet dieses Phänomen als „eines der markantesten Phänomene der Zeit um 1900". Ajouri, Literatur, S. 20.
[15] Siehe dazu Kimmich / Wilke, Literatur, S. 23; Ajouri, Literatur, S. 20.

ein Drittel."¹⁶ Diese Waren werden in den Städten angeworben und zunehmend an Litfaßsäulen, auf Plakaten oder in dekorierten Schaufenstern präsentiert. Während diese Entwicklung in der „Neurasthenie" als Ursache für die Reizüberflutung und somit der Nervosität gilt, etablieren sich Plakate zugleich als neue Medien. Daneben entwickeln sich aufgrund des technischen Fortschrittes im 19. Jahrhundert weitere Medien, die sowohl Kunst und Ästhetik als auch Wissenschaft, Forschung und Wirtschaft um die Jahrhundertwende wesentlich beeinflusst haben. Der Film bzw. das Kino sowie die Fotografie, die seit Mitte des 19. Jahrhunderts die Wahrnehmung sowie das Denken prägen, erweisen sich auch um die Jahrhundertwende als wichtige Elemente in der Kultur- und Literaturgeschichte.[17] „Der Realismus der Photographie übertraf alles, was man bis dahin kannte und provozierte damit diejenigen Künste, die sich auf eine möglichst exakte Wiedergabe der Natur konzentriert hatten."[18]

Die Bedeutung der Fotografie geht über das bloße Abbilden des Realen, die Dokumentation des Sichtbaren hinaus. Der Akt des Schauens rückt in den Fokus des Interesses, womit eine zunehmende Tendenz zur Selbstreflexion einhergeht. Die von der Fotografie inspirierten und ausgelösten Studien zu Wahrnehmung, Bewegung und Gedächtnis führen zur Reflexion über die Repräsentation der Wirklichkeit.[19] „Nicht das Beobachtete verwandelt sich, sondern die Beobachtung selbst wird zum Gegenstand der Erforschung, Beobachtung und Beschreibung."[20]

Neben der Fotografie löst der Film bzw. das Kino eine Medienrevolution um 1900 aus. Erstmals 1895 werden die sogenannten „lebenden Photographien"[21] präsentiert. Schnell gewinnt das Kino an Popularität und Bedeutung, denn im Unterschied zur Fotografie führt das Kino zu einer Revolution der Freizeitgestaltung.

Damit ist auf einen weiteren Aspekt der modernen Gesellschaft hingewiesen. Um die Jahrhundertwende lässt sich die sogenannte „Erfindung der Freizeit"[22] datieren. Diese stellt eine kritische bzw. kompensatorische

---

[16] Kimmich / Wilke, Literatur, S. 21.
[17] Siehe ebd., S. 25f.
[18] Ebd., S. 25.
[19] Siehe ebd., S. 27.
[20] Ebenda.
[21] Ebd., S. 28.
[22] Ebd., S. 29. Nipperdey weist darauf hin, dass es in der vorindustriellen Zeit und anschließend weiterhin im Handwerk oder in ländlichen Gebieten zu einer Überlappung von Arbeits- und Nichtarbeitszeit kommt. Im Unterschied dazu findet in der industria-

Reaktion auf die moderne Arbeitswelt dar. Die Freizeit dient im Sinne von „Zerstreuung" dem Vergnügen und bedarf der Gestaltung, z. B. in Form von Tanz, Sport, Kino, Varieté oder Reisen.[23]

Neben den genannten Entwicklungen und Phänomenen, die wesentlich Gesellschaft und Kultur der Jahrhundertwende beeinflussen, ist das 19. Jahrhundert von einem sozialen Wandel geprägt, wodurch sich die bürgerliche Gesellschaft mit ihren Vorstellungen von Familie und dem Verhältnis der Geschlechter um 1900 entscheidend verändert. Zwar sind um die Jahrhundertwende nach wie vor die Ehe sowie die Familie mit Kindern die geltende Norm für die Erwachsenen.[24] „Gewiß ist die Familie 1870 wie 1914 ein Heiligtum, und gewiß ist der männliche Patriarchalismus nach wie vor dominierend."[25] Allerdings werden durch die Emanzipation der Frauen, die sich in der Frauenbewegung formieren, sowie durch die Jugendbewegung die patriarchale Stellung des Vaters hinterfragt.[26] Nipperdey resümiert: „Die Ehen und die Familien ändern sich. 1910 ist es deutlich anders als 1870."[27] Neue Lebensformen wie beispielsweise die alleinerziehende Mutter oder die uneheliche Partnerschaft

---

[23] lisierten städtischen Lebenswelt eine strikte Trennung zwischen Arbeitszeit und Freizeit statt, wobei letztere einen sehr geringen Teil des Zeitbudgets ausmacht. Siehe Nipperdey, Bürgergeist, S. 166.

[23] Siehe Kimmich / Wilke, Literatur, S. 29. Meist wird die Freizeit organisiert in Vereinen, Parteien oder Verbänden, die um die Jahrhundertwende einen regelrechten Boom erfahren. Siehe ebd., S. 29.

[24] Singles spielen (noch) keine Rolle, da ihre soziale Stellung nicht anerkannt ist, worauf beispielsweise die spöttischen Bezeichnungen der „alten Jungfer" oder des „Hagestolz" hinweisen. Siehe Nipperdey, Bürgergeist, S. 44. Auch das am 1.1.1900 in Kraft getretene neue Bürgerliche Gesetzbuch setzt im Familienrecht die patriarchale Ordnung der Familie voraus und bekräftigt diese. Kimmich / Wilke, Literatur, S. 29.

[25] Nipperdey, Bürgergeist, S. 59.

[26] Die Anfänge der Frauenbewegung liegen bereits in der Revolution von 1848. Im ausgehenden 19. Jahrhundert bilden sich neue Gruppierungen in großer Zahl, die einerseits die Interessen der ledigen Frauen vertreten. Ihre Anzahl nimmt aufgrund des ökonomischen und sozialgeschichtlichen Wandels zu. Andererseits lässt sich bei der Frauenbewegung um 1900 und ihren einzelnen Gruppierungen Tendenzen der Internationalisierung sowie der teilweisen Radikalisierung erkennen. Das Ziel der Frauenbewegung stellt die rechtliche und v.a. juristische Selbstständigkeit dar, sowie Unabhängigkeit von der väterlichen Autorität. Siehe Kimmich / Wilke, Literatur, S. 33. Zum Spektrum der Frauenverbände sowie der Geschichte der Frauenbewegung siehe Nipperdey, Bürgergeist, S. 82–95.

[27] Ebd., S. 59.

bieten zudem Alternativen zum bürgerlichen Lebensentwurf.[28] Diese finden sich vor allem bei Künstlerinnen und Künstlern der Bohème und stellen eine Ausnahme dar, die vom Bürgertum sowohl missbilligt als auch beneidet wird.[29]

Die Kultur um 1900 ist entscheidend von der Jugendbewegung geprägt.[30] Im Zeitraum um die Jahrhundertwende kommt es zu einer erheblichen, zahlenmäßigen Zunahme an Jugendlichen, wobei das Alter zwischen Geschlechtsreife und Ehe subsumiert liegt. Jugend wird um 1900 als Problem wahrgenommen, denn durch veränderte Familienstrukturen, Urbanisierung und industrielle Lohnarbeit entziehen sich die Jugendlichen der Kontrolle durch die Familie und werden zunehmend unabhängiger. So resümiert Nipperdey in Bezug auf die städtische Jugend:

> Die Bindungen traditioneller, gemeinschaftlicher und institutioneller Art, Bindungen an Elternhaus, Nachbarschaft und Kirche und an die Arbeitsstätte werden schwächer und damit die Vorformungen des Lebens; die Jugendlichen werden real und psychisch mobiler und unabhängiger, wachsen nicht mehr quasi-selbstverständlich in die Erwachsenenwelt hinein.[31]

Diese Entwicklung bildet ganz unterschiedliche Wahrnehmungen der Jugend aus. Einerseits ist das Jugendalter positiv konnotiert als Zeit der Freiheit, Kreativität, Befreiung und Freizeit. Andererseits werden die Jugendlichen als „Halbstarke" betrachtet, als ein Ordnungsproblem, dem durch Disziplinierung entgegengewirkt werden muss.[32] In den deutschen Städten bilden sich Gruppierungen Jugendlicher, die sich 1901 unter dem Namen „Wandervogel" zusammenfinden. Diese Jugendbewegungen protestieren gegen die starren Regeln der Bürgerwelt und grenzen sich von der normalen Bürgerlichkeit ab. Gruppierungen Jugendlicher wie der „Wandervogel" erweisen sich als ein Stück alternativen Lebens, indem die Jugendlichen einen Freiraum erhalten, der in Unabhängigkeit zur

---

[28] Siehe Ajouri, Literatur, S. 14.
[29] Siehe Nipperdey, Bürgergeist, S. 44.
[30] Die Bedeutung der Jugendbewegung hebt Nipperdey folgendermaßen hervor: „Sie [die Jugendbewegung; A. F.] hat – weit über ihre schmale Anhängerschaft hinaus – Lebensstil, Kultur, Mentalität in Deutschland geprägt, sie gehört zu den großen und folgereichen Aufbruchbewegungen in der Zeit nach 1900." Ebd., S. 118.
[31] Ebd., S. 114.
[32] Siehe Kimmich / Wilke, Literatur, S. 30.

Familie und Schule und den darin geltenden Normen und Zwängen steht.[33]

Eine weitere Befreiungsbewegung, die um die Jahrhundertwende einsetzte und der in den zeitgenössischen Diskursen hohe Bedeutung zukommt, ist die Sexualität. Sie ist Thema von medizinischen Abhandlungen, politischen, psychologischen und psychoanalytischen Schriften sowie literarischen Werken. In den Sexualitätsdiskursen findet eine Auseinandersetzung mit der restriktiven viktorianischen Sexualmoral des Bürgertums im 19. Jahrhundert statt, wonach die Sexualität einzig im Kontext der Ehe und mit dem Gefühl der Liebe verbunden, zur Fortpflanzung diente.[34]

> Paradoxerweise wird diese ständige Auseinandersetzung mit Sexualität sowohl damit begründet, dass sie eingeschränkt und überwacht werden müsse, weil ein Überhandnehmen krankhafter Formen zu beobachten sei, als auch damit, dass Sexualität unterdrückt werde, daher krank mache und ‚befreit' werden müsse.[35]

Hier deuten sich bereits die differenten Grundsätze an, die dem Sexualitätsdiskurs ebenso wie anderen Lebens- und Diskursformen um 1900 eigen sind. Es herrscht in der Rhetorik eine Dichotomie von Unterdrückung und Befreiung vor. Einerseits wird die Sexualität in der Form thematisiert, dass ihre entdeckende, entlarvende, rebellierende oder aufbegehrende Kontur befreiend deutlich wird.[36] Andererseits deuten die öffentlichen Skandale, die mit einschlägigen Aufführungen wie beispielsweise Frank Wedekinds „*Lulu-Dramen*" verbunden sind, auf die Ressentiments gegenüber der „modernen" Sexualmoral hin.[37]

---

[33] Siehe Nipperdey, Bürgergeist, S. 119. Nipperdey weist darauf hin, dass bereits der Name „Wandervogel" eine Abgrenzung der Jugendlichen zur eigenen Alltagswelt darstellt: „alt und neu zugleich, mit dem Anklang der Heimatlosigkeit, künstlich und ersehnt – alternativ zur Familie". Ebd., 119.

[34] Siehe Ajouri, Literatur, S. 188.

[35] Kimmich / Wilke, Literatur, S. 34.

[36] Siehe ebenda.

[37] Unter den „*Lulu-Dramen*" werden mehrere Einzeldramen, der „*Erdgeist*" (1895) sowie die „*Büchse der Pandora*" (1902), gefasst, die aufgrund der Zensur einzeln veröffentlicht, mehrfach überarbeitet und schließlich 1913 geeint veröffentlicht wurden. Zur Entstehung des Dramas siehe Florack, Erotik, S. 19f. Die Hauptfigur Lulu, die innerhalb der Handlung verschiedene Namen und mehrere Ehemänner hat, verkörpert diese befreite Sexualität. Der sexuellen Akt dient für Lulu nicht zur Fortpflanzung (entsprechend der zeitgenössischen, restriktiven Sexualmoral), sondern zum

Im engen Zusammenhang mit den Begriffen Sexualität, Ehe und Familie steht der moderne Individualismus. Dem *Ich* kommt sowohl in der Literatur und Philosophie als auch in verschiedenen Wissenschaften um 1900 eine besondere Rolle zu, weshalb Kimmich und Wilke den modernen Individualismus als zentrales Phänomen der Epoche werten.[38] Es deutet sich die widersprüchliche und zum Teil unübersichtliche Situation zwischen radikalem Subjektivismus einerseits und radikaler Subjektkritik andererseits an:

> Die absolute und nahezu unangefochtene Dominanz dieser Vorstellung vom ‚Individuum' und seinen Rechten und Pflichten, seinem Glück und seiner Zukunft geht mit der Frustration über das kontinuierliche Scheitern dieser Idee einher. Deutlich werden bereits um die Jahrhundertwende die verschiedenen Stimmen, die dieses Scheitern nicht den ungünstigen Umständen, sondern dem *Konzept* eines mit sich selbst identischen, glücklichen, selbstverantwortlichen, gesunden Individuums zuschreiben.[39]

Neben dieser Diskrepanz ist in diesem Zusammenhang auch auf die neuen Formen der Selbstbeobachtung hinzuweisen. Im Unterschied zu vorausgehenden Individualitätskonzepten wird der Mensch um 1900 nicht mehr zwingend als Ganzheit verstanden. Jene Vorstellungen des „Menschen", die diesen als Gebäude, Gefäß oder Maschine auffassen und ihn von dem Äußeren abzutrennen versuchen, werden abgelöst durch neue Formen der Selbstwahrnehmung. Der Blick in das Innere rückt in den Fokus des Interesses. Dieser Wandel resultiert aus vielfältigen Erkenntnissen der *Moderne* wie beispielsweise in den Bereichen der Röntgentechnik oder Genetik. Bevor der Paradigmenwechsel in den Wissenschaften näher vorgestellt wird, sind zunächst als weiteres markantes Phänomen der Jahrhundertwende die Weiblichkeitsvorstellungen um 1900 zu benennen. Im Verlauf des sozialen Wandels im 19. Jahrhundert kommt es in einem langsamen, jedoch nachhaltigen Prozess zu einer neuen Defini-

---

Selbstzweck. Siehe Ajouri, Literatur, S. 188f. Der Frage, inwiefern die Sexualitätsdiskurse mit ihrer rhetorischen Dichotomie von Unterdrückung und Befreiung Einblick in reale Sexualpraktiken liefern, widmet sich Michel Foucault in seiner dreibändigen Untersuchung zur „Sexualität und Wahrheit" (1976–1984), in der erstmals diese Frage in Bezug auf die kulturhistorische Analyse antiker sowie moderner Gesellschaften gestellt wurde. Siehe Foucault, Wille; Foucault, Gebrauch; Foucault, Sorge.

[38] Siehe Kimmich / Wilke, Literatur, S. 35.
[39] Ebenda.

tion der Frauenrolle.[40] Frauenbilder und in Folge dessen die Konstruktionen von Weiblichkeit werden um 1900 komplexer.[41]

Die wissenschaftliche Auseinandersetzung mit Weiblichkeit kann anhand von anthropologischen Entwürfen nachgezeichnet werden und ist um die Jahrhundertwende wesentlich von der zeitgenössischen Frage nach dem Wesen der Frau bestimmt. „Sexualität und Erotik, Geschlecht und die Merkmale avancieren zu den Begriffen, an denen sich die anthropologische Suche nach der Natur der Frau ausrichtet"[42]. Die Frau wird, so Kimmich und Wilke, im Unterschied zur männlichen Rationalität als Körperwesen inszeniert.[43]

In der Studie „*Das fiktive Geschlecht. Weiblichkeit in anthropologischen Entwürfen und literarischen Texten zwischen 1885 und 1925*" weist Stephanie Catani darauf hin, dass das Defizitäre *das* Charakteristika der wissenschaftlichen Weiblichkeitsentwürfe um die Jahrhundertwende ist und sich dieses sowohl in der Pathologisierung als auch Dämonisierung der Frau äußert. Zudem werden der Frau meist geistige Fähigkeiten abgesprochen.[44] Der „pathologische Fall" der Frau wird in den zeitgenössischen wissenschaftlichen Entwürfen zur Weiblichkeit in Abgrenzung zum „gesunden" Mann vorgenommen. Daraus resultiert eine Geschlechterdifferenz, die wiederum ein Konfliktpotential birgt. Dieses findet nach Catani seinen Ausdruck in der Darstellung eines „,Geschlechterkampfes'

---

[40] Siehe Kimmich / Wilke, Literatur, S. 30f. Nipperdey spricht im Zusammenhang mit der sukzessiven und nachhaltigen, veränderten Stellung der Frau von einer der „großen weltgeschichtlich revolutionären Veränderungen". Nipperdey, Bürgergeist, S. 73. Diese veränderte Stellung der Frau zwischen 1870 und 1914 ist nicht radikal, aber doch wesentlich. Ebd., S. 94.

[41] Nipperdey verweist auf die unterschiedlichen Ursachen dieser Ausdifferenzierung und Veränderungen der Stellung der Frau. Als solche Ursachen benennt er die veränderte Arbeitswelt, die Frauenbewegungen, die Organisation von Frauen in Vereinen und Verbänden, der Durchbruch in der Geburtenregelung sowie die Anfänge der sexuellen Revolution. Eine weitere Voraussetzung ist die Modernisierungs-Aufgeschlossenheit in Teilen der Männerwelt sowie der sozialdemokratischen Führer und der Erziehungselite, was sich beispielsweise nach Nipperdey in der Norm- und Rollenkritik in der Literatur und dem Theater äußere. Siehe Nipperdey, Bürgergeist, S. 94f.

[42] Catani, Geschlecht, S. 9.

[43] Siehe Kimmich / Wilke, Literatur, S. 61.

[44] Siehe Catani, Geschlecht, S. 10. Im Unterschied dazu sind die anthropologischen Entwürfe von Männlichkeit durch die Synthese von sinnlichen und rationalen Eigenschaften charakterisiert.

[…]. In literarischen Bildern findet sich eine Analogie in inszenierten Beziehungsgeflechten, die um das Motiv der ‚Macht' kreisen."[45]

Ein wesentlicher Faktor der veränderten Frauenrolle ist der zunehmende Wechsel ihres Tätigkeitsfeldes. Nicht länger ist die Berufstätigkeit der Frau beschränkt auf die Heimarbeit oder als familiäre Arbeitskraft z. B. in der Landwirtschaft. Stattdessen agieren immer mehr Frauen ökonomisch selbstständig, üben einen Beruf aus, was der modernen, kapitalistischen Gesellschaft entspricht, und erwirtschaften so ein eigenes Einkommen.[46]

Hierin deutet sich bereits der soziale Wandel an, der nachfolgend ausführlicher thematisiert wird. Zuvor sollen die Wissenschaften, die einen weiteren bestimmenden Faktor der modernen Gesellschaft bilden, thematisiert werden. Kennzeichnend für die Wissenschaften im ausgehenden 19. Jahrhundert sind sowohl ihre Differenzierung und immer weitergehende Spezialisierung in Einzeldisziplinen als auch ihre Professionalisierung. Die Wissenschaft wird zum Berufsfeld für Fachleute, die wiederum Fachleute hervorbringen.[47] Im 19. Jahrhundert entstehen die Wissenschaften im modernen Sinn wie beispielsweise die Literaturwissenschaften, die Geschichtswissenschaft oder die Sozialwissenschaften.[48] Die moderne Medizin wird differenziert in „Spezialgebiete" wie Biochemie, Zellforschung oder Genetik.[49]

Insgesamt gewinnen die Wissenschaften an Geltung, und ihre Bedeutung für das Leben der Menschen nimmt im ausgehenden 19. Jahrhundert zu, so wie Nipperdey anhand unterschiedlicher Bereiche aufzeigt:

---

[45] Catani, Geschlecht, S. 79.
[46] Siehe Kimmich / Wilke, Literatur, S. 33. In diesem Zusammenhang weisen Kimmich und Wilke darauf hin, dass die Lebensform der berufstätigen Frau zunehmend mit den bürgerlichen Vorstellungen der Familienmutter in Konflikt gerät. Ein Konflikt, der auch heute noch nicht gelöst ist. Siehe ebd., S. 33.
[47] Siehe Nipperdey, Bürgergeist, S. 677.
[48] Nipperdey verweist in diesem Zusammenhang auf mehrere Probleme, die Differenzierung und Spezialisierung auslösten. Zunächst steht jede Einzelwissenschaft vor dem Problem ihrer Begründung und der Bestimmung ihres Verhältnisses zu anderen. Ein weiteres Problem stellt die Integration, Subsumierung und Ausrichtung der Einzeldisziplinen dar. Während sich die unter dem Oberbegriff der Naturwissenschaften subsumierten Einzeldisziplinen Chemie, Biologie und Physik an der Empirie ausrichten, erweist sich dieses für andere Wissenschaften als problematisch. Siehe Nipperdey, Bürgergeist, S. 677.
[49] Siehe Kimmich / Wilke, Literatur, S. 36f.

(S)ie [die Wissenschaften, A. F.] werden entscheidend für Technik, für Produktion, zuletzt auch für Organisation; sie durchdringen – etwa über die Bildung – die soziale und kulturelle Lebenswelt; sie entmächtigen die vorwissenschaftlichen Traditionen, Orientierungen und Legitimationen und produzieren neue Orientierungen oder tragen zu ihnen bei, prägen Welt- und Lebensanschauungen mit – bis hin zur kruden Halbwissenschaft.[50]

Mit ihrer Bedeutung wachsen auch die Erwartungen an die Leistungen der unterschiedlichen wissenschaftlichen Disziplinen. Die Wissenschaftlichkeit richtet sich nicht mehr allein an Inhalten, sondern auch in Bezug auf die Verfahrensregeln aus. Methodik und Empirie bilden nun die wissenschaftlichen Standards, die ebenso wie Kommunikationsformen unter den verschiedenen Wissenschaften homogenisiert werden.

Innerhalb der Wissenschaften verschiebt sich die Hierarchie einzelner Disziplinen. Besonders die Naturwissenschaften mit ihren Disziplinen Physik, Biologie und Chemie erleben einen Aufschwung. Die Erfolge der Naturwissenschaften (u. a. die Evolutionstheorie von Charles Darwin oder die Abhandlungen Albert Einsteins zur Lichtquantenhypothese, zum Zusammenhang von Energie und Masse oder zur Elektrodynamik) verändern das Weltbild sowohl der Fachleute als auch der nicht wissenschaftlich tätigen Bürger. Um die Jahrhundertwende kommt es zu einer Popularisierung des Wissens.[51]

In dieser Verschiebung lässt sich bereits ein epistemologischer Paradigmenwechsel erkennen, der durch den Rückgang der philosophischen Erkenntnistheorie und den Abschied von der „Ästhetik der ‚schönen Künste'"[52] hin zu den Natur- und Sozialwissenschaften gekennzeichnet ist. Dieser Paradigmenwechsel wirkt sich auch in den Bereichen der Literatur und Ästhetik aus. Diese Hinwendung zum Naturalismus ist zugleich eine Voraussetzung für das Verständnis von Literatur und Kultur um 1900, die in weiten Teilen wesentlich von einem Antinaturalismus bestimmt sind.[53]

Unter den Wissenschaften erlangen um 1900 besonders die (Bewusstseins-)Psychologie und Psychoanalyse an Bedeutung, vor allem auch im

---

[50] Nipperdey, Bürgergeist, S. 676.
[51] Siehe Kimmich / Wilke, Literatur, S. 37.
[52] Ebd., S. 36.
[53] Siehe ebd., S. 36f. Kimmich und Wilke werten den Naturalismus sogar als „unverzichtbare Vorgeschichte der Literatur und Kultur um 1900". Ebd., S. 36.

Hinblick auf die Literatur der Jahrhundertwende.[54] Die traditionellen Ich-Konzepte, wonach das *Ich* als autonome, zeitlich stabile und rationale Einheit verstanden wurde, gerieten in den letzten beiden Jahrzehnten des 19. Jahrhunderts aufgrund der zunehmenden Fokussierung auf die soziale und biologische Bedingtheit des Menschen in die Krise. Die Psychologie, die erstmals in Deutschland institutionalisiert wurde, fragte nun nach der menschlichen Wahrnehmung und Aufmerksamkeit sowie nach Reaktionen und dem Assoziationsvermögen des Menschen.[55] So zeigte der Psychologe Wilhelm Wundt auf, dass die Seele in einzelne Empfindungen und Gefühle aufzulösen sei.

Neben der Psychologie stellt die Psychoanalyse eine zweite Wissenschaft dar, die um die Jahrhundertwende eine breite Resonanz erfährt. In seiner wohl bekanntesten Schrift „*Die Traumdeutung*" (1900) entwirft Sigmund Freud „eine Art Hermeneutik des Traums"[56]. Träume verstehen sich nach Freud als Erfüllung eines unbewussten Wunsches, der durch die psychoanalytische Deutung erkennbar wird, wo er sonst im Wachzustand durch die Zensur des Bewusstseins verdrängt werden könnte.[57] Der zentrale Aspekt dieser Theorie ist die Vorstellung, dass man in das Unbewusste vordringen kann, indem man das bewusste Ich vorübergehend ausschaltet. Die Psychoanalyse nach der Lehre Freuds dient als „Reparaturprogramm für seelische Leiden"[58] und war wesentlich für die Literatur der Jahrhundertwende vor allem aufgrund der unterschwelligen Depotenzierung des *Ich* durch das Unbewusste.[59]

Mehrfach wurde bereits auf die Interdependenz zwischen den gesellschaftlichen Phänomenen um 1900 und der Literatur hingewiesen. Bevor die Literatur der Jahrhundertwende, ihre Strömungen und Autoren thema-

---

[54] Siehe Ajouri, Literatur, S. 16.
[55] Siehe Kimmich / Wilke, Literatur, S. 43f. In diesem Zusammenhang ist auf die enorm weitverzweigte Debatte über „Hysterie" hinzuweisen. So begegnen „(f)ür die Konstruktion ‚der' Frau als Hysterikerin […] in der psychologischen Literatur um 1900 zahlreiche Belege, so etwa bei Autoren wie Otto Weiniger (1880–1903) und Richard Freiherr von Krafft-Ebing (1840–1902)." Ebd., S. 43f.
[56] Kimmich / Wilke, Literatur, S. 44.
[57] Siehe ebd., S. 45.
[58] Ajouri, Literatur, S. 133.
[59] Siehe ebd., S. 135. Die Depotenzierung des Ich liegt den Arbeiten Freuds um 1900 zugrunde. Es handelt sich hierbei um die Vorstellung, dass die menschliche Psyche „eine zweite bzw. „tiefere" Ebene besitzt. Neben dem Bewussten tritt nun das Nichtbewusste bzw. in der Terminologie Freuds das Unbewusste. Dieses, so glaubte man, sei häufig durch sexuelle Wünsche bestimmt. Siehe ebd., S. 135.

tisiert werden, ist es unerlässlich, auf ein weiteres zeitgeschichtliches, epochales Ereignis hinzuweisen: Im Jahr 1914 bricht der Erste Weltkrieg aus. Damit beginnt ein historischer Abschnitt, der viele Deutsche und darunter auch Schriftsteller in ihrem Selbstverständnis erschüttert. Vor Kriegsbeginn gab es unter den Intellektuellen und Schriftstellern viele Kriegssympathisanten, die den Krieg regelrecht emphatisch begrüßten. Dieser Enthusiasmus wird von Ajouri als Ausdruck gewertet, wonach die Menschen von einem kurzen und siegreichen Krieg ausgingen und sich nach Kriegsende eine neue Ordnung erhofften.[60] Zudem schien der Krieg das durch viele und teilweise unterschiedlichste Parteien, Verbände und Interessengruppen zersplitterte deutsche Volk zu einen.[61]

Die im Ersten Weltkrieg (1914–1918) vorherrschende Gesamtstimmung lässt sich nach Nipperdey in drei Phasen differenzieren: Auf die erste Phase des enthusiastischen und großen Aufbruchs, der durch die vielen Kriegsfreiwilligen 1914 verkörpert und mit der Erwartung des baldigen Kriegsendes verbunden ist, folgt die Ernüchterung. Diese Phase ist wesentlich geprägt von einem „Durchhaltepathos im Stellungskrieg und in den Entbehrungen der Blockade"[62]. Gegen Kriegsende begegnet hingegen ein zunehmender Fatalismus, der vor allem bei jenen vorherrscht, zu denen entweder keine Informationen gelangten oder die an der anfänglichen Euphorie festhielten und eher Wunschvorstellungen bzw. Wunschdenken nachgingen.[63]

Der anfängliche Kriegsenthusiasmus wich somit im Kriegsverlauf und besonders nach dem Kriegsende 1918 anderen Erfahrungen, die die Soldaten an der Front sowie die Zurückgebliebenen machten.[64] Die Erfah-

---

[60] Siehe Ajouri, Literatur, S. 21f. Als weitere Erklärungen für den anfänglichen Kriegsenthusiasmus lässt sich die vorausgehende Friedenszeit nennen. Seit dem Deutsch-Französischen Krieg 1870/71 sind mehr als vierzig Jahre vergangen, sodass Vorstellungen von Krieg nicht (mehr) bei allen Teilen der Bevölkerung präsent sind. Auch fehlt bei weiten Teilen der Bevölkerung die Vorstellung über die neusten Kriegstechniken und das Ausmaß ihrer Vernichtungskraft (z. B. Maschinengewehre oder chemische Kampfstoffe).

[61] Siehe Ajouri, Literatur, S. 22.

[62] Nipperdey, Machtstaat, S. 857.

[63] Siehe ebd., S. 857f.

[64] Nipperdey weist darauf hin, dass die neue Kriegsform, der Stellungskrieg, noch mehr als die Materialschlacht oder der Sturmangriff die Aufbruchsstimmung und den Enthusiasmus des Kriegsanfangs gebrochen habe. Siehe ebd., S. 853. Die Kriegserfahrungen werden folgend im Anschluss an Nipperdey vorgestellt, siehe ebd., S. 850–858.

rung des massenhaften Todes, die verbunden ist mit unermesslichem Leid und Trauer, stellen nach Nipperdey ebenso wie die Erfahrung der Invalidität zwei Grunderfahrungen dar, die allgemeinen Charakter besitzen.[65] Darüber hinaus gibt es weitere Erfahrungen mit dem Krieg, die jedoch nach Betroffenen zu differenzieren sind. Ein Grundphänomen stellen die Schwierigkeiten bei der Zusammenführung der unterschiedlichen Lebenswelten von Kriegssoldaten und den „Zurückgebliebenen" dar. Die Fronterfahrungen der Soldaten sind sehr gegensätzlich:

> Auf der einen Seite steht die Furchtbarkeit, das Grauen, das Leiden oder auch der trübe und immer todgeprägte Stumpfsinn von Frontalltagen, auf der anderen Seite der heroische Kampf und das Überstehen, das Nie-Wieder-Krieg-Pathos und der Stolz der Frontkämpfer.[66]

Diese scheinbar konträren Auffassungen basieren auf gemeinsamen Grunderfahrungen an der Front. Zu diesen zählen Schützengräben, Materialschlachten und die Gruppensolidarität im Sinne einer „Schützengrabengemeinschaft", die als unverzichtbare Bedingung das Überleben sichert. Die Lebensbedingungen der Menschen in der „Heimat" waren hingegen wesentlich vom Mangel bestimmt. Die zentrale Erfahrung ist Hunger. Weitere Mangelerscheinungen resultieren aus dem Fehlen von ausreichend Brennstoffen, Kohle sowie Wärme und Beleuchtung usw. Durch Hunger, Mangelerscheinungen und Krankheit steigt die Mortalität vor allem bei Säuglingen, Kleinkindern, Alten, Kranken und Schwachen und stellt eine weitere Erfahrung angesichts und in Folge des Krieges dar. Diese genannten Kriegserfahrungen beeinflussen die Lebenswelten der Menschen zwischen 1914–1918 wesentlich und bestimmen ihre Wahrnehmung in Bezug auf ihr Zeiterleben und ihre Zeitdeutung.

Dieser komprimierte Überblick mit der Vorstellung ganz unterschiedlicher Phänomene der *Moderne* weist bereits auf die Weite des Spektrums von Faktoren hin, die das Leben um die Jahrhundertwende (1885–1918) beeinflusst haben. Ausgehend von den Entwicklungen der zweiten industriellen Revolution war die Modernisierung sowohl durch Beschleunigung von Kommunikation und Verkehr als auch durch eine Urbanisierung mit Ausbildung von Metropolen und „Massengesellschaften" in Großstädten wesentlich bestimmt. Eine nie dagewesene Warenkultur bestimmt ebenso

---

[65] Siehe Nipperdey, Machtstaat, S. 850f.
[66] Ebd., S. 852.

die Gesellschaft um 1900 wie der Meinungspluralismus in Bezug auf die politischen sowie soziokulturellen Bedingungen.

Bereits im 19. Jahrhundert setzt ein sozialer Wandel ein, der, wie dargelegt, um 1900 zu Veränderungen u. a. hinsichtlich der Frauenrollen, des Geschlechterverhältnisses und der Familien führt. Um die Jahrhundertwende entstehen Befreiungsbewegungen, die zum Teil nachhaltig wirken. Zu diesen zählen neben der Frauenbewegung, die Frauen aus der Vormundschaft der Männer bzw. Väter befreien will, die Jugendbewegung sowie die Befreiung der Sexualität.

Als weitere Phänomene dieser Zeit wurden der moderne Individualismus sowie die neuen Medien (Fotografie und Kino) vorgestellt. Darüber hinaus beeinflussen die Wissenschaften, darunter vor allem die Naturwissenschaften sowie die Psychologie und Psychoanalyse, ebenso die Kriegserfahrungen, die Lebenswelt der Menschen um die Jahrhundertwende.

4.2 Literatur um 1900

Ab etwa 1880 verändert sich das Bild der Literatur. Innerhalb der Forschung herrscht Konsens darüber, dass sich die Literatur ab diesem Zeitpunkt schneller und vor allem radikaler als in den Jahren zuvor wandelt. Die Gründe, weshalb es hier zu einer literargeschichtlichen Zäsur kommt, werden kontrovers diskutiert.[67]

Ab ca. 1885 entwickeln sich zudem zunehmend literarische Vereine und Gruppen. Diese Gruppenbildung wirkt sich wesentlich auf die moderne Literatur aus, denn die Gruppenmitglieder sammeln sich häufig um eine Zeitschrift. Diese dient innerhalb der zunehmenden literarischen und künstlerischen Pluralisierung beispielsweise durch die Auswahl der Beiträge und die Veröffentlichung von Beiträgen der Gruppenmitglieder zur Positionierung. Die Zeitschrift „Der Sturm" avanciert z. B. zu einem der wichtigsten Publikationsorgane des Expressionismus.

Auch die Rolle des Dichters bzw. Literaten um 1900 wandelt sich. Von den Zeitgenossen werden „(d)ie gesellschaftliche Stellung oder die Aufgaben des Schriftstellers [...] als prekär oder doch als ungewöhnlich empfunden"[68]. Ganz unterschiedliche, teilweise konträre Vorstellungen

---

[67] Eine Zusammenfassung der unterschiedlichen Positionen bietet Ajouri, Literatur, S. 33–37.
[68] Ebd., S. 57.

und Rollenmodelle bilden sich innerhalb der Autorenschaft aus. Bevor dies näher fokussiert wird, sollen zunächst die unterschiedlichen Strömungen um die Jahrhundertwende vorgestellt werden.

Mit der literarischen Vielschichtigkeit und Heterogenität begegnet ein bestimmendes Charakteristikum der Literatur um 1900.[69] Diese Pluralität der Literatur lässt sich nach Nipperdey zunächst differenzieren in die unterschiedlichen, der Literatur eigenen Ansprüche. Neben der „anspruchsvollen Literatur" gibt es verschiedene Ausprägungen innerhalb der Trivialliteratur. Zur letzteren zählt Nipperdey die sogenannten Kolportage-Romane, die vornehmlich an Frauen adressiert sind und zum Teil große Erfolge erzielen.[70] Neben diesen Trivialromanen entstehen viele Abenteuer- und Indianerromane, die nach Nipperdey ebenfalls der Trivialliteratur zuzuordnen sind. Als Autoren sind in diesem Zusammenhang Friedrich Gerstäcker (1816–1872), Franz Treller (1839–1908), Sophie Wörishöffer (1838–1890) und besonders Karl May (1842–1912) zu nennen, dessen Romane sowohl zur Jahrhundertwende als auch bis heute eine besondere Wirkung erzielen. Auch die Heimatromane zählen zur Trivialliteratur. Vertreter dieses Genres sind Ludwig Ganghofer (1855–1920) oder Paul Keller (1873–1932).

Die „anspruchsvollere Literatur" der literargeschichtlichen Epoche der *frühen Moderne* lässt sich in verschiedene Strömungen differenzieren, die im Folgenden jeweils in Form eines kurzen Überblicks vorgestellt werden. Dabei ist mit dem *Naturalismus* zu beginnen, da sich viele der literarischen Strömungen um 1900 als Reaktion auf den *Naturalismus* entwickeln.

4.2.1 Naturalismus

Wie viele andere Strömungen um 1900 ist auch der *Naturalismus* durch eine Disparatheit gekennzeichnet, die sich in den unterschiedlichen Auffassungen und Programmen zeigt.[71] Eine verbindende Gemeinsamkeit besteht in dem Ziel, innovativ zu sein und so den Idealismus zu überwin-

---

[69] Siehe ebd., S. 28.
[70] Der Populärroman wurde zunächst durch Eugenie Marlitts, eigentlich Eugenie Johns (1825–1887), Roman „*Goldelse*" von 1867 erfolgreich, der in der Familienzeitschrift „*Gartenlaube*" sukzessive veröffentlicht wurde. In den Folgejahren erscheinen fast jährlich weitere, bis zu sechs Romane. Siehe Nipperdey, Bürgergeist, S. 757.
[71] Zur Problematisierung des Begriffs „Naturalismus" siehe Ajouri, Literatur, S. 43.

den.[72] „Literarisch ging es um die Vergegenwärtigung der vollen, der wahren Wirklichkeit, der modernen sozialen Wirklichkeit, das revolutionierte die Thematik, die Perspektive, die Stile."[73] Es werden Themen der Zeit aufgegriffen, wie beispielsweise das großstädtische und industrielle Leben, wozu auch deren Kehrseite zählt, die sich sowohl in Elend und Krankheit als auch in Prostitution und Alkoholismus manifestiert. Auch die Infragestellung traditioneller Geschlechts- und Familienkonzepte ist Gegenstand der naturalistischen Literatur.[74] Sie richtet sich gegen jede Idealisierung, Versöhnung oder Verklärung und zielt auf deren Entlarvung.

Als Kennzeichen dieser literarischen Strömung lässt sich ihre internationale Ausrichtung benennen. Intensiv werden literarischen Werke aus dem Ausland rezipiert wie die der Schriftsteller Leo Tolstoi, Henrik Ibsen, August Strindberg und v. a. Emile Zola.

Die naturalistischen Autoren orientieren sich an dem „Paradigma der ‚siegreichen' Naturwissenschaften"[75]. Als theoretische Bezugnahmen werden vor allen Charles Darwins Theorien zur Evolution sowie zur Anpassung aufgegriffen, die in Deutschland durch Ernst Haeckel und vor allem durch Wilhelm Bölsche popularisierend weitergeführt wurden. Ebenso wie die Naturwissenschaften beansprucht die literarische Strömung des Naturalismus die Natur, worunter nicht das Ursprüngliche, sondern das Dasein unter Gesetzen verstanden wird, objektiv zu betrachten und die Gesetze, von denen auch die gesellschaftliche Wirklichkeit des Menschen bestimmt sind, zu zergliedern.[76]

In Bezug auf die Stilistik des Naturalismus lässt sich die Tendenz beobachten, nach der sich die Darstellung möglichst dem „Dargestellten" annähert.[77] Dies äußert sich u. a. in einem Detailrealismus, wie beispielsweise die Bühnenanweisungen bei Gerhard Hauptmann erkennen lassen.[78] Als weitere stilistische Charakteristika des Naturalismus sind die

---

[72] Siehe Kanz, Moderne, S. 343.
[73] Nipperdey, Bürgergeist, S. 771.
[74] Weitere Themen, die Gegenstand der naturalistischen Literatur geworden sind, benennt Nipperdey, Bürgergeist, S. 771.
[75] Kanz, Moderne, S. 344.
[76] Siehe Nipperdey, Bürgergeist, S. 772.
[77] Ajouri verweist in diesem Zusammenhang auf die Formel „Kunst = Natur - x, wobei x möglichst klein sein sollte, damit die Tendenz der Kunst, wieder Natur zu sein, in Erfüllung geht". Ajouri, Literatur, S. 105.
[78] Siehe ebd., S. 107.

mikroskopische Vergegenwärtigung des Wahrnehmbaren, die Wiedergabe von Alltags- und Umgangssprache sowie des Dialekts oder anderer sprachlicher Besonderheiten (z. B. Sprachlosigkeit, Stammeln) zu benennen.[79]

Bei der literarischen Strömung des Naturalismus handelt es sich „zunächst um eine jugendliche Intellektuellenrevolte gegen die etablierte Literatur von Idealismus"[80]. Aus diesem Grunde gehören die naturalistischen Autoren der gleichen Generation an, deren literarische Vertreter Anfang der 1860er Jahre geboren wurden: Zu diesen zählen u. a. Conrad Alberti (1862–1918), Arno Holz (1863–1929) sowie Johannes Schlaf (1862–1941). Auch Gerhard Hauptmann (1862–1949) verfasst eine Vielzahl an Dramen aus der Perspektive und mit typischen Themen des Naturalismus. Dazu zählen u. a. *„Vor Sonnenaufgang"* (1889), *„Die Weber"* (1892) oder *„Die Ratten"* (1912).

4.2.2 Fin de Siècle

Unter dem Begriff „*Fin de Siècle*", der erstmals 1890 von Herman Bahr und Hugo von Hofmannsthal im deutschsprachigen Gebiet verwendet wurde, ist eine Vielzahl von verschiedenen, zum Teil disparaten literarischen Strömungen zwischen ca. 1890 bis 1910 subsumiert.[81] Zu diesen zählen Décadence, Symbolismus, Impressionismus, Jugendstil, Wiener Moderne sowie Berliner Moderne.[82]

Im Gegensatz zum Naturalismus gewinnt in den verschiedenen Strömungen des Fin de Siècle die Ästhetik wieder an Autonomie. „Kunst ist nicht praktisch [...], sie hat keinen Nutzen, sondern ist Genuß, sie ist rein,

---

[79] Siehe Nipperdey, Bürgergeist, S. 773.
[80] Ebd., S. 770.
[81] Die Bezeichnung *Fin de Siècle* hat sich gegenüber den anderen, teilweise konkurrierenden Strömungsbegriffen in den letzten Jahren durchgesetzt, da ihm nach Ajouri die größte Neutralität zukommt. Andere Bezeichnungen wie Jugendstil, Impressionismus, Symbolismus, Wiener Moderne, Berliner Moderne oder Décadence weisen einen unterschiedlichen Umfang und eine ihnen je eigene Begriffsgeschichte auf. Siehe Ajouri, Literatur, S. 46. Nipperdey verwendet hingegen die Bezeichnung „Antinaturalimus", durch die er bereits auf die Intention der damit bezeichneten literarischen Strömungen verweist – das Überwinden des Naturalismus, der als langweilig, veraltet und überholt angesehen wird. Nipperdey, Bürgergeist, S. 774.
[82] Siehe ebenda.

ist Selbstzweck. Und sie ist nicht nur etwas anderes als Wissenschaft, sondern sie rangiert vor ihr."[83]

Anders als beim naturalistischen Versuch, die Wirklichkeit photographisch abzubilden, gewinnen nun die ästhetischen Qualitäten in Kunst und Literatur an Bedeutung.

Nicht mehr gesellschaftliche Themen, Zustände oder Milieus sind Gegenstand der literarischen Auseinandersetzung, sondern Ich und Subjektivität, die in Folge des neuen Individualismus zentral geworden ist, rücken in den Fokus des Interesses. Friedrich Nietzsche wird zum „Held(en) der Generation der Jahrhundertwende"[84].

Eine dieser literarischen Strömungen wird mit dem Begriff *„Décadence"* bezeichnet, worunter Verfallsfantasien und Untergangsstimmung in der Literatur und Kultur gefasst werden. Der kulturell-dekadente Verfall ist nicht ausschließlich negativ konnotiert, sondern wird ambivalent gewertet, gelegentlich als positiv und lustvoll empfunden. Diese Ambivalenz deutet sich in Nipperdeys Beschreibung der Zeitwahrnehmung an:

> Man erlebt die eigene Zeit als End- und Spätzeit, als fin de siècle, immer komplexer und differenzierter die Verhältnisse, immer verfeinerter, sensibler und nervöser die Menschen (und es ist schick, nervös zu sein), zerrissener und problematischer auch.[85]

Die Décadence-Literatur, so der Forschungskonsens, lässt sich inhaltlich durch ein Motivgeflecht bestimmen, zu dem Krankheit und Verfall zählen. Als weiteres Motiv dieser Literatur lässt sich die Naturferne benennen, die sich in den Werken in Form einer Bevorzugung von Künstlichkeit und Ästhetik äußert. Auch die Geschlechterrollen und die Erotik zählen zu bevorzugten Motiven und machen den Unterschied zum Naturalismus deutlich. Während die Naturalisten die Sexualität im Sinne der restriktiven viktorianischen Sexualmoral verstanden und sie im Kontext der Ehe sowie Liebe sehen, wird in der Décadence die Erotik subjektiviert und dient der Selbstverwirklichung. Dabei kommt Weiblichkeitsentwürfen wie denen der Femme fatale und der Femme fragile, die sich um 1900 herausbilden, eine besondere Bedeutung zu. Da diese Weiblichkeitsentwürfe teilweise auch in der anschließenden Dramenanalyse begegnen, werden sie im Folgenden etwas ausführlicher vorgestellt.

---

[83] Nipperdey, Bürgergeist, S. 775.
[84] Ebenda.
[85] Ebenda.

Die Prozesse des sozialen Wandels, die die traditionellen Auffassungen von Familie, Geschlecht, Körper, Sexualität und Individualität um die Jahrhundertwende aufbrechen, können auch in der Literatur nachgezeichnet werden.[86] Stephanie Catani weist im Rahmen ihrer Untersuchung auf die zeitgenössische Parallelität zwischen den untersuchten sexualwissenschaftlichen Werken und den literarischen Entwürfen hin und problematisiert das Verhältnis dieser zueinander. Beiden Bereichen ist das in ihnen favorisierte Sujet gemeinsam, durch welches sie wesentlich bestimmt sind: „Der Frau, ihrem Körper und ihrer Sexualität"[87]. In der thematischen Ausrichtung gibt es in der Literatur der Jahrhundertwende offensichtliche Parallelen zu den zeitgenössischen, anthropologischen Entwürfen.[88]

In ihrer Studie benennt Catani sechs kulturelle Frauentypen und arbeitet jeweils ihre literarische Inszenierung in ausgewählten Werken um 1900 heraus. Dabei unterscheidet und subsumiert Catani die Frauentypen der *Ehefrau* und der *Mutter* unter der Kategorie der „legitimen Weiblichkeit". Davon differenziert sie jene Weiblichkeitsvorstellungen, die durch metaphysische Erotik der Frauen bestimmt ist. Hierbei handelt es sich zum einen um das „dämonische Weib", worunter sowohl der Frauentyp der *Femme fatale* als auch der der *Dirne* verstanden werden. Davon ist die Kategorie der „Kind-Frau" zu differenzieren, unter der die beiden kulturellen Frauentypen der *Femme fragile* und das *Süße Mädel* subsumiert sind.[89]

Bereits die Anzahl der Frauentypen deutet daraufhin, dass sich in der Literatur um 1900 nicht von einer einheitlichen Darstellung der Frau sprechen lässt. Eine Gemeinsamkeit der verschiedenen literarischen Strömungen ist allerdings die übereinstimmende Tendenz zur extremen Stilisierung des Weiblichen bzw. der Frau.[90] Auf der einen Seite löst die Frau mit ihrer inszenierten Grausamkeit Bedrohung aus und ruft gesellschaftliche Empörung hervor. Auf der anderen Seite übt die Femme fatale eine Faszination aus und bedient sich dabei eines (un)bewussten Voyeu-

---

[86] Siehe Kimmich / Wilke, Literatur, S. 60.
[87] Catani, Geschlecht, S. 78.
[88] Siehe ebd., S. 10.
[89] Vgl. ebd., S. 88–124.
[90] Siehe ebd., S. 79.

rismus in Bezug auf moralisch Verworfenes sowie gesellschaftlich Tabuisiertes.[91]

Der zeitgenössische „Kult' um die Femme fatale"[92] begegnet nicht nur in der Literatur, sondern findet vor allem auch in der europäischen Kunstgeschichte eine starke Resonanz, wie beispielsweise Gemälde von Gustav Klimt, Max Liebermann, Gustav Adolf Mossa oder Max Klinger belegen, in denen biblische Frauenfiguren wie Judith, Delila oder Salome als Femme fatale adaptiert werden.

Neben der Décadence, die sich aufgrund der inhaltlichen Charakteristika leichter definieren lässt, treten um die Jahrhundertwende weitere Bewegungen hervor, in deren Zentrum die Auseinandersetzung mit verschiedenen Wirklichkeitserfahrungen und -problematiken steht. Nach Nipperdey handelt es sich einerseits um die Beschäftigung mit dem „Leben", das jedoch als Aufbruchs- bzw. Erlösungsvokabel zu verstehen ist.[93] Andererseits lässt sich eine antibürgerliche Haltung beobachten. Der moderne Individualismus und die Hinwendung zum „Leben" bilden eine Diskrepanz zu den idealen bzw. idealisierten bürgerlichen Werten. „Das Individuum und seine persönliche Freiheit, seine Selbstverwirklichung stehen für die Literatur im Zentrum, Institutionen und Ordnungen, Staat und Politik bleiben außen vor."[94] Eine dritte große Wirklichkeitserfahrung stellt die Faszination gegenüber dem Ästhetischen dar. Dies spiegelt sich im Anspruch der Literatur wider, besser und ganzheitlicher als die Wissenschaften die eigentliche Wirklichkeit erfassen zu können.[95] Im Gegensatz dazu kristallisierte sich im Anschluss an die sprachtheoretischen Abhandlungen von Ernst Mach und Fritz Mauthner Skepsis gegenüber und Kritik an der Sprache heraus:

> Sprachliche Zeichen beruhen auf künstlichen Gleichungen und einer umfassenden Abstraktion von der in ständigem Wandel begriffenen Welt; daher muss das Reale dem Sprechen und Schreiben prinzipiell unerreichbar bleiben.[96]

---

[91] Siehe Catani, Geschlecht, S. 94.
[92] Ebd., S. 78.
[93] Nipperdey, Bürgergeist, S. 776.
[94] Ebd., S. 778.
[95] Diesen Anspruch hat Nietzsche philosophisch für die Kunst im Allgemeinen begründet, siehe Nipperdey, Bürgergeist, S. 779.
[96] Kimmich / Wilke, Literatur, S. 76.

Nicht-sprachliche Ausdrucksformen und -medien wie Tanz, Musik, Malerei, Pantomime oder Stummfilm sind es, die Literaten wie Hugo von Hofmannsthal und Rainer Maria Rilke zunehmend ansprechen und faszinieren. Neue Kunstmöglichkeiten entstehen daraus.[97]

Nachdem die unterschiedlichen Wirklichkeitserfahrungen und -probleme benannt wurden, mit denen sich die Literatur um 1900 auseinandersetzt, sollen neben der Décadence auch noch weitere literarische Strömungen kurz vorgestellt werden.

Eine solche stellt der *Impressionismus* dar. Die Bezeichnung leitet sich von der impressionistischen Kunst her und wurde um die Jahrhundertwende in Deutschland als Begriff verwendet, um Phänomene in der Kultur und Lebenswelt zu bezeichnen.[98] Zwar hat sich, so Kimmich und Wilke, im deutschsprachigen Raum keine impressionistische Dichtung in Sinne einer ästhetischen Bewegung formiert, allerdings lassen sich Darstellungstechniken in Texten um 1900 erkennen, die an impressionistische Prinzipien anknüpfen. Werke, die solche impressionistische Darstellungstechniken aufweisen, werden daher mit diesem Begriff erfasst. Wesentliches Kennzeichen dieser Literatur ist die feinere und exaktere Wiedergabe von Reizen, sinnlichen Eindrücken und Stimmungen. Übergänge und Zwischentöne werden ausgedrückt. Nipperdey fasst einige der Darstellungstechniken zusammen: „Ausschnitte, Reihungen, Skizzen, aufgelockerter Erzählvorgang, Andeutung, Verknappung, Nuancen, weniger logische Verknüpfung, weniger strenge Komposition."[99]

Eine weitere der gegennaturalistischen Strömungen stellt der *Symbolismus* dar. Im Unterschied zum Naturalismus werden Gefühle und Dinge nicht mimetisch wiedergegeben, sondern bei den Lesenden durch Assoziationen und stilistische sowie klanglich-rhythmische Kunstmittel evoziert. Vor allem in der Lyrik und im lyrischen Drama kommt diese neue literarische Strömung zum Ausdruck.[100]

Dieser Überblick zum Fin de Siècle zeigt die unterschiedlichen Wirklichkeitserfahrungen auf, die sich in der Literatur dieser Zeitspanne widerspiegeln. Der Charakter dieses Überblicks ist eher idealtypisch und

---

[97] Siehe Kimmich / Wilke, Literatur, S. 76f; Nipperdey, Bürgergeist, S. 780.
[98] Dem Terminus „Impressionismus" kommen um 1900 ganz unterschiedliche Bedeutungen zu. Zu dieser Problematik siehe Kimmich / Wilke, Literatur, S. 50.
[99] Nipperdey, Bürgergeist, S. 780.
[100] Siehe ebd., S. 781.

bleibt fragmentarisch.[101] Dennoch wird die Pluralität der Literatur des Fin de Siècle deutlich, die sich in unterschiedlichen Formen und Stilen äußert. Dabei lässt sich sowohl Gegensätzlichkeit als auch Vermischung unterschiedlicher Wirklichkeitserfahrungen und deren Thematisierung in der Literatur erkennen.

4.2.3 Expressionismus

Für eine weitere Strömung der Literatur zwischen ca. 1910 und 1922 etabliert sich die Bezeichnung *Expressionismus*, die Kurt Hiller 1911 von dem neuen Kunststil auf die jüngste Literatur anwendet.[102] Es handelt sich hierbei um eine Bewegung von meist Jugendlichen, die zwar unterschiedliche Auffassungen zur Bedeutung des Expressionismus hatten, dennoch das gemeinsame Ziel verfolgen, sowohl inhaltlich als auch formal gegen Naturalismus und die verschiedenen Strömungen des Fin de Siècle aufzubegehren.[103] Kanz weist darauf hin, dass „(d)er Expressionismus […] keineswegs als ‚gesamtdeutsche Geistesbewegung' begriffen werden"[104] kann, stattdessen stellt er eine literarische Subkultur dar.

Charakteristisch für die Themen expressionistischer Literatur sind familiäre Kämpfe. Die etablierten Vater- und Mutterrollen werden infrage gestellt, wobei ein pathetischer Vaterhass inszeniert wird. An den bestehenden Geschlechter- und Generationenverhältnissen wird ebenso Kritik

---

[101] Als weiterführende Literatur eignen sich folgende Überblicksdarstellungen, in denen wiederum auf vertiefende Literatur hingewiesen wird: Kimmich / Wilke, Literatur; Ajouri, Literatur.

[102] Siehe Kanz, Moderne, S. 367.

[103] Die literarische Bewegung des Expressionismus lässt sich in drei Phasen differenzieren. Der Frühexpressionismus umfasst die Zeit zwischen 1910 und 1914. Mit Kriegsbeginn veränderten sich die Lebenswelt und das Schreiben der jungen Schriftsteller. Bestimmendes Thema wird die Auseinandersetzung mit dem Krieg. Der Spätexpressionismus bezeichnet die Phase ab ca. 1918/1919, in dem die literarische Strömung eine erhöhte Breitenwirkung erzielte und sich etablierte. Siehe Ajouri, Literatur, S. 50. Um 1910 war die Mehrheit der expressionistischen Schriftsteller zwanzig bis fünfundzwanzig Jahre alt. Siehe Kanz, Moderne, S. 369. Nicht nur ihr Alter, sondern auch ihr Bildungsweg weist gemeinsam typisierende Züge auf. Viele der expressionistischen Schriftsteller stammen aus einem privilegierten, bürgerlichen Elternhaus, sind hochgebildet, ein Großteil besitzt einen Studienabschluss und viele promovierten. Dies trifft beispielsweise – mit kleineren Abweichungen – auf Gottfried Benn, Albert Ehrenstein, Jakob von Hoddis, Ernst Stadler, August Stramm oder Alfred Lichtenstein zu. Siehe Ajouri, Literatur, S. 50.

[104] Kanz, Moderne, S. 367.

geübt wie an der Ästhetik der Jahrhundertwende, die durch Schönheit und die Fokussierung des Lebens auf die Kunst bestimmt ist.[105]

Der Expressionismus ist nach Nipperdey durch Elemente wie Nihilismus, Lebensekstase, Erlösung und die Tendenz zur Provokation sowie zur Intensivierung aller Brüche gekennzeichnet. Auch die Neigung „zur Groteske und Travestie des Erhabenen und fratzenhaften Verzerrung des potentiell Idealen (wie des Menschen)"[106] gehören ebenso zu den Kernelementen wie die Vorliebe für Außenseiter (Bohemiens, Dirnen, Artisten, Irre, Einsame, Gewalt- und Kraftmenschen) sowie deren Perspektiven.

Die Entwicklung und Etablierung der literarischen Strömung des Expressionismus ist wesentlich geprägt durch Zeitschriften und Gruppenbildungen. Der „Neue Club", der 1909 in Berlin gegründet wird, ist Treffpunkt von Mitgliedern wie Kurt Hiller, der zentralen Figur dieser Gruppierung, Erwin Loewenson, Jakob van Hoddies, Georg Heym und Ernst Blass.[107] Zum wichtigsten Publikationsorgan des Expressionismus avanciert die Zeitschrift „Der Sturm", in der Texte von Alfred Döblin und Gottfried Benn ebenso veröffentlicht sind wie Bilder von Paul Klee, Oskar Kokoschka oder Paul Marc.[108] Die zentrale Figur der expressionistischen Bewegung um die Zeitschrift „Der Sturm" ist ihr Herausgeber Herwarth Walden.[109]

4.2.4 Autorschaft

Nach der Vorstellung der verschiedenen literarischen Bewegungen um die Jahrhundertwende sollen einige Hinweise zur Autorenschaft das Bild der Literatur um 1900 vervollständigen.[110] Philip Ajouri verweist darauf,

---

[105] Nipperdey, Bürgergeist, S. 790.
[106] Ebd., S. 790f.
[107] Ajouri, Literatur, S. 50.
[108] Neben dem Publikationsmittel „Der Sturm" gab es weitere expressionistische Zeitschriften wie „Die Aktion", die von Franz Pfemfert gegründet wurde oder die Periodika „Der Brenner" sowie „Die weißen Blätter". Siehe Ajouri, Literatur, S. 51.
[109] Siehe ebd., S. 51.
[110] Es sei nochmals darauf hingewiesen, dass dieser Überblick über die Literatur um 1900 nur rudimentär bleiben kann. In Bezug auf die Autorenschaft werden einzelne Rahmenbedingungen wie die Zensur oder zeitgenössische Autorenkonzepte benannt. Unberücksichtigt bleiben hingegen die Bedeutung des Verlags- und Publikationswesens für die Autorschaft sowie die Vorstellung einzelner Dichterkonzepte und Autorenproblematiken anhand von Beispielen.

dass die gesellschaftliche Stellung der Schriftstellerinnen und Schriftsteller als prekär empfunden wird. Er spricht in diesem Zusammenhang von der „Autorschaft als Problem der Moderne".[111] Seine Einschätzung stützt sich auf verschiedene Gründe. Zu diesen zählt die im Kaiserreich geltende Zensur, bei der staatliche Instanzen die geltende Rechtsordnung schützen. Die staatlichen Maßnahmen zur Überwachung und Kanalisierung von Literatur richten sich sowohl gegen Majestätsbeleidigungen und Gefährdungen der staatlichen Ordnung als auch gegen abweichende Moralvorstellungen und vor allem gegen Verstöße in Bezug auf die Sittlichkeit.[112] Nach Nipperdey hielt „(d)er Kampf mit der Zensur die Spannung zwischen Literatur und politisch-weltanschaulichem Establishment am Leben und war ein Lieblingsthema der liberalen Presse".[113] Dabei weist der Historiker auf eine Tendenz hin, wonach die Gerichte zur „Liberalisierung" von öffentlicher Meinung und Polizeipraxis beitragen, denn die Gerichte legen die Gesetze zunehmend liberaler aus.[114]

Neben der Zensur wirkt die Kommerzialisierung der Literatur wesentlich auf die Autoren ein.[115] Das Buch wird zur Ware und die Massenliteratur bringt neue Chancen und Probleme mit sich.[116] Durch diesen Funktionswechsel, wonach Literatur tendenziell nicht länger ein Medium bürgerlicher Selbstreflexion ist, sondern stattdessen zur Unterhaltung dient, gerät das „Selbstbild" des Autors in die Krise.[117]

---

[111] Ajouri, Literatur, S. 57.
[112] Siehe Nipperdey, Bürgergeist, S. 755.
[113] Ebenda.
[114] Siehe ebd., S. 755f.
[115] Durch den Wegfall des sogenannten „Insertionsmonopols" in Preußen um 1850 konnten Inserate in Zeitschriften und Zeitungen veröffentlicht werden. Diese versuchten durch Etablierung neuer Sparten wie beispielsweise Fortsetzungsromane neue Lesergruppen zu aktivieren und die Leserzahl zu erhöhen. Seit den 1880er Jahren ist der Fortsetzungsroman, so u. a. Lucia Hacker, ein festes Element in den Tageszeitungen. „Erst die hierdurch rapide wachsende Nachfrage nach Belletristik schuf einen literarischen Markt, der es den Autoren und Autorinnen ermöglichte, von ihren literarischen Produkten zu leben." Hacker, Frauen, S. 96. Diese Entwicklung erhöhte sprunghaft die Anzahl der Autorinnen und Autoren und führte zu einer Massenproduktion und Kommerzialisierung.
[116] Zu den Problemen und Chancen, die diese Entwicklung nach sich zog, siehe Hacker, Frauen, S. 96–98.
[117] Siehe Ajouri, Literatur, S. 57. In diesem Zusammenhang ist darauf hinzuweisen, dass es sich um die Krise des „Selbstbilds" *männlicher* (!) Autoren handelt. Um 1900 gehören zwar immer mehr schreibende Frauen zur Autorenschaft. Wie Lucia Hacker aufgezeigt hat, werden diesen Frauen Ressentiments entgegengebracht, so gelten sie

Innerhalb der Autorenschaft um 1900 entwickeln und etablieren sich ganz unterschiedliche, heterogene Autorenkonzepte:

> Ein Autor konnte sich zur Jahrhundertwende im Anschluss an das Autorenverständnis der Realisten sozial integrieren, bürgerliche Werte wie Ordnung, Leistung, Besitz akzeptieren und seine Berufung zum Beruf machen [...], oder er verstand sich gerade als Opponent der bürgerlichen Kultur, als Bohemien.[118]

Darüber hinaus gibt es Dichter wie Stefan George, Rainer Maria Rilke oder Peter Hille, die als Vertreter des Modells einer „heiligen Autorenschaft" gelten.[119]

Als ein weiterer Gegenstand der Reflexion über die Autorenschaft um die Jahrhundertwende soll im Folgenden kurz der Bereich der Schriftstellerinnen um 1900 thematisiert werden. Lucia Hacker benennt vier Gründe für die literarische Produktivität von Frauen im 19. Jahrhundert.[120] Neben Emanzipation, Selbstverwirklichung und Kompensation z. B. nach Verlust eines Kindes oder nach eigener Krankheit stellt die finanzielle Motivation eine weitere Ursache für das Schreiben der Frauen dar.[121] Der fi-

---

beispielsweise in der zeitgenössischen, misogynen Auseinandersetzung als Hauptproduzenten minderer Literatur oder Auslöser eines „Lohndumpings". Siehe Hacker, Frauen, S. 97.

[118] Ajouri, Literatur, S. 58.
[119] Dichter wie Stefan George wurden verehrt und von einer Art „Gemeinde" als Heilige stilisiert. Erinnerungsbücher über die Autoren wurden verfasst, in denen die Dichter entweder zu Heiligen, Aposteln oder gar Göttern erhoben wurden. George wählte und lebte zudem ein Modell, wonach er als Dichter durch eine höhere Macht erwählt, inspiriert und autorisiert wurde. Dieses Autorenkonzept steht wesentlich dem naturalistischen Autorenkonzept entgegen. Zudem sammelte George einen Kreis um sich, der strikt hierarchisch organisierte und auf den Dichter als exponierte Persönlichkeit ausgerichtet war. Siehe Ajouri, Literatur, S. 63–66.
[120] Lucia Hacker rekonstruiert in ihren Studien *„Schreibende Frauen um 1900"* die Arbeits- und Lebenssituation schreibender Frauen um 1900 auf Basis des umfangreichen Quellenstudiums des Brümmer-Nachlasses, in dem ca. 1200 gesammelte Selbstauskünfte von Autorinnen, die Brümmer über einen Zeitraum von 40 Jahren gesammelt hat, enthalten sind. Vgl. Hacker, Frauen.
[121] Hacker weist darauf hin, dass basierend auf ihrem Quellenmaterial erstaunlich wenige Autorinnen angeben, dass ihr Schreiben durch die Unterstützung der Frauenbewegung motiviert sei. Damit relativiert sie die in der Forschung betonte Position, dass sich schreibende Frauen für Frauenrechte engagiert haben. Siehe ebd., S. 91.

nanzielle Aspekt ist nach Hacker jedoch nicht nur im Sinne von „Nebenerwerb" zu verstehen, sondern dient häufig der Existenzsicherung.[122]

Heike Schmid hat zudem darauf hingewiesen, dass weibliches Schreiben, vor allem das von Dramatikerinnen im ausgehenden 19. Jahrhundert, eine doppelte Verletzung der gesellschaftlichen Konventionen bedeutet. Dieses Tabu umfasse erstens das Schreiben als solches überhaupt und zweitens den Schritt an die Öffentlichkeit, z. B. bei Dramentexten die Aufführung der Stücke am Theater.[123] „Das Drama als für Frauen marginale Gattung erfordert […] den – oft schmerzhaften, selten nur befreienden – Bruch mit allgemeingültigen sozialen Konventionen."[124] Das unterscheidet nach Schmid das eher dramatische Genre von anderen Gattungen wie dem Tagebuch oder den literarischen Briefen, die als „privatere" und weibliche Formen literarischer Produktion gelten.[125]

Der Hinweis Schmids, das Drama sei um die Jahrhundertwende eine für Frauen marginale Gattung, deckt sich mit dem Ergebnis der hier vorliegenden Recherche. Wie im vorausgehenden zweiten Kapitelabschnitt „Der Stoff der ‚David, Batseba und Urija'-Erzählung in deutschsprachigen Dramen um 1900" herausgestellt wurde, stammen bloß zwei der recherchierten Dramentexte zu 2 Sam 11 von Autorinnen (Hellmuth; Spiering). Mit Blick auf diese Dramatikerinnen lässt sich mit Hacker fragen: „Wie haben Frauen die – für sie relativ neuen – Möglichkeiten, die sich im Laufe des 19. Jahrhunderts ergaben, genutzt, um sich auf dem literarischen Markt zu behaupten?"[126]

Mit den Hinweisen zur Autorenschaft um 1900 schließt der Abschnitt zur zeitgeschichtlichen Einordnung der Dramentexte. Die hier vorgenommene Charakterisierung der modernen Gesellschaft sowie die Darstellung der literarischen Strömungen um 1900 weisen bereits auf die komplexen, interdependenten Faktoren der Jahrhundertwende hin. Diese sind zugleich konstitutiv für das Verständnis der gesellschaftlichen und kulturellen Kontexte der im Folgenden näher analysierten Dramentexte.

---

[122] Siehe Hacker, Frauen, S. 91.
[123] Siehe Schmid, Engel, S. 16.
[124] Ebenda.
[125] Siehe ebd., S. 16f.
[126] Hacker, Frauen, S. 13.

5. Ausgewählte Rezeptionen der „David, Batseba und Urija"-Erzählung in deutschsprachigen Dramentexten

5.1 Alberti, Paul: *Bath-Sebas Sünde* (1904)

Das Drama „*Bath-Sebas Sünde*" wurde 1904 im Züricher Caesar Schmidt Verlag publiziert und am 15. Januar 1909 im Hamburger Volkschauspielhaus uraufgeführt. In der Februarausgabe der Zeitschrift „*Das Literarische Echo*" von 1909 findet sich dazu folgende Rezension:

> Am 15. Januar kam im Volksschauspielhaus in Hamburg das Drama ‚Baht-Seba' von Paul Albers mit starkem äußeren Erfolg zur Aufführung. Das Stück ist eine Dramatisierung des bekannten biblischen Ehebruchsromans ohne tiefere psychologische Aufschlüsse oder Verkettungen.[1]

Diese kurze Notiz, die unter der Rubrik „Echo der Bühnen" in der Zeitschrift zu finden ist, weist darauf hin, dass Albers Dramatisierung von 2 Sam 11 im städtischen Milieu aufgeführt wurde und belegt, dass dieses Drama ebenso wie viele andere Werke von ihm (Romane, Gedichte, Novellen) im gesamtdeutschen Sprachraum rezensiert und wahrgenommen wurde.[2]

Das Trauerspiel „*Bath-Sebas Sünde*", das Albers unter dem Pseudonym Paul Alberti 1904 veröffentlichte, erregt bereits durch den Titel Aufmerksamkeit. Bernhard Asmuth weist auf die besondere Bedeutung des Dramentitels hin: „Der Titel stellt das Stück vor. Aber er soll nicht zuletzt auch darauf neugierig machen."[3] Im Titel von Albers Drama wird der Figurenname Bath-Seba mit dem Begriff der Sünde verbunden. Dabei weist der Name der Hauptperson einerseits auf die biblische Erzählung hin, und andererseits wird durch die Kombination mit dem Wort Sünde der im Christentum relevant gewordene Zusammenhang von Sünde und Frau aufgerufen, wodurch das Geschlecht der Figur betont ist.[4] Mit der Zuweisung des negativ konnotierten Begriffs Sünde zum Figurennamen ist ein interessantes Detail angesprochen, das, um dies bereits vorwegzu-

---

[1] Ettlinger, Echo, Sp. 744.
[2] Siehe Keller, Art. Albers, S. 545.
[3] Asmuth, Dramenanalyse, S. 21.
[4] Vgl. dazu die Ausführungen im ersten Teilband, Fischer, Königsmacht, S. 343–345.

nehmen, als Quintessenz des Stückes im Titel zu finden ist. Das Figurenmodell Bath-Sebas unterliegt im Dramentext Veränderungen. Bath-Seba entspricht im Handlungsverlauf zunehmend dem Typus der *Femme fatale* und wird schließlich als gebrochene Figur dargestellt. Zuvor beeinflusst sie durch ihre Schönheit und sexuelle Verfügbarkeit zunächst das Handeln ihres Ehemanns Uria und später das König Davids. Sie ist diejenige, die David den Inhalt des Todesbriefes diktiert und den König letztlich dazu zwingt, den Brief Uria mitzugeben.

5.1.1 Bath-Sebas Sünde (1904) – Struktur, Sprache und Handlung

Das Stück ist, orientiert an der klassischen Dramenstruktur, in fünf Akte segmentiert, weshalb das Drama dem klassischen Verlauf einer Handlung entspricht. Zwischen den Akten findet jeweils ein Schauplatzwechsel statt. Darüber hinaus finden Raumwechsel auch innerhalb des 3. und 4. Aktes statt, die als „offene Verwandlung bei verdunkelter Bühne"[5] angelegt sind. Während die ersten sieben Szenen des 3. Aktes in Urias Wohnung spielen, ist die letzte, achte Szene in den königlichen Gärten verortet. Im 4. Akt spielen die ersten vier Szenen in einem Wohngemach in Davids Palast, die beiden letzten Szenen im Feldlager vor Rabba.

Es handelt sich um ein diskurslastiges Drama, d. h. die Äußerungen der Figuren sind von Bedeutung, während die nonverbalen Aktionen und Handlungen weniger Aussagekraft besitzen.[6] Die Informationen, die im Nebentext vermittelt werden, sind meist kurz. Allerdings kommt den wenigen längeren Textpassagen des Nebentextes, in denen Räume, Requisiten und Handlungen dargestellt werden, besondere Bedeutung zu.

Dies trifft beispielsweise für das Bad Bath-Sebas im 2. Akt, Szene 6 zu. Dort wird mehrfach im Nebentext beschrieben, wie Bath-Seba entkleidet wird bzw. welche Stoffe sie noch bekleiden. Auch die Krone bzw. das Diadem Batsebas findet im Handlungsverlauf als Requisit mehrfach Erwähnung und ist insofern von Bedeutung, als es als Bezugsgröße den Wandel der Figur Bath-Seba widerspiegelt.[7]

---

[5] Alberti, Bath-Sebas Sünde, S. 40.51.
[6] Zur Unterscheidung siehe Schößler, Dramenanalyse, S. 113f.
[7] Erstmals begegnet dieses Requisit im 3. Akt, Szene 3, als der Juwelenhändler Bath-Seba dieses Diadem zeigt, das eine kronengleiche Form aufweist. Am Ende der fünften Szene des gleichen Aktes wird dieses Requisit nochmals erwähnt. Ruth will das Diadem aus Bath-Sebas Haar nehmen, bevor König David in Urias Wohnung tritt. Joab hält sie davon ab. Das Diadem stellt in diesen beiden Szenen einen Gegenstand

Die dramatische Rede ist bis auf eine Ausnahme dialogisch organisiert. Nur in der dritten Szene des zweiten Aktes tritt David alleine auf. Die Figur resümiert in ihrem Monolog:

> Was sagte er? Wehe denen, die den Weibern ihre Kraft lassen und Wege gehen, darin Könige verderben? — (in Gedanken). Aber wer ist denn sicher, daß er nicht fehle? .... nur wer unter dem Schirme des Höchsten sitzt.[8]

Daran schließt ein Psalmengebet Davids an. In Bezug auf die Bedeutung der monologischen Organisationsform dramatischer Rede weist Schößler auf Folgendes hin: Der „Monolog stellt eine eher unnatürliche Sprechsituation dar und bricht tendenziell die Geschlossenheit eines Dramas auf, selbst wenn die Zuschauer/innen nicht unmittelbar angesprochen werden."[9] Dem Monolog Davids (3. Akt, Szene 3) kommt trotz seiner Kürze durch die monologische Organisationsform besondere Beachtung zu. David weiß um die Gefahr, die von Frauen ausgehen kann und auf die in der vorhergehenden Szene der Dichter Jedithun am Beispiel Simsons verwiesen hat. Dennoch sieht sich König David gewappnet gegenüber dieser Gefahr. Dies ist eine Selbstwahrnehmung, die im weiteren Handlungsverlauf sich als Fehleinschätzung herausstellt.

Die Sprache in Albers Dramatisierung von 2 Sam 11 ist durch eine Vielzahl von Bibelzitaten geprägt. Aus dem biblischen Erzähltext zitiert Albers den Inhalt des sog. Todesbriefes (2 Sam 11,15).[10] Des Weiteren verwendet er einzelne Textpassagen aus Dtn 20,1–4.13f. in der Rede Davids, in der der König zum Krieg gegen die Ammoniter aufruft.[11] Diese Bibelzitate sind graphisch gut erkennbar, da sie mit Satzzeichen hervorgehoben werden. Im Unterschied dazu sind jene Zitate aus dem Hohelied, die bei der Beschreibung von Bath-Sebas Schönheit oder Davids

---

dar, den Bath-Seba besitzen möchte und durch den sie sich als Königin (an)sieht. In der siebten Szene dieses Aktes versucht David mit Hilfe des Gegenstands der Krone, Bath-Seba zum Beischlaf zu zwingen. In der ersten Szene des letzten Akts avanciert die Krone in der Rede Bath-Sebas zum negativ konnotierten Gegenstand, wenn sie spricht „(schwer seufzend). O diese Krone ... diese Krone ... wie sie drückt — (Mit starrem Blick) sie funkelt rot ... blutrot ... (schreit) blutrot —" Alberti, Bath-Sebas Sünde, S. 60. Für Bath-Seba, die nach Urias Tod unter Wahnvorstellungen leidet, wird die Krone zum Symbol ihrer Schuld am Tod ihres Ehemanns.

[8] Alberti, Bath-Sebas Sünde, S. 22.
[9] Schößler, Dramenanalyse, S. 136.
[10] Siehe Alberti, Bath-Sebas Sünde, S. 46. 48.
[11] Siehe ebd., S. 37.

Liebe verwendet werden, nicht eigens im Schriftbild exponiert.[12] Gleiches gilt auch für die Bibelzitate, die in den Reden des Propheten Nathans verwendet werden (Sir 10,12 und Weish 6,1; 2 Sam 14).[13] Wie gezeigt, sind nicht alle Bibelzitate als solche z.b. durch die Hervorhebung mit Anführungszeichen im Schriftbild erkennbar. Aus diesem Grund ist nicht auszuschließen, dass neben den genannten Bibelzitaten noch weitere im Dramentext zu finden sind.[14]

Nach der Segmentierung und der Benennung einiger sprachlicher Charakteristika von Albers Drama sollen nun die Figuren vorgestellt werden. Die Anzahl der Figuren im Drama können dem Personenverzeichnis im Nebentext entnommen werden. Dort sind 13 Einzelfiguren und 10 Figurengruppen benannt, unter den Figurengruppen wird eine Dirne als Einzelfigur aufgeführt. Von den Figuren, die in 2 Sam 11 auf der Kommunikationsebene K II vermittelt werden, fehlen in der Dramatisierung die Figur des Boten (Joabs), der die Nachricht von Urijas Tod an König David überbringt, sowie die Gottesfigur. In Bezug auf die Figurengruppen werden äquivalente Bezeichnungen verwendet, z. B. Volk statt der Figurengruppe „ganz Israel", oder es wird auf Einzelfiguren aus der Gruppe verwiesen, z. B. Obed und Helez als Repräsentanten der Figurengruppe der „(kriegstüchtigen) Männer".[15] Darüber hinaus treten im Dramentext mehrere Figuren auf, die nicht aus der biblischen Erzählung in 2 Sam 11 bekannt sind. Zu diesen Personen zählen Rehab, der Waffenträger Joabs, Ruth, die Dienerin Bath-Sebas, die drei Leviten und Dichter Assaph, Heman und Jedithun, ein Juwelenhändler sowie der Prophet Nathan. Mit Ausnahme des Juwelenhändlers handelt es sich bei den benannten Personen um Figuren, die zwar nicht in 2 Sam 11, jedoch in einem anderen Zusammenhang der Davidserzählung in der Bibel auftauchen bzw. in Bezug zur biblischen Figur Davids stehen.

---

[12] Siehe Alberti, Bath-Sebas Sünde, S. 39, 43.
[13] Siehe ebd., S. 64.70.
[14] Eine Auflistung der erfassten Bibelzitate findet sich folgend auf S. 160: Anm. 105.
[15] Der Abgleich des Verzeichnisses der Figuren in 2 Sam 11 mit dem Personenverzeichnis des Dramas ist Gegenstand des RE Nr. 16. In diesem Zusammenhang ist darauf zu verweisen, dass die wesentlichen Figuren von 2 Sam 11 – dazu zählen David, Batseba, Urija, Joab, Diener (Davids), ganz Israel sowie die (kriegstüchtigen) Männer – auch in der Dramatisierung vorkommen. Lediglich die Figur des Boten (Joabs) sowie die Gottesfigur treten nicht im Drama auf. In der Dramatisierung durch Albers wird die biblische Gottesfigur durch einen Stellvertreter, den Propheten Nathan, präsent.

Die Dramenfigur Ruth lässt sich als Referenz zur biblischen Figur verstehen, die im Alten Testament ausschließlich im gleichnamigen Rutbuch vorkommt. In Rut 4,18–22 wird eine genealogische Verbindungslinie zwischen Rut und David gezogen, wonach die Frauenfigur als Ahnfrau Davids präsentiert wird. Das Rutbuch ist dafür bekannt, dass fast alle Figuren einen sprechenden Namen besitzen. Eine Ausnahme bildet die Hauptfigur Rut, deren Name etymologisch nicht eindeutig ableitbar ist. Häufig wird der Name Rut ebenfalls als sprechender Name verstanden und ihm wird die Bedeutung „Freundin" oder „Gefährtin" zugesprochen.[16] Diese Namenssemantik könnte ein Grund sein, weshalb Albers in seiner Dramatisierung der weiblichen Figur der Dienerin Bath-Sebas den Namen Ruth zugewiesen hat.[17]

Die Person Rehab, die in Albers Dramatisierung als Waffenträger Joabs agiert, ist ebenfalls eine biblische Figur. In den alttestamentlichen Texten werden drei Männer mit dem Namen רֵכָב bezeichnet. Innerhalb der David-Erzählungen begegnet dieser Name in 2 Sam 4,1–12.[18] Rechab hat gemeinsam mit seinem Bruder Baana Sauls Sohn Ischbaal getötet und den abgetrennten Kopf zu David gebracht, woraufhin David beide töten ließ.

Die drei levitischen Dichter Assaph, Heman und Jedithun lassen sich als Referenz zu den in 1 Chr 25,1 genannten Ahnherren Asaf, Jedutun und Heman verstehen, von denen sich nach chronistischer Darstellung die Herkunft der Sänger sowie ihre Gliederung in Gruppen ableitet. In 1 Chr 25,1 wird die in den Chronikbüchern verbreitete Auffassung vertreten, dass sowohl die Einführung als auch die Etablierung der Kultmusik auf David zurückgehe.[19]

Wie gezeigt, sind die *dramatis personae* in Albers Drama, die nicht in 2 Sam 11 vorkommen, bis auf die Ausnahme des namenlosen Juwelenhändlers nicht frei erfunden, sondern stammen aus biblischen Texten, die in Zusammenhang mit der biblischen Figur Davids stehen.

---

[16] Zur Problematik dieser Namenssemantik siehe Fischer, Rut, S. 34f.
[17] Das Verhältnis der beiden weiblichen Frauenrollen wird im Anschluss unter der Analyse der Figuren anhand der RE ausführlich vorgestellt. Dort wird gezeigt, dass die beiden Frauen eine vertraute, innige und enge Beziehung zueinander haben.
[18] Darüber hinaus begegnet der Name Rechab noch in Neh 3,14 als Bezeichnung für den Vater des Malkija sowie in Jer 35,14, wo sich die Gruppe der Rechabiter auf Jonadab, den Sohn bzw. Nachkommen des Rechab, zurückführt.
[19] Siehe Japhet, Chronik, S. 397–399.

Wird die Anzahl der Figuren in den einzelnen Szenen untersucht, so erregen fünf Szenen besondere Aufmerksamkeit, denn in diesen treten gleichzeitig mehr als 5 Einzelfiguren auf. Diese Beobachtung korrespondiert mit der hohen Bedeutung der Szeneninhalte (3. Akt, Szene 5 und 6; 5. Akt, Szenen 4–6).

Die meisten Auftritte haben die Figuren Davids und Bath-Sebas. Während der König in 17 der insgesamt 31 Szenen agiert, kommt Bath-Seba sogar in 18 Szenen vor. Bei der Auftrittsfrequenz fällt auf, dass Bath-Seba in allen Szenen des 3. Aktes, David in allen Szenen des 5. Aktes erscheint. Allerdings treten die beiden Hauptfiguren nicht im 1. Akt auf, in dem stattdessen Joab, dessen Waffenträger Rehab sowie Urija und einige Bürger agieren. Ruth, Batsebas Dienerin, kommt in 14 Szenen vor und weist somit die dritthöchste Auftrittsfrequenz auf. Allerdings betritt sie nur in den Szenen die Bühne, in denen auch Batseba agiert.

Im Anschluss an die Darstellung der Struktur, Sprache und Figuren in Albers Drama „*Bath-Sebas Sünde*" soll im Folgenden ein Überblick über die Handlung gegeben werden. Sie beginnt mit der Zusammenkunft einiger Jerusalemer Bürger, die von der Rückkehr der königlichen Gesandten und ihrer Schmähung durch den Ammoniterkönig Hanun berichten. Am Anfang des Dramas steht somit eine Referenz zur biblischen Textstelle 2 Sam 10,1–6. Die Handlung endet mit dem Tod von Bath-Sebas Sohn (5. Akt, Szene 6). Auf diese Informationen hin, die Batseba von einer Dienerin erhält, beschuldigt sie den Propheten Nathan, dafür verantwortlich zu sein. Dieser weist den Vorwurf von sich und nennt als Ursache für den Tod des Königssohns „*Bath-Sebas Sünde*".[20] Das Drama schließt mit einer Repetitio des Dramentitels.

Eine Notwendigkeit, um die anschließende Analyse des Dramentextes anhand der RE nachzuvollziehen, stellt m. E. das Wissen um den Handlungsverlauf innerhalb des Stückes dar. Aus diesem Grund folgt eine kurze Zusammenfassung der im Drama dargestellten Ereignisse anhand der Segmentierung des Dramas in fünf Akte.[21]

---

[20] Alberti, Bath-Sebas Sünde, S. 70.
[21] Eine Zusammenfassung bleibt letztlich aufgrund ihrer Subjektivität problematisch und ersetzt nicht die Lektüre des Textes, dennoch ist sie m. E. für die Kontextualisierung der folgenden Analysen grundlegend und hilfreich.

Zusammenfassung der Handlung

Im Figurenverzeichnis des Nebentextes ist bereits ein Konflikt angelegt, der den *1. Akt* bestimmt: Joab wird als Davids Hauptmann, Uria als Hauptmann des Königs bezeichnet.[22] Somit treten zwei Figuren auf, denen das gleiche militärische Amt zugewiesen ist und die jeweils König David unterstehen. Uria betrachtet Joab als seinen Freund und Förderer.[23] Joab hingegen sieht in Uria einen Rivalen um das oberste militärische Amt, den er beseitigen will. Dabei geht er mit List vor. David plant einen Angriff auf die Ammoniter als Reaktion auf die schändliche Tat des Ammoniterkönigs Hanun gegenüber den königlichen Gesandten. Joab informiert die Bürger über Davids Entscheidung und ruft zum Krieg auf. Auf Befehl des Königs soll Joab gemeinsam mit Uria den Oberbefehl über das Heer führen. Aus diesem Grund versichert sich Joab der Loyalität seines Waffenträgers Rehab. Joab beauftragt ihn, David zu jener geheimen Stelle zu führen, an der Urias Frau Bath-Seba täglich badet. Der König soll ihre Schönheit sehen und sie begehren, sodass Joabs Rivale Uria an königlicher Gunst verliert und als Hindernis der Liaison beseitigt wird.

Im *2. Akt* ist dargestellt, wie die Begegnung zwischen David und Bath-Seba initiiert wird und ihren Verlauf nimmt. Joab bittet, um seine List umzusetzen, Uria am Abend zu sich, um beim gemeinsamen Mahl die Kriegsstrategie zu besprechen. Währenddessen befindet sich David in den königlichen Gärten, versichert sich der Zustimmung seiner levitischen Berater und preist anschließend, als er alleine ist, Gott. Dabei wird er von Rehab unterbrochen. Dieser bittet den König im Auftrag Joabs um einen Gefallen: Joab habe seinen Besitz, den er von David erhielt, in einer Truhe in den königlichen Gärten vergraben. Da der Hauptmann morgen in den Krieg ziehe, möchte Joab durch Rehab dem König zeigen, wo die Truhe mit seinem Besitz vergraben ist. Die Truhe wolle Joab im Todesfall David zukommen lassen. David folgt Rehab durch die königlichen Gärten. Der Waffenträger führt den König zum Bach, in dem sich Bath-Seba gerade badet. Diese ist mit ihrer Dienerin Ruth bereits dort und wird von ihr entkleidet. Rehab lenkt Davids Blick auf die beiden Frauen, der König befiehlt Rehab, die Frauen an der anderen Uferseite des Baches zu holen. Ruth, die die Männer entdeckt hat, wirft Bath-Seba augenblicklich das Gewand um und fordert sie zur Flucht auf. David, der zunächst die Frau ergreifen lassen möchte, fragt Rehab nach ihrer Identität. Dieser gibt zu: „Es ist ... (atmet schwer auf) Es ist das Weib Deines Hauptmanns. Es ist ... Urias Weib."[24]

Die Handlung des *3. Aktes* spielt in Urijas Wohnung. Bath-Seba erinnert sich an den Vorfall des vergangenen Tages und bespricht diesen mit Ruth. Uria, der die Kriegsrüstung trägt, kommt hinzu und begrüßt seine Frau. Er erzählt Bath-Seba, dass er von David beauftragt wurde, gemeinsam mit Joab das Heer im Kampf gegen die Ammoniter zu führen und er bald aufbrechen müsse. Bath-Seba möchte ihn nicht gehen lassen, sie verflucht ihr Los als Frau eines Kriegers und die ständige Angst um ihren Mann, dass er nicht zurückkommt. Zur Ablenkung und zum Trost lässt Uria einen Juwelenhändler, den Ruth gerade auf der Straße entlanggehen sieht, herbeirufen und

---

[22] Siehe Alberti, Bath-Sebas Sünde, S. 3.
[23] Diese diskrepante Wertung mit den konträren Positionen der Figuren zueinander begegnet vor allem in der vierten Szene des ersten Aktes.
[24] Alberti, Bath-Sebas Sünde, S. 28.

kauft Bath-Seba Preziosen. Darunter ist ein Diadem, das einer Königskrone ähnelt. Dieses Kleinod will Bath-Seba besitzen und sie bittet Uria, es ihr zu kaufen. Darüber hinaus verlangt sie sukzessive nach weiteren Schmuckgegenständen, die Uria ihr gewährt. Angesichts der vielen Preziosen vergisst Bath-Seba die Trauer und Angst um den in den Krieg ziehenden Ehemann. Joab betritt ebenfalls Urias Haus und kündigt die baldige Ankunft von König David an, der vor Ort die Befehle an die Feldherren geben und die zurückgebliebene Bath-Seba trösten wolle. David kommt mit seinem Gefolge, instruiert die Hauptmänner und fordert zur Eile auf. Bath-Seba blickt Uria vom Fenster aus nach und weint aus Angst, ihr Ehemann könnte aus dem Krieg nicht zurückkehren. David bleibt mit Bath-Seba alleine zurück. Der König will die weinende Bath-Seba trösten und gesteht, dass ihre Schönheit sein Begehren geweckt habe. Sie erschrickt und flieht vor dem König. David gibt ihr zu bedenken, dass er als König über sie verfügen und Knechte beauftragen könne, die sie in den königlichen Palast bringen. Sie solle sich ihm freiwillig hingeben. Auch nachdem David ihr die Königskrone anbietet, weigert sich Bath-Seba. Die letzte Szene des 3. Aktes spielt in den königlichen Gärten. Bath-Seba, die bereits zwei Wochen im königlichen Palast und dort unter ständiger Beobachtung ist, bekommt von Ruth den Rat, David zu umwerben. Dazu rühmt sie Davids Vorzüge in Bezug auf seine Gestalt und Macht.

Mit Beginn des *4. Aktes*, in dessen Fokus die Tötung Urias steht, tritt plötzlich eine gewandelte Bath-Seba auf. Während sie zuvor Davids Avancen ablehnend gegenüberstand, ist sie diesen gegenüber nun offen. Ihre Relation zueinander ist emotional-leidenschaftlich bestimmt und durch Gefühle definiert. Bath-Seba wirft David, der ihr zuvor seine Liebe geschworen hat, mangelnde Liebe vor. Sie fordert als Beweis seiner Zuneigung, dass er sie zur Frau nimmt und zur Königin proklamiert. Davids Einwand, sie sei Urias Frau, entgegnet Bath-Seba mit der Forderung, ihren Mann töten zu lassen. Sie erklärt David den Plan, wie Uria durch die Hand der Ammoniter sterben werde. Bath-Seba drängt den König dazu, einen Brief mit dem Todesurteil Urias an Joab zu verfassen. Sie diktiert dem König den Brief und befiehlt David, er solle den zurückgekehrten Uria sofort wieder zum Schlachtfeld zurücksenden, denn sie möchte ihren Ehemann nicht mehr wiedersehen. David tut, was Bath-Seba von ihm fordert. Uria kommt zu David, berichtet ihm von den militärischen Erfolgen bei der Eroberung Rabbas und bittet um weitere Befehle zur Vernichtung der Ammoniter. Daraufhin gibt David dem Hauptmann den „Todesbrief", in dem angeblich die weiteren Befehle für Joab enthalten sind und befiehlt ihm, unverzüglich nach Rabba zurückzukehren. Im Heerlager angekommen, überreicht Uria Joab den Brief. Er liest ihn und verbrennt anschließend das königliche Schreiben. Joab versucht den Krieger Obed mit Geld dazu zu bewegen, weitere Krieger anzuwerben und sich während des Angriffs zurückzuziehen, damit Uria sterbe. Der Angriff beginnt und Uria führt einen der beiden Flügel an. Seine Krieger ziehen sich hinter ihm zurück, sodass er von zwei Speeren getroffen wird und stirbt.

Im *5. Akt* werden die Konsequenzen der Tötung dargestellt. Bath-Seba, die jetzt die Königskrone trägt und Mutter eines Sohnes ist, wird von Ängsten und Wahnvorstellungen gegenüber dem Propheten Nathan geplagt. Ihre Dienerin Ruth beruhigt sie und zählt auf, was sie bisher erreicht hat. Besonders betont sie Bath-Sebas Einfluss auf David, durch den sie sich bei den anderen Ehefrauen des Königs verhasst gemacht hat. Ruth legt Bath-Seba nahe, noch heute David beim königlichen Fest das Versprechen abzunehmen, ihren Sohn als seinen Nachfolger einzusetzen. Unterbrochen werden die beiden durch die Ankunft des Königs. Dieser erwartet eine erneute Bußpredigt des Propheten. Nathan tritt vor den König und erinnert ihn an die Gültigkeit der Instanz Gottes, vor dem David sich rechtfertigen müsse. Er erzählt ihm die Geschichte vom Armen mit dem Schäfchen, das ein Reicher ihm wegnahm. Nathan identifiziert den Reichen mit David und wirft ihm vor, Uria umgebracht und sich dessen Frau genommen zu haben. David bekennt sich zu dieser Sünde und bittet Gott, ihn von der Blutschuld zu befreien. Während des königlichen Festes, das trotz der Warnung des Propheten stattfindet, verschafft sich Bath-Seba einen Vorteil, indem sie David ein Versprechen, dessen Inhalt der König nicht kennt, abnimmt. Vor allen Versammelten fordert sie von David, ihren Wunsch, die Thronnachfolge ihres Sohnes, zu erfüllen. Davids versucht Bath-Seba von dieser Forderung abzubringen, indem er von der drohenden Strafe durch Gott erzählt. Ruth interveniert und stärkt Bath-Seba, sie solle an ihrem Wunsch festhalten. David stimmt schließlich zu. Als Joab vor Bath-Seba tritt und sie beglückwünschen will, phantasiert die Königin. David lässt zur Ablenkung Musik aufspielen. Diese verstummt, als der Prophet Nathan auftritt. Er verkündet das Urteil Gottes: David hat sich der Sünde schuldig gemacht. Er hat das Wort Gottes verachtet, Uria durch die Ammoniter getötet und dessen Frau genommen. Aus diesem Grund soll Unglück über das davidische Haus kommen und Gott streckt seine Hand gegen den Sohn Bath-Sebas aus. Diese erschrickt angesichts des Urteils und verweist auf die Schuldlosigkeit ihres Sohnes. Das Drama endet mit dem Tod des Kindes, der nach der Deutung des Propheten aus „Bath-Sebas Sünde" in die Welt gekommen sei.

5.1.2 Analyse des Dramentextes unter Anwendung der Referenzelemente

Nach der Zusammenfassung der Handlung sowie der Benennung erster Hinweise zur Struktur von Albers Dramatisierung soll der Dramentext im Folgenden mit Hilfe der herausgearbeiteten REs untersucht werden. In vorigen Abschnitt wurden bereits mehre RE thematisiert, weshalb die folgende Analyse mit diesen beginnt.

Der Vergleich des Personenverzeichnisses im Dramentext mit der Übersicht der Figuren in 2 Sam 11 ist Inhalt des RE Nr. 16. Im vorausgehenden Kapitel wurden bereits in Bezug auf die Figuren die Übereinstimmungen und Differenzen zwischen biblischer Erzählung und dem Dramentext benannt. Auf eine Besonderheit soll an dieser Stelle noch hingewiesen werden. Die beiden Figuren Ruth und Rehab, die nicht in der biblischen Erzählung 2 Sam 11 vorkommen, werden von Albers konzipiert und in ihrer Funktion als Dienerin und Waffenträger jeweils einer anderen Figur zugeordnet. Beiden Figuren kommen handlungsleitende Funktionen zu. Der Waffenträger Rehab hat wesentlichen Anteil an der Umsetzung von Joabs List und lenkt geschickt Davids Blick auf die entkleidete Bath-Seba. Der Einfluss, den Ruth auf ihre Herrin Bath-Seba im 3. Akt, Szene 8 und im 5. Akt, Szene 1 nimmt, ist evident für den Fortgang der Handlung und ist noch Gegenstand der Figurenanalyse.

5.1.2.1 Handlung

Neben den Figuren wurde auch die Handlung im vorigen Abschnitt bereits thematisiert. Die Abgleichung der Handlungselemente, die in der narratologischen Analyse von 2 Sam 11 herausgearbeitet wurden und unter dem ersten RE subsumiert sind, wird nun im Folgenden vorgenommen. Von den fünfundzwanzig konstitutiven Handlungselementen der biblischen Erzählung werden in Albers Drama elf aufgegriffen.[25] Vor allem die Handlungselemente, die die Geschehnisse am Beginn der Erzählung widerspiegeln (RE Nr. 1a–f), sind komplett und in der gleichen Reihenfolge aufgenommen worden. Auffällig ist dabei, dass die Darstellung des sexuellen Aktes in der Dramatisierung ausgelassen wird (RE Nr. 1g), während hingegen die Schwangerschaft Bath-Sebas Teil der Handlung ist (RE Nr. 1h). Darüber hinaus fehlen die Handlungselemente, die die Geschehnisse Urijas in Jerusalem umfassen (RE Nr. 1k–o). Ebenso ausgelassen sind jene Elemente, unter denen die Benachrichtigung Davids durch den Boten (RE Nr. 1t–v) sowie die Ereignisse in 2 Sam 11,26f. (RE Nr. 1w–y) subsumiert werden.

Das zweite RE, die Handlungsenden des Dramentextes, wurden ebenfalls im vorigen Abschnitt benannt. Die Handlungsenden weichen insofern von denen der biblischen Erzählung ab, da sie sowohl auf andere biblische Textstellen (2 Sam 10,1–6 und 2 Sam 12,18a[26]) verweisen als auch durch andere Figuren bestimmt werden. Im 1. Akt, Szene 1 treten mehrere Bürger auf und die Dramenhandlung endet mit einem Dialog zwischen Nathan und Bath-Seba. Eine Gemeinsamkeit stellt m. E. der Bezug zur kriegerischen Auseinandersetzung mit den Ammonitern dar. Am Beginn der Dramenhandlung wird der Anlass für diese Auseinandersetzung benannt. Es handelt sich dabei um die schändlichen Handlungen des Ammoniterkönigs Hanun den Gesandten des Königs David gegenüber. Damit wird, ebenso wie in der biblischen Erzählung, das weitere Geschehen mit Kriegs- und Gewaltkonnotationen gelesen. Somit findet das fünfte RE in der Dramatisierung Anwendung.

---

[25] Es handelt sich hierbei um folgende REs Nr. 1a–f.h.j.p.q.s. Siehe Alberti, Bath-Sebas Sünde, S. 7 (RE Nr. 1a), 14 (RE Nr. 1b), 27 (RE Nr. 1c, 1d), 28 (RE Nr. 1e, 1f), 44 (RE Nr. 1h), 48 (RE Nr. 1j, 1p, 1q), 58 (RE Nr. 1s).

[26] Ein Hinweis darauf, dass es sich bei dem Tod von Bath-Sebas Sohn um eine Referenz auf 2 Sam 12,18a handelt, liegt m. E. in der Übereinstimmung, dass sowohl in der biblischen Erzählung als auch in dem Dramentext das (im Ehebruch gezeugte) Kind namenlos bleibt.

Auch auf das RE Nr. 65 wurde in Bezug auf die Darstellung der Handlung im vorigen Abschnitt verwiesen. Joabs Rivalität mit dem anderen Hauptmann Uria ist, wie bereits dargelegt, eine wichtige Komponente des ersten Aktes und stellt ein essenzielles Handlungselement des Dramas dar. Albers greift hierbei – bewusst oder unbewusst – eine Linie innerhalb der Figurenrezeption auf, die sich bereits in den „Apostolischen Konstitutionen" findet.[27] Erstmals findet sich dieses RE im Drama in der dritten Szene des ersten Aktes, als Joab seinem Waffenträger Rehab den Grund für seine Verstimmung nennt:

> Joab (voll Grimm).
> Der verdammte Hethiter soll mit mir den Oberbefehl gegen die Amoniter teilen.
> Rehab (erstaunt).
> Wer? — Der Hethiter? — Uria?
> Joab (stampft auf mit wildem Grimm).
> Ja, ja, ja, ja . . . . Ich sag's Dir ja! Uria . . . freilich Uria! Den ich aus dem Staube gezogen und im Kriegshandwerk unterrichtet habe — (giftig) So hats der König befohlen![28]

In diesem kurzen Auszug wird die Konkurrenzsituation aus der Perspektive Joabs dargestellt. Der Nebentext, in dem non-verbale Informationen zu Joabs Emotionen und Gefühlen enthalten sind, unterstreicht die Aussage des Haupttextes. In der Bezeichnung Urias als „verdammter Hethiter" manifestiert sich Joabs ablehnende Haltung. Darüber hinaus wird in dem kurzen Zitat der Auslöser für die Rivalität mit Joab genannt. Auf Befehl des Königs soll er *gemeinsam* mit Uria das Heer im Krieg gegen die Ammoniter kommandieren. Joab weigert sich, den Oberbefehl und somit den Kriegsruhm mit Uria zu teilen. Aus diesem Grund versichert er sich der Treue seines Waffenträgers und verlangt von ihm Folgendes:

> Rehab:
> [...] Was verlangst Du von mir?
> Joab: (erwacht aus dem Brüten und reibt sich die Stirn)
> Ach so – – (leise) Uria muß sterben.
> Rehab (leise).
> Soll ich ich ihn töten?

---

[27] Vgl. Apos. Con., 7,5. Eine ausführlichere Darstellung der „Apostolischen Konstitutionen" unter dem Fokus dieser Rezeptionslinie findet sich in: Fischer, Königsmacht, S. 539–544.
[28] Alberti, Bath-Sebas Sünde, S. 8f.

> Joab (kalt lächelnd).
> Töten? – O nein: Das wäre mein und Dein Verderben. Denn
> der König liebt ihn ... (vor Wut knirschend) ... er liebt ihn! –
> in kurzer Zeit vielleicht noch mehr, als mich.
> (unheimlich dreinblickend) Er muß auch Bath-Seba, Urias Weib
> lieben ...[29]

Die Konkurrenz durch Urija wird für Joab zu einer Bedrohung und erweist sich für ihn als derart bedrohlich, dass er beabsichtigt, seinen Rivalen zu beseitigen. Dazu versichert er sich der Loyalität Rehabs und will mit dessen Hilfe und unter Anwendung einer List seinen Rivalen eliminieren. Dies ist, wie im vorigen Abschnitt dargestellt, der Auslöser für das folgende Geschehen: Davids Blick auf die badende Bath-Seba und Davids Befehl, Uria zu töten. Aufgrund der hohen Relevanz von Joabs Plan für die Dramenhandlung sowie für das Figurenverständnis soll diese List im Wortlaut wiedergegeben werden. Joab, der im Gespräch mit seinem Waffenträger Rehab ist, spricht Folgendes:

> Joab: (leise)
> Urias Weib geht jeden Abend bei Sonnenuntergang zum
> Flußbad. Ich kenne die heimliche Stelle. Sie liegt dicht an
> den königlichen Gärten. Meine List entdeckte den Ort.
> Niemand kennt ihn, als Bath-Seba, ihre Dienerin und ich.
> Selbst Uria kennt ihn nicht. Ich werd' dir ihn zeigen und
> Dich mit einem Auftrag zum König senden. Er lustwandelt
> heut Abend in seinen Gärten. Deiner List muß es gelingen,
> ihn an den heimlichen Badeplatz zu locken. Er muß Bath-
> Seba nackend überraschen. Denn sie ist von wunderbarer
> Schönheit; schöner, als Michal und all die anderen Frauen
> auf der Königsburg Zion. Was dann geschieht, weiß ich
> nicht. (Mit unheimlichen Blicken) Das aber weiß ich, daß Uria nicht
> mehr nach Jerusalem zurückkehrt. Weiter hast Du Nichts zu
> tun.[30]

Auch in der weiteren Handlung findet das Motiv von Joabs Rivalität gegenüber anderen Hauptmännern um das Heerführeramt Verwendung. Nachdem Joab den Todesbrief gelesen hat, sagt er folgendes über Urija:

> Joab (sieht im[sic!] finster nach).

---

[29] Alberti, Bath-Sebas Sünde, S. 11.
[30] Ebd., S. 12.

Leichtgläubiger Narr (sinnt vor sich hin. Pause) [...] Er fällt blind in alle Fallen.... Mutig ist er, aber nicht verschlagen — zu treuherzig. — Schade um seinen Mut ... Warum ist er denn aber auch so ehrgeizig! Meinen Kriegsruhm teile ich mit ihm nicht! — — Und was geht's mich denn an? Ich hab Befehl![31]

Der Hinweis in Joabs Rede „meinen Kriegsruhm teile ich mit ihm nicht!" stellt einen erneuten Beleg für das RE Nr. 65 dar und weist auf seine rigorose Haltung gegenüber Uria hin. Die Rivalität Joabs um den Oberbefehl über das Heer wird mehrfach innerhalb der Handlung aufgegriffen und stellt ein wesentliches Moment der Handlung dar.

Bevor weitere REs unter den Kategorien *Perspektive* und *Figuren* untersucht werden, ist es m. E. lohnend, zuvor einige Handlungselemente des Dramentextes ausführlicher zu betrachten, da diese einerseits für das Figurenverständnis essentiell sind und andererseits dort gleich mehrere RE gebündelt werden. Dies trifft auf die Darstellung von Bath-Sebas Bad, das den Blick Davids evoziert, zu. Im 2. Akt, Szene 6 lenkt Rehab den Blick Davids auf die sich zum Bad entkleidende Bath-Seba:

Rehab (flüsternd, indem er umher schaut).
[...] – Dort ... zwei Frauen! – Die eine nackt! – (Hält die Hände vor die Augen.[32]) Mich blendet ihre Schönheit –
König David (aufgeregt, leise und schnell redend).
Wo? – Wo? – Still doch! .... Sei still! – (außer sich vor Entzücken) Herrgott, ist das ein schönes Weib! [...] (Er starrt verzückt nach Bath-Seba. Plötzlich schreit er auf). Hol' Sie – ergreif sie! – Ich muß sie haben! (Er will durch das Gebüsch durchdringen. Es raschelt. Die Frauen kreischen auf.)
Ruth.
Männer sind dort – Flieh, Bath-Seba, flieh! – Hilfe! (Sie wirft Bath-Seba das Gewand um. Die Frauen entfliehen. Ein Teil der Kleidungsstücke bleibt zurück. Die Sonne ist untergegangen. Die Szene verdunkelt sich.)[33]

Gleich zweimal ist in der zitierten Textpassage auf Bath-Sebas Schönheit verwiesen. Zunächst wird diese aus der Perspektive Rehabs, anschließend aus der Perspektive Davids herausgestellt. Letzteres entspricht dem RE Nr. 26. Wie in der biblischen Erzählung geht mit dem Blick Davids

---

[31] Alberti, Bath-Sebas Sünde, S. 55.
[32] Diese Reaktion von Rehab, das Zuhalten der Augen, wird später von Ruth gewertet. Sie sieht darin einen Akt der Unkenntlichmachung. Siehe ebd., S. 29f.
[33] Ebd., S. 27f.

auf Bath-Seba die Wertung ihrer Schönheit einher (RE Nr. 10). In seinem Blick kulminiert die Wertung ihrer Schönheit mit dem männlichen Begehren nach der Schönen. Aus diesem Grund lässt sich im Dramentext ebenso wie in 2 Sam 11 eine sexuelle Konnotation in Bezug auf den Blick Davids voraussetzen.[34] Ein weiteres RE begegnet in dieser kurzen Passage mit dem Verweis auf die Nacktheit Bath-Sebas (RE Nr. 68), das der Kategorie des Bibelwissens zuzuordnen ist. Bath-Seba wirkt nackt auf die Figuren Rehab und David, obgleich der Nebentext eine andere Auffassung vermittelt:

> Ruth:
> [...] (Bath-Seba ist bereits halb entkleidet. Nur ein dünnes Gewand bedeckt noch ihren weißdurchschimmernden, von der Abendsonne überfluteten Körper. Sie setzt sich, mit dem Rücken dem Publikum zugekehrt, an den Bach).
> [...]
> Bath-Seba (sich erhebend).
> Nimm' die Hülle. (Ruth will die letzte Hülle von Bath-Seba nehmen. Als sie dieselbe bis zur Hälfte des Nackens herabgenommen, hört man Geräusch. Sie hält erschrocken an. Die beiden Frauen horchen).[35]

Die Regieanweisungen legen nahe, dass die Figur Bath-Seba gegenüber dem Publikum nicht unbekleidet auftritt.[36] Die Nacktheit Bath-Sebas wird, wie das Zitat belegt, sprachlich im Haupttext postuliert, während der Nebentext eine subtilere Darstellung liefert.

Neben der „Badeszene" soll als zweites Handlungselement das erste Zusammentreffen von David und Bath-Seba im 3. Akt, Szene 7 detailliert untersucht werden.[37] Diese Zusammenkunft findet in Urias Wohnung

---

[34] Bei der nächsten Begegnung der beiden Figuren David und Bath-Seba (3. Akt, Szene 6) zeigt dieser Blick bei David noch die gleiche Wirkung, wie die folgende Angabe im Nebentext belegt: „König David (sieht Bath-Seba mit glühenden Augen an)." Alberti, Bath-Sebas Sünde, S. 35. Durch die Bezeichnung „mit glühenden Augen" wird auf den Zusammenhang von Blick, Schönheit und Sexualität, die den ersten Blick kennzeichnen, rekurriert.

[35] Ebd., S. 26f.

[36] In ihrer Dissertationsschrift „Das Nackte auf der Bühne" benennt Ulrike Traub drei Phasen, in denen die Nacktheit als Stilmittel auf der Bühne benutzt wurde. Um 1900 gewinnt die Nacktheit u. a. als Folge der Lebensreform-Bewegung als theatrales Zeichen an Bedeutung. „Nach dieser ersten Blütezeit erlebt der Einsatz der Nacktheit einen weiteren Höhepunkt in den späten sechziger Jahren und wird schließlich wieder verstärkt in den letzten Jahren als Stilmittel verwendet." Traub, Nacktheit, S. 8.

[37] Nach der „Badeszene" begegnen sich die beiden Figuren David und Bath-Seba bereits in der sechsten Szene des dritten Aktes, allerdings sind in der Sequenz noch weitere

statt und folgt unmittelbar auf Davids Delegierung der beiden Hauptmänner Joab und Uria sowie die Entsendung des Heeres nach Rabba. Die königlichen Befehle enden mit dem Hinweis an Uria, dass er Bath-Seba „wie ein Vater"[38] trösten werde. Als die beiden Figuren unter sich sind, spricht David Folgendes zu Bath-Seba:

> König David (mit unendlich weicher Stimme).
> Komm her, Bath-Seba. (Bath-Seba geht schluchzend an ihn heran und kniet nieder. Er legt seine Hand väterlich auf ihr Haupt.) Ich will Dein Haupt schützen, als wenn ich Dein eigener Vater wär'. (Er streichelt ihr Haar.) Ich will liebkosen Dein Haar, als wär' ich — — — ich — (Sein Auge wird starr, er bekämpft seine innere Glut.) Deine ... Mutter.
> Bath-Seba (ergreift seine Hand und küßt sie.)
> Wie gütig bist Du, Herr König.
> König David (seine Augen funkeln begehrlich).
> Ja wohl! Ich möchte Dir ersetzen Deine Eltern, wenn Du .. .. (atmet tief) wenn Du .... (hastig) nicht so schön wärst — (Bath-Seba hebt erstaunt und erschreck den Kopf.) Erschrick nicht ... Staune nicht! ... Deine Taubenaugen verwirren mich ... (flüsternd) Du bist die Schönste unter den Weibern Israels — Dein Wuchs gleich einem Palmenbaum. (Sie will aufstehen. Er hält sie mit Gewalt zurück und beugt sich mit heißem Atem über sie) Ich muß den Palmenbaum ersteigen und seine Zweige ergreifen — Zeige mir Deine Gestalt und Deine weißen Lenden ... König David liebt Dich! — (Er will sie an sich pressen. Sie entreißt sich, flieht in die Ecke des Zimmers und weint).
> Bath-Seba (schluchzend).
> Das hab ich nicht verdient, Herr König ... Ich bin ein tugendsames Weib ... Uria hast Du mir geraubt. Nun willst Du mir auch meine Tugend rauben —
> König David (geht erregt auf und ab).
> Ich habe Dir nichts geraubt, Bath-Seba. Denn das Leben der Untertanen gehört dem Könige. Auch Du und Dein Körper ist mein. [...] Seit ich Deinen weißen Schoß durch die grünen Fluten des Baches schimmern gesehen habe, träum' ich jede Nacht von Dir.

Figuren bzw. Figurengruppen wie Joab, Rehab, Uria, Ruth und das königliche Gefolge auf der Bühne. Erstmals begegnen sich David und Bath-Seba ohne weitere anwesende Personen in der siebten Szene des dritten Aktes.

[38] Alberti, Bath-Sebas Sünde, S. 37.

Bath-Seba (erschreckt und aufhorchend).
Also Du warst es?
König David.
Ja, ich war's. Du sollst teilen das Bett mit mir, aber ungezwungen; [...].[39]

Diese längere Textpassage weist eine Vielzahl an REs auf. Die Spannung wird sukzessive durch Setzung von Pausen und durch die gestischen Anweisungen im Nebentext erhöht. Zunächst knüpft Davids Rede an das Versprechen, das er Uria gegeben hat, an: Er versucht Bath-Seba zu trösten. Die Informationen im Nebentext weisen auf die emotionale Intension der Figur Davids hin: „Sein Auge wird starr, er bekämpft seine innere Glut. [...] seine Augen funkeln begehrlich".[40] Das Auge wird zum Ausdrucksmittel für Davids Begehren. David eröffnet Bath-Seba auch den Grund für seine Emotion, den er in ihrer Schönheit sieht. Für Bath-Seba hingegen ist ihre Schönheit Ursache für ihre bedrohliche Situation.[41]

Die im Nebentext genannten Verben in Bezug auf die Frauenfigur unterstreichen Bath-Sebas ablehnende und abwehrende Haltung. Gegenüber dem Geständnis Davids reagiert sie erschrocken, auf die königliche Zudringlichkeit abwehrend. Bath-Seba entreißt sich dem König und flieht in die Ecke des Zimmers. Mit Blick auf das neunte RE lässt sich anhand dieses Zitates belegen, dass der sexuelle Akt von Bath-Seba abgelehnt wird. Sie entzieht sich David, indem sie auf ihre Tugendhaftigkeit verweist. Als Reaktion darauf unterstreicht David seine königliche Macht: „Auch Du und Dein Körper ist mein." Diese Aussage bildet die Folie für Davids Forderung: „Du sollst teilen das Bett mit mir, aber ungezwungen."[42] Indem David gegenüber Bath-Seba auf seine Macht anspielt, lenkt er ihre Entscheidung und nimmt Einfluss auf sie.

In den zitierten Textpassagen wird die Leerstelle von Bath-Sebas Körperlichkeit (RE Nr. 52) gefüllt. Einerseits wird auf ihre Schönheit hingewiesen („Du bist die Schönste unter den Weibern Israels") und an-

---

[39] Alberti, Bath-Sebas Sünde, S. 38f.
[40] Ebd., S. 38.
[41] Dass es sich um eine bedrohliche Situation für Bath-Seba handelt, lässt sich anhand des Nebentextes erschließen. Auf das Geständnis Davids reagiert sie erstaunt und erschrocken. Ihre Bewegung zielt auf Distanz. Zunächst steht sie auf, David hält sie fest. Auf Davids Geständnis – „Zeige mir Deine Gestalt und Deine weißen Lenden ... König David liebt Dich!" – reagiert Bath-Seba mit Losreißen und Flucht. Vgl. ebd., S. 38f.
[42] Alberti, Bath-Sebas Sünde, S. 39.

dererseits ist ihr Figurenkörper durch metaphorische Bilder näher beschrieben. Diese Zuschreibungen wie „Taubenaugen" oder „Dein Wuchs gleich einem Palmenbaum" entstammen dem Hld. Die Aussage Davids – „Ich muß den Palmenbaum ersteigen und seine Zweige ergreifen"[43] – ist ein Zitat aus Hld 7,9. Zugleich ist es Ausdruck, dass der König sein Begehren in die Tat umsetzen will.

Ein gänzlich anderes Bild der Figur Bath-Seba zeigt das folgende Zitat aus der ersten Szene des vierten Aktes:

> Bath-Seba (weinend).
> Ich trage Dein Kind unter dem Herzen. Gott hat mich durch Dich gesegnet. Soll Dein Kind den Namen Deines Knechtes tragen?
> König David (springt auf und geht erregt auf und ab).
> Was soll ich tun, Bath-Seba? .. Was verlangst Du?
> Bath-Seba (hebt bittend mit verführerischem Blick die Hände empor).
> Laß für mich eine Krone vom Goldschmied schmieden!
> König David (verzweifelt auf und abgehend).
> Das Gesetz verbietet doch das Weib eines Anderen zum eigenen Weibe zu nehmen.
> Bath-Seba (ganz leise vor sich hin).
> Doch nur, so lange .... Der Andere lebt.
> König David (bleibt stehen).
> Was sagtest Du? Ich verstand Dich nicht.
> Bath-Seba (etwas lauter aber doch noch leise).
> Nur .... so lange .... der Andere .... lebt.
> König David (mit gerunzelter Stirn vor sich hinstarrend. Pause.)
> Uria lebt doch aber —
> Bath-Seba (wie oben).
> Er .... braucht nicht zu leben —
> König David (entsetzt).
> Weib, Du verleitest mich zur Sünde —
> Bath-Seba (weinend).
> Du liebst mich nicht —
> König David (geht an sie heran, wischt ihr die Tränen von den Wangen und liebkost sie.)
> Wein' nicht, meine Taube! [...][44]

---

[43] Alberti, Bath-Sebas Sünde , S. 39. Dieses Bibelzitat lässt sich bei der Bestimmung der Bibelübersetzung verwenden, die dem Drama zugrunde gelegt ist bzw. dem Autor vorgelegen hat. Somit findet es Verwendung bei der Analyse des RE Nr. 66.
[44] Ebd., S. 44–46.

In diesem Dramenauszug begegnet Bath-Seba als Figur, in deren figuralen Modell sich ein Wandel vollzogen hat. Bevor die Figur weiter analysiert wird, sind einige Bemerkungen zur dramatischen Sprache notwendig. Geprägt ist das Zitat von einem intensiven Replikenwechsel. Die hohe Unterbrechungsfrequenz weist sowohl auf die starke Bezogenheit der beiden Figuren aufeinander als auch auf ein hohes Tempo hin.[45] Meist sind die Redepassagen kurz. Ausnahmen bilden davon die etwas längeren Repliken Bath-Sebas, in denen sie sowohl David ihre Schwangerschaft mitteilt (RE Nr. 1h) als auch den Todesbrief zitiert (RE Nr. 1q). Beide Handlungselemente werden in Relation zueinander gesetzt. Bath-Seba verwendet die Schwangerschaftsbekanntgabe als Mittel, David dazu zu bringen, Urija zu töten. Darin unterscheidet sich der Dramentext von der biblischen Erzählung, denn dort sind die beiden Handlungselemente durch den Vertuschungsversuch Davids, Urija als Vater des im Ehebruch gezeugten Kindes zu etablieren, voneinander getrennt.

Eine weitere Differenz lässt sich anhand des RE Nr. 31c erkennen. Während in der biblischen Erzählung Batseba mit ihrer Schwangerschaftsbekanntgabe alle Handlungsoptionen an David abgibt, nutzt Bath-Seba im Drama ihre Schwangerschaft(smitteilung), um ihr Ziel, Urias Beseitigung, zu erreichen. Dabei setzt sie ihre körperlichen Reize z. B. den im Nebentext genannten „verführerische(n) Blick" oder intime Handlungen wie das Umarmen oder Küssen ein. Als sich David dennoch weigert, erhöht sie den Druck auf ihn, indem sie seine Liebe zu ihr anzweifelt. Hierin wird deutlich, dass Bath-Seba im Vergleich zur biblischen Erzählung wesentlich stärker an den Ereignissen im Anschluss an die Schwangerschaftsbekanntgabe partizipiert. Im Dramentext wird somit eine Tendenz, die innerhalb der Rezeptionsgeschichte dieser Figur (RE Nr. 59) auftritt, aufgegriffen und intensiviert. Im Unterschied zu anderen Rezeptionen, die Batseba eine aktive Rolle zusprechen, kommt es hier zu einer Potenzierung von Bath-Sebas Partizipation, die sich darin zeigt, dass sie regelrecht Druck gegenüber David ausübt.[46] Dagegen sinkt Davids Bedeutung für den Fortgang der Dramenhandlung, denn seine

---

[45] Siehe Schößler, Dramenanalyse, S. 131.

[46] Als ein Beispiel für eine andere Rezeption, in der die Batseba-Figur eine aktive Rolle zugesprochen wird ist, Josephus Darstellung in den „Jüdischen Altertümern" zu nennen. Dort fordert Batseba „lediglich" David dazu auf, angesichts der drohenden Todesstrafe den Ehebruch zu vertuschen. Siehe Josephus, Ant., 7.130–146. Vgl. dazu und weiteren Ausführungen: Fischer, Königsmacht, S. 447–449.

Figur wird als weitaus weniger aktiv dargestellt als dies in der biblischen Erzählung der Fall ist. Resümierend lässt sich festhalten: In der zitierten Textpassage wird die innerbiblische Darstellungsweise aufgegriffen, wonach Davids Beteiligung an Urijas Tötung verschleiert wird (RE Nr. 22).[47] Es handelt sich dabei um eine Tendenz zur Entschuldung Davids. Der Todesbrief wird zwar von David verfasst, allerdings von Bath-Seba initiiert und im Wortlaut dem schreibenden König diktiert.[48]

Wie an den beiden zuletzt zitierten Dramenauszügen gezeigt, kommt es im Verlauf der Handlung zu einem komplementären Modell – Wandel der beiden Hauptfiguren David und Bath-Seba. Dieser soll ebenso wie die figurenbezogenen RE im Folgenden näher untersucht werden. Jedoch werden erst die REs in Bezug auf die Perspektive analysiert.

5.1.2.2 Perspektive

Ein wesentlicher Unterschied zwischen biblischer Erzählung und ihrer Dramatisierung durch Albers lässt sich anhand des dritten REs, dem „Thema" bzw. dem „Sinn des Textes"[49], feststellen. Während der „Sinn der Erzählung" in 2 Sam 11 im Tod Urijas zu fassen ist, verweist in Albers Drama bereits der Titel *„Bath-Sebas Sünde"* auf den hier intendierten Sinn. Im Zentrum des Dramas steht die Figur Bath-Sebas, ihre „Sünde" und die daraus resultierenden Folgen in Bezug auf die anderen Figuren.[50] Dabei wird eine Lesart verwendet, wonach Frauen Unheil über Männer und sogar Könige bringen. Dieses Moment durchzieht wie eine Linie das gesamte Drama und wird sukzessive mit der Figur Bath-Seba exemplifiziert.[51]

Des Weiteren ist unter der Kategorie *Perspektive* der Schauplatz der Handlung thematisiert (RE Nr. 7 und 8). Im Drama werden Jerusalem und Rabba als Schauplätze im Nebentext benannt.[52] Die Handlung spielt

---

[47] Siehe dazu die Ausführungen in der Perspektivenanalyse zu 2 Sam 11,14f. in: Fischer, Königsmacht, S. 168–178.
[48] Vgl. Alberti, Bath-Sebas Sünde, S. 48.
[49] In Anlehnung an die Bezeichnung von Wolf Schmid, siehe Schmid, Elemente, S. 236.
[50] Durch diese Verschiebung wird das vierte RE, die multiperspektivische Darstellung von Urias Tod, obsolet.
[51] Vgl. Alberti, Bath-Sebas Sünde, S. 11, 21, 22, 46, 55. Dieses Moment wird im anschließenden Abschnitt 5.1.3.3 ausführlicher vorgestellt und analysiert.
[52] Siehe Alberti, Bath-Sebas Sünde, S. 5,51. Bei den einführenden Angaben zum Schauplatz im Nebentext des zweiten, dritten und fünften Aktes wird nicht eigens darauf

überwiegend in Jerusalem, lediglich die fünfte und sechste Szene des vierten Aktes sind im Feldlager vor Rabba verortet. Die Rolle, die dem Schauplatz Rabba in der biblischen Erzählung zukommt, ist verändert. In Albers Drama wurde die Stadt von Davids Truppe eingenommen, wie Uria dem König selbst berichtet: „(W)as Du dem Herrn geschworen hast, ist schon getan: In Rabba liegt kein Stein mehr auf dem andern."[53]

Aufgrund der Eroberung der Stadt geht von diesem Raum keine Bedrohung oder Gefahr mehr für Uria aus. Er stirbt nicht während des Angriffs auf die belagerte Stadt, sondern bei der Verfolgung der geflüchteten Ammoniter. Der Raum Jerusalem ist im Unterschied zur biblischen Erzählung nicht durch zwei sich diametral gegenüberstehende Binnenräume gekennzeichnet, sondern in Albers Drama werden neben Urias Wohnung (3. Akt, Szene 1–7) und dem königlichen Palast mit seinen Gemächern (4. Akt, Szene 1–4, 5. Akt) noch weitere Räume in Jerusalem benannt. Dabei handelt es sich um die Straße vor Joabs Haus (1. Akt) sowie um die königlichen Gärten (2. Akt). Der Dramentext weist eine größere Anzahl an Schauplätzen bzw. Räumen auf, die im Unterschied zur biblischen Erzählung nicht adversativ zueinander gesetzt sind und eine von den biblischen Räumen differente Semantik aufweisen. Nachdem die REs in Bezug auf die Kategorien Handlung und Perspektive analysiert wurden, stehen im Folgenden die Figuren im Fokus.

5.1.2.3 Figuren

(a) David

Der Figur David wird in Albers Drama, im Unterschied zur biblischen Erzählung, in der der Königstitel nur implizit abgeleitet werden kann (RE Nr. 18), konsequent im Nebentext als „König David" bezeichnet.[54] Diese Titulierung erfolgt sowohl im Personenverzeichnis als auch bei allen Angaben zu dieser Figur als redender Person. David tritt erst im 2. Akt auf, allerdings finden sich bereits im 1. Akt figurale Charakterisierungen des Königs in Form von Fremdkommentaren. Im 1. Akt, Szene 2

---

hingewiesen, dass die dort genannten Räume (königliche Gärten, Urias Wohnung sowie Davids Prunkgemach) in Jerusalem verortet sind.

[53] Ebd., S. 49.

[54] Siehe dazu die Figurenanalyse zu David im Rahmen der exegetisch-narratologischen Analyse: Fischer, Königsmacht, S. 383–385.

bezeichnet Joab seinen Herrn als „Mann nach dem Herzen Gottes"[55]. Daran schließt in Form einer königlichen Mitteilung, die Joab dem Volk überbringt, eine Aufzählung von Davids militärischen Erfolgen an, die mit der Nennung seines Titels endet: „König von Juda und Israel, der Gesalbte des Herrn"[56].

Eine differenzierte Charakterisierung folgt in der dritten Szene des ersten Aktes, indem Joab im Dialog mit seinem Waffenträger Rehab weitere Aussagen über König David macht:

> Joab [...]
> Der König ist ein starker König, — ein kluger Herrscher. Er hat unser Volk zu hohem Glanze und furchtbarer Größe geführt. Nach Jahrtausenden noch werden seinen Namen alle Völker der Erde preisen. Er dient dem Herrn, wie keiner — aber ... er läßt sein Herz doch neigen.
> Rehab:
> Wie meinst du das?
> Joab (leise)
> Wie aus den Kleidern Motten kommen, kommt von Weibern viel Böses. Der König hängt sein Herz an viele Weiber — die Ahinoam ... die Abigail, Macha, Haggith, Abital, Egla, Michal und wie sie alle noch heißen —[57]

Diese figurale Charakterisierung Davids aus der Perspektive Joabs umfasst im Unterschied zur vorherigen nicht nur Stärken, sondern auch eine Schwäche des Königs. Zunächst rühmt Joab David in Bezug auf seine militärischen Erfolge und seine erfolgreiche Königsherrschaft. Darüber hinaus charakterisiert er ihn als vorbildlichen Diener Gottes und als außergewöhnliche Gestalt. Die Beschreibung Davids aus der Perspektive Joabs endet mit dem Hinweis auf seinen Makel: Davids Schwäche in Bezug auf Frauen. Diese nutzt Joab in der weiteren Handlung aus, um mit Hilfe einer List seinen Rivalen Uria zu beseitigen.[58]

---

[55] Alberti, Bath-Sebas Sünde, S. 7.
[56] Ebenda.
[57] Ebd., S. 10f.
[58] Am Beginn des 2. Aktes – noch immer hat die Königs-Figur die Bühne nicht betreten – wird eine weitere Charakterisierung Davids durch die königlichen Gartenaufseher vorgenommen. David wird äußerst positiv dargestellt als einflussreicher und mächtiger König, wie beispielsweise die folgende Rede des zweiten Aufsehers verdeutlicht: „Was der König tut, ist gut. Seine Hand hat Jerusalem groß gemacht." Ebd., S. 18.

Die Figur Davids tritt erstmals im 2. Akt, Szene 2 gemeinsam mit den levitischen Ratgebern und Dichtern Assaph, Heman und Jedithun auf. Letzterer singt ein Lied, in dem der Herrscher erneut charakterisiert wird. Nach Auffassung Jedithuns ist David ein stärkerer Held als Simson. Der König wird im Lied gerühmt als ein Krieger, der gegen Löwen und den Riesen Goliath siegreich kämpfte. Zudem stellt Jedithun David als vom Herrn geliebt vor, mit dem Gott einen Bund machte und dem er die Königskrone gab. In diesem Fremdkommentar wird David erneut äußerst positiv dargestellt. Diese Tendenz verstärkt sich m. E., als David den Grund angibt, weshalb er nicht an dem Kriegszug gegen die Ammoniter teilnimmt: „Ich selbst hätte das Volk geführt, käm nicht das Schabuothfest dazwischen. Gottesdienst geht vor Waffendienst."[59] In der biblischen Erzählung findet sich keine Angabe, weshalb David in Jerusalem bleibt, wodurch der Eröffnungsvers, wie in der narratologischen Analyse gezeigt, ambig ist.[60] Diese Mehrdeutigkeit, die unter dem RE Nr. 47 subsumiert ist, wird in Albers Dramentext zugunsten einer Erklärung aufgelöst, die den König äußert positiv darstellt und ihn als gottesfürchtigen Mann auszeichnet. In der anschließenden dritten Szene des zweiten Aktes werden die Eigenschaften, die der Dichter Jedithun zuvor David zuspricht, exemplifiziert. David agiert als Dichter und Sänger von Psalmen, der Gott auf diese Weise rühmt. Im Dramentext zitiert die Figur dabei Ps 8,4f.

Die Fremdcharakterisierungen im 1. und 2. Akt weisen auf einen potenten König hin, der einerseits militärische Erfolge aufzuweisen hat und andererseits von Gott geliebt ist. Durch seine von Gott verliehene Königsherrschaft steht er in einem besonderen Verhältnis zur Divinität. Der König wird als Dichter und Sänger von Psalmen bezeichnet und für seine herrscherlichen Erfolge, die Einigung von Israel und Juda sowie den Ausbau Jerusalems zur Hauptstadt, gerühmt. *Summa summarum* eine äußert positive Charakterisierung der Figur zu Beginn des Dramas. Einzig der Verweis Joabs auf Davids Schwäche gegenüber seinen Frauen deutet auf eine Unfähigkeit hin, die im weiteren Handlungsverlauf für Davids Charakterisierung wesentlich wird.

Darüber hinaus wird David von den königlichen Gartenaufsehern als Psalmdichter und -beter gerühmt.
[59] Alberti, Bath-Sebas Sünde, S. 20.
[60] Vgl. Fischer, Königsmacht, S. 189–192.

David ist anfänglich als machtvoller Herrscher dargestellt. Seine Sozialität als König ist ihm zugesprochen (RE Nr. 17a).[61] Im weiteren Handlungsverlauf wird seine Macht als König eingeschränkt. Sehr markant ist dies dargestellt im 4. Akt, Szene 1 und 3. Bath-Seba bringt ihn dazu, den Todesbrief zu schreiben. Sie reicht ihm die Schreibutensilien und diktiert dem König den Briefinhalt.[62] David folgt Bath-Sebas Anweisungen ohne größere Proteste.[63]

Somit ist die Voraussetzung gegeben, dass David als Sünder präsentiert wird, der sein Vergehen bereut. Im 5. Akt, Szene 2 begegnet das RE Nr. 57, wonach David als Exempel des reuigen Sünders auftritt. Im Dialog mit dem Propheten Nathan klagt dieser den König an:

> Nathan: [...]
> Du bist dieser Mann! Uria, den Hethiter hast Du erwürgt und sein Weib zu Deinem Weibe genommen! Streue Asche auf Dein Haupt und feiere keine Feste. (Er geht langsam und voll Hoheit ab.)
> König David (sieht ihm verzweifelt nach).
> Die Blutschuld . . . die Blutschuld . . (Er streckt die Hände gegen den Himmel aus). Gott, ich erkenne meine Missetat — Ich bin schwach und sündlich! Entsündige mich und errette mich von der Blutschuld.[64]

Durch die Prophetenworte ist David sensibilisiert für sein Vergehen und bereut dieses. Er bekennt seine Sünde und bittet Gott um Vergebung. Das eingangs im Dramentext etablierte Bild Davids als gottesfürchtigem Mann, der Gottesdienst über Waffendienst stellt, wird am Ende wieder aufgenommen. Entgegen der Forderung des Propheten veranstaltet der

---

[61] Im Unterschied zur biblischen Erzählung ist David im Dramentext nicht statisch an einem Ort situiert, stattdessen ist er verschiedenen Schauplätzen zugeordnet. Neben dem Palast agiert die Figur auch in den königlichen Gärten sowie in Urias Wohnung. Somit findet das RE Nr. 17b, unter dem die statische Zuordnung der Figur Davids zum Palast als semantisch aufgeladenem Raum subsumiert wird, keine Aufnahme im Dramentext.

[62] Im Nebentext findet sich diese knappe Notiz: „Der König schreibt, Bath-Seba diktiert". Alberti, Bath-Sebas Sünde, S. 48.

[63] Lediglich einmal opponiert David gegen die Befehle Bath-Sebas im Kontext ihres Begehrens, Uria zu töten (1. Akt, Szene 1). David stimmt ihrem Vorhaben zu: „Es sei! Ich tu's!" und verweist anschließend darauf, dass die Schuld nicht ihm anzulasten sei, sondern dem ungeborenen Kind: „Aber die Sünde komme auf das Haupt des Kindes, das Du unter dem Herzen trägst." Alberti, Bath-Sebas Sünde, S. 46.

[64] Ebd., S. 64.

König dennoch um Bath-Sebas willen ein Fest, wodurch es zu einer erneuten Belastung des Verhältnisses zwischen David und Gott kommt. David tritt im Unterschied zur biblischen Erzählung nicht als Kontrastfigur gegenüber den anderen Figuren im Dramentext auf (RE Nr. 19). Dies liegt zum einen daran, dass diejenigen Textstellen, auf denen die Kontrastierung beruht, nicht adaptiert werden.[65] Zum anderen wird der König aufgrund der dargelegten Entschuldungstendenz – David schreibt zwar den Brief, allerdings wird der Briefinhalt von Bath-Seba diktiert – nicht so negativ dargestellt wie in der biblischen Erzählung (RE Nr. 20).

Unter dem RE Nr. 21 lässt sich eine weitere Verschiebung erkennen. Davids Motivation wird in der biblischen Erzählung, nachdem sein sexuelles Begehren befriedigt ist, wesentlich von der Vertuschung des Ehebruchs bestimmt. Im Dramentext ist Davids Motivation viel komplexer. Zunächst werden seine Handlungen bestimmt durch sein sexuelles Begehren und die Liebesehnsucht (!) nach Bath-Seba. Neben der Emotion des Begehrens ist der Figur Davids das Gefühl der Liebe zugewiesen. Daher ist es m. E. nachvollziehbar, dass die Vertuschung des Ehebruchs (wie in der biblischen Erzählung) keine Handlungsoption für David ist. Stattdessen will er seine Liaison mit Bath-Seba legitimieren und lässt dafür sogar die Tötung Urias geschehen. Davids Motivation ist abhängig von Bath-Sebas Wünschen und deren Befriedigung.

(b) Bath-Seba

Die zweite Hauptfigur *Bath-Seba* ist die weibliche Kontrastfigur zu David. Erstmals wird sie im 1. Akt, Szene 3 von Joab erwähnt und zwar in ihrer Sozialität als Ehefrau Urias. Der Hauptmann instrumentalisiert diese Frauenfigur für seine List, um seinen Rivalen Uria zu beseitigen. Während in der biblischen Erzählung die Frauenfigur als namenlose Schöne, die David beim Waschen beobachtet, erstmals erscheint, wird die Figur im Dramentext zunächst durch den Fremdkommentar Joabs charakterisiert. In seiner Rede stellt er sowohl ihren Namen als auch ihre eheliche Verbindung zu Uria vor, weshalb ihre Sozialität und nicht ihre Körperlichkeit (RE Nr. 25) im Fokus steht.

Als weitere Referenz zwischen biblischer Erzählung und Dramentext ist Bath-Sebas Schönheit zu benennen. Diese wird im Drama erstmals

---

[65] Dabei handelt es sich um die kontrastären Gegenüberstellungen Davids einerseits zu Urija während des königlichen Vertuschungsversuches (V.8–10) und andererseits zu Batseba (V.4e) und ihrer Selbstheiligung in Bezug auf den sexuellen Akt.

von Joab erwähnt und von Bath-Sebas Dienerin Ruth unterstrichen.[66] Auch aus der Perspektive Davids wird ihr ein attraktives Äußeres zugesprochen, als er sie während des Bades sieht: „Herrgott, ist das ein schönes Weib!"[67] Der dazugehörige Anknüpfungspunkt (RE Nr. 26) ist somit im Dramentext aufgegriffen.

Von den Handlungen der biblischen Figur Batsebas ist im Drama lediglich die Waschung benannt (RE Nr. 31a) und im Text näher konkretisiert. Es handelt sich um ein Bad in einem Fluss. In Bezug auf die übrigen Handlungen, ihre Selbstheiligung (RE Nr. 31b), ihre Schwangerschaftsbekanntgabe (RE Nr. 31c) sowie ihre Totenklage um Urija (RE Nr. 31d) finden sich keine Analogien zwischen Dramentext und biblischer Erzählung. Bath-Seba teilt zwar ihre Schwangerschaft David mit, jedoch gibt sie im Unterschied zur biblischen Erzählung ihre Handlungsoption nicht an David ab (RE Nr. 31c). Somit fehlt ein wesentliches Merkmal dieses REs.

Im Dramentext weist das Figurenmodell Bath-Sebas im Vergleich zu dem der biblischen Erzählung mehr Informationen auf und ist dadurch komplexer. So werden mehrere Leerstellen des biblischen Textes im Drama geschlossen. Bath-Sebas Schönheit ist präziser dargestellt.[68] Auch ihre Körperlichkeit, eine Leerstelle der biblischen Erzählung (RE Nr. 25), wird näher beschrieben. So benennt beispielsweise Uria in seiner Rede an Joab Bath-Sebas schwarze Locken.[69] Der Nebentext enthält Angaben zur ihrer Kleidung bzw. Nacktheit (RE Nr. 68).[70]

Ebenfalls im Nebentext finden sich Angaben zum Ort der Badenden, womit eine weitere Leerstelle (RE Nr. 50) gefüllt wird. In der Beschreibung des Schauplatzes am Beginn des 2. Aktes wird der Ort der Bades näher konkretisiert: „Die Stelle, an der Bath-Seba zu baden pflegt, ist

---

[66] Siehe Alberti, Bath-Sebas Sünde, S. 12, 15, 25. Zur Beschreibung ihrer Schönheit werden in der Rede Ruths Bilder des Hld verwendet: „Schön bist Du – Dein Haar ist leuchtend, wie der Berggipfel Gileads; Deine Wangen gleichen Granatäpfeln, Deine Lippen einer scharlachfarbenen Schnur – dein Hals ist, wie Elfenbein und Dein Wuchs, wie eine Palme". Ebd., S. 25.
[67] Alberti, Bath-Sebas Sünde, S. 27.
[68] Ihre Schönheit wird von David über die aller Frauen Israels gerühmt. Siehe ebd., S. 39.
[69] Siehe, ebd., S. 15.
[70] Vgl. ebd., S. 26f, 52.

dicht in Palmen, Kakteen und anderem Strauchwerk versteckt, indessen gewährt sie dem Publikum Einblick".[71]

Auch schließt sich die Leerstelle zur Charakteristik der ehelichen Beziehung zwischen Uria und Bath-Seba (RE Nr. 51). Sowohl in der Fremdkommentierung durch Rehab als auch durch die Eigenkommentierungen in Bezug auf ihre Beziehung wird die Relation zwischen den Eheleuten näher beschrieben. Rehab entgegnet im Dialog mit seinem Herrn Joab entsetzt Folgendes: „Herr Du sinnst Arges! Soll sie denn verlassen den Freund ihrer Jugend und vergessen den Bund Gottes?"[72]

Neben dem Verweis auf den ehelichen Gottesbund enthält Rehabs Rede ein Indiz für die Dauer ihrer Beziehung. Bath-Seba und Uria kennen sich bereits seit ihrer Jugend. Auch die gegenseitige Wahrnehmung der Eheleute ist bis im 3. Akt, Szene 3 positiv und ohne ironisches Moment, wie die folgenden Textzitate belegen. Bath-Seba gesteht ihrer Dienerin Ruth die Gefühle, die sie ihrem Ehemann gegenüber hat: „Ich lieb meinen Uria, meinen stolzen Helden mehr, als meine Seele."[73] Die erste Begegnung der beiden Eheleute auf der Bühne im 3. Akt, Szene 2 ist sowohl in den Figurenreden als auch im Nebentext durch gegenseitige Bewunderung und Wertschätzung bestimmt:

> Uria (umarmt Bath-Seba mit stürmischer Freude).
> Mein Weib! Meine Blume! Meine Taube! Laß Dich umarmen!"
> Bath-Seba (entwindet sich ihm neckend).
> Wie stürmisch Du nur schon wieder küßt! (Sie betrachtet ihn stolz und bewundernd.) Dein Kriegskleid liegt Dir prächtig![74]

In der anschließenden dritten Szene verändert sich das Verhältnis zwischen den Eheleuten, deren Beziehung durch den nahenden Auszug des Heeres getrübt ist. Während Bath-Seba zuvor ihre Liebe zu Uria über alles (sogar ihre Seele) gestellt hat, vergisst sie angesichts der Edelsteine und Kostbarkeiten ihre Trauer und Angst um Uria, der bald in den Krieg zieht. Mit dieser Szene ändert sich das Figurenmodell Bath-Sebas. Nicht nur ihre eheliche Beziehung, wie sie in den vorigen Szenen präsentiert ist, wird konterkariert. Auch die Leerstelle der fehlenden Introspektion der

---

[71] Alberti, Bath-Sebas Sünde, S. 17f.
[72] Ebd., S. 11.
[73] Ebd., S. 26.
[74] Ebd., S. 30f.

biblischen Figur schließt sich (RE Nr. 53). Die dritte Szene des dritten Aktes zeigt Bath-Seba als maßlos eitle Frau, die nach immer mehr Schmuckgegenständen begehrt: zuerst ein Diadem, das einer Königskrone gleicht, dann eine Spange, eine Kette, Schnüre und einen Ring. Die anschließende vierte Szene zeigt, dass sich Bath-Seba durch die materielle Schönheit der Schmuckgegenstände, die Uria ihr zum Trost über den baldigen Abschied gekauft hat, ablenken lässt:

> Bath-Seba (tanzt noch immer mit berückenden Körperwindungen).
> Uria (lachend).
> Siehst Du, meine Turteltaube, jetzt sind die Tränen getrocknet.
> Bath-Seba: (fällt ihm um den Hals).
> Ach nein, Uria, mein Freund. Ich weine schon wieder. (Sie will weinen, kann's aber nicht. Sie sieht sich im Handspiegel an und lacht glückselig).[75]

Nicht nur in den genannten Szenen wird Introspektion in die Figur Bath-Seba gewährt und somit die biblische Leerstelle (RE Nr. 53) geschlossen.[76] Auch im letzten Akt finden sich Hinweise zu ihrer Figurenpsyche. Sie äußert im 5. Akt, Szene 1 ihre existentielle Angst vor dem Propheten Nathan:

> Bath-Seba (springt auf, klammert sich ängstlich an Ruth und schreit).
> Ich fürcht mich vor dem Propheten . . . Er hat so drohende Augen . . . Es stecken lauter Dolche drin . . . Die wollen mich durchbohren — — mich und mein Kind . . . meinen Sohn![77]

Auffällig dabei ist ihre Sorge um den gemeinsamen Sohn mit David. Den Anlass für ihre Ängste benennt Bath-Seba in ihren anschließenden Worten an Ruth, durch die ebenfalls Introspektion gewährt wird:

> Bath-Seba [...] (vor sich hinblickend, traurig).
> Wenn doch noch alles wie früher wär'! — wenn Uria noch lebte! wenn ich ihn doch nicht umgebracht hätte! . . . Oft

---

[75] Alberti, Bath-Sebas Sünde, S. 34f. Der anschließende Erklärungsversuch Ruths, „Sie [Bath-Seba, A. F.] ist noch ein Kind" ist angesichts der zitierten Angaben des Nebentextes wenig überzeugend.
[76] Bereits im Anschluss an das Bad bietet Bath-Sebas Rede Einblick in ihre Figurenpsyche. „Ich bin so erschrocken, daß es mir vor den Augen dunkelte." Sie würde am liebsten „vor Scham in die Erde sinken". Ebd., S. 29.
[77] Ebd., S. 59.

glaub' ich, es wär' alles ein böser Traum, aus dem ich plötzlich erwachen müßte — — o, was hab ich getan! . . . ich weiß nicht, was ich getan habe! . . . Du trägst die Schuld und der König und Joab . . . wie ein Rausch kam's über mich . . . ein Rausch von Sinnenlust, Eitelkeit, Herrschsucht und Bosheit . . . nun ist er verflogen und nur die Qual des Gewissen verblieb.[78]

Diese Textpassage verdeutlicht Bath-Sebas innere Zerrissenheit. Einerseits gesteht sie ihre Schuld am Tod Urias ein, andererseits beschuldigt sie Ruth, David sowie Joab, sie verleitet zu haben. Der Zwiespalt der Hauptfigur äußert sich zudem in ihrer Figurenpsyche, wo nach dem „Rausch von Sinneslust, Eitelkeit, Herrschsucht und Bosheit" nun das „Gewissen" quält. Der im Zitat angedeutete Wechsel zwischen Traum und Realität korrespondiert mit der Wahrnehmung Bath-Sebas im 5. Akt, die zwischen Traum und Realität nur schwer unterscheiden kann. Ebenso wie ihre männliche Kontrastfigur David bekennt Bath-Seba ihre Vergehen, jedoch versucht sie Erklärungen dafür zu finden und weist letztlich die Schuld von sich, indem sie diese in Ruths, Davids sowie Joabs Verantwortung abgibt.

Bevor die Rolle Ruths im Drama näher analysiert wird, sollen noch zwei Besonderheiten Bath-Sebas in Albers Drama benannt werden. Zum einen wird ihre Kinderlosigkeit angesprochen und problematisiert.[79] Damit richtet der Dramentext den Fokus auf eine Leerstelle innerhalb der biblischen Erzählung. In 2 Sam 11 finden sich keinerlei Informationen, ob Batseba und Urija gemeinsame Kinder haben oder ob Batseba vor ihrer Schwangerschaft mit Davids Kind bereits gravid war.

Eine zweite Besonderheit stellt die Rezeption des rabbinischen Traktats bShab 56a in der zweiten Szene des dritten Aktes dar. Uria berichtet Bath-Seba, dass er gemeinsam mit Joab den Oberbefehl über das Heer beim anstehenden Krieg gegen die Ammoniter hat. Daraufhin entgegnet Bath-Seba weinend und jammernd: „Und ich soll leben während der Zeit, wie eine Witwe ... wie ein Weib, das den Scheidebrief erhalten hat?"[80] Es lässt sich nicht festlegen, ob diese Referenz in Albers Drama als Anspielung auf den Scheidebrief in *bShab 56a* intendiert ist oder ob sie eher zufälligen Charakter besitzt.

---

[78] Alberti, Bath-Sebas Sünde, S. 59.
[79] Vgl. ebd., S. 25.
[80] Ebd., S. 31.

(c) Ruth

Die Figur Ruth ist aufgrund ihrer Funktion als Dienerin auf das Engste mit Bath-Seba verbunden. Wie bereits erwähnt, tritt Ruth nur in jenen Szenen auf, in denen auch ihre Herrin vorkommt. Ihre Weiblichkeit kennzeichnet diese beiden Figuren und unterscheidet sie von den übrigen.[81] Der Dramentext liefert keine Hinweise zu Ruths Alter, ihrer Körperlichkeit oder Figurenpsyche. Es lässt sich nur festhalten, dass sie weiblich ist und im Dienst von Bath-Seba steht. Ihr Verhältnis zueinander ist vertraut und innig, Ruth spricht beispielsweise offen Bath-Sebas Kummer über ihre Kinderlosigkeit an, begleitet sie zum täglichen Bad oder nimmt sie vor anderen in Schutz.[82]

Ruth tritt als Korrespondenzfigur zu ihrer Herrin auf und übt in entscheidenden Momenten Einfluss auf sie und ihre Handlungen aus. Welche Intention Ruth dabei verfolgt, wird nicht eigens thematisiert, sondern kann nur indirekt erschlossen werden. Bevor eine Festlegung erfolgt, sollen die zwei wesentlichen Textstellen zur Figur vorgestellt und diesbezüglich untersucht werden.

Im 2. Akt, Szene 8 moniert Ruth das Verhalten Bath-Sebas gegenüber David, indem sie darauf hinweist: „Die Härte Deines Herzens verschlimmert nur unser Los".[83] Im Anschluss daran ermutigt sie sie, sich dem König und seinen Avancen hinzugeben. Die Dienerin rät Folgendes:

> Ruth:
> [...] Der König hat Dich lieb gewonnen über alle Weiber ... Du hast Gnade gefunden vor seinen Augen ... Mit königlichen Geschenken überschüttet er Dich ... Vielleicht wirst Du fruchtbar, wenn er Dich erkennt —
> Bath-Seba (abwehrend).
> Besser eine Unfruchtbare, die des häuslichen Bettes unschuldig ist.

---

[81] Im Personenverzeichnis des Nebentexts finden sich unter den 13 aufgelisteten Einzelfiguren lediglich zwei Frauen, Bath-Seba und Ruth. Die anderen weiblichen Figuren sind unter den restlichen *dramatis personae* aufgelistet und erweisen sich wie die Flötenspielerinnen und Tänzerinnen als außersprachliche Figuren oder ihnen kommt wie der Dirne nur ein geringer Redeanteil zu.
[82] Vgl. Alberti, Bath-Sebas Sünde, S. 25f, 25–28, 35.
[83] Ebd., S. 41.

Ruth:
> Weißt Du's denn, ob Uria aus dem Felde wiederkehrt? Der
> König kann ihn töten lassen, wenn Du dich seinem Willen
> widersetzt —
Bath-Seba (fährt schaudernd zusammen).
> Freilich — — das könnte er![84]

Bath-Seba solle, so Ruth, die Gunst, die ihr der König entgegenbringt, nutzen und sich dem König sexuell hingeben. Ruth hofft, dass dadurch ihr prekärer Zustand der Kinderlosigkeit beendet wird. Dem Einwand Bath-Sebas begegnet sie, indem sie auf die königliche Macht Davids verweist, der ohne weiteres Uria töten lassen könnte. Durch diesen Hinweis verleiht Ruth der Situation Bath-Sebas eine Ausweglosigkeit – ihre Herrin ist der königlichen Macht schutzlos ausgeliefert. Zugleich verbindet Ruth das Schicksal von Uria mit Bath-Sebas Verweigerung gegenüber bzw. der Einwilligung in Davids sexuelle Avancen. Damit legt die Dienerin subtil das Ergehen Urias in die Verantwortung Bath-Sebas. Im Anschluss an die zitierte Textpassage nimmt Ruth weiter Einfluss auf ihre Herrin, indem sie die Vorzüge des Königs im Vergleich zu dem Ehemann Uria rühmt und Bath-Seba zuredet, sich dem König sexuell hinzugeben. Dabei verweist sie auf die königliche Macht, der alle unterstehen:

Ruth
> [...] Und ... weißt Du denn nicht, daß des Königs Wort
> Gewalt hat und niemand sagen darf: ‚Was machst Du?' Er
> tut, was er will und wir müssen gehorchen!
Bath-Seba (vor sich hin).
> Wir .... müssen .... gehorchen —
Ruth (bricht wieder Rosen ab und steckt sie Bath-Seba ins Haar.)
> Ich will Dich schmücken — So! Komm', ich führ' Dich in
> sein Schlafgemach (nimmt sie an der Hand).[85]

Dieses Zitat belegt, dass Bath-Seba wesentlich von ihrer Dienerin sowohl verbal als auch durch Handlungen dazu gebracht wird, sich David nicht zu verweigern. Rhetorisch verweist Ruth mehrfach auf die königliche Macht, durch die David einerseits Bath-Seba zum Beischlaf zwingen und andererseits Maßnahmen gegen ihren Ehemann Uria ergreifen könnte.

---

[84] Alberti, Bath-Sebas Sünde, S. 41.
[85] Ebd., S. 42.

Die zweite Textpassage, in der Ruth Einfluss auf ihre Herrin ausübt und ihre Handlungen maßgeblich bestimmt, entstammt dem 5. Akt, Szene 1. Dort rät Ruth ihr Folgendes:

> Ruth:
> Dann würd' ich an Deiner Stelle heut dem Könige vor allen Hofleuten das Wort abschmeicheln, daß er noch heut Deinen Sohn zum Nachfolger auf dem Throne Israels ernennt und ausrufen läßt —
> Bath-Seba (horcht jäh auf. Dann geht sie erregt auf und ab. Plötzlich bleibt sie stehen. Zaghaft.)
> Wenn er ... wenn er mir aber doch die Bitte abschlüge?
> Ruth (energisch).
> Nein, Herrin! — Deine Augen zwingen ein ganzes Heer von Feinden. Warum sollten sie Deinen Freund nicht zwingen? Du hast nur zuweilen schwache Augenblicke —
> Bath-Seba (umarmt Ruth)
> Gute Ruth! — Ja, ja, Du hast Recht!⁸⁶

Der Ratschlag, Bath-Sebas Sohn als Thronprätendenten zu etablieren, stammt somit von Ruth und wird von Bath-Seba angenommen. In ihrem Zweifel, ob David diesem Wunsche nachkommt, ist es Ruth, die auf Bath-Sebas Reize hinweist und so ihre Herrin David gegenüber stärkt. Im weiteren Verlauf des 5. Aktes ist es abermals Ruth, die ihre Herrin in ihrer Forderung unterstützt. Als Bath-Seba den Wunsch gegenüber David äußert und der König zögernd und eher ablehnend reagiert, spricht die Dienerin Folgendes:

> Ruth (neigt sich, indem sie Bath-Seba wieder Speise reicht, über sie und flüstert).
> Laß' nicht ab Herrin ...
> Bath-Seba (nach kurzem Zögern, entschlossen und laut).
> Ich laß nicht ab von meinem Wunsche.⁸⁷

Dieses Zitat belegt erneut den Einfluss, den die Dienerin auf ihre Herrin ausübt. Sie unterstützt und leitet die Handlungen Bath-Sebas. Welche Intention Ruth verfolgt, kann dem Text nicht entnommen werden.⁸⁸ Die

---

[86] Alberti, Bath-Sebas Sünde, S. 62f.
[87] Ebd., S. 67.
[88] Entweder handelt Ruth aus Sorge um Bath-Seba, wonach ihre erste Intervention das Ziel hat, Bath-Sebas Kinderlosigkeit zu beenden. Die zweite Einflussnahme ließe sich in diesem Kontext als Schutz Bath-Sebas und ihres Sohns gegenüber den anderen Ehefrauen Davids und deren Kinder verstehen. Ebenso denkbar ist, dass Ruth an

beiden Frauenfiguren sind aufeinander verwiesen und agieren komplementär zueinander.

(d) Joab

Joab ist die Figur, die nach David, Bath-Seba und Ruth die vierthäufigsten Auftritte im Dramentext hat. Er wird über seine Sozialität als Heerführer im Stück eingeführt, was dem RE Nr. 38 entspricht. Im 1. Akt, Szene 3 verweist der Hauptmann auf seinen Oberbefehl im anstehenden Kriegszug gegen die Ammoniter und benennt seine militärische Kompetenz:

> Oft hab' ich seine Feinde zertreten in meinem Zorn und mein Gewand mit ihrem Blut besudelt. Oft sah ich mich um und kein Helfer stand neben mir. Mein Arm allein mußte mir helfen und nur mein Mut stand neben mir. — (höhnisch) aber jetzt hab ich einen Helfer nötig.[89]

Die zitierte Textpassage zeigt stilistische Geschlossenheit in den ersten drei Sätzen durch die Verwendung von Anapher und Epipher, wodurch sich der Fokus auf den abschließenden Satz „aber jetzt hab ich einen Helfer nötig"[90] richtet. Dieser Helfer wird anschließend von Joab als Uria, der Hethiter, näher konkretisiert. Dabei deutet der Hinweis auf die höhnische Sprechweise im Nebentext auf seine Rivalität in Bezug auf den Oberbefehl des Heeres hin. Vor der zitierten Passage wird mehrfach auf Joabs Tapferkeit verwiesen. So kommt es in der ersten Szene des ersten Aktes zu einer Fremdcharakterisierung durch die versammelten Bürger, die den Heerführer mehrfach als „tapfere(n) Joab"[91] bezeichnen.

Bath-Sebas Macht partizipieren möchte. Dies lässt sich an der Einleitung ihres oben zitierten Ratschlags im 5. Akt, Szene 1 belegen. Die hervorgehobene Anrede Bath-Seba als Königin, an die das Treueversprechen der Dienerin schließt, ließe sich so erklären: „Bist du so stark dem König gegenüber? [...] So stark bist Du! — ! — Dann ... dann ... Königin — denn Deine Ruth liebt dich treuer, als eine Hündin." Alberti, Bath-Sebas Sünde, S. 62. Eine dritte Möglichkeit, die Intention Ruths zu bestimmen, wäre ausgehend von der das Drama durchziehenden kritischen Tendenz zur Weiblichkeit. Ruth entspreche dabei dem Typus einer „zwieträchtigen" Dienerin. Dieser Typus der Zwietracht säenden Frau findet sich mehrfach im Œuvre von Paul Albers. Siehe Keller, Art. Albers, S. 545.

[89] Alberti, Bath-Sebas Sünde, S. 8.
[90] Ebenda.
[91] Ebd., S. 6. Diese Zuschreibung „der *tapfere* Joab" am Ende der ersten Szene wird in der darauffolgenden Szene wiederholt.

Von den RE, die der Figur Joab zugewiesenen sind, findet darüber hinaus nur das RE Nr. 56 Verwendung.[92] Die Leerstelle zur Reaktion Joabs auf den von David gesendeten Todesbrief wird im Dramentext geschlossen. Nachdem dieser den versiegelten Brief öffnet und ihn in Anwesenheit Urias und einiger Soldaten liest, wird seine Reaktion auf das Schreiben dargestellt. Dabei divergiert die Charakterisierung Joabs zwischen Haupt- und Nebentext. Im letzteren ist seine Gestik wie folgt beschrieben: „Er öffnet den Brief und liest. Über sein bleiches Gesicht fliegt hämischer Spott."[93] Joabs gestische Handlung unterscheidet sich von seiner Sprache, wie der folgende Auszug seiner Rede mit Uria belegt:

>Joab (den Brief betrachtend):
>[...] Den Brief hat Dir der König selbst gegeben?
>Uria:
>Ja.
>Joab:
>Hm! — Das Schreiben ist voll Lobes für Dich.[94]

Die Rezipierenden, ob Lesende oder Zuschauerinnen bzw. Zuschauer, wissen um den Inhalt des Briefes, weshalb ihnen die Differenz von Joabs Sprache und Verhalten offensichtlich wird. Nach dem Lesen wird das Schreiben unverzüglich von Joab verbrannt und somit vernichtet.

Die Besonderheit der Figur Joabs in Albers Drama liegt in ihrer hohen Relevanz für die Handlung. Seine Rivalität mit Uria um den Oberbefehl über das Heer bildet den Ausgangspunkt sowie die Folie für die weiteren Handlungen. Das wesentliche Moment im Figurenmodell Joabs stellt sowohl in der Fremd- als auch Eigencharakterisierung sein militärisches Amt als Oberbefehlshaber über das Heer dar. Um dieses Uria gegenüber zu behaupten, greift er auf List und Intrigen zurück. Eine Voraussetzung

---

[92] Die RE Nr. 36, 40 und 41 werden in Albertis Dramatisierung von 2 Sam 11 nicht aufgegriffen: Die beiden Figuren Joab und David weisen keine verwandtschaftliche Relation zueinander auf (RE Nr. 39). Die Beziehung zwischen Joab und David ist nicht ambivalent im Sinne der in der narratologischen Analyse herausgearbeiteten Subkategorien dieses RE (RE Nr. 40). Das bestimmende Moment im Figurenmodell Joabs ist nicht seine geschickte Rhetorik (RE Nr. 41), sondern es sind sein Ehrgeiz im Blick auf den Kriegsruhm und sein Ausschließlichkeitsanspruch auf das höchste militärische Amt. Um diese Ziele durchzusetzen, verwendet er List und Intrige.
[93] Alberti, Bath-Sebas Sünde, S. 53.
[94] Ebenda.

dafür liegt m. E. in der divergenten Relation zwischen den beiden Heerführern. Wie bereits erwähnt, sieht Joab in seinem bisherigen Freund Uria einen Rivalen.[95] Im Unterschied dazu ist Uria von der Freundschaft und Loyalität Joabs überzeugt. Urias Ahnungslosigkeit gegenüber Joabs Absichten wird in seiner Rede beim ersten Zusammentreffen der beiden Figuren deutlich: „Joab, mein Freund! Mein Hauptmann! – Dir danke ich mein Glück! Ein treuer Freund steht fester bei, als ein Bruder!"[96]

In Bezug auf die umfangreiche Darstellung der Relation zwischen den beiden im Dramentext fällt auf, dass in der biblischen Darstellung diese Beziehung nicht näher beschrieben und determiniert ist.

(e) Uria

Im Drama wird die Figur Uria durch Joab in Form einer wertenden Fremdkommentierung eingeführt: „Der verdammte Hethiter soll mit mir den Oberbefehl gegen die Ammoniter teilen."[97] In dieser kurzen Textpassage zeigen sich gleich mehrere REs: Ebenso wie in der biblischen Erzählung wird Uria bei der ersten Erwähnung mit dem Gentilizium „der Hethiter" versehen, das RE Nr. 36 findet hier Anwendung. Seine Position im Heer Davids wird auch benannt, wodurch die Leerstelle, die unter dem RE Nr. 55 subsumiert ist, geschlossen wird.[98] Zudem ist Uria aus der Perspektive des rivalisierenden Joabs abwertend als Soldat und Heerführer präsentiert (RE Nr. 34). Im Unterschied zur biblischen Erzählung wird im Dramentext zunächst auf Urias sozialen Status als Soldat verwiesen und erst im Anschluss daran seine Rolle als Ehemann Bath-Sebas benannt. Die beiden Anknüpfungspunkte RE Nr. 33 und 34 sind in ihrer Abfolge im Dramentext vertauscht.

Eine weitere Variation der biblischen Erzählung findet sich im 4. Akt, Szene 4. Uria wünscht sich, bevor er zum Kriegsschauplatz Rabba zurückkehrt, in sein Haus gehen und Bath-Seba sehen zu können. David verweigert ihm diese Bitte im Auftrag von Bath-Seba. Damit ist die charakteristische Verhaltensweise dieser biblischen Figur, die dem RE seiner Körperlichkeit (RE Nr. 35a) zugeordnet ist, aufgegriffen und variiert.

---

[95] Vgl. Alberti, Bath-Sebas Sünde, S. 12.
[96] Ebd., S. 13.
[97] Ebd., S. 8.
[98] Bereits im Personenverzeichnis des Nebentextes findet sich ein Hinweis auf Urias militärisches Amt. Dort wird er ebenso wie Joab als Hauptmann bezeichnet.

In Bezug auf die charakteristischen Handlungen, die unter dem RE Nr. 37 subsumiert sind, wird weder Urias Weigerung, in sein Haus zu gehen, noch die Handlung des Legens (zu seiner Frau bzw. zu den Dieners Davids) im Dramentext aufgenommen. Allerdings findet sich ebenso wie in der biblischen Erzählung viermal die Darstellung von Urias Tod: dreimal wird dieser während der Vorbereitung der Tötung und einmal als Geschehen berichtet.[99] Dabei ist im Nebentext die Leerstelle ausgefüllt, auf welche Weise Uria getötet wird: „Zwei Ammoniter durchbohren in [sic!] mit Speeren"[100].

Unter dem RE Nr. 54 ist eine weitere Leerstelle im Dramentext aufgegriffen. Urias Körperlichkeit wird durch die Dienerin Ruth im 2. Akt, Szene 5 näher beschrieben. Sie rühmt seine Schönheit und beschreibt sein Haar als kraus und schwarz.[101]

Die Ambiguität Urijas in der biblischen Erzählung (RE Nr. 49), die aus dem fehlenden Wissen resultiert, ob Urija um den Ehebruch Davids und die Schwangerschaft Batsebas weiß, kommt im Albers Drama nicht vor. Anhand der Darstellung des Dramas lässt sich aufgrund der Auswahl an Geschehensmomenten und ihrer Anordnung sowie den Redeanteilen Urias erkennen, dass er weder über die Liason zwischen David und Bath-Seba noch über ihre Schwangerschaft Kenntnis besitzt.[102] Die Komplexität dieser biblischen Figur ist in der Dramatisierung reduziert (RE Nr. 64). Im Dramentext erscheint Uria dem König gegenüber als loyaler Krieger, der weder von Davids Verhältnis zu seiner eigenen Frau weiß, noch Kenntnis von Joabs Gegnerschaft besitzt.

---

[99] Siehe Alberti, Bath-Sebas Sünde, S. 46, 48, 56.
[100] Ebd., S. 58.
[101] Siehe ebd., S. 26.
[102] In Bezug auf die Auswahl und Anordnung der Geschehensmomente ist auf die bereits erwähnte vierte Szene des vierten Aktes zu verweisen. Dort wird in den Redeanteilen herausgestellt, dass Uria nach seiner Ankunft in Jerusalem neben David nur mit Bath-Sebas Dienerin Ruth gesprochen hat. Diese erklärt in der folgenden Szene, dass sie Uria weder vom Verbleib Bath-Sebas noch von ihrer Schwangerschaft informiert habe. Indem David von Uria verlangt, sofort nach Rabba zurückzukehren, werden weitere Möglichkeiten, durch die Uria informiert werden könnte, ausgeschlossen. Vgl. ebd., S. 58.

5.1.2.4 Die übergeordnete Erzählinstanz

In Albers Drama „*Bath-Sebas Sünde*" tritt die übergeordnete Erzählinstanz nicht explizit in Erscheinung, sondern implizit in der Tendenz der Entschuldung Davids. In diesem Zusammenhang und in Bezug auf die übergeordnete Erzählinstanz lässt sich eine wesentliche Diskrepanz zwischen biblischer Erzählung und Albers Dramatisierung feststellen. Während die Erzählstimme in der biblischen Erzählung auf Distanz zur Figur David und ihrem Wirklichkeitsmodell geht (RE Nr. 20b) und den König in Form eines doppelt fokalisierten Erzählerkommentars verurteilt (RE Nr. 15c), lässt sich im Dramentext die Tendenz einer Entschuldung Davids erkennen. Diese wurde bereits an mehreren der zitierten Textpassagen aufgezeigt. Im Drama wird suggeriert, dass Davids Beteiligung am Tod Urias im Vergleich zur biblischen Darstellung wesentlich geringer ist. Der Plan, dass Uria im Kampf gegen die Ammoniter stirbt, geht ebenso wie die Initiative und Verfasserschaft des Todesbriefs auf Bath-Seba zurück. Hinsichtlich dieser Entschuldung Davids kommt es zu einer erheblichen Diskrepanz zwischen Dramen- und Bibeltext.

5.1.2.5 Bibelwissen

Die Tendenz der Entschuldung Davids in Albers Drama korreliert mit der Schuldzuweisung an Bath-Seba (RE Nr. 69). Wie bereits aufgezeigt, wird die Schuld an Urias Tod in der biblischen „David, Batseba und Urija"-Erzählung in 2 Sam 11 sowie in der darauffolgenden Erzählung in 2 Sam 12 alleinig David zugesprochen.[103] Die Zuweisung der Schuld an Bath-Seba stellt daher Bibelwissen dar und wird in Albers Drama „*Bath-Sebas Sünde*" aufgegriffen. Auch das zweite RE zum Bibelwissen, Batsebas Nacktheit (RE Nr. 68), findet in Albers Drama Anwendung, wie bereits anhand der zitierten und besprochenen Textstellen aufgezeigt wurde.[104]

---

[103] Edith Wenzel fasst dies prägnant zusammen: „Der Bibeltext läßt auch keinen Zweifel daran, wer der Schuldige in dieser blutigen Ehebruchsgeschichte ist: Es ist David, der sich versündigt hat, und Gott bestraft ihn dafür." Wenzel, Schöne, S. 90.

[104] Siehe Alberti, Bath-Sebas Sünde, S. 25–27.

5.1.2.6 Bibelübersetzung und Rezeptionskontext

Im Dramentext sind, wie im einleitenden Kapitel herausgestellt und belegt wurde, mehrere Bibelzitate enthalten.[105] Trotz der hohen Anzahl an zitierten Bibelversen kann die Bibelübersetzung, die dem Dramentext zugrunde liegt, nicht eindeutig bestimmt werden.[106]

In Bezug auf das RE Nr. 67 lässt sich festhalten, dass mehrfach auf die orientalische Kontextualisierung der Handlung im Nebentext hingewiesen wird, wie z. B. auf die „orientalische Einrichtung", die „orientalische Musik" oder die „wilde(n), orientalische(n) Reigen".[107] Die Regieanweisungen bleiben dabei sehr vage und gehen über den bloßen Verweis auf das „Orientalische" nicht hinaus, sodass hieraus keine Erkenntnisse zu zeitgenössischen Vorstellungen des biblischen Israel unter dem Fokus des Orientalismus gewonnen werden können.

5.1.3 Historische und kulturelle Verortung

5.1.3.1 Der Schriftsteller Paul Albers (1852–1929)

Der Jurist und Schriftsteller Paul Albers, der am 23. Mai 1852 im oberschlesischen Chutow geboren und am 6. April 1929 in Lähn im Riesengebirge gestorben ist, verbrachte als Sohn eines Oberförsters seine Kind-

---

[105] 2 Sam 10,3–5 (Alberti, Bath-Sebas Schuld, S. 6); Ex 21,24 (S. 20); Ps 8,4f. (S. 22); Dtn 20,1–4.13f. (S. 37); Hld 7,9 (S. 39); Hld 3,1; 4,9–11 (S. 43); 2 Sam 11,15 (S. 46, 48); Sir 10,10 und Weish 5,23 (S. 64); 1 Kön 1,17f. (S. 66). Darüber hinaus finden sich im Dramentext weitere Anspielungen auf biblische Texte, wie z. B. Jes 54,6 (S. 11); 2 Sam 12,8–9.11 (S. 70).

[106] Ausgeschlossen werden können nach Einsicht und Abgleich der oben genannten zitierten Bibelzitate folgende Bibelübersetzungen: Catholische Bibel übersetzt von Wirsing, Adam Ludwig u.a. (1763). Uebersetzung und Erläuterung der heiligen Bücher des Alten Testaments von Johann Heinrich Daniel Moldenhawer (1774–1787). Die Heilige Schrift, übersetzt von Johann Friedrich von Meyer (1819). Die Heilige Schrift des Alten und Neuen Testamentes übersetzt von Joseph Franz Allioli, 7. Aufl., (1851). Die Bibel oder die Schriften des Alten und Neuen Bundes übersetzt und für die Gemeinde erklärt von Christian Karls Josias von Bunsen (1858). Die Heiligen Schriften des Alten und Neuen Testamentes, übersetzt von Carl und Leander Eß (1859).
Eine höhere Kompatibilität der Bibelzitate liegt hinsichtlich der Lutherübersetzung in der Polyglotten-Bibel zum praktischen Handgebrauch zusammengestellt von Rudolf Stier u.a. (1846) vor.

[107] Alberti, Bath-Sebas Sünde, S. 29, 66, 69.

heit im ländlichen Milieu.[108] Er besuchte das Gymnasium und studierte anschließend Jura in Breslau. Nach seiner Staatsprüfung 1882 ließ sich Albers als Rechtsanwalt in Ratibor nieder.[109] Seine erste Textsammlung, den Gedichtband „*Klänge und Reime aus unpoetischer Zeit. Gedichte*" veröffentliche Albers 1888, d. h. erst im Alter von 36 Jahren.[110]

Sein Œuvre ist vielseitig. Es umfasst neben dramatischen Texten auch Gedicht- und Liedsammlungen, Erzählungen sowie historische Abhandlungen.[111] Nach Keller versteht sich Albers „zunächst ausschließlich als poetischer Porträtist seiner oberschlesischen Heimat."[112] Allerdings ist Albers kein Vertreter der radikal-kämpferischen, konservativen Heimatdichter, stattdessen porträtiert er in seinen Werken landesspezifische Charakteristika, Brauchtum oder gelegentlich skurrile Mentalitäten, die Gegenstand seiner Novellen, Lieder und Romane sind.[113] Darüber hinaus sind seine Werke durch eine romantische Auffassung von Natur sowie Naturelementen geprägt.[114]

Neben der Heimatdichtung ist das Œuvre Albers bestimmt durch Historiendichtungen sowie juridische Texte, wie beispielsweise der Abhandlung „*Verbrechen oder Krankheit?*" aus dem Jahr 1900.[115] In dieser Schrift, die in Form eines Plädoyers verfasst ist, greift Albers auf zeitgenössische Studien des Kriminalpsychologen Richard von Krafft-Ebing zurück und betont damit die Notwendigkeit der Einzelfallentscheidung.

---

[108] Siehe Lüdtke, Nekrolog, S. 5; Berger / Rupp, Literatur-Lexikon S. 46.
[109] Siehe Keller, Art. Albers, S. 544f.
[110] Siehe ebd., S. 545.
[111] Eine ausführliche Übersicht von Albers Publikationen findet sich bei Keller, Art. Albers, S. 550–553. Weitere Verzeichnisse von Albers Werken siehe: Klenz, Literatur-Kalender, S. 12; Berger / Rupp, Literatur-Lexikon, S. 46f.; Lüdtke, Nekrolog, S. 5.
[112] Keller, Art. Albers, S. 545.
[113] Keller spricht in diesem Zusammenhang von einem „poetischen Bekenntnis zu Land und Leuten" Keller, Art. Albers, S. 546. Auffällig ist dabei, so Keller, dass bei Albers gleich zwei Spezifika der oberschlesischen Heimatdichtung nicht vorkommen. Weder bezieht er sich in seinen Werken auf den Wandel der oberschlesischen Region von einem ärmlichen Agrarland hin zu einer wirtschaftlich starken Region des Bergbaus und der Industrie, noch thematisiert er die Koexistenz von Polen und Deutschen in der oberschlesischen Region.
[114] Keller konkretisiert dies, indem er darauf hinweist, dass diese Naturelemente sogar „als spracherfüllte Wesenheiten begriffen, teilweise sogar als kommentierende Instanz menschlichen Handelns überzeichnet" werden. Keller, Art. Albers, S. 546.
[115] Als Historiendichtungen sind die Versepen „*Eginhard und Imma*" (1898) und „*Herr Gervin*" (1890) sowie Albers Darstellung der Sängerstreits, die unter dem Titel „*Am Wartburghof*" 1902 veröffentlicht wurden, zu benennen.

Trotz der Verarbeitung von psychologischen und psychoanalytischen Erkenntnissen der zeitgenössischen Forschung lässt sich in seinen Werken eine Skepsis gegenüber den Entwicklungen der Moderne erkennen. Keller weist darauf hin, dass Albers eher tendenziell konservativ den „modernen" Erscheinungen entgegensteht. Gleichfalls lasse sich vor allem in seinem 1921 erschienenen Roman „*Moderne Apostel*"[116] erkennen, dass er die „alten Zeiten doch nicht kritiklos verklären will, sondern die Notwendigkeit einer Veränderung vor allem in sozialer Hinsicht erkennt".[117] In vielen seiner Werke werden Herrschaftsmuster patriarchaler, feudaler oder klerikaler Art zur Disposition gestellt und problematisiert.[118]

Albers gilt als Autor einer Vielzahl von Theaterstücken, allerdings sind nahezu alle Theatertexte von ihm nicht auffindbar, worauf Andreas Keller verwiesen hat.[119] Mit der Tragödie „*Bath-Sebas Sünde*" ist nur eines seiner Theaterstücke bewahrt geblieben. Durch das Fehlen weiterer Dramentexte, vor allem biblischer Provenienz kann „die Forschung nur indirekt über die Rezensionen auf deren psychologischen, historischen und möglicherweise juristischen Gehalt rückschließen"[120].

Die Entstehungszeit und Veröffentlichung des Dramentextes 1904 folgt auf eine Zäsur in der Biographie Albers im Jahr 1903. Der Tod seines an Epilepsie erkrankten Sohnes sowie die Trennung von seiner Ehefrau stellen familiäre Schicksalsschläge dar, die Albers u. a. dazu zwingen, das erworbene Rittergut Ober-Marklowitz zu verkaufen und seinen Wohnsitz nach Breslau zu verlegen.[121] Der Tod seines Sohnes spiegelt sich, so Keller, sehr deutlich in Albers Texten wider.[122] Auch in der Tragödie „*Bath-Sebas Sünde*" wird an exponierter Stelle das Ereignis vom Tod des Sohnes aufgegriffen. Am Handlungsende steht der Tod des namenlosen Kindes von David und Bath-Seba. Dieser Handlungsausgang ist umso markanter, als er in den recherchierten Dramentexten zu 2 Sam 11 ein Unikat darstellt.[123]

---

[116] Albers, Apostel.
[117] Keller, Art. Albers, S. 546.
[118] Siehe ebd., S. 546.
[119] Vgl. ebd., S. 549.
[120] Ebenda.
[121] Siehe ebd., S. 545.
[122] Siehe ebd., S. 549.
[123] Siehe dazu die Ausführungen im Kapitel „Der Stoff der „David, Batseba und Urija"-Erzählung in deutschsprachigen Dramen um 1900", S. 44f.

Zudem zeigt sich, so die vergleichende Lektüre der recherchierten Dramatisierungen von 2 Sam 11, dass in Albers Drama evident zeitgenössische Weiblichkeitsbilder, die sowohl in dem wissenschaftlichen Diskurs als auch in der literarischen Auseinandersetzung begegnen, aufgegriffen werden. Dies ist Gegenstand des folgenden Abschnitts.

5.1.3.2 Dramenaspekt: Die Figur Bath-Seba als Femme fatale

Im benannten Paul-Albers-Drama wird der kulturelle Frauentypus der Femme fatale aufgegriffen und auf die Hauptfigur Bath-Seba angewendet. Die folgende Analyse konzentriert sich daher auf jenen Frauentypus der Femme fatale, der um die Jahrhundertwende in einer Vielzahl literarischer Texte vorkommt, in denen der Fokus auf weiblicher Sexualität und Herrschsucht und den daraus resultierenden fatalen Konsequenzen für die Männer liegt. Bevor die Dramenfigur Bath-Seba in Bezug auf die Weiblichkeitskonstruktion der Femme fatale analysiert wird, soll zunächst der Frauentypus näher vorgestellt werden. Carola Hilmes umschreibt in ihrer Studie *„Die Femme fatale. Ein Weiblichkeitstypus in der nachromantischen Literatur"*, einem Standardwerk innerhalb der Forschung, das Phänomen dieses Frauentypus wie folgt:

> Die Femme fatale lockt, verspricht und entzieht sich. Zurück bleibt ein toter Mann. Im Spannungsfeld von Eros und Macht gedeihen Wollust und Grausamkeit, entstehen blutige Bilder der Liebe. Die Femme fatale fasziniert durch ihre Schönheit und das in ihr liegende Versprechen auf Glück, einen Wunsch nach leidenschaftlicher Liebe. Gleichzeitig wird sie jedoch als bedrohlich empfunden. Die Gefahr geht aus von der in ihr verkörperten Sexualität und der Einbindung in eine Geschichte voller Intrigen, in der ihr meist die wenig rühmliche Rolle einer Rächerin zugeschrieben wird.[124]

In ihrer Untersuchung zeigt Hilmes die Differenz bei der Ausgestaltung dieses Frauentypus' in der Literatur auf und weist auf deren Komplexität hin. Die von ihr untersuchten literarischen Varianten der Femme fatale sind viel reicher und komplexer als ihr Klischee der männermordenden Frau und Inbegriff des Verderben bringenden Eros.[125] Im Unterschied zu anderen Frauentypen wie der Femme fragile, deren Merkmale wie das Erscheinungsbild konstant sind, existieren für die Femme fatale keine

---

[124] Hilmes, Femme fatale, S. XIV.
[125] Siehe ebd., S. 223.

festen Kriterien im Sinne eines streng definierbaren Katalogs physischer Merkmale. Aufgrund der wenigen verbindlichen Merkmale, die diesen Frauentypus definieren, erleichtert sich einerseits die Anwendbarkeit des Typus auf unterschiedlichste Frauenfiguren, woraus anderseits die beachtliche Anzahl an Femme-Fatale-Darstellungen um 1900 resultiert.[126]

In ihrer Dissertation liefert Hilmes in den methodischen Vorbemerkungen folgende knappe „Minimaldefinition", die auch der vorliegenden Arbeit zugrunde gelegt ist. Bei der Femme fatale handelt es sich, nach Hilmes, demnach um:

> eine meist junge Frau von auffallender Sinnlichkeit, durch die ein zu ihr in Beziehung geratender Mann zu Schaden oder zu Tode kommt. Die Verführungskünste einer Frau, denen ein Mann zum Opfer fällt, stehen in den Geschichten der Femme fatale im Zentrum.[127]

Mit der Femme fatale begegnet eine Konstruktion des Weiblichen, die gerade keinen Blick auf die realen Frauen liefert, sondern stattdessen den männlichen Gegenspieler näher fokussiert. Nach Hilmes fungiert die Femme fatale als Spiegel für das Prekäre der männlichen Situation.[128] Eine solche Situation sei, so Hilmes, um die Jahrhundertwende gegeben, da zu dieser Zeit das allgemeine Krisenbewusstsein mit der Verunsicherung und Orientierungslosigkeit, die in diesem Weiblichkeitsentwurf Ausdruck finden, korrespondiert.[129]

Nach Catani handelt es sich bei dem Frauentypus der Femme fatale um die Verkörperung eines kulturellen Archetyps, wodurch ihre Inszenierungen epochenunabhängig sind. Nach ihrer Auffassung stellen die Femme-Fatale-Darstellungen um 1900 ein Endprodukt eines solchen Inszenierungsversuches dar, der sowohl von Wissenschaft als auch von Gesellschaft und Kunst gemeinsam getragen wurde.[130]

Die hohe Anzahl und Frequenz an Inszenierungen der Femme-fatale-Figur um 1900 sowohl im literarischen und gesellschaftlichen Diskurs als auch in den bildenden Künsten führt Catani auf mehrere Zusammenhänge zurück. Als eine Ursache benennt sie das zeitgenössische Bemühen im

---

[126] Siehe Catani, Geschlecht, S. 93.
[127] Hilmes, Femme fatale, S. 10.
[128] Siehe ebd., S. XIV.
[129] Vgl. ebd., S. XIV.
[130] Siehe Catani, Geschlecht, S. 93.

wissenschaftlichen Diskurs, Weiblichkeit und somit anthropologische Aussagen über die Frau ausschließlich durch den Fokus auf ihre Sexualität zu verstehen. Gleichzeitig wird weibliche Libido bei zeitgenössischen Wissenschaftlern wie Freud, Möbius oder Krafft-Ebing tabuisiert. Eine dritte Ursache für den Reiz der Femme fatale liegt nach Catani in der zeitgenössischen restriktiven Sexualmoral und ihrer Strenge.[131] Daraus schließt sie: „Jene Phänomene, welche die zeitgenössische Anthropologie zu tabuisieren oder aber zu dämonisieren versucht, erscheinen in ästhetischen Entwürfen in umso facettenreicheren Inszenierungen."[132]

Um die Jahrhundertwende werden mehrere biblische Frauenfiguren entsprechend dem Typus der Femme fatale adaptiert, die in sinnlicher, erotischer oder verführerischer Weise das Verderben einzelner Männer provozieren. In diesem Zusammenhang findet man beispielsweise dramatische Adaptionen zu den mythisierten Figuren Lilith oder Eva.[133] Letztere ist jene Frauenfigur, die über die Jahrtausende am stärksten missgedeutet wurde. Die Femme-fatale-Darstellungen Evas nehmen Bezug auf Gen 3, wonach Eva als Verderben bringende Frau auftritt: Sie verführe Adam, indem sie ihm trotz des göttlichen Verbots die verbotene Frucht reicht. Daraus resultiere die Verbannung aus dem Paradies.[134] Neben Eva verkörpern vor allem die biblischen Figuren Judith, die den gegnerischen Anführer der Assyrer Holofernes köpft (Jdt 13) sowie Herodias und Salome, die von Herodes die Enthauptung von Johannes dem Täufer erzwingen (Mt 15,3–12), den kulturellen Frauentypus der Femme fatale um die Jahrhundertwende.[135]

Die Figur Batseba zählt nicht zu den bevorzugten biblischen Frauenfiguren (wie etwa Eva, Delila, Judith, Salome und Herodias), die innerhalb

---

[131] Siehe Catani, Geschlecht, S. 93.
[132] Ebenda.
[133] In diesen Zusammenhang ist auf die Femme-fatale-Darstellungen von Lilith und Eva in den Dramen „*Lilith*" von Rémy de Gourmont (1892) sowie „*Lilith*" von Paul Heyse (1903) zu verweisen. Siehe Scholl, Frauengestalten, S. 164f.; Motté, Tränen, S. 22f.
[134] Zur kritischen Auseinandersetzung mit dieser patriarchalen und misogynen Lesart, die die gesamte Auslegungs- und Rezeptionsgeschichte durchzieht, siehe Schüngel-Straumann, Eva, passim; Motté, Tränen, S. 18–37.
[135] Die Judith-Adaptionen um 1900 stehen meist in Bezug zu Friedrich Hebbels Tragödie „*Judith*" sowie z. B. Georg Kaisers Bühnenspiel „*Die jüdische Witwe*" (1904). Salome-Adaptionen finden sich u. a. im Drama „*Salomé*" von Oskar Wilde (1893) und der gleichnamigen Novelle von Gustave Flaubert (1877). Eine Übersicht von bedeutenden Salomebearbeitungen sowohl in Kunst, Literatur als auch Musik bietet Hilmes, siehe Hilmes, Femme fatale, S. 241.

der Forschungsliteratur dem Frauentyp der Femme fatale zugerechnet werden.[136] Allerdings finden sich unter den recherchierten Dramen mehrere Texte, in denen die Adaption der biblischen Figur Batseba Merkmale dieses kulturellen Frauentyps aufweisen.[137]

Auch die Figur Bath-Seba in Albers Drama ist entsprechend dieser „Doppelmoral" gestaltet: Sie ist Opfer und Täterin zugleich und verkörpert so den kulturellen Frauentyp der Femme fatale, wie im Folgenden anhand einzelner Auszüge aus dem Dramentext herausgestellt wird. Im Fokus stehen dabei die Fragen, ob Bath-Seba entsprechend der „Minimaldefinition"[138] von Hilmes diesem Frauentypus nahekommt und durch welche Facetten ihre Darstellung als Femme fatale spezifiziert ist.

Das wesentliche Moment der Figurencharakterisierung Bath-Sebas ist die Herausstellung ihrer Schönheit. Wie bereits gezeigt, wird diese aus unterschiedlichen Figurenperspektiven benannt und gerühmt. Der Verweis auf ihre Schönheit impliziert im 2. Akt, Szene 5 eine Aussage über ihr Alter. Im Dialog mit ihrer Dienerin Ruth weist diese darauf hin, dass Bath-Seba nicht auf ihre Schönheit schwören soll, da diese mit zunehmendem Alter vergehe. Die Figur Bath-Seba ist demnach als junge Frau anzusehen. In der Darstellung ihrer Schönheit, die das Begehren Davids auslöst, wird sie als sinnliche Figur konzipiert. Die metaphorischen Bilder aus Hld 4,3.9–11 zur Beschreibung ihres Figurenkörpers verstärken diese Wirkung. Anhand des Dramentextes lässt sich die Applizierung der Sinnlichkeit sowohl in den Figurenreden als auch anhand des Nebentextes aufzeigen.[139] In der ersten Szene des vierten Aktes setzt Bath-Seba ihre Attraktivität ein, um Davids Entscheidung zu lenken. Indem sie David zärtlich in die Augen blickt, ihm verführerische Blicke zuwirft oder den König umarmt und küsst, ringt sie ihm die Entscheidung zur Tötung

---

[136] Vgl. Hilmes, Femme fatale, passim; Catani, Geschlecht, S. 88–97.
[137] Zu diesen zählt neben Albertis Drama das 1920 veröffentlichte Theaterstück „Batseba" von Leopold Lehmann.
[138] Hilmes, Femme fatale, S. 10.
[139] Die Darstellung der Schönheit Bath-Sebas in der Figurenrede wurde bereits im vorherigen Abschnitt unter RE Nr. 26 und 52 dargestellt und soll an dieser Stelle, um Redundanzen zu vermeiden, nicht wiederholt werden. Auf der Bühne kann diese Sinnlichkeit zudem durch die Wahl der Schauspielerin, ihr Schauspielstil oder ihre Kostüme visualisiert werden. Da in der vorliegenden Untersuchung aus den genannten Gründen nicht das Theaterstück, sondern ausschließlich der Dramentext analysiert wird, lassen sich Angaben zur Sinnlichkeit vor allem aus dem Nebentext entnehmen.

Urias ab.[140] Bath-Seba setzt gezielt ihren Körper sowie aufreizendes Verhalten ein, um beeinflussend auf den König und sein Handeln zu wirken. Damit ist ein weiteres wesentliches Merkmal, das Hilmes dem Femmefatale-Typus zuweist, in Albers Drama nachgewiesen: Bath-Seba setzt ihre Verführungskünste ein, denen David als Mann zum Opfer fällt.

Im 4. Akt, Szene 1 kommt es zum Höhepunkt der Inszenierung Bath-Sebas als Femme fatale. Bereits der einleitende Nebentext zu Beginn des 4. Aktes weist auf die verführerische Kleidung Bath-Sebas und ihr Verlangen nach David hin:

> Wohngemach in Davids Palast. Prunkvolle Ausstattung. Auf einer seidenen Ottomane ruht Bath-Seba in verführerischer, prachtvoller Kleidung. Beim Eintritt des Königs streckt sie ihm, auf dem Bauche liegend, verlangend die weißen, nackten Arme entgegen.[141]

Im anschließenden Dialog trägt der König Bath-Seba ein Lied vor, indem er ihre Schönheit rühmt und ihr seine Liebe versichert. Bath-Seba unterbricht David, indem sie ihm vorwirft:

> Bath-Seba (unterbricht ihn)
> — Und doch liebst Du mich nicht! (Sie sieht ihm zärtlich in die Augen).
> König David:
> Verlange mein Leben. Ich geb es Dir.[142]

Die Textpassage belegt, dass Bath-Seba sich David entzieht, indem sie seine Gefühle ihr gegenüber in Abrede stellt. Als Reaktion auf diesen Vorwurf nimmt David ihr gegenüber eine devote Haltung ein. David, der, wie im vorigen Abschnitt gezeigt, in den ersten beiden Akten als machtvoller König präsentiert ist, erscheint nun gegenüber Bath-Seba unterwürfig. In dieser Geste drückt er seine Hoffnung aus, dass sein Wunsch nach gegenseitiger, leidenschaftlicher Liebe Erfüllung findet. Zugleich bildet diese devote Haltung des Königs neben der Schwangerschaft Bath-Sebas die Ausgangslage für ihre Forderung nach der Tötung Urias. Sie informiert David über ihren Plan, dass Uria durch die Ammoniter sterben soll. David weigert sich zunächst, den Plan auszuführen und den Todesbrief zu schreiben. Wieder setzt Bath-Seba ihre Verführungskünste ein und stellt Davids Liebe in Abrede, um den König letztlich zu überzeugen:

---

[140] Siehe Alberti, Bath-Sebas Sünde, S. 43–44, 46.
[141] Ebd., S. 43.
[142] Ebenda.

Bath-Seba: [...] (Sie umarmt ihn, küßt ihn und flüstert ihm ins Ohr)
Schreib einen Brief an Joab: ‚Stelle Uria an den Streit, wo er am härtesten ist und wendet Euch hinter ihm ab, daß er erschlagen werde und sterbe!'
König David (sie von sich stoßend).
Weib — das hat Dir die Hölle eingegeben ...
Bath-Seba (fängt zu weinen an).
Du liebst mich nicht — nun seh' ich klar, Du liebst mich nicht —
König David (geht erregt auf und ab. Pause. Plötzlich sagt er).
Es sei! Ich tu's! aber die Sünde komme auf das Haupt des Kindes, das Du unter dem Herzen trägst.
Bath-Seba (atmet erleichtert auf).
Das Kind hat nicht mitersonnen meinen Plan und wird nicht sterben. — —
(mit sprühenden Augen) Aber ... Uria — muß sterben. (sie umklammert den König und küßt ihn) Hörst Du, Liebchen —? Ich will eine Krone!
König David (ächzend).
Du sollst sie haben .... Alle Sünde kommt von den Weibern her — Ihr Weiber seid furchtbar, wenn Ihr liebt.
Bath-Seba (triumphierend mit funkelnden Augen).
Wir sind nur größer, als Ihr — im Haß, in der Liebe, in der Herrschsucht — (küßt den König und sieht ihn verliebt an) Nicht wahr, Herr König?[143]

In der zitierten Textpassage wird das Spannungsfeld von Eros und Macht deutlich, in dem Bath-Seba agiert und zur ihren Gunsten David beeinflusst. In diesem Spannungsfeld steht ihr grausamer Wunsch, ihre Forderung nach Urias Tod. Damit findet ein weiteres wesentliches Merkmal der „Minimaldefinition" der Femme fatale nach Hilmes in Bezug auf die Figur Bath-Seba Anwendung: Sie fordert den Tod Urias, eines Mannes, der zu ihr in (ehelicher) Beziehung steht. Verstärkt wird die Darstellung Bath-Sebas als Femme fatale, indem mehrere Hinweise auf ihre sinnliche Verführungskraft (z. B. umarmen, küssen, verliebt ansehen) David gegenüber in der Regieanweisung enthalten sind.

Davids Reaktion auf ihre Forderung ist beachtenswert, denn einerseits wird ihr Verlangen dämonisiert. Anderseits ist dadurch eine Distanzierung und Ablehnung Davids ausgedrückt, die im krassen Gegensatz zur

---

[143] Alberti, Bath-Sebas Sünde, S. 46.

biblischen Darstellung der Figur in 2 Sam 11 steht. Durch die zweimalige Aussage Bath-Sebas „Du liebst mich nicht"[144], mit der sie Davids Gefühle ihr gegenüber in Abrede stellt, entzieht sie sich erneut dem König und bringt ihn wieder in eine devote Haltung. Um dem Entzug der begehrten Frau entgegenzuwirken, stimmt David ihrer Forderung zu und gibt seine ablehnende Haltung auf. In ihrer weiteren Replik wird der Tod ihres Ehemanns in Zusammenhang mit der Krone gesetzt, wodurch deutlich wird, dass ihre Motivation durch das Verlangen zu herrschen, wesentlich bestimmt ist.

Am Ende der zitierten Textpassage wird eine das Drama durchziehende Deutungslinie aufgegriffen, wonach das Böse von Frauen ausgeht. Erstmals begegnet diese misogyne Deutung im 1. Akt, Szene 3, wo aus der Perspektive Joabs folgende Feststellung zu finden ist: „Wie aus den Kleidern Motten kommen, kommt von Weibern viel Böses."[145] Erneute Aufnahme findet diese misogyne Position im 2. Akt, Szene 2, im Lied des Dichters Jedithun. Dieser verweist auf Simson, der zwar mächtig und stark war, sich jedoch von einer Frau betören ließ. Daran schließt die Aussage an: „Das Weib raubte ihm die Kraft und liefert ihn den Feinden aus. Wehe denen, die den Weibern ihre Kraft lassen und Wege gehen, darin sich Könige verderben."[146] Der letzte Satz wird in der darauffolgenden Szene von David im Monolog wiederholt.[147] Die oben zitierte Textpassage aus der ersten Szene des vierten Aktes schließt mit Davids Erkenntnis: „Alle Sünde kommt von den Weibern her — Ihr Weiber seid furchtbar, wenn Ihr liebt."[148] Darin wird die zuvor genannte Deutungslinie aufgegriffen, fortgeführt und mit der Figur Bath-Seba konkretisiert.

Dass Bath-Seba wesentlich an der Tötung Urias beteiligt ist, darauf wurde bereits im vorigen Kapitel hingewiesen. Ein erneuter Blick auf den Dramentext zeigt einerseits ihren Einfluss auf die Abfassung des Todesbriefs, und andererseits werden ihre Verführungskünste, mit der sie David zu dieser Tat veranlasst, durch ihre schmeichelnde Sprache sowie ihre Anrede „mein Freund" deutlich. Erneut sind wesentliche Merkmale der Femme fatale aufgriffen, weshalb dieser Textauszug im 4. Akt, Szene 3 folgend wiedergegeben wird:

---

[144] Alberti, Bath-Sebas Sünde, S. 46.
[145] Ebd., S. 11.
[146] Ebd., S. 21.
[147] Siehe ebd., S. 22.
[148] Ebd., S. 46.

> Bath-Seba (schmeichelnd).
> Siehst Du, mein Freund, das ist ein Fingerzeig des Schicksals. Uria holt sich sein Todesurteil selbst, (reicht dem Könige eine Papierrolle hin) Ich beschwöre Dich, schreibe! (Der König schreibt. Bath-Seba diktiert) Der König David . . . befiehlt . . . . hinter ihm ab . . . . daß er erschlagen werde und sterbe . . . . So! mein Freund. Verschließe den Brief mit Deinem Siegel und gieb ihn Uria. (Der König verschließt den Brief) Befiehl ihm sofort umzukehren, — Denn ich mag ihn nicht mehr sprechen.
> König David (nach längerem, inneren Kampfe).
> Es . . . sei! Nun geh aber, Er kommt schon.[149]

Bath-Seba verlässt daraufhin das königliche Gemach und begibt sich nach nebenan, von wo aus sie überprüfen wollte, dass David ihren Plan auch in die Tat umsetzt. Nachdem der König seinem Soldaten Uria den Todesbrief überreicht und ihn zur sofortigen Rückkehr nach Rabba veranlasst hat, kommt die Verführerin aus dem Nebenzimmer und spricht: „Mein guter König! Komm in mein Schlafgemach …"[150] Dieses Zitat, mit dem die vierte Szene des vierten Aktes endet, verweist durch die beiden Begriffe „König" und „Schlafgemach" erneut auf den Zusammenhang von Macht und Eros.

Ausgehend von dem Tod Urias, dargestellt im 4. Akt, Szene 5, ist sich Bath-Seba ihrer Verführungsmacht und Verfügungsgewalt David gegenüber sicher, wie der folgende Auszug aus der ersten Szene des fünften Aktes belegt:

> Ruth (erstaunt).
> Bist Du so stark dem Könige gegenüber?
> Bath-Seba (hochmütig und mit Selbstbewußtsein).
> Törin! — Wenn ich ihm eine Nacht mein Frauengemach verschlösse, vermeinte Jerusalem am nächsten Morgen, keinen König zu besitzen.[151]

Ein weiteres Spezifikum der Femme fatale findet im letzten Akt Anwendung. Die Grenze zwischen Realität und Traumwelt wird für Bath-Seba durchlässig. Zweimal unterliegt sie im Handlungsverlauf des 5. Aktes Sinnestäuschungen. Ihr erscheinen Imaginationen des Propheten Nathan sowie blutverschmierte Gegenstände und Körperteile bzw. -organe, die

---

[149] Alberti, Bath-Sebas Sünde, S. 48.
[150] Ebd., S. 51.
[151] Ebd., S. 62.

bei ihr Angstzustände auslösen. Sowohl im 5. Akt, Szene 1 und 4 wirkt Ruth auf Bath-Seba ein und holt sie in die Realität zurück.

In Bezug auf die Darstellung der weiblichen Hauptfigur des Dramas als Femme fatale ist festzuhalten, dass Bath-Seba nicht über die gesamte Dramenhandlung als Femme fatale dargestellt ist, sondern ihre Inszenierung erst ab dem 4. Akt offensichtlich wird. Zuvor ist mehrfach auf eine misogyne Deutungslinie verwiesen, wonach alles Unheil von Frauen ausgehe. Diese indifferente Linie ist innerhalb der Dramenhandlung zunehmend auf Bath-Seba bezogen. Im 4. Akt, Szene 1 wird sie schließlich mit dieser unheilbringenden Frau identifiziert.

Die dieser Arbeit zugrunde gelegte „Minimaldefinition" einer Femme fatale von Carola Hilmes lässt sich auf Albers Bath-Seba anwenden. Die Dramenfigur verkörpert die wesentlichen Merkmale: Sie ist eine junge Frau, die aufgrund der ihr zugeschriebenen Schönheit einerseits Sinnlichkeit verkörpert und andererseits das Begehren von König David weckt. Sie besitzt Verführungskünste, wozu z. B. ihre schmeichelnde Sprache gegenüber dem König zählt. Zudem setzt sie ihren Körper ein, um David durch Handlungen (z. B. Küssen, Umarmen usw.) zu verführen. Im Spannungsfeld von Eros und Macht nutzt Bath-Seba ihre Sinnlichkeit, um bei König David einerseits die Tötung ihres Ehemanns Uria zu veranlassen und ihm andererseits die Krone, die die Herrschaft symbolisiert, abzuringen. Darüber hinaus etabliert sie ihren Sohn als Thronprätendenten. Der König, der eingangs im Dramentext als machtvoller und gottesfürchtiger Herrscher charakterisiert wird, ist jener Mann, der Bath-Sebas Verführungskunst zum Opfer fällt. David erweist sich als machtlos in Bezug auf Bath-Seba, seiner weiblichen Kontrastfigur.

Bei der Analyse von Albers Drama wurden einige Besonderheiten und Modifikationen des kulturellen Frauentyps der Femme fatale deutlich. Die biblische Dreiecksbeziehung zwischen David, Batseba und Urija wird aufgegriffen, weshalb der Mann, den Bath-Seba verführt, nicht identisch ist mit jenem, der getötet wird. Darüber hinaus kommt Ruth, die als Bath-Sebas Dienerin eingeführt und als ihre Korrespondenzfigur agiert, hohe Bedeutung zu. Die Dienerin greift in zwei entscheidenden Situationen lenkend in das Geschehen ein und nimmt so Einfluss auf ihre Herrin. Diese leistet den Ratschlägen ihrer Dienerin Folge und Bath-Seba setzt, gestärkt durch Ruth, ihre Ziele durch. Dabei verkörpert die Figur Bath-Seba als Femme fatale die unsichere und zugleich durchlässige Grenze zwischen Realität und Traumwelt, Moral und Verbrechen, Liebe und Macht.

5.2 Hellmuth, Martha: *David und Bathseba* (1906)

Das Drama „*David und Bathseba*" wurde im Jahr 1906 von der deutsch-jüdischen Schriftstellerin Martha Schlesinger (geb. Avellis) unter ihrem Pseudonym Martha Hellmuth veröffentlicht.[1] Das Besondere dieser Dramatisierung von 2 Sam 11 ist die Auswahl des Mediums, in dem der dramatische Text publiziert ist. Er erschien in der August- und Septemberausgabe der Zeitschrift „*Ost und West. Illustrierte Monatsschrift für modernes Judentum*" des Jahres 1906.

Die Zeitschrift ist dem Typus der Rundschau- oder Kulturzeitschrift zugeordnet und gilt als ein Produkt der Modernisierungsprozesse innerhalb der Literatur in der zweiten Hälfte des 19. Jahrhunderts.[2] Ab den 1870er Jahren ist ein rapides Anwachsen an Spezialzeitschriften erkennbar. In den 1880er Jahren verstärkt sich diese Entwicklung nochmals und korrespondiert mit einer Binnendifferenzierung der Zeitschriften.[3]

Die Zeitschrift „*Ost und West*" erschien erstmals 1901 und wurde von Leo Winz und David Trietsch bis in das Jahr 1923 herausgegeben, und zwar in dem der Zeitschrift eigenen Verlag in Berlin. Die 23 erschienenen Jahrgänge umfassen insgesamt ca. 260 Einzelhefte, in denen unterschiedliche Text- und Bildformen präsentiert sind.[4] Neben längeren Abhandlungen mit kulturzionistischer Ausrichtung oder Reflexionen bzw. Debatten zu unterschiedlichen Problemen des Judentums finden sich als Textformen auch Werbeanzeigen sowie kleinere Beiträge, die z. B. den Rubriken „Literarisches und Miscellen", „Literarische Rundschau" oder „Revue der Presse" zugeordnet sind. Darüber hinaus umfasst die Zeitschrift „*Ost und West*" auch Literatur mit primär ästhetischem und unterhaltendem Anspruch. Es finden sich in den Jahrgängen von 1901–1923 ca. 180 Erzähltexte und ca. 150 Gedichte.[5] Dramen sind im gesamten

---

[1] Die Schreibweise des Pseudonyms variiert. In einigen jüngeren dramatischen Texten wie z. B. „*Ruth*" (1902), „*Kirke*" (1905) sowie „*David und Bathseba*" (1906) wird die Schreibweise Marta für den Vorname des Pseudonyms verwendet. In der vorliegenden Arbeit wird, auch in Bezug auf Schlesingers Drama „*David und Bathseba*", die übliche Schreibweise Martha Hellmuth, wie sie in den biographisch-bibliographischen Lexika begegnet, verwendet. Vgl. Friedrichs, Schriftstellerinnen, S. 270; Heuer, Bibliographia, S. 30; Hanisch, Art. Hellmuth, Sp. 349.
[2] Siehe Podewski, Medienordnungen, S. 18.
[3] Siehe ebd., S. 18f.; Hacker, Frauen, S. 96.
[4] Siehe Podewski, Medienordnungen, S. 26.
[5] Siehe ebd., S. 25.

Publikationszeitraum der Zeitschrift deutlich seltener vertreten. Insgesamt erschienen nur 11 Dramen.

Madleen Podewski weist in ihrer Untersuchung „*Komplexe Medienordnungen. Zur Rolle der Literatur in der deutsch-jüdischen Zeitschrift ‚Ost und West' (1901–1923)*" darauf hin, dass die Dramen ebenso wie die Erzähltexte bis auf wenige Ausnahmen die Ordnungsstörungen innerhalb jüdischer Milieus zum Thema haben, während die lyrischen Texte weniger krisenfixiert sind.[6]

Die Anzahl der literarischen Texte innerhalb der 260 Einzelhefte weist bereits auf die bedeutende und konstitutive Rolle der Literatur für die Monatsschrift hin. Podewski wertet die Rolle der Literatur für die Zeitschrift „*Ost und West*" als zentral und benennt eine Ursache für deren hohen Stellenwert:

> Die Zeitschrift ordnet sich damit in pressegeschichtliche Entwicklungen ein, die der deutsch-jüdische Sektor zu guten Teilen und mit einiger Verspätung seit den 1880er Jahren mit vollzieht: Auch er reagiert schließlich auf gewandelte, von Massen- und Populärkulturen geprägte Öffentlichkeit und öffnet sich einem weniger spezialistisch interessierten Publikum, indem er – nach dem Vorbild der erfolgreichen Familienzeitschriften und Illustrierten – unterhaltende Elemente entweder, wie im Gründungsboom der 1880er und 1890er Jahre, von vornherein in den Aufbau der Zeitschriften einkalkuliert, oder aber indem er sie nachträglich neu in sich aufnimmt.[7]

Die Etablierung der Literatur in der Zeitschrift „*Ost und West*" als konstitutiver Bestandteil lässt sich nach Podewski als Anpassung an die zeitgenössischen Entwicklungen innerhalb des Konsums von Literatur erklären. Die Schriftstellerin Martha Schlesinger wählt für ihren Dramentext „*David und Bathseba*" somit ein Medium, das sich im Zuge der modernen Literatur als Publikationsorgan literarischer Texte etabliert hat.

---

[6] Siehe Podewski, Medienordnungen, S. 119. Differenzen zwischen den Gattungen werden auch durch die Zeitschrift selbst markiert, z. B. in Form des Jahresinhaltsverzeichnisses, in dem Prosa und Lyrik stets als Rubriken genannt werden. Eine solche Rubrik gibt es für Dramen ausschließlich für das Jahr 1906. Dort wird neben dem hier zu untersuchenden Drama von Martha Schlesinger noch das Drama „*Josef das Kind. Ein Vorspiel*" von Emil Cohn genannt. In den anderen Jahrgängen sind die Dramen Rubriken wie „Gedichte etc." oder „Erzählungen etc." zugeordnet.

[7] Podewski, Medienordnungen, S. 26f.

Aufgrund des Mediums Zeitschrift („*Ost und West*"), in dem Martha Hellmuths Drama „*David und Bathseba*" erschienen ist, können dem Drama folgende Funktionen zugewiesen werden. Aufgrund seiner Literarizität fungiert es zum einen als unterhaltendes Element für die Lesenden dieser Zeitschrift. Zum anderen lässt sich aus der Intention der Zeitschrift ableiten, dass das Drama zur jüdischen Identitätsbildung beitragen soll. Dies wird im Abschnitt zum Dramenaspekt, dem Ringen Davids um und mit Gott, ausführlich behandelt. Dazu ist es zunächst notwendig, die Handlung und Struktur des Dramentextes zu bestimmen sowie die Spezifik der Dramatisierung von 2 Sam 11 anhand der REs herauszuarbeiten.

5.2.1 David und Bathseba (1906) – Struktur und Inhalt

Die Handlung des vieraktigen Dramas „*David und Bathseba*" ist nach der Information im Anschluss an das Personenverzeichnis des einleitenden Nebentextes in die Zeit um 1045 v. Chr. in Jerusalem verortet. Zwischen dem ersten und zweiten Akt findet ein Zeitsprung statt, denn am Ende des ersten Aktes treffen David und Bathseba am Abend aufeinander, die Handlung des zweiten Aktes setzt erst am Morgen ein, nach der gemeinsam verbrachten Nacht. Durch einen Orts- sowie Figurenwechsel sind der zweite und dritte Akt voneinander deutlich getrennt. Die Handlung der letzten Szene des zweiten Aktes spielt vor Urias Haus und ist als Dialog zwischen Bathseba und Ahitophel organisiert. Im Unterschied dazu treten am Beginn der dritten Szene die beiden Figuren Ahitophel und Mephiboseth auf und der Schauplatz ist in Davids Palast verlegt. Zwischen dem dritten und vierten Akt findet ein erheblicher Zeitsprung statt. Darauf deutet zum einen der Nebentext durch die Angabe „Nach Davids Rückkehr von der Flucht"[8] hin und zum anderen wird im anschließenden Dialog zwischen David und Bathseba dieser Zeitsprung thematisiert. Bathseba ist nicht mehr schwanger, sondern ihr Kind wurde bereits geboren und ist erkrankt.

Im Drama „*David und Bathseba*" findet zusätzlich eine Binnendifferenzierung der Akte statt, die nochmals in Szenen untergliedert sind. Dabei weist der dritte Akt die höchste Anzahl an Szenen auf.[9] Die Binnenstrukturierung basiert mit einer Ausnahme (3. Akt, Szene 7 und 8) auf

---

[8] Hellmuth, David und Bathseba, Sp. 612.
[9] Der erste Akt umfasst 9, der zweite Akt 8, der dritte Akt 16 und der vierte Akt 12 Szenen.

dem Auf- bzw. Abtritt von Figuren. Zudem finden beim Szenenwechsel viermal auch räumliche Wechsel statt, die im Nebentext als „Verwandlung" gekennzeichnet sind (1. Akt, Szene 9; 2. Akt, Szene 6; 3. Akt, Szene 13 und 16). Im Anschluss an die zehnte Szene des vierten Aktes fällt ein Zwischenvorhang. Diese Unterbrechung dient sowohl dazu, einen Zeitsprung anzudeuten als auch Spannung zu erzeugen, um so den Fokus auf die beiden folgenden Szenen am Dramenende zu legen.

Im Vorwort des Stückes werden die wichtigsten Figuren und Handlungselemente vorstellt. Die Vorgeschichte, d. h. die Ereignisse vor dem Zeitpunkt, zu dem das Drama einsetzt, wird in Form einer handlungsinternen Exposition dialogisch präsentiert. Bathsebas Bad und die davon evozierten Reaktionen Davids darauf werden retrospektiv vermittelt und sind Thema der Dialoge im ersten Akt.[10]

Die Handlungsereignisse des Dramas folgen einem chronologischen Verlauf, der durch biographische Erinnerungen von Figuren wie z. B. an das Bad Batsebas unterbrochen wird. Dennoch weist das Drama eine geschlossene Form auf. Diese wird zum einen dadurch gewahrt, dass verdeckte Handlungen in Form von Berichten vermittelt sind. Ein Beispiel dafür ist Thamars Bericht an David im 2. Akt, Szene 2. In einem erzählenden Gestus vergegenwärtigt Thamar frühere Ereignisse, ihre Vergewaltigung in der vorausgegangenen Nacht durch ihren Bruder Amnon. Damit wird ihre retrospektive Schilderung der Vergewaltigung zeitlich parallelisiert mit dem sexuellen Akt Davids und Batsebas, der durch die gemeinsame Nacht zwischen dem ersten und zweiten Akt angedeutet ist. Zum anderen basiert Hellmuths Drama auf einem Sukzessionsprinzip, das auf einer kausalen Abfolge der Ereignisse beruht. Ankündigungen und Rückgriffe innerhalb des Dramas suggerieren zudem eine Kontinuität der Handlung. Letzteres lässt sich exemplarisch anhand des Absalom-Aufstandes belegen. Im 2. Akt, Szene 5 kündigt der Königssohn, der fliehen muss, seine Rückkehr an und droht David, dass er von ihm Rechenschaft fordern werde. Die Rückkehr Absaloms wird im 3. Akt, Szene 16 dargestellt. Die Aufständischen um Absalom stürmen den Palast und initiieren die Flucht des Königs, der gemeinsam mit Michal die Bühne verlässt. Im 4. Akt, Szene 10 findet in der Rede Mephiboseths ein Rückbezug auf das Ereignis von Davids Flucht statt, die im Zusammenhang mit dem Aufstand Absaloms steht.

---

[10] Vgl. Hellmuth, David und Bathseba, Sp. 586, 589, 595.

Der Titel eines Dramas hat meist selbstreferenzielle Bedeutung.[11] Dies lässt vermuten, dass David und Bathseba die beiden Hauptfiguren des Dramas sind. Diese Annahme wird zum Teil widerlegt, indem man die Anzahl der Auftritte der beiden Figuren im Dramentext berücksichtigt. Während David 28 und so mit Abstand die häufigsten Auftritte hat und als Hauptfigur gilt, tritt Batseba lediglich in sieben Szenen auf. Ahitophel und Michal besitzen im Vergleich zu Bathseba mehr Auftritte und längere Redeanteile. Dennoch ist der Dramentitel eine unbestreitbare Referenz auf den biblischen Stoff der „David, Batseba und Urija"-Erzählung. Die Beziehung zwischen David und Bathseba bildet, wie Hellmuth im Vorwort eigens herausstellt, den Anlass für Davids Distanzierung von Gott. Sie schreibt im Vorwort dazu:

> David, der von Gott Geliebte, der Günstling des Glücks, reißt sich gewaltsam von Gott los, seit er Bathseba, das Weib des Uria, begehrt. Um sie zu besitzen, wird er zum Mörder und Ehebrecher! Er dürstet nach Freiheit, er will sein tiefstes Wesen, auch das Urböse, das in ihm lebt, ergründen durch die Sünde.[12]

Die Beziehung zwischen David und Bathseba fungiert somit als dynamischer Ausgangspunkt für Davids Auseinandersetzung mit Gott.

Das Drama Hellmuths ist diskurslastig, d. h. den Äußerungen der Figuren kommt mehr Gewicht zu als ihrem non-verbalen Handeln, das durch den Nebentext präsentiert wird. Der Text ist mit wenigen Ausnahmen in Versen verfasst. Hellmuth verwendet unterschiedliche Versformen. Der überwiegende Teil der Zeilen ist ungereimt. Davon unterscheiden sich jene Passagen innerhalb des Dramas, die als gereimte, metrisch gebundene Verse dargestellt sind. Dabei handelt es sich bis auf wenige Ausnahmen um meist nur zwei oder vier Verse, die in Form von Paarreimen auftreten.[13] In der Rede Davids an Bathseba im 1. Akt, Szene 9 findet man die längste gereimte Textpassage, die 26 Verse umfasst und als fünfhebiger Jambus metrisch gebunden ist.[14] Diese artifizielle Form der Figurenrede Davids kann als poetische Liebesrede im Kontext des sich

---

[11] Siehe Asmuth, Dramenanalyse, S. 21.
[12] Hellmuth, David und Bathseba, Sp. 583f.
[13] Eine solche Form findet sich im abschließenden Redebeitrag Absaloms und Ahitophels im 2. Akt, Szene 7, oder am Ende der Rede Ahiotphels in der 5. Szene des dritten Aktes. Joab sind gleich mehrfach Haufenreime zugeordnet, siehe 3. Akt, Szene 14 und 15. Vgl. Hellmuth, David und Bathseba, Sp. 602, 608, 614.
[14] Vgl. Ebd., Sp. 595.

anbahnenden sexuellen Aktes zwischen David und Bathseba verstanden werden. Daneben begegnet im 2. Akt, Szene 7 ein weiterer Dialog zwischen Ahitophel und Absalom, in dem ebenfalls ein Wechsel von ungereimter zu gereimter Versform in der jeweils letzten Replik der Figuren stattfindet. Durch die artifizielle Sprache wird m. E. der Inhalt hervorgehoben und dessen Falschheit im Bezug zu dem zuvor Gesagten herausgestellt.

Die Versform im Drama ist in denjenigen Szenen unterbrochen, in denen die Figur Basmaths auftritt. Die dieser Figur zugewiesenen Monologe (1. Akt, Szene 6; 3. Akt, Szene 4), ebenso ihre Repliken in den Dialogen, in denen sie auftritt (1. Akt, Szene 5; 2. Akt, Szene 6; 2. Akt, Szene 3), sind in Prosa verfasst. Dieser Wechsel zwischen Vers- und Prosaform, der sich bereits am Druckbild erkennen lässt, wirkt charakterisierend für die Figur Basmath. Durch die ihr zugewiesene Sprachform und darüber hinaus durch den Metaplasmus in ihren Repliken steht sie in Distanz zu den übrigen Figuren.[15] Die Prosaform wird in Hellmuths Drama als niederes Sprachniveau stilisiert, denn die Figuren David und Ahitophel, deren Reden sonst in Versform gestaltet sind, wechseln in den Dialogen mit Basmath ebenfalls zur Prosaform. Das Beispiel Basmath zeigt, dass die Figuren sich in ihrer Ausdrucksform differenzieren und die Sprache figurencharakterisierend wirkt.

Darüber hinaus weist das Drama eine metaphorische Sprache auf, die z. B. in der Darstellung von Davids und Amnons Begehren begegnet, das als „Glutbrand"[16] oder der „Liebe Flammenflüstern"[17] bezeichnet wird. Ein weiteres sprachliches Charakteristikum des Dramas sind die Referenzen zu biblischen Erzählungen, die innerhalb der Figurenreden auftreten. So vergleicht Ahitophel den Ehebruch Davids und Batsebas mit dem Raub Dinas (Gen 34). Basmath setzt die Liebe Bathsebas zu David in Relation zu der Liebe Jakobs zur „Elternmutter Rahel"[18] und David spricht zu Absalom im Anschluss an die Bekanntgabe von Amnons Tat

---

[15] Die Reden Basmath weisen durchgehend Metaplasmen auf, häufig werden einzelne Vokale bzw. Silben ausgestoßen und Wörter dadurch umgebildet, z. B. „Aber 'n Stein ist mir vom Herzen, dass Ihr's nehmt so auf!" Hellmuth, David und Bathseba, Sp. 600.
[16] Ebd., Sp. 586.
[17] Ebd., Sp. 588.
[18] Ebd., Sp. 600.

an Thamar: „Du blickst wie Kain,/Soll dieser Tag zwei Kinder mir entreissen?"[19]

Die Sprache innerhalb der Szenen ist mehrheitlich als Dialog organisiert (26 Mal). Polyloge kommen insgesamt 10 Mal vor, wobei das Drama sowohl mit der Organisationsform des Gesprächs beginnt (1. Akt, Szene 1 und 2) als auch endet (4. Akt, Szene 12). Monologe begegnen in allen vier Akten, gehäuft treten sie im 3. Akt auf. Der Figur Basmath sind zwei Monologe zugeordnet (1. Akt, Szene 6 und 2. Akt, Szene 4). Diese fungieren als informierende Monologe, da sie eine neue Perspektive auf Bathsebas und Davids Verhältnis ermöglichen. Basmath benennt die Vorzüge für sich und Bathseba, welche die Liaison mit dem König mit sich bringen. Mehrere Monologe sind der Hauptfigur David zugeordnet. Davon thematisieren zwei Monologe Davids Ringen mit Gott und geben so als nicht-aktionale Monologe Aufschluss über Davids Gefühle (2. Akt, Szene 4, 4. Akt, Szene 4). Darüber hinaus sind der Figur auch aktionale Monologe zugewiesen, wie der Monolog im 3. Akt, Szene 11, in dem der König den Todesbrief verfasst, oder Davids Gebet im 4. Akt, Szene 9. Die restlichen Monologe sind den Figuren Ahitophel (3. Akt, Szene 9) und Joab (3. Akt, Szene 13) zuzuordnen und stellen Kommentierungen dar.

Nach der Untersuchung der Segmentierung sowie der sprachlichen Besonderheiten von Hellmuths Drama sollen nun die Figuren vorgestellt werden. Das Personenverzeichnis im Nebentext gibt Auskunft über die Anzahl der Figuren und weist auf erste Relationen zwischen den Handelnden hin. Dort sind insgesamt 19 Einzelfiguren und fünf Figurengruppen benannt.

Alle Figuren, die in 2 Sam 11 auf der Kommunikationsebene K II vermittelt werden und unter dem RE Nr. 16 a–i aufgelistet sind, kommen in Hellmuths Dramatisierung vor. Die Figuren David, Batseba, Uria, Joab und die Figurengruppen der Diener und kriegstüchtigen Männer treten im Drama auf und sind im Personenverzeichnis vermerkt. Der Bote Joabs wird hingegen im Personenverzeichnis nicht als Einzelfigur genannt, sondern ist unter der Figurengruppe der Boten subsumiert. In der letzten Szene des dritten Aktes tritt er jedoch unter dem Namen Joabs Bote als Einzelfigur auf. Die Gottesfigur begegnet nicht als Einzelfigur bzw. ihr werden keine Redeanteile zugewiesen, allerdings werden in den Reden

---

[19] Hellmuth, David und Bathseba, Sp. 598.

der Figuren David, Batseba, Nathan, Ahitophel sowie Michal Gottesbilder und davon ausgehend Gotteskonzepte entworfen, durch die die Gottesfigur charakterisiert ist. Das Volk ist adäquat zur Figurengruppe ganz Israel, da ihm die gleiche Funktion der Kontrastierung gegenüber David zukommt. Zugleich geht die Bedeutung des Volkes im Drama, das nur im Nebentext in Erscheinung tritt, über diese Funktion hinaus. Mit Hilfe dieser Figurengruppe wird die öffentliche Störung, eine allgemeine gesellschaftliche Unruhe, die der Ehebruch Davids ausgelöst hat, ausgedrückt.[20] Das Volk reagiert auf die Handlungen Davids. Erst nachdem er seine Schuld erkannt und eingestanden hat, verstummt „(a)llmählich [...] draussen der Lärm des Volkes."[21]

Darüber hinaus treten im Dramentext mehrere Figuren auf, die nicht aus der biblischen Erzählung in 2 Sam 11 bekannt sind, deren Namen jedoch in den biblischen Daviderzählungen vorkommen. Direkt im Anschluss an König David wird Michal, Davids Ehefrau und die Tochter von König Saul benannt. Damit begegnet eine biblische Frauenfigur, die in der biblischen Darstellung sehr ambivalent in Relation zur Figur David steht und mehrfach im Erzählverlauf der Samuelbücher in Erscheinung tritt. Erstmals wird Michal in 1 Sam 14,49 als Tochter Sauls eingeführt. In 2 Sam 18,20 findet sich der Hinweis, dass Michal David, der an den Hof Sauls geholt wurde, liebt. Hier deutet sich bereits die „Doppelposition"[22] Michals an, die in Relation sowohl zu dem „verworfenen" König Saul als auch zu dem gesalbten David steht. Nachdem David den Brautpreis in Höhe von einhundert Vorhäuten der Philister an Saul überbracht hat, eine Forderung, die David eigentlich zu Fall bringen sollte, bekommt er die Tochter des Königs zur Frau (1 Sam 18,21–28). Michal wird somit die erste Ehefrau Davids, verhilft ihm anschließend zur Flucht vor ihrem Vater und ergreift somit Partei für ihren Mann (1 Sam 19,11–17).[23]

Auch im weiteren Erzählverlauf der Samuelbücher begegnet diese Frauenfigur. In 1 Sam 25,44 findet sich die kurze Notiz, dass Saul seine Tochter Michal während der Abwesenheit Davids dem Palti zur Frau gegeben hat. David, der nach dem Tod Sauls auf ein Bündnis mit Abner,

---

[20] Siehe Podewski, Medienordnungen, S. 133. Vgl. Hellmuth, David und Bathseba, Sp. 620: „Vor den Toren immer noch dumpfes Getümmel".
[21] Hellmuth, David und Bathseba, Sp. 622.
[22] Schmidt, Art. Michal, 5.
[23] Siehe dazu die Ausführungen zur „Heiratspolitik" Davids im ersten Teilband der Dissertation: Fischer, Königsmacht, S. 429–438.

Sauls Heerführer, zielt, fordert als Bedingung von diesem die Rückgabe Michals (2 Sam 3). Die Figur tritt nochmals in 2 Sam 6 auf, der Erzählung, in welcher David die Lade nach Jerusalem bringt. Michal schaut aus dem Fenster, sie sieht den König tanzend und hüpfend vor der Lade und verachtet ihn in ihrem Herzen (2 Sam 6,16). In der anschließenden Begegnung mit David in 2 Sam 6,20 wirft sie ihm vor, dass er, der König, sich vor Sklavinnen und Sklaven entblößt habe.

Die biblischen Texte zeichnen ein ambivalentes Bild Michals. Während sie David zunächst geliebt hat (1 Sam 18,20, אהב), verachtet sie ihn am Ende (2 Sam 6,16; בזה). Michal kommt somit innerhalb der biblischen Erzählungen über David eine besondere Funktion zu: „Als einzige Frau in den Erzählungen über David übt sie offen Kritik an ihm."[24] Diese liebende und zugleich kritische Positionierung gegenüber David ist m. E. die grundlegende Gemeinsamkeit mit der Dramenfigur Michals.

Neben ihr werden im Personenverzeichnis mit Ahinoam, Abigail, Maacha, Hagith, Egla und Abital weitere Frauennamen benannt, die im Dramentext sowohl als Ehefrauen Davids als auch Mütter von Königssöhnen präsentiert werden.[25] Die Frauennamen sowie die ihnen zugewiesenen Söhne verweisen auf die biblische Liste der in Hebron geborenen Davidsöhne in 2 Sam 3,2–5.

Die Dramenfigur Nathan, die im Personenverzeichnis als Prophet bezeichnet ist, wird auch in 2 Sam 7 sowie innerhalb der TFE in dieser Funktion (2 Sam 12,1–15a, 1 Kön 1) benannt. Die im Personenverzeichnis genannten Figuren Thamar, Amnon und Absalom sowie Ahitophel, Mephiboseth und Ziba begegnen ebenfalls in der TFE: in 2 Sam 13, der Darstellung der Vergewaltigung Tamars durch ihren Halbbruder Amnon. Die anschließende Rache Absaloms an Amnon sowie seine Revolte gegen David ist Gegenstand von 2 Sam 13,23–37 sowie 2 Sam 15–18. Ahitofel wird innerhalb der biblischen TFE als königlicher Berater Davids eingeführt, der im Aufstand Partei für Absalom ergreift (2 Sam 15,12.31). In die Darstellung des Aufstandes sind die Erzählungen um David und Merib-Baal sowie dessen Diener Ziba eingeflochten

---

[24] Schmidt, Art. Michal, 2.3.
[25] Abigail ist Hauptfigur der Erzählung in 1 Sam 25, in der sie als Nabals Ehefrau eingeführt wird und als weise Frau agiert. Eine Referenz auf diese Erzählung in Bezug auf die Figur Abigail findet sich im 2. Akt, Szene 2. Siehe Hellmuth, David und Bathseba, Sp. 587.

(2 Sam 16,1–4; 2 Sam 19,25–31).²⁶ Zudem erscheinen die Figuren Merib-Baal und Ziba bereits in 2 Sam 9,1–13, wo David den Sohn Jonatans nach Jerusalem kommen lässt und ihm die Rückgabe des Feldbesitzes von Saul verspricht. Darüber hinaus gewährt ihm David das Privileg, am Tisch des Königs zu essen. Ziba, der Knecht Merib-Baals, wird von David beauftragt, das Land zu bestellen.

Eine komparative Analyse dieser genannten Dramenfiguren mit den biblischen Vorlagen kann an dieser Stelle nicht durchgeführt, sondern lediglich anhand des folgenden Beispiels angedeutet werden. Neben vielen Übereinstimmungen stellen die Handlungen Thamars nach dem sexuellen Übergriff einen wesentlichen Unterschied zur biblischen Erzählung dar. In der Dramatisierung geht Thamar am Morgen zu König David und berichtet ihm von Amnons Tat und fordert den König auf, Amnon mit dem Tod zu strafen (2. Akt, Szene 2). Als David sich weigert, bringt sich Thamar um (2. Akt, Szene 3). Der Unterschied zur biblischen Erzählung ist erheblich. In 2 Sam 13 wird erzählt, dass Thamar in das Haus ihres Bruders Absalom aufgenommen wird und dort im Status des sozialen Ausgeschlossenseins weiterlebt. Die Vergewaltigung und vor allem der Tod Thamars gilt im Drama als erste Konsequenz von Davids Ehebruch. Ihre Vergewaltigung wird sowohl in den Figurenreden explizit in Zusammenhang mit Davids Ehebruch gebracht als auch zeitlich als parallele Handlung zum Ehebruch herausgestellt.

Basmath ist im Personenverzeichnis die einzige Dramenfigur, die nicht im Kontext der biblischen Daviderzählung erscheint. Die Dramenfigur ist nicht frei erfunden, sondern könnte eine Referenz auf die biblische Frauenfigur Basemath darstellen. In den biblischen Texten gibt es zwei Frauen mit diesem Namen. Zum einen bezeichnet er die Ehefrau Esaus, dargestellt sowohl in dem Erzähltext Gen 26,23–35 sowie in den genealogischen Listen in Gen 36,1–5 sowie Gen 36,9–42. Zum anderen ist Basemath der Name einer Tochter von Salomo und die Frau von Ahimaaz (1 Kön 4,15). Etymologisch bedeutet der Name „Die nach Balsam Duftende"²⁷. Die Dramenfigur der Basmath wird im Personenverzeichnis als Wärterin Bathsebas vorgestellt.

---

²⁶ Nach dem Loccumer Richtlinien wird für den Namen מְפִיבֹשֶׁת die Schreibweise Merib-Baal statt Mefi-Boschet verwendet. Der Name bezeichnet nach 2 Sam 4,4 den Sohn Jonathans, den Enkel Sauls.
²⁷ Siehe Zwickel, Frauenalltag, S. 13.

Es wurde bereits darauf hingewiesen, dass David die meisten Auftritte hat. In Bezug auf seine Auftrittsfrequenz fällt auf, dass der König als einzige Figur in allen vier Akten agiert. Ahitophel, der mit 11 Auftritten die zweithöchste Anzahl hat, tritt erstmals am Ende der 5. Szene des 2. Aktes wie auch im dritten und vierten Akt auf. Annähernd gleich viele Auftritte weisen die Figuren Michal und Bathseba auf. Die acht Auftritte Michals verteilen sich auf den 1. Akt (Szene 2–4 und 7), den 3. Akt (Szene 16) sowie den 4. Akt (Szene 5 und 11–12), die Auftritte der Figur Bathseba hingegen auf den 1. Akt (Szene 9), 2. Akt (Szene 1 und 8) sowie den 4. Akt (Szene 1, 7–8 und 12). Die Übersicht der Auftrittsfrequenz lässt erkennen, dass Bathseba und ihre Dienerin Basmath niemals zusammen in einer Szene auftreten, stattdessen fungiert Basmath, wie im 1. Akt, Szene 5, als Botin für Bathseba.

Bevor eine Figur im Dramentext auftritt, finden sich in vorausgehenden Nebentexten Informationen zur Körperlichkeit und bzw. oder Spezifika der jeweiligen Figurenbeschreibung. Vor dem ersten Auftritt der Figur Basmath findet sich z. B. folgender Hinweise: „Basmath, die Dienerin Bathsebas, kommt rasch und heimlich vom Garten her. Sie ist eine Alte, in dunkle Gewebe und Schleiertücher gehüllt, mit schlauen, lebendig und gierig funkelnden Augen."[28]

Bevor im Anschluss der Dramentext anhand der RE analysiert wird, ist es m. E. unerlässlich, einen Überblick über den Handlungsverlauf des Stückes zu geben. Aus diesem Grund folgt eine kurze Zusammenfassung der im Drama dargestellten Geschehnisse, basierend auf der Segmentierung des Dramas in vier Akte.

Zusammenfassung der Handlung

Im *1. Akt* wird die sich anbahnende Liaison zwischen König David und Batsebas als Ehebruch und Normverletzung reflektiert. Dabei werden die Konsequenzen des Ehebruchs sowohl hinsichtlich der politischen Folgen für König David als auch für die Beziehung Davids zu Gott aufgezeigt.

Die Dramenhandlung setzt mit einem Gespräch der Ehefrauen Davids ein. Anwesend sind Maacha, Ahinoam, Abigail, Hagith, Egla sowie Abital. Das Gespräch findet im Frauengemach des Palastes statt und es kristallisieren sich drei Themen heraus: Erstens äußert Abigail ihre Besorgnis um Michal, einer weiteren Ehefrau Davids und zugleich Tochter von König Saul. Zweitens rühmen Ahinoam, Maacha und Hagith jeweils ihre Söhne und positionieren diese als Thronprätendenten. Im Zentrum des Gesprächs wird drittens auf die Begegnung zwischen David und Bathseba angespielt,

---

[28] Hellmuth, David und Bathseba, Sp. 590.

durch die der König „erkrankt" sei. David, der die Frau beim Baden gesehen hat, begehrt diese. Er könne sie aber nicht als Ehefrau zu sich holen, da sie bereits mit Uria, dem Hethiter, liiert ist. In diesem Begehren Davids nach Bathseba sieht Hagith die Ursache für Michals Trauer. Maacha hingegen vermutet darin eine Möglichkeit, ihren Sohn vorzeitig auf dem Thron Davids zu etablieren.

Michal, die hinzukommt, sorgt sich um König David, dass er des Ehebruchs schuldig werden könne. Zuvor äußert sie auf die Frage Abigails, warum sie David beim Tanz vor der Bundeslade kritisiert habe, sie könne einen Gott, der ihren Vater verstoßen hat und den David preist, nicht loben, nicht zu ihm beten oder ihm opfern. Die Frauen lehnen die sich abzeichnende Ehe zwischen David und Bathseba ab und überlegen, wie sie diese verhindern können.

Bei ihren Überlegungen werden sie durch die Ankunft Davids unterbrochen. David sucht den Rat Michals und bittet die anderen Frauen, sie allein zu lassen. Er gesteht Michal, dass, seitdem er Bathseba gesehen hat und sie begehrt, seine Beziehung zu Gott gestört ist. Michal gibt David den Rat, dass er sich nicht, obwohl Gott ihn versuchen wolle, verführen lasse. Sie warnt ihn vor seinen Widersachern und versichert ihm ihre Unterstützung.

Anschließend trifft David auf Basmath, eine Dienerin Bathsebas. Sie bringt David einen Brief ihrer Herrin, in dem sie ihre baldige Anknft im Palast ankündigt. David, der mit großer Freude auf diese Nachricht reagiert, erkundigt sich bei Basmath über Bathsebas Gefühle ihm gegenüber. Die Dienerin berichtet von Bathsebas Sehnsucht und Verlangen nach ihm. Der König will daraufhin einen Boten zu Bathseba schicken, der diese in sein Gemach geleitet. David geht in das Innere des Palastes, sodass Basmath mit dem Geld, das David ihr als Belohnung gegeben hat, zurückbleibt. Sie wägt alle Vor- und Nachteile ab, wenn Bathseba Ehebruch mit David begeht und so zur Königin wird.

In der anschließenden Szene begegnen sich Michal und der Prophet Nathan. Es setzt eine Diskussion zwischen den beiden Figuren ein, in der Michals Gottessuche ebenso thematisiert wird wie die Beziehung zwischen Gott und den Menschen. Michal tritt als Gotteszweiflerin auf, stellt Nathans Haltung als engstirnig und kurzsichtig heraus und lässt ihn zurück. Maacha, Ahinoam und Hagith kommen zu Nathan und wollen ihn dazu bringen, gegen Bathseba und mögliche weitere Thronprätendenten vorzugehen. Der Prophet weist auf die „höhere" Bedeutung dieser Liaison: David müsse erst – ausgelöst durch Ehebruch – mit Gott brechen, um ihn dann wieder neu zu erkennen.

In der letzten Szene des ersten Aktes findet die erste Begegnung zwischen David und Bathseba im königlichen Gemach statt. Im Dialog beteuern die beiden Figuren einander ihr Begehren, und Bathseba weist dies zudem als Erfüllung einer bereits lang gehegten Sehnsucht aus. David, der ebenso wie Bathsebas weiß, dass er gegen göttliche Gesetze verstößt, opfert seinen Glauben für sie und fühlt sich erstmals frei.

Im *2. Akt* sind die Folgen des Ehebruchs dargestellt. Dazu werden der Ehebruch und die Vergewaltigung Thamars durch Amnon sowie die anschließende Ermordung Amnons durch Thamars Bruder Absalom in unmittelbaren zeitlichen sowie intentionalen Zusammenhang gestellt und als Schuld, die Schuld einschließt, interpretiert.

Der zweite Akt setzt mit dem Dialog zwischen David und Bathseba ein. Nachdem die beiden die Nacht miteinander verbracht haben, fällt ihnen die Trennung am Morgen schwer. Jedoch warnt Bathseba vor den Folgen, wenn sie bei ihm bliebe und reißt

183

sich schließlich von David los. Dieser blickt Bathseba hinterher, als seine Tochter Thamar weinend eintritt. Sie berichtet ihrem Vater, dass sie in der vergangenen Nacht von ihrem Halbbruder Amnon vergewaltigt wurde. David ist entsetzt, er will seiner Tochter beistehen und beschuldigt Gott, den sexuellen Übergriff auf Thamar als Konsequenz für seinen Ehebruch initiiert zu haben. David sagt seiner Tochter zu, dass er die Tat seines Sohnes bestrafen werde. Sie fordert das Blut Amnons und ruft nach ihrem Bruder Absalom.

Dieser kommt hinzu und erkennt die Tat an seiner Schwester. Absalom, der verwundert ist, dass David noch nicht Amnons Verfehlung bestraft hat, weist auf ein Gerücht hin, das Davids Entscheidung beeinträchtigt. Der König will Amnon verbannen, da er nicht seinen eigenen Sohn töten könne. Darauf erdolcht sich Thamar. In ihren letzten Worten klagt sie David an. Dieser ist verzweifelt und kniet bei ihr nieder. Absalom will die Tat an seiner Schwester rächen und lässt David allein zurück. Der König stellt den Tod seiner Tochter in Zusammenhang mit seinem Ehebruch mit Bathseba. Er zweifelt Gott an und empört sich über ihn angesichts des Todes von Thamar.

Absalom, der Amnon hinter sich herzieht, kehrt zu David zurück und fordert das königliche Urteil ein. Er stößt Amnon vor die Leiche Thamars. Dieser trauert um die Tote und versucht sich und seine Tat zu rechtfertigen. Dabei gibt Amnon seinem Vater eine Mitschuld, denn er besitze Davids „Flammenblut", ein handlungsbestimmendes Begehren nach schönen Frauen, durch das er schuldig geworden ist. Absalom tötet Amnon und flieht auf Befehl Davids. Zuvor spricht er eine Drohung gegen den König aus, dass er wiederkommen werde, um Rechenschaft zu fordern.

Der Schauplatz wechselt. Vor Urias Haus treffen Basmath, die Dienerin Bathsebas, und Ahitophel aufeinander. Der Großvater Batsebas verstellt sich und tut so, als wisse er noch nicht von der Liaison seiner Enkeltochter mit König David. Basmath, die im Ehebruch nichts Verwerfliches sieht und stattdessen für Bathseba eine königliche Zukunft erhofft, berichtet (stolz) von der Liebe (!) zwischen David und Bathseba. Sie hofft, dass später einmal ein Kind von Bathseba und David auf dem Thron sitzen werde. Ahitophel, der auf die Kinderlosigkeit Bathsebas verweist, wird von Basmath darüber informiert, dass Bathseba die vergangene Nacht mit David verbracht hat. Ahitophel gerät außer sich und fordert sofort mit seiner Enkeltochter zu sprechen. Basmath will sie rufen.

Absalom, der in seiner Flucht an Ahitophel vorbeieilt, wird von dem königlichen Ratgeber angehalten und nach dem Grund seiner Eile gefragt. Absalom berichtet, was sich zugetragen hat und stellt dies in Zusammenhang mit Davids Vergehen, dem Ehebruch. Er bittet Ahitophel um dessen Beistand gegenüber David. Ahitophel will den Königssohn unterstützen, er bietet ihm Zuflucht und will in der Auseinandersetzung Absaloms gegen David zugunsten des Königssohns intervenieren. Absalom eilt davon.

Bathseba tritt zu ihrem Großvater vor das Haus. Dieser bezeichnet sie als Ehebrecherin und wirft ihr die Vergehen vor. Als Erklärung und Rechtfertigung für ihren Ehebruch weist Bathseba auf ihre unerfüllte Ehe mit Uria und deren Zustandekommen hin. Ahitophel stellt den Ehebruch als Verletzung der göttlichen Gesetze dar. Er betont deren Gültigkeit und weist Bathseba darauf hin, dass die Verletzung der göttlichen Norm durch den Ehebruch nicht folgenlos bleiben wird. Ahitophel benennt den Tot von Thamar und Amnon als erste Konsequenzen dieses Verstoßes. Bathseba, die

David in seinem Schmerz um seine Kinder trösten will, wird von Ahitophel aufgefordert, ihre Untreue gegenüber Uria zu bereuen und den Tag von Urias Rückkehr zu fürchten.

Im *3. Akt* wird die militärische Auseinandersetzung um die Eroberung Rabbas, bei der Uria stirbt, mit dem Aufstand Absaloms, der durch Bathsebas Großvater Ahitophel unterstützt wird, in Zusammenhang gebracht.

Am Beginn des dritten Aktes treffen Mephiboseth, der Sohn Jonathans, und Ahitophel im Palast des Königs aufeinander. Mephiboseth, der loyal gegenüber David auftritt, erkennt in der Stimme des Ratgebers die Verführerstimme, die er schon früher bei David wahrgenommen hat. Ahitophel versucht den Sauliden Mephiboseth davon zu überzeugen, dass David für den Untergang des saulidischen Hauses verantwortlich ist. Dieser erkennt Ahitophels Hass gegenüber David, kritisiert ihn und fordert den Ratgeber auf, ihn beim König zu melden.

David empfängt Mephiboseth, der den König vor seinem Ratgeber warnt. Mephiboseth berichtet, dass er selbst miterlebt habe, wie sich der Ratgeber mit Absalom gegen David verbunden hat. Er warnt den König vor Ahitophel und dem baldigen Aufstand. David beschenkt Mephiboseth für seine Treue und gewährt ihm königliche Privilegien.

Nachdem sich Mephiboseth entfernt hat, kommt Basmath, die Dienerin Bathsebas, zu David. Sie beklagt vor David Bathsebas Situation, denn diese sei schwanger und warte voll Angst auf die Rückkehr Urias. David, der nicht weiß, wie er seiner Geliebten helfen soll, nimmt den Ratschlag von Basmath an. Die Wärterin Bathsebas nennt ihm eine List, wonach Uria bei seiner Rückkehr betrunken gemacht wird, sodass er die Nacht mit Bathseba verbringt und als Vater des im Ehebruch gezeugten Kindes etabliert werden kann. David reagiert zunächst entsetzt auf den Plan. Erst als sie ihm beteuert, dass es nur für eine Nacht sein werde und Uria lange oder vielleicht gar nicht mehr zurückkommt, stimmt er ihrem Plan zu. David dankt Basmath und entlohnt sie, bevor er geht. Basmath bleibt allein zurück und erfreut sich an dem Gold, das sie von David erhalten hat. Sie stellt sich die kommenden Zeiten vor, in denen sie gemeinsam mit Bathseba geehrt und reich sein wird.

Bei der Begegnung Davids mit Ahitophel erkundigt sich der König nach dem Verbleib Absaloms und prüft seinen Ratgeber, ob er an der Rebellion seines Sohnes beteiligt ist. Dieser gibt ihm keine Auskunft, sondern stellt ihm eine Reihe von Fragen u. a. nach dem Grund seiner Vorladung. Als Begründung benennt David u. a. die Verwandtschaft Ahitophels mit Bathseba und gesteht ihm die Gefühle zu seiner Enkeltochter. Daraufhin erinnert Ahitophel an die Erzählung von Dina, Jakobs Tochter, und weist auf Parallelen zwischen dem Schicksal Dinas und Bathsebas hin. David ist entsetzt. Die beiden werden durch die Ankunft Urias unterbrochen. David begrüßt den Krieger und bietet ihm einen Becher Wein an. Uria lobt Joab und seine Erfolge und bittet David, er möge ihn auf das Schlachtfeld begleiten. Der König weicht ihm aus und schenkt Uria während des Gespräches immer wieder Wein nach. Ahitophel, der mehrfach im Gespräch auf den Ehebruch Davids anspielt, ohne das Vergehen explizit zu nennen, diskreditiert damit den König. Während Uria das Verhalten Ahitophels kritisiert, bleibt David nachsichtig. Der König befiehlt Uria, die Nacht in seinem Haus zu verbringen und am nächsten Tag noch einmal bei ihm vorzusprechen. David geht, Uria und Ahitophel bleiben zurück. Ahitophel, der im Verborgenen überlegt, ob David mit seinem Vertuschungsversuch Uria täuschen kann, erfreut sich an dem Gedanken, dass der König die Nacht in Eifersucht büßend verbringen muss. Uria will gehen und teilt auf Nachfrage Ahitophel mit, dass er sich an die Schwelle des königlichen Hauses bei den Kriegern schlafen legt. Ahitophels Frage, warum er nicht zu Bathseba gehe, beantwortet Uria mit dem Hinweis, dass der Trennungsschmerz nach nur einer Nacht viel zu groß wäre. Die königlichen Diener bringen Uria ein kostbares Trinkgefäß als Geschenk des Königs. Uria legt sich schlafen. Ahitophel, der nun allein ist, grübelt, ob Uria von dem Ehebruch weiß.

Am nächsten Morgen geht Uria zu David. Der König wundert sich, warum er so früh sein Haus verlassen hat. Uria berichtet ihm, dass er nicht dort war und erzählt zudem von einem scheußlichen Traum, den er in der vergangenen Nacht hatte. In diesem legte David ihm eine Schlinge um den Hals, und er wurde von Blitzen aus den Augen von David und Bathseba erstochen. Der König, der angesichts dieser Vorahnung Urias irritiert ist, bittet den Soldaten, einen Brief, den er in Kürze fertigstellen will, an Joab zu überbringen. David, der nun allein ist, reflektiert seine dunklen Gedanken und fasst den Entschluss: Er will Uria beseitigen und schreibt daraufhin einen Brief an Joab, in dem er die Tötung Urias befiehlt. In dieser Tat wird er, so sinniert David, Gott immer gleicher. Er überreicht Uria den Brief und verabschiedet ihn.

Der Schauplatz der nächsten Szenen ist das Kriegslager vor der Stadt Rabba. Joab, der den Brief Davids gelesen hat, beschäftigt sich nun eingehend mit dessen Inhalt und seiner Beziehung zu David. Er verweist auf die familiäre Beziehung zum König und sieht nun in diesem Schreiben einen Anlass, Davids Königsherrschaft zu kompromittieren. Außerdem wertet Joab die beginnende Rebellion Absaloms und Ahitophels als Konsequenzen für den Abfall Davids von Gott.

Ein Krieger kommt zum Feldhauptmann und berichtet ihm, dass das Heer siegreich war und Rabba eingenommen ist. Der Heerführer will denjenigen belohnen, der ihm Auskunft über Uria geben kann. Ein zweiter Krieger eilt herbei, meldet, Uria ist gefallen, und erhält die Belohnung. Joab sendet einen der Krieger als Boten zu David. Dieser soll den König über die Einnahme der Stadt, die Kriegsverluste bei deren Erstürmung und über den Tod Urias informieren. Joab, der nun wieder allein ist, nimmt noch einmal den Brief Davids hervor und stellt zufrieden fest, dass er mit diesem Schreiben den König in der Hand hat.

Der Handlungsort wechselt von Rabba zurück nach Jerusalem in den Palast Davids. Michal tritt in den Vorsaal des königlichen Gemachs, in dem sich auch David befindet. Sie fragt ihn, weshalb die Tore noch offen und die Wachen abgestellt sind angesichts der drohenden Gefahr, die von dem herannahenden Absalom und dessen Heer ausgeht. Die königlichen Diener kündigen sowohl einen Boten Joabs als auch den Kriegshaufen um Absalom an, der gerade durch die geöffneten Tore eingedrungen ist. Der Bote Joabs überbringt dessen Nachricht und teilt David den Tod Urias mit. Absalom und Ahitophel sowie deren Knechte dringen in den Palast ein und wollen David abführen lassen. Die Knechte lassen von ihrem Vorhaben ab, als sich Michal verteidigend vor David wirft. Die Tat der Tochter Sauls weckt Bewunderung bei Absalom und seinen Knechten. Sie lassen von David ab, der gemeinsam mit Michal unbehelligt von den Aufständischen aus dem Palast schreitet.

Im *4. Akt* wird die Aussöhnung Davids mit Gott thematisiert. Die Handlung spielt im Palast nach der Rückkehr Davids von seiner Flucht vor Absalom und den Aufständischen. Bathseba hat bereits das im Ehebruch gezeugte Kind geboren. David erkundigt sich bei ihr über den Gesundheitszustand ihres Kindes. Beide ahnen, dass das

Kind sterben wird. Bathseba will von David wissen, ob er von Joab bereits Informationen zum Aufstand und zum Verbleib Absaloms und Ahitophels habe. David, der noch auf die Ankunft Joabs wartet, erhält währenddessen Nachricht, dass der Heerführer David sprechen möchte. Daraufhin zieht sich Bathseba gemeinsam mit ihrem Kind zurück.

Joab berichtet David, dass Absalom entgegen den königlichen Befehlen in den Kampf gezogen und im Kampf gestorben sei. David klagt und trauert ums seinen Sohn. Joab kritisiert Davids Haltung, da Absalom ein Aufständischer sei und David nun mit seiner Klage um Absalom alle jene brüskiere, die für David gegen dessen Sohn gekämpft haben und gestorben sind. Joab weist David darauf hin, dass er in Bezug auf den Tod Urias keine solchen Bedenken geäußert habe. Er gibt zudem David zu verstehen, dass er noch im Besitz des Todesbriefes ist. David verspricht Joabs Taten und seine Kritik zu vergelten, indem er Repressalien gegen ihn ergreifen wird. Zunächst möchte er von Joab aber erfahren, wie Absalom gestorben ist. Joab berichtet ihm den Hergang, woraufhin ihm David verächtlich einen Beutel Gold zuwirft. Joab geht, denn er möchte das Volk beruhigen, welches von Ahitophel, der nach dem Tod Absaloms zurückgekehrt ist, aufgehetzt wurde.

Ziba, der Knecht von Mephiboseth, tritt zu Joab und David. Nachdem Joab mit Ziba einen „Blick des Einverständnisses"[29] gewechselt hat, nimmt er das Gold und geht. David erkundigt sich bei Ziba über den Verbleib von Mephiboseth. Darauf berichtet er ihm, dass dieser sich nicht traue, vor David zu treten, da er sich während der Abwesenheit des Königs Hoffnungen auf den Thron gemacht habe. David ist empört und teilt daraufhin den Besitz von Mephiboseth auf. Er übergibt Ziba die eine Hälfte, die andere bleibt im Besitz Mephiboseths. David ist, nachdem Ziba gegangen ist, allein und reflektiert die Ereignisse. Er fürchtet sich vor Gott, der ihm gegenüber wieder an Macht gewinnt.

Der Prophet Nathan und Michal treffen aufeinander. Nathan erkundigt sich nach dem Verbleib des Königs und nennt den Grund, weshalb er den König aufsucht. David hat eine Schuld begangen, die noch im Verborgenen liegt und noch nicht von ihm offen eingestanden wurde. Im weiteren Gespräch diskutieren Michal und Nathan über das Wesen Gottes und die Beziehung zwischen Gott und den von Gott erwählten Menschen wie Königen und Propheten. Für Michal ist Gott eine von Menschen geschaffene Illusion. Nathan relativiert Michals Position und weist auf die Notwendigkeit hin, dass David seine Schuld gestehen müsse. Ihre Diskussion wird durch die Ankunft des Königs unterbrochen. Michal zieht sich zurück und lässt Nathan mit David allein.

Der Prophet bittet David um ein Urteil in einem Fall, den er ihm anschließend vorstellt. David spricht den reichen Mann, der das einzige Lamm des Armen zur Bewirtung seines Gastes genommen hat, des Todes schuldig. Nathan identifiziert den reichen Mann mit David, benennt seine Schuld und verkündet dem König daraufhin die göttliche Strafe. Das Kind von David und Bathseba werde sterben und das Schwert solle nicht mehr von seinem Haus weichen.

Bathseba, die die letzte Strafandrohung Nathans gehört hat, stürzt herein und fragt David, ob er Uria tatsächlich getötet habe. Daraufhin bekennt David, dass er für den

---

[29] Hellmuth, David und Bathseba, Sp. 619.

Tod Urias verantwortlich ist. Nathan prophezeit, dass Gott die Sünde von ihm nehmen werde und geht.

Bathseba beschimpft David als Mörder ihres Kindes und wirft ihm Feigheit vor, weil er den Ehebruch nicht gleich gestanden habe. David gibt zu, dass er Uria mit seinem eigenen Tötungsbefehl zu Joab gesendet habe. Er bittet sie, ihm jetzt, wo er Gott wegen ihr verlassen hat und sie damals selbst die Schuld wollte, beizustehen. Bathseba fordert David auf, zu Gott umzukehren und um das Leben des Kindes zu beten. Bathseba bricht mit David.

Nachdem Bathseba gegangen ist, betet David zu Gott. Noch immer kniet David andächtig und bemerkt nicht, dass sich Ahitophel, der den König mit einem Dolch erstechen will, nähert. Dies misslingt, da sich Mephiboseth vor den Dolch wirft. Dieser beteuert mit seinen letzten Worten, dass Ziba ihn verleumdet und er immer treu zu David gestanden habe. David bereut, dass er an Mephiboseths Loyalität gezweifelt hat und sieht in dem Fehlurteil eine weitere Folge seiner Sünde. Ahitophel bringt sich um, nachdem er gestanden hat, dass der Dolch David treffen sollte.

Mehrere Tage sind vergangen und David ist noch immer im Gebet versunken, als Michal leise zu ihm tritt. Sie teilt ihm mit, dass Bathsebas Kind gestorben sei. Er offenbart Michal, dass er mit Gott gerungen habe und dadurch ein neuer Mensch geworden ist. Michal rät David, nun der trauernden Mutter beizustehen. Der Prophet Nathan, der die trauernde Bathseba stützt, verkündet, dass Gott David und Bathseba einen weiteren Sohn schenken werde. Dieser werde von Gott gesegnet sein und ein großer König werden. Michal erkennt, dass David durch seine Sünde zu sich selbst gefunden hat und Gott ihm dadurch offenbar wurde. Im weiteren Verlauf der Ereignisse sieht Michal den gerechten Gott, den sie sich immer erhoffte. Bathseba bittet David um Verzeihung, dass sie ihn in schweren Zeiten alleine ließ. David entgegnet ihr und resümiert: „Durch meine Liebesschuld, die Du entfacht, Nur, weil Du mein geworden, ward ich Sein!"[30]

5.2.2 Analyse des Dramentextes unter Anwendung der Referenzelemente

5.2.2.1 Handlung

Martha Hellmuths Drama weist von den drei näher analysierten Dramentexten die höchste Anzahl an adaptierten Handlungselementen auf. Von den 25 konstitutiven Handlungselementen der biblischen Erzählung werden 15 im Drama aufgegriffen.[31] Keine Aufnahme finden hingegen die Darstellung des sexuellen Aktes zwischen David und Batseba (RE Nr. 1g) oder das RE Nr. 1f, wonach Davids Handlung, er lässt sie neh-

---

[30] Hellmuth, David und Bathseba, Sp. 626.
[31] Es handelt sich hierbei um folgende RE Nr. 1a–e, 1h, 1j–l, 1p–q, 1s–u, 1x.
Siehe Hellmuth, David und Bathseba, Sp. 586 (RE Nr. 1a–e), 606 (RE Nr. 1h), 608 (RE Nr. 1j), 610 (RE Nr. 1k), 611 (RE Nr. 1l), 612 (RE Nr. 1p–q), 614 (RE Nr. 1s–t), 615 (RE Nr. 1u), 618 (RE Nr. 1x).

men, subsumiert ist. Zwar findet sich der Hinweis, dass Bathseba, vom Boten David begleitet, in den Palast gebracht wird bzw. der König Bathseba holen ließ, jedoch wird die Semantik des biblischen Verb לקח, d. h. jemanden unter die eigene Verfügungsgewalt zu stellen, im Dramentext nicht aufgenommen.[32] Des Weiteren fehlen die Handlungselemente RE Nr. 1m–o im Dramentext, da in der Dramenhandlung der Aufenthalt Urias in Jerusalem auf eine Nacht begrenzt ist.[33]

Als erstes Handlungselement wird im 1. Akt, Szene 1 der Blick Davids auf eine schöne Frau, die gerade ihre Glieder im Wasser kühlt und beim König Begehren weckt, adaptiert (RE Nr. 1c). Erst im Anschluss daran und nach der Identifikation der schönen Badenden als Bathseba werden die Schauplätze Rabba und Jerusalem und die diesen Räumen zugeordneten Figuren benannt (RE Nr. 1a und 1b). In der weiteren Abfolge entsprechen die im Dramentext dargestellten Ereignisse der Reihenfolge der aus 2 Sam 11 abgeleiteten Handlungselemente. Einige von ihnen werden in unterschiedlichen Szenen mehrfach wiederholt und erhalten dadurch eine besondere Akzentuierung sowie eine exponierte Stellung innerhalb der Handlung. Es handelt sich hierbei sowohl um den Blick Davids auf die schöne Frau, die sich badet (RE Nr. 1c), als auch um den Todesbrief (RE Nr. 1p).[34]

Die Handlung setzt mit dem Polylog der Frauen Davids über die Vorzüge ihrer Söhne in Bezug auf die Thronnachfolge ein. Im Verlauf des Gesprächs wechselt das Thema hin zu Davids „Krankheit", die von den Frauen im Zusammenhang mit Davids Blick auf die schöne Frau, die ihre Glieder im Wasser kühlte, gebracht wird. In diesem Gespräch begegnet eine Vielzahl an RE, daher soll der Polylog im Folgenden zitiert werden:

Maacha:
    Es murmeln die Brunnen, es rauschen die Palmen,
    Dass der König siech war von seltsamer Krankheit,
    Sie traf ihn, da er zu Abend aufstand
    Und hinwandelte[35] auf dem Gartendach!

---

[32] Siehe Hellmuth, David und Bathseba, Sp. 590, 600.
[33] Neben den bereits genannten fehlen im Dramentext folgende Handlungselemente: Davids Aussenden nach Joab (RE Nr. 1i), Joabs Handlung, mit er Urija an die gefährdete Stelle stellt (RE Nr. 1r), Davids Rede an den Boten (RE Nr. 1v), die Totenklage Batsebas (RE Nr. 1w) und die Verurteilung von Davids Taten durch Gott (RE Nr. 1y).
[34] Vgl. Hellmuth, David und Bathseba, Sp. 586, 589, 595, 600, 612–614.
[35] Dies ist eine adäquate Wiedergabe des hebräischen Verbs הלך (hitp.) in 2 Sam 11,2c.

Ahinoam:
>   Er sah ein Weib, sie kühlte ihre Glieder
>   Im frischen Wasser, schwarz umfloss ihr Haar
>   Hinunter sie bis zu den weissen Knien,
>   Sie glänzte aus durchsichtigem Gewand
>   Der Wellen, aus den feuchten Schleiern vor,
>   Wie eine nackte silberne Blume,
>   Seit jenem Augenblicke krankt der König,
>   Glutbrand verdorrt sein Mark!
>   [...]
> Abigail:
>   Wenn er das schöne Weib liebt, David, der König,
>   Warum führt er sie nicht in sein Haus, sein Gemach?
>   Keine widerstrebt ihm!
>   Wie die Seiten seiner Harfe
>   Tönt das Herz der Frauen,
>   Erzitternd seinem Hauch.
> Maacha:
>   Sie ist das Weib des Uria,
>   Des mutigen Hethiters,
>   Mit Joab zog er zum Kampf!
>   Ein starker gewaltiger Krieger,
>   Ein Held ist er in der Schlacht!
>   König David aber war müde zu streiten,
>   Und meidet die Speere der Feinde![36]

Die Rede Ahinoams ist eine Referenz zu 2 Sam 11,2 und wird in der Dramenhandlung retrospektive dargestellt (RE Nr. 1c). Die Handlung des Dramas setzt somit erst mit der Referenz zu Batsebas Identität ein. In der zweiten zitierten Replik Maachas nennt diese den Namen der schönen Frau und identifiziert sie als Bathseba, die Frau Urias (RE Nr. 1e).

Darüber hinaus finden sich im zitierten Dramentext Informationen zu dieser Figur. Mit Ahinoams Replik ist die biblische Leerstelle zur Körperlichkeit Bathsebas geschlossen. Sie beschreibt die Frau und benennt ihre schwarzen, bis zum Knie reichenden Haare (RE Nr. 52) und weist auf ihre Nacktheit hin (RE Nr. 68).[37] In der daran anschließenden Rede Abigails stellt diese die Schönheit der Frau fest (RE Nr. 1d). Ebenso wie

---

[36] Hellmuth, David und Bathseba, Sp. 586.
[37] Nach Ahinoams Darstellung ist die Frau lediglich vom Wasser bedeckt, worauf hin die Aussage „durchsichtige(s) Gewand (d)er Wellen" deutet.

in der biblischen Erzählung ist Bathseba im Drama Hellmuths als namenlose Schöne eingeführt. Erst später wird sie, in der zweiten, zitierten Replik Maachas, als Bathseba identifiziert. Im Dramentext wird ebenso wie in der biblischen Erzählung ihr Figurenmodell ausgehend von ihrer Körperlichkeit gebildet, was dem RE Nr. 25 entspricht.

Der Blick Davids auf die Schönheit Bathsebas ist im Polylog der Frauen als Auslöser seiner „seltsame(n) Krankheit" beschrieben. Ahinoam bezeichnet diese, worunter Davids Begehren zu verstehen ist (RE Nr. 10), metaphorisch als Glutbrand, der Davids Mark verdorrt.[38] Hier deutet sich bereits an, dass für David der Blick auf die schöne Frau nicht folgenlos bleibt, sondern eine für Maacha und Ahinoam wahrnehmbare Veränderung beim König auslöst.

Im abschließenden Satz von Maachas Replik ist Bathseba mit Namen genannt und als Frau Urias identifiziert (RE Nr. 1e). Erstmals wird hier die Figur Urias erwähnt und über Batseba in seiner Sozialität als Ehemann (RE Nr. 33) eingeführt.

Während am Dramenanfang der Blick Davids auf Bathseba als Referenz zu 2 Sam 11,1–3 thematisiert ist, endet die Handlung mit Nathans Ankündigung der Geburt Salomos, des Sohnes von Batseba und David. Die Geburt Salomos solle entsprechend der Namensetymologie des Sohnes für David ein Zeichen des Friedens mit Gott sein. Die Handlung schließt mit dem Bekenntnis Bathsebas: „Ich habe über Dich dies Weh gebracht/Und liess im schwersten Streit Dich doch allein!"[39]. Bathseba hat mit David angesichts der Offenbarung seiner Schuld an Uria (4. Akt, Szene 6 und 7) gebrochen. Am Dramenende kommt es zu einer Aussöhnung der beiden.[40]

5.2.2.2 Perspektive

Die Dramatisierung weicht im „Sinn der Erzählung"[41], d. h. dem Geschehensmoment, dem die höchste Bedeutung innerhalb der Handlung zukommt, von der biblischen Erzählung in 2 Sam 11 ab (RE Nr. 3). Nicht der Tod Urias ist das Sujet des Dramentextes, sondern die existentielle

---

[38] Damit können Eigenschaften dieser Verbrennungsart assoziiert werden, wonach von der Glut eine erhebliche und über längere Zeit ausgehende Brandgefahr ausgeht.
[39] Hellmuth, David und Bathseba, Sp. 626.
[40] Diese Versöhnung findet Ausdruck in der im Nebentext genannten Geste, bei der David Bathseba an sich zieht. Siehe ebenda.
[41] Schmid, Elemente, S. 236.

Krise Davids, die sich in seinem Gottesverhältnis widerspiegelt. Der Tod Urias wird, obwohl er nicht als Ereignis auf der Bühne dargestellt ist, multiperspektivisch und somit iterativ vermittelt (RE Nr. 4) und dabei als eine Folge des Ehebruchs interpretiert, die die Krise Davids verschärft. Zunächst wird der Tod Urias proleptisch beim Abfassen des Todesbriefes dargestellt (3. Akt, Szene 11) und anschließend durch den Krieger lapidar bestätigt: „Uria, der Hethiter, ist gefallen!"[42] (3. Akt, Szene 14). In der nachfolgenden Beauftragung des Boten durch Joab benennt dieser zunächst die Kriegsverluste, den Verlauf des Krieges und endet mit der Zusammenfassung: „(E)robert ist die Stadt, das Ziel/Erreicht, Uria, der Hethiter fiel!"[43]. Joab übt offen Kritik an König David. Der anschließende Botenbericht an den König weicht von den Vorgaben Joabs wesentlich ab, er enthält nur den Hinweis über die Einnahme Rabbas, die gewonnene Schlacht sowie den Tod Urijas (3. Akt, Szene 16). Es fehlen die Angaben zu den Verlusten und die Informationen über den Kriegsverlauf.

Unter der Kategorie *Perspektive* wird ebenfalls der Schauplatz der Handlung thematisiert. Mit Ausnahme jener Szenen in Rabba (3. Akt, Szene 13–15) spielt die Handlung des Dramas in Jerusalem. Als Schauplätze der Handlung dort dienen die beiden Binnenräume, der Palast Davids (RE Nr. 7a), der in weitere Binnenräume ausdifferenziert wird[44], sowie der Raum vor Urias Haus (RE Nr. 7b), wo die Handlung im 2. Akt, Szene 6–8 spielt.

Ebenso wie in der biblischen Erzählung ist die Figur David ausschließlich dem Raum des Palastes zugeordnet, wobei er in allen Binnenräumen agiert. Die in 2 Sam 11 zugrunde gelegte Dichotomie zwischen den Räumen des Palastes und des Hauses Urias ist im Dramentext nicht adaptiert. Dazu trägt u. a. bei, dass der Ort der Badenden nicht genauer bestimmt (RE Nr. 50) und in keine Relation zu dem Ort Davids gesetzt ist.

Der Raum Rabba ist verbunden mit dem Tod Urias. Zudem wird im Dramentext dargestellt, dass mit Uria weitere „edle tapfre Männer"[45] gefallen sind. Ergänzt wird dies durch den Zusatz, dass um diese toten

---

[42] Hellmuth, David und Bathseba, Sp. 614.
[43] Ebenda.
[44] Zu den Binnenräumen des Palastes zählen das Frauengemach (1. Akt, Szene 1–8), das Gemach Davids (1. Akt, Szene 9; 4. Akt), der Vorraum von Davids Gemach (2. Akt, Szene 1–5; 3. Akt, Szene 16) sowie das hohe Gemach (3. Akt, Szene 1–12).
[45] Hellmuth, David und Bathseba, Sp. 614.

Krieger Kinder, Mütter sowie Ehefrauen weinen werden. Damit wird dieser Raum als Ort des Todes sowie als Raum des Verlusts aus der Perspektive des Kriegers semantisiert.

Ein wesentlicher Unterschied zur biblischen Erzählung stellt die Wertung des sexuellen Aktes dar. Während in 2 Sam 11 die Bewegungsverben וישלח (V.4a), ויקחה (V.4b) und ותבוא (V.4c) sowie ihre Abfolge darauf hindeuten, dass der sexuellen Akt keine aktive oder freiwillige Handlung Batseba darstellt (RE Nr. 9), wird dieser im Dramentext von Batseba als Erfüllung ihrer langersehnten Begegnung mit David interpretiert.[46]

5.2.2.3 Figuren

Das Verzeichnis der Figuren in 2 Sam 11, die auf der Erzählebene K II vorkommen und agieren, ist unter dem RE Nr. 16 subsumiert und wurde bereits im Abschnitt zu Struktur und Inhalt mit dem Personenverzeichnis des Dramas abgeglichen. Ein wesentlicher Unterschied des Dramentextes zur biblischen Erzählung soll gleich zu Beginn der Analyse der Figuren anhand der Referenzelemente benannt werden. Die Gottesfigur tritt im Dramentext nicht als Einzelfigur auf, weshalb auch im Folgenden die Referenzelemente zur Gottesfigur (RE Nr. 43–46) bzw. ihrer Perspektive (RE Nr. 11) keine Anwendung finden.

(a) David

Die folgende Analyse der Figur Davids unter Anwendung der Referenzelemente bleibt in diesem Kapitel zunächst unvollständig, da Davids Auseinandersetzung mit Gott erst Gegenstand des Kapitels zum Dramenaspekt ist und hier ausgespart bleibt. Die Figur Davids wird im Vergleich zu den übrigen *dramatis personae* vor ihrem ersten Auftritt am ausführlichsten und am detailliertesten im Nebentext beschrieben:

> David ist ein Mann in der Mitte der vierziger Jahre, seine Züge sind vom reinsten morgenländischen Schnitt, seine Farbe ist bräunlich, die schwellenden Lippen üppig rot, die langgeschnittenen grossen Augen, dicht bewimpert, von warmem Braun, mit breiten dunklen Lidern und starken Brauen, glänzend dunkles lockiges Haar, bis auf die Schultern fallend, sein gekräuselter Bart goldig braun; Blick Mienenspiel, Gebärden wie, verführerisch beredt, und wechselvoll bezaubernd. Er ist in ein Seidengewand von tiefem

---

[46] Vgl. ebd., Sp. 594.

Goldgelb gekleidet, um seinen schlanken geschmeidigen Hals hängen Goldketten und Schmuckstücke von edelster Arbeit, Goldreifen, mit Edelsteinen besetzt, umschliessen seine nackten Arme, ein purpurner Mantel rollt rücklings faltentief nieder, die Bänder seiner Sandalen tragen bunten Steinschmuck.[47]

In den Regieanweisungen finden sich sowohl Informationen zu Davids Figurenkörper, seinem Alter, seiner Mimik und Gestik als auch Hinweise auf seine Kleidung und körpernahe Artefakte wie z. B. Schmuckgegenstände.

Bereits im Personenverzeichnis wird David als König bezeichnet. Seine Sozialität als König, dies entspricht dem RE Nr. 17a, ist auch im Haupttext ein tragender Aspekt seiner Figurenbeschreibung. Im einleitenden Gespräch der Ehefrauen Davids findet sich eine Vielzahl von Fremdkommentaren zu ihm. Die erste Erwähnung Davids beschreibt diesen jedoch als König.[48] Trotz Davids existentieller Krise, die u. a. in Form des Absalom-Aufstands als massive Bedrohung von Davids königlicher Macht dargestellt ist, wird er als machtvoller Herrscher wahrgenommen. So spricht Ahitophel über den flüchtenden David: „So ist er doch entkommen! [...] Gebieter bleibt er noch im Untergang!"[49] Mit dieser Wertung unterstreicht Ahitophel seine Sozialität als König.

Die Figur Davids ist im gesamten Handlungsverlauf dem Raum des Palastes zugeordnet. Der König bewegt sich zwar in unterschiedlichen Binnenräumen des Königshauses, tritt jedoch nicht an den anderen Schauplätzen auf. Dies entspricht zunächst dem RE Nr. 17b, der statischen Verortung der biblischen Figur Davids im Palast. Darüber hinaus wird im Dramentext Davids Flucht aus dem Palast vor Absalom und den Aufständischen am Ende des dritten Aktes angedeutet und am Beginn des vierten Aktes erwähnt, sodass die statische Verortung Davids aufgebrochen ist.

Wesentlich zur Figurencharakterisierung Davids trägt in Hellmuths Drama der aus der biblischen Erzählung zitierte Inhalt des Todesbriefes bei. Im 3. Akt, Szene 11 schreibt Davids den Todesbrief und spricht dabei folgende Worte:

---

[47] Hellmuth, David und Bathseba, Sp. 588.
[48] Ebd., Sp. 585.
[49] Ebd., Sp. 616.

> Uria, den Hethiter, stelle, Joab,
> Dorthin mir an den Streit, wo er am härtsten,
> Wendet euch ab dann hinter ihm, ich will's,
> Dass er erschlagen werde, dass er sterbe![50]

Der Inhalt des Todesbriefes ähnelt sowohl im Aufbau als auch in der Wortwahl der biblischen Darstellung in 2 Sam 11,15. Den entscheidenden Unterschied stellt der Satz „ich will's" dar, durch den Davids Entschlossenheit und Zielstrebigkeit mehr Nachdruck verliehen wird. Diese Willensäußerung des Königs zeigt, dass das Todesurteil explizit auf ihn zurückgeht und lässt David als äußerst fehlbaren Herrscher erscheinen. Darin unterscheidet sich die Dramatisierung wesentlich von der biblischen Erzählung, in der die Beteiligung Davids an Urias Tötung verschleiert wird (RE Nr. 22).

In Bezug auf die Figurenbeschreibung Davids gibt es einen weiteren Unterschied zwischen der biblischen Erzählung in 2 Sam 11 und seiner Dramatisierung. Davids Motivation ist im biblischen Text wesentlich von der Vertuschung des Ehebruchs bestimmt (RE Nr. 21). Dazu versucht er unmittelbar im Anschluss an die Schwangerschaftsbekanntgabe durch Bathseba eigenverantwortlich, d. h. ohne den Rat einer weiteren Figur, Uria als Vater des im Ehebruch gezeugten Kindes zu etablieren. Im Dramentext hingegen ist es Basmath, die zuerst David von Bathsebas Schwangerschaft in Kenntnis setzt und dem König den Ratschlag gibt, Uria betrunken zu machen, damit er die Nacht bei Bathseba verbringt, sodass er als Vater des Kindes gilt. Basmath zeigt dem König nicht nur diese List auf, sondern eröffnet ihm weitere Handlungsmöglichkeiten:

> Mein Herr, der König, kann ihn doch fortschicken am nächsten Tage schon .... (lauernd) Und sorgen, dass er nicht kommt zurück sobald .... (leise) oder gar nicht .... und der König David wird haben wieder allein seine Freude mit Bathseba, seinem Weibe und sich ergötzen mit ihr, denn sie wird schöner von Tag zu Tag und ist kein schöneres Weib zu finden in ganz Israel![51]

Die Dienerin Basmath tritt in dieser Szene als Botin und Ratgeberin sowie als Versucherin von David auf. Sie entwirft für ihn eine Zukunftsvision, wonach der König und Bathseba, ungestört durch Uria, zusammen sein können. Um den König zu überzeugen, rühmt sie am Ende ihrer

---

[50] Hellmuth, David und Bathseba, Sp. 612.
[51] Ebd., Sp. 606.

Ausführungen Bathsebas Schönheit und stellt diese als einzigartig heraus. David diskreditiert den Vorschlag Basmaths als „Belialsrat"[52] und erkennt die Sündhaftigkeit ihrer Forderung, wenn er sagt: „Ich fahre in die Hölle und in die Finsternis!"[53]. Die Erkenntnis, dass David sündhaft handelt, wenn er den Rat Basmath befolgt, ist im Dramentext eine entscheidende Variation der biblischen Erzählung. Der Fokus liegt nicht länger auf Davids Initiierung der List, sondern richtet sich auf die bewusste Entscheidung des Königs für die List und deren Konsequenzen, die Basmath bereits andeutet.[54]

Eine weitere Besonderheit in der Beschreibung der Figur Davids stellt die Verbindung seiner Handlungen mit dem Dramenaspekt dar. Sowohl der Blick auf Bathseba, der sexuelle Akt mit ihr als auch die Abfassung des Todesbriefs stehen im Zusammenhang mit seiner existentiellen Krise, dem Ringen mit und um Gott. Dies ist Gegenstand des folgenden Kapitels zum Dramenaspekt.

(b) Bathseba

Die Figur Bathseba wird, wie bereits anhand des zitierten Dramentextes des einleitenden Gesprächs der Ehefrauen Davids herausgestellt, über ihre Körperlichkeit eingeführt (RE Nr. 25). Im Vergleich zu den übrigen Figuren wie David, Michal, Ahitophel oder Uria weist die Charakterisierung Bathsebas im Nebentext einen viel geringen Umfang und weniger Figurenzuschreibungen auf. So findet sich im Nebentext vor ihrem ersten Auftritt (1. Akt, Szene 9) lediglich der Hinweis auf ihre „hohe Gestalt".[55] Ergänzt wird dies in der weiteren Szene durch folgende Angaben des Nebentexts:

> Sie wirft die Schleier zurück und steht in ihren durchsichtigen Geweben in ihrer ganzen Jugendschönheit da, das weisse Antlitz mit den glühend schwarzen Augen und den vollen Purpurlippen, die mächtigen schwarzen Haare entfesselt wie Mähnen über ihre Schulter wogend, vor David, der taumelnd zurückweicht.[56]

---

[52] Hellmuth, David und Bathseba, Sp. 606.
[53] Ebenda.
[54] Durch die Variation der List und durch die Rolle Basmaths als Ratgeberin lässt sich auch die Tendenz einer Entschuldung Davids ausschließen.
[55] Hellmuth, David und Bathseba, Sp. 593.
[56] Ebd., Sp. 595.

In der Beschreibung von Bathsebas Figurenkörper wird ihre Schönheit herausgestellt. Über die biblische Erzählung hinaus sind der Figur weitere Elemente zugeschrieben, die Leerstelle zum Figurenkörper Bathsebas wird geschlossen (RE Nr. 50). Sie besitzt dunkle Augen, einen hellen Teint, volle Lippen und volle schwarze Haare. Der Anblick Bathsebas und ihre im Nebentext beschriebene „Jugendschönheit" löst bei David eine Reaktion aus (RE Nr. 10). Auch im Haupttext werden weitere Charakteristika zur Körperlichkeit Bathsebas genannt. Ahinoam bezeichnet Bathseba als schöne Frau und weist auf ihre langen schwarzen Haare hin.[57] Auch David nennt explizit Bathsebas Schönheit.[58]

Des Weiteren ist die familiäre Relation zwischen ihr und Ahitophel ein konstitutives Element in ihrer Figurenbeschreibung. Im Nebentext wird Ahitophel als Großvater Batsebas genannt. Auch im Haupttext wird auf die familiäre Relation hingewiesen und diese in den Reden thematisiert.[59] Damit wird eine Tradition innerhalb der Rezeptionsgeschichte aufgegriffen, nach der Batseba die Enkeltochter Ahitofels ist und die unter dem RE Nr. 60 erfasst ist.[60] Dieses Element ist konstitutiv für die Dramenhandlung, denn Ahitophel opponiert gegen David angesichts dessen Liaison mit seiner Enkeltochter. Dies ist beispielsweise daran erkennbar, wie Ahitophel im Dialog mit Absalom (2. Akt, Szene 7) den Ehebruch wertet:

> Ahitophel (kalt):
> Ich nehms als tiefste Schande!
> Bathseba, sie, bis heut ein züchtig Weib,
> Ist Davids Buhlerin, entheiligt ist sie,
> Kein E'weib mehr, nur noch des Königs Kebse,
> Die er nach Lust geniessen darf und wegwirft,
> Wie ausgesog'ne Frucht, wenn er sie satt hat!
> Sie war der Schmuck, die Krone ihres Hauses,
> rein wie der Morgenstau, schön wie das Licht![61]

Ahitophel entwirft ein ambivalentes Bild Bathsebas, indem er ihre positiven Eigenschaften und ihr Ansehen vor dem Ehebruch den negativ konnotierten Zuschreibungen wie „Buhlerin", „Kebse" oder „entheiligt" ent-

---

[57] Siehe Hellmuth, David und Bathseba, Sp. 586.
[58] Siehe ebd., Sp. 612.
[59] Siehe ebd., Sp. 588, 601f.
[60] Siehe dazu die Figurenanalyse zu Eliam in: Fischer, Königsmacht, S. 549–552.
[61] Hellmuth, David und Bathseba, Sp. 601.

gegenstellt. Ahitophel distanziert sich von seiner Enkeltochter, erkennbar an der Metapher „die Krone ihres Hauses", die aus der Perspektive Ahitophels einen exkludierenden Duktus aufweist.

In der biblischen Erzählung sind der Figur Bathsebas mehrere Handlungen zugewiesen, die unter dem RE Nr. 31 subsumiert werden. Im Dramentext wird nur die Handlung des Waschens von Bathseba aufgegriffen (RE Nr. 30a). Die anderen Handlungen, wie ihre Selbstheiligung oder die Totenklage für Uria sind nicht Gegenstand der Dramenhandlung. Auch die Bekanntgabe ihrer Schwangerschaft ist im Dramentext als Handlung nicht Bathseba zugeordnet, sondern ihre Dienerin Basmath informiert David daüber.[62]

Die Leerstelle im biblischen Text zur Introspektion in die Figur Bathseba wird in Hellmuths Drama geschlossen (RE Nr. 53). Der Dramentext gewährt Einblick in Bathsebas Gedanken, die sie im Anschluss an den ersten Blick Davids hatte.[63] Ebenso informiert Bathseba über ihre Gefühle nach der gemeinsam verbrachten Nacht mit David.[64]

Breiten Raum findet im Dramentext die Darstellung der ehelichen Beziehung zwischen Uria und Batseba, womit eine weitere biblische Leerstelle geschlossen wird (RE Nr. 51). In der Rede Basmaths an David berichtet die Dienerin, dass Bathseba bereits mit kaum dreizehn Jahren in das Haus Urias einzog und weist darauf hin: „Sie ist so allein, das junge Weib, der Mann rauh und streng und fast immer fort."[65] Letzteres wiederholt Basmath in dem anschließenden Monolog (1. Akt, Szene 6) und steigert den Eindruck von Bathsebas Vereinsamung in ihrer Ehe, indem sie ergänzt: „Er ist nie zu Hause, und wenn er zu Hause ist, sind seine Gedanken im Krieg!"[66] Auch Bathseba betont gegenüber David ihre Ein-

---

[62] Wie im Abschnitt zur Struktur und Inhalt des Dramas bereits gezeigt wurde, treten die beiden Frauenfiguren, Bathseba und Basmath, nicht zusammen auf. Eine Beauftragung der Dienerin durch Bathseba ist nicht dargestellt. In ihrer Rede weist Basmath jedoch darauf hin, dass sie von Bathseba beauftragt wurde. Allerdings wird dieses Aussage konterkariert durch die direkt anschließende Handlung Basmaths, die in den Regiebemerkungen zu finden ist: „Sie wischt sich heuchlerisch die Augen und blinzelt nach David." Hellmuth, David und Bathseba, Sp. 606.
[63] Hellmuth, David und Bathseba, Sp. 594: „Mir war, als blicktest mit allsehn'nden Augen/In mein Geheimstes Du, ich lag vor Dir,/Entschleiert, hingegeben, Dein, nur Dein,/Wehrlos wie weisse Nacht dem Mondenschein!"
[64] Siehe Hellmuth, David und Bathseba, Sp. 596.
[65] Ebd., Sp. 590.
[66] Ebd., Sp. 591.

samkeit in ihrer Ehe mit Uria und spricht in diesem Zusammenhang von einem „fast verwitwet Leben".[67] Darüber hinaus charakterisiert sie ihren Ehemann als starren und harten Krieger.[68] Im Dialog mit Ahitophel nennt Bathseba die Umstände, wie sie Urias Frau wurde:

> Bathseba:
> Ihr habt mich nicht gefragt als nach dem Tode
> Der Eltern, meines sanften Vaters, ich
> Urias Weib ward, denn nicht eigne Wahl
> Bestimmt die Ehen unsres Volks, Verstand nur
> Prüft Sippen, Güter, Anseh'n auf die Gleichheit,
> Paart Glanz und Reichtum, nimmer Herz und Herz!
> Die Jahre flossen hin wie kalte Wellen,
> Sich gleichend, leer, gestaltlos, unfruchtbar![69]

Bathseba weist in dieser Passage darauf hin, dass ihre Ehe durch Ahitophel und Uria beschlossen wurde und dass die Verbindung bereits seit Jahren besteht. Am Ende des Zitates stellt Bathseba die Tristesse ihrer Ehe heraus und schließt mit dem Hinweis, dass aus der Ehe keine Kinder hervorgingen. Mit der Kinderlosigkeit ist eine weitere Leerstelle des biblischen Textes angesprochen. In der biblischen Erzählung in 2 Sam 11 gibt es keine Hinweise darauf, ob Batseba bereits schwanger war oder bereits Mutter ist. Im Dramentext wird mehrfach auf die Kinderlosigkeit Bathsebas in der Ehe mit Uria verwiesen.[70]

Die biblischen Referenzelemente, die in Hellmuths Dramatisierung der Figur Bathsebas aufgenommen werden, deuten auf eine Profilierung der Figur hin. Große Bedeutung im Figurenmodell kommt der Körperlichkeit Bathsebas zu. Mehrfach werden ihre Schönheit und ihre Wirkung auf David herausgestellt. Ihre Relevanz und ihr Figurenmodell beschränken sich im Dramentext auf wenige Facetten. In den ersten beiden Akten fungiert sie als „Störfaktor", als eine von David begehrte schöne Frau, die die Krise des Königs auslöst. Dabei partizipiert die Figur Bathsebas an den Ereignissen (RE Nr. 59), indem sie David in seinem Begehren bestärkt und zum sexuellen Akt verleitet:

---

[67] Hellmuth, David und Bathseba, Sp. 594.
[68] Siehe ebd., Sp. 594.
[69] Ebd., Sp. 602.
[70] Vgl. ebd., Sp. 600, 623.

> Bathseba: [...]
> In einem Augenblick die Ewigkeit
> Verbot'nen Glücks mit Tigergriff umklammern,
> Der Schuld, fortwuchern in die fernste Zeit,
> Die keine Träne, keine Reue löscht,
> Und ungescheh'n macht, Schuld, die Dich und mich
> Einschlingt in ihren räuberischen Rachen
> In ihren unersättlich gier'gen Schlund![71]

In der ersten wie auch in der letzten Szene des 4. Aktes tritt die Figur Bathsebas in ihrer Rolle als Mutter stärker hervor. Während ihr Figurenmodell am Beginn des Dramas durch ihre Körperlichkeit bestimmt ist, steht im letzten Akt stärker ihre Rolle als Mutter im Fokus, die zuvor bereits implizit durch ihre Kinderlosigkeit in der Ehe mit Uria thematisiert und negiert wurde.

(c) Uria

Die Figur Urias wird ebenso wie in der biblischen Erzählung über Bathseba eingeführt und in ihrer Sozialität als Ehemann erstmals erwähnt (RE Nr. 33).[72] Im Dramentext ist diese Charakterisierung bereits mit einem Hinweis auf Urias Soldatentum verbunden. Seine Sozialität als Soldat im Heer Davids ist Gegenstand seines ersten Auftritts im 3. Akt, Szene 6 (RE Nr. 34). Im einleitenden Nebentext der Szene wird Uria als „ein grosser starker Kriegsmann, mit festen, mutigen Zügen"[73] vorgestellt. Die Regieanweisungen charakterisieren Uria somit als Krieger, dem mehrere Eigenschaften eines Soldaten wie Stärke, Mut und Durchsetzungswillen zugeschrieben werden. Es finden sich im Dramentext Hinweise, wenn auch nur wenig, zur Körperlichkeit der Figur. Ihm werden die Attribute groß und stark zugewiesen.[74] Weitere Angaben über seinen Figurenkörper oder hinsichtlich seines Alters fehlen (RE Nr. 54). Obwohl Uria im 3. Akt, Szene 6 als Kriegsbote vom Schlachtfeld auftritt und den König über die Ereignisse am Schlachtfeld informiert, gibt es darüber hinaus keine Informationen zur Position Urias im Heer. Das RE Nr. 55 wird in der Dramatisierung nicht aufgegriffen.

---

[71] Hellmuth, David und Bathseba, Sp. 594f.
[72] Vgl. ebd., Sp. 586.
[73] Ebd., Sp. 608.
[74] Siehe ebd., Sp. 586, 608.

Bereits im Personenverzeichnis wird Uria mit dem Gentizilium „der Hethiter" bezeichnet (RE Nr. 36). Auch im einleitenden Gespräch der Frauen Davids bekommt die Figur Uria dieses Gentizilium zugesprochen, allerdings ist es in Bezug auf Urias Herkunft oder Glauben nicht näher thematisiert.[75]

Die in der Bibel vermittelte Ambiguität Urijas, die aus den fehlenden Informationen zu seinem Wissen über den Ehebruch und die Schwangerschaft resultiert, wird in Hellmuths Drama adaptiert. Im Dramentext ist offen gelassen, ob Uria die diesbezüglichen Andeutungen Ahitophels versteht und vom Ehebruch Davids und Bathsebas sowie ihrer Schwangerschaft Kenntnis besitzt (RE Nr. 49a). Angelegt ist dies im Monolog Ahitophels (3. Akt, Szene 9) und kulminiert in seiner Frage: Ist er [Uria, A. F.] gewarnt, gab's ihm das Schicksal ein,/Das Bathseba und David vorwärts hetzt/Ins Garn, das unentrinnbar sie verstrickt?"[76]. Während diese Ambiguität der biblischen Erzählung auch im Dramentext erkennbar wird, ist hingegen die ambige Begründung in 2 Sam 11,11 für Urijas Weigerung, in sein Haus zu gehen, aufgehoben. Auf die Frage Ahitophels, weshalb Uria nicht entsprechend den königlichen Befehlen in sein Haus gehen wolle, um Bathseba zu sehen, antwortet Uria:

> Nein, diese Nacht nicht, sie ist schön und jung,
> Sie macht den Abschied mir zu schwer und morgen
> Muss ich zurück ins Feld, so will's der König!
> Sie weiss nur, dass ich fern und muss es tragen,
> Als eines Kriegers Weib, doch küsst' ich sie
> Und hielt' in Armen ihre schönen Glieder,
> Und hörte ihre sanften Weibesworte,
> So könnt' ich leichten Herzens nicht mehr scheiden
> Und sie verlassen! Bin ich erst daheim,
> So darf mein Weib mir wieder angehören
> Und ich in Liebe ihr! Doch heute nicht![77]

Im Unterschied zur biblischen Rede Urijas in V.11, in der die Figur mehrere Gründe u. a. die Loyalität zu seinen Mitsoldaten sowie religiöse Motive für seine Weigerung anführt, benennt Uria hier als einzigen Grund die Vermeidung seines Abschiedsschmerzes von Bathseba. Damit redu-

---

[75] Siehe Hellmuth, David und Bathseba, Sp. 586.
[76] Ebd., Sp. 611.
[77] Ebd., Sp. 610.

ziert sich in der Dramatisierung die Komplexität der biblischen Figur Uria, wie sie anhand von 2 Sam 11,11 abgeleitet wurde (RE Nr. 64).

(d) Joab

Die Figur Joabs wird im Nebentext als Davids Feldhauptmann eingeführt, dies entspricht dem RE Nr. 38. Auch der erste Auftritt der Figur im 3. Akt, Szene 13 weist auf dieses militärische Amt hin. Joab liest den Brief von König David, in dem der Tötungsbefehl an Uria enthalten ist, womit ihm eine Handlung zugewiesen ist, die zugleich auf seine Funktion als Heerführer hinweist. Er setzt in Davids militärischer Truppe die königlichen Befehle um. Zugleich schließt sich damit eine Leerstelle im biblischen Text 2 Sam 11, denn dort wird die Reaktion Joabs auf den Todesbrief nicht erzählt (RE Nr. 56). Im Hellmuths Drama hingegen ist Joabs Reflexion hinsichtlich dieses königlichen Schreibens sehr ausführlich im 3. Akt, Szene 13 dargestellt. Joab ist allein und spricht:

> Mit diesem Brief, den Deine Hand mir schrieb,
> Fingst Du Dich, Weiberdieb, Totschläger, selbst!
> Wie übereilt, wie unvorsichtig, David!
> Bald werde ich heimzahlen seinen Hochmut
> Dem König, ist er doch von meinem Blut,
> Warum ist er der Herrscher, ich sein Diener?
> Was ist er mehr als ich? In Bethlehem
> War er nur meines Gleichen; meine Mutter
> Und Isaï, der Davids Vater war,
> Sind sie Geschwister nicht, aus einem Haus?
> [...]
> Doch David? Er, so nahe mir verwandt,
> Den ich durchschaue, wie ich mich durchschaue,
> Dem ich so wenig traue, wie mir selbst,
> Wie recht ich habe, zeigt mir dieser Brief,
> Wie kann ich Ehrfurcht vor ihm haben, Ehrfurcht?[78]

Joab sieht in dem Todesbrief eine Möglichkeit, gegen König David vorzugehen. Die von Joab gewählten Bezeichnungen Davids als „Weiberdieb" und „Totschläger" erweisen sich als offene Kritik an dem König und deuten auf einen Konflikt zwischen den beiden Figuren hin. Dieser wird im weiteren Verlauf des zitierten Dramentextes näher dargestellt und kulminiert in Joabs Frage: „Warum ist er der Herrscher, ich sein Die-

---

[78] Hellmuth, David und Bathseba, Sp. 613.

ner?"[79] Der Heerführer zweifelt die Verteilung der Ämter angesichts des gemeinsamen familiären Ursprungs an. In seiner Rede benennt Joab seine familiäre Verbindung zu David, womit das RE Nr. 39 aufgegriffen ist. Trotz seiner verwandtschaftlichen Relation zu David ist Joabs Beziehung zum König ambivalent (RE Nr. 40). So äußert der Feldhauptmann Kritik am König und tritt in der weiteren Handlung als Opponent gegenüber David auf (RE Nr. 42).[80] Joab missachtet Davids Befehle und bringt Absalom um (4. Akt, Szene 2).

5.2.2.4 Die übergeordnete Erzählinstanz

Die übergeordnete Erzählinstanz im Hellmuths Drama zeigt sich m. E. in der dramatischen Gesamtanlage des Textes. In der Zusammenstellung sowie der Anordnung der ausgewählten Elemente und in der im Dramentext vorliegenden Handlungsfolge tritt sie als Ordnungsinstanz auf. Sie konstruiert, wie im Vorwort des Dramas benannt, einen kunstvollen Handlungsverlauf, wonach Davids Handlungen und deren Folgen immer in Zusammenhang mit seiner Beziehung zu Gott gestellt werden.[81] Im ersten Akt wird der Ehebruch als Normverletzung und „Abfall" von Gott gewertet. Die Folgen des Ehebruchs sind im zweiten und dritten Akt genannt und werden im Kontext des Ringens Davids mit Gott präsentiert. So deutet z. B. David den Tod Thamars und Amnons als göttliche Bestrafung für seine Normverletzung. Über die Komposition des Dramentextes findet eine Wertung von Davids Taten statt (RE Nr. 15c). Diese ist allerdings im Unterschied zur biblischen Erzählung nicht anhand einezelner Momente fassbar und komplementär zum abschließenden Erzählerkommentar in 2 Sam 11,27f, sondern stellt ein konstitutives Element der gesamten Dramenhandlung dar.

Im Nebentext finden sich sowohl vor dem ersten Auftritt einer Figur als darüber hinaus Hinweise zum Figurenkörper, zur Kleidung oder zur Figurenpsyche. Diese weisen zunächst auf die Allwissenheit der übergeordneten Erzählinstanz hin (RE Nr. 13a). Zudem nutzt sie diese Angaben

---

[79] Hellmuth, David und Bathseba, Sp. 613.
[80] Erkennbar ist dies im 3. Akt, Szene 15, wo Joab in Bezug auf David die Worte spricht: „Er ist in meiner Macht, was er auch tut,/Den Brief bewahr' ich als mein höchstes Gut . . ./An seinen Händen klebt Urias Blut!" Ebd., Sp. 614. Auf den Todesbrief verweist Joab nochmals im 4. Akt, Szene 2, indem der Feldherr diesen Brief als Beweis von Joabs Tat, die Tötung Absaloms, rechtfertigt. Siehe ebd., Sp. 619.
[81] Siehe ebd., Sp. 583f.

als narrative Technik, indem sie unterschiedlich viele Angaben zur einzelnen Figur mitteilt. Während in den Regieanweisungen vor dem ersten Auftritt der Hauptfigur Davids sein Figurenkörper und seine Kleider sehr detailliert dargestellt sind und Hinweise zu seiner Mimik und Gestik genannt werden, ist die Figurenbeschreibung vor Bathsebas erstem Auftritt sehr viel kürzer und enthält lediglich eine Angabe zur ihrer Gestalt.[82] Im Verlauf der Szene gibt die Erzählinstanz weitere Informationen zur Figur. Dabei parallelisiert sie den Blick Davids auf Bathseba mit der Informationsvergabe an die Lesenden und gibt in den Regieanweisungen weitere Informationen zu ihrem Figurenkörper und dessen Wirkung auf David.[83] Die übergeordnete Erzählinstanz tritt im Hellmuths Drama somit als Ordnungs- und Wertungsinstanz in Erscheinung.

5.2.2.5 Bibelübersetzung und Rezeptionskontext

In Hellmuths Drama sind zwei Bibelzitate mit Anführungszeichen hervorgehoben. Es handelt sich zum einen um den Inhalt des Todesbriefes, der im 3. Akt, Szene 11 in Davids Rede wiedergegeben wird, und zum anderen um den folgenden Psalmenvers, der im Gebet Davids im 4. Akt, Szene 9 dargestellt ist:

> Wie der Hirsch schreiet nach frischem Wasser,
> So schreit meine Seele, Gott, zu Dir!
> Meine Seele dürstet nach dem lebendigen Gott!
> Wann werde ich dahin kommen, dass ich Gottes Angesicht schaue?[84]

Diese Verse bilden im Dramentext den Abschluss von Davids Gebet und zitieren Ps 42,2f. Durch einen Vergleich mit unterschiedlichen Bibelübersetzungen um 1900 lässt sich aufzeigen, dass die Übersetzung von Ps 42,2f. in der Lutherbibel von 1545 identisch mit dem Bibelzitat im Dramentext ist.[85] Auch der Inhalt des Todesbriefes weist trotz kleiner

---

[82] Siehe Hellmuth, David und Bathseba, Sp. 593.
[83] Siehe ebd., Sp. 595.
[84] Ebd., Sp. 624.
[85] Als signifikante Besonderheit erweist sich dabei die Übersetzung des Verbs ערג, das anstatt wie in den meisten Übersetzungen nicht mit „lechzt", sondern wie in der Lutherbibel von 1545 mit „schreiet" wiedergegeben ist. Auch der Einschub des Adverbs „dahin" in Ps 42,3 ist charakteristisch für die Lutherübersetzung.

Abweichungen eine hohe Passung zur Übersetzung der Lutherbibel von 1545 auf.[86]

In Hellmuths Drama begegnen mehrere Kennzeichnen, wie sie Max Dannenberg in seiner 1905 erschienenen Dissertation als Spezifika der biblischen Erzählung herausstellt. Anders ausgedrückt, es finden sich Hinweise darauf, dass zeitgenössische, exegetische Auffassungen in Hellmuths Drama „David und Bathseba" Aufnahme gefunden haben, wenngleich wegen fehlender biographischer Daten unbeantwortet bleiben muss, ob sich Schlesinger hier auf die Arbeit von Dannenberg bezieht oder es Zufall ist, dass in ihrem Drama die von Dannenberg benannten Kennzeichen einer guten Dramatisierung von 2 Sam 11 aufgenommen wurden (RE Nr. 67). So ist im Drama die Schuld Davids „begründet" bzw. anders eingeordnet, indem Ehebruch und Mord an Uria in den Kontext seines Ringens mit Gott subsumiert sind. Dannebergs Forderung, Davids Schuld „durch aussergewöhnliche Mittel in ein erträgliches Licht"[87] zu setzen, findet in Hellmuths Drama somit Umsetzung.

Auch das Kriterium der dramatischen seelischen Läuterung des Helden Davids, wonach die Strafe über sein ganzes Haus kommt, findet Aufnahme durch die bereits herausgestellte, enge Verbindung des Erzählstoffes von 2 Sam 11 mit dem der weiteren TFE. Diese Relation wird von den *dramatis personae* thematisiert und ist Gegenstand der Dialoge.[88] Erkennbar ist dies beispielsweise an der Drohung Absaloms in der 5. Szene des 2. Aktes, die er nach dem Selbstmord Thamars und der Tötung Amnons ausspricht:

> König David!
> Ich kehre wieder, Rechenschaft zu fordern
> Für dieser Nacht verschleiertes Geheimnis!
> Was war es, dass bei Amnon's Buhlerworten
> Erglänzte mitleidsvoll in Deinem Blick,
> Als sähst Du schaudernd Dich zum andern Male,
> Als deckt er Deiner Seele Schwären auf.

---

[86] Dass die Lutherübersetzung ebenfalls Grundlage für den Todesbrief ist, dafür sprechen zum einen die Übersetzung von המלחמה als „Streit" und das diesem Nomen zugewiesene Adjektiv חזק, das mit „heftig" übertragen ist. Das nachfolgende Verb שוב wird zudem mit der Übersetzung „abwenden" wiedergegeben, was typisch für die Lutherübersetzung ist.
[87] Dannenberg, Verwendung, S. 1f.
[88] Siehe Hellmuth, David und Bathseba, Sp. 597.

Schamlos entblössend in sich selbst den Vater,
Als bettelt' er um Gnade für euch Beide!⁸⁹

In dem zitierten Dramentext weist Absalom auf ein Geheimnis hin, dessen Inhalt er nicht kennt, aber dessen Folgen er anschließend als Mitleid Davids hinsichtlich Amnons Rede, in der er sein Begehren nach Thamar dargestellt hat, beschreibt. Absalom stellt mit der Schuld eine grundlegende Gemeinsamkeit zwischen David und seinem Sohn Amnon fest und äußert darin ihre Austauschbarkeit.

Auch das dritte Kennzeichen, das Dannenberg benennt, ist in Hellmuths Drama erkennbar. Der Figur Bathsebas wird eine Schuld bzw. Partizipation an dem Vergehen zugewiesen.⁹⁰

5.2.2.6 Bibelwissen

Wie bereits anhand des zitierten Gesprächs der Frauen Davids am Handlungsbeginn⁹¹ aufgezeigt wurde, begegnet innerhalb des Dramentextes das RE Nr. 68, worunter die Nacktheit Bathsebas gefasst ist. Auch bei der ersten Begegnung zwischen David und Bathseba, dargestellt in der letzten Szene des ersten Aktes, erinnert sich David, als er Bathseba erstmals im Bad sah: „Ich seh dich wieder, blendend nackt enttauchst Du/Dem Bad"⁹². Diese Textstelle mit der expliziten Erwähnung von Bathsebas Nacktheit ist ein Beleg dafür, dass in Hellmuths Drama Bibelwissen (RE Nr. 68) aufgegriffen wird.

5.2.3 Historische und kulturelle Verortung

5.2.3.1 Die Schriftstellerin Martha Schlesinger (1854 – nach 1932)

Es sind nur wenige Informationen zur Biographie der deutsch-jüdischen Schriftstellerin Martha Schlesinger bekannt. Als Martha Avellis wurde sie am 8. Februar 1854 in Berlin als Tochter des Kaufmanns Simon Avellis und seiner Frau Mathilde (geb. Kanter)⁹³ geboren.⁹⁴ Im Jahr 1874 hei-

---

⁸⁹ Hellmuth, David und Bathseba, Sp. 599.
⁹⁰ Siehe ebd., Sp. 594f., 626.
⁹¹ Siehe ebd., Sp. 586.
⁹² Ebd., Sp. 595.
⁹³ Vgl. Harders / Seltsam, Spurensuche, S. 312: Fußnote 29.
⁹⁴ Zu den biographischen Daten siehe Pataky, Frauen, Bd. 1, S. 246; Heuer, Bibliographia, S. 33; Hanisch, Art. Hellmuth, Sp. 349.

ratet sie den Bankier Emil Schlesinger und lebt mit ihrem Mann in Berlin. Aus dieser Ehe gehen zwei Töchter hervor. Katharina (verh. Finder) wird 1876 und Helene (verh. Herrmann)[95] 1877 geboren.[96]

Martha Schlesinger ist als Schriftstellerin und Redakteurin unter dem Pseudonym Martha Hellmuth tätig und verfasst Novellen, Skizzen, Dramen, Bühnenstücke und lyrische Texte.[97] Sie pflegt Bekanntschaft mit weiteren Literaten und Literatinnen, so etwa mit Peter Hille und Else Lasker-Schüler.[98] Das von Lasker-Schüler verfasste „*Peter Hille-Buch*" von 1906 gibt darüber Auskunft. Das als Hommage an den 1904 verstorbenen Hille verfasste Werk ist, so Peter Sprengel, deutlich mit autobiographischen Bezügen versehen.[99] In der Grab-Szene am Ende des Werkes begegnet die Figur der Zauberin Hellmüte, die nach Sprengel eine deutliche Referenz auf die Schriftstellerin Martha Hellmuth darstellt.[100]

Der Todestag Martha Schlesingers ist ebenso wie der Todesort nicht mehr ermittelbar. Basierend auf einem Postvermerk ist die deutschjüdische Schriftstellerin nach Februar 1932 verstorben.[101]

Von den zeitgenössischen Literaten ist Schlesinger als Schriftstellerin wahrgenommen und anerkannt worden. Ernst Wechsler benennt und hebt in seiner Darstellung zu der zeitgenössischen Autorenschaft Berlins Hellmuth als Schriftstellerin hervor. In seinem Überblick aus dem Jahr 1889 schreibt er:

> Eine noch wenig bekannte junge Dichterin Martha Hellmuth, die ich für ein ernstes und tiefes Talent halte, möchte ich hier besonders erwähnen. Sie schlägt eigentümliche, das Herz seltsam bestri-

---

[95] Helene Schlesinger, die bereits 1898 als Gasthörerin ein Studium der Germanistik, Philosophie und Kunstgeschichte beginnt – erst 1908 durften sich Frauen zum Studium in Preußen regulär immatrikulieren – , schließt ihr Studium am germanistischen Seminar 1904 mit einer Dissertation zu Goethe ab. Sie arbeitet als Lehrerin und Theaterkritikerin. 1898 heiratet sie Max Herrmann, der 1923 das Berliner theaterwissenschaftliche Institut gründete. Helene und Max Herrmann pflegen Kontakt zu jungen Wissenschaftlerinnen und Wissenschaftlern sowie Künstlerinnen und Künstlern wie Meta Corssen, Lotte Labus, Bruno T. Satori-Neumann, Vera Lachmann oder Nelly Sachs und fördern diese. Siehe Harders / Seltsam, Spurensuche, S. 308–310.
[96] Siehe Harders / Seltsam, Spurensuche, S. 311. Harders und Seltsam erwähnen Katharina Schlesinger (1876–1944) als einziges Geschwisterkind von Helene (1877–1944).
[97] Siehe Hanisch, Art. Hellmuth, Sp. 349.
[98] Siehe ebenda.
[99] Siehe Sprengel, Geschichte, S. 184.
[100] Vgl. ebd., S. 184f.
[101] Siehe Heuer, Bibliographia, S. 33.

ckende Töne an. [...] Und doch ist das Endziel ihres Strebens, alle Widersprüche, alle Unbegreiflichkeiten, allen Kummer der Welt philosophisch zu begreifen und in den heiligen Dreiklang der Poesie aufzulösen. [...] Die Dichterin ist keine Alltagserscheinung und schreibt auch nicht für Alltagsnaturen.[102]

Neben der Wertschätzung findet in der Darstellung von Wechsler vor allem die schriftstellerische Ausrichtung Schlesingers Beachtung. Das Frühwerk der Autorin ist wesentlich durch lyrische Texte gekennzeichnet. Bereits mit 14 Jahren hat sie erste Gedichte verfasst.[103] Im Jahr 1882 erscheint im Verlag Alexander Dunker ihr erster Gedichtband. Ein Jahr später werden die „Lieder des Pagen Cherubim" publiziert und 1889 erscheint mit „Wieland der Schmied und andere Gedichte" ein weiterer Gedichtband.[104]

Erst später schreibt Schlesinger Novellen, Skizzen oder Dramen, die verstreut in Zeitschriften zu finden sind.[105] Ihr bekanntestes Drama ist „Kirke. Das Spiel der Verwandlungen", das 1905 in der Verlagsanstalt Concordia in Berlin erschien.[106]

In Schlesingers Gesamtwerk finden sich neben dem Drama „David und Bathseba" weitere literarische Texte mit biblischen Bezügen wie beispielsweise die Gedichte „Dina" (1889) und „Eva" (1890), der Einakter „Ruth" (1902) sowie das Drama „Josef und Zohárath" (1902).[107] Das Œuvre Schlesingers geht über biblische Themen hinaus, es umfasst mythische sowie philosophische Stoffe. Eine Übersicht über das literarische Gesamtwerk der deutsch-jüdischen Autorin bleibt unvollständig, denn einzelne Werke wie das Gedicht „Eva" von 1890 liegen nur fragmentarisch vor oder lassen sich, wie Hanisch bemerkt, heute nicht mehr nachweisen.[108]

---

[102] Wechsler, Autoren, S. 1612.
[103] Siehe Pataky, Frauen, Bd. 1, S. 246.
[104] Siehe Hellmuth, Wieland.
[105] Siehe Wininger, Biographie, S. 433.
[106] Siehe Hellmuth, Kirke.
[107] Siehe Hellmuth, Eva, S. 67–69; 82–84; Dies., Ruth, S. 247–266; Dies., Josef und Zohárath, Sp. 555–664.
[108] Hanisch weist in diesem Zusammenhang darauf hin, dass „Ferner mehrere nicht nachweisbare Schriften" belegt sind. Hanisch, Art. Hellmuth, Sp. 349f.

5.2.3.2 Dramenaspekt: Davids Ringen um und mit Gott

Hinter dem Dramenaspekt, Davids Ringen um und mit Gott, verbirgt sich das Thema bzw. die Intention von Martha Hellmuths Drama „David und Bathseba": die Suche nach „den adäquaten Bindungskräften einer (jüdischen) Gemeinschaft"[109]. In dieser Dramatisierung von 2 Sam 11 wird die Frage nach dem Umgang mit Gott gestellt und im Verlauf der Dramenhandlung werden unterschiedliche Konzepte zu Gott sowie die Beziehung des Menschen zu ihm reflektiert. Diese Konzepte basieren auf verschiedenen, zum Teil konträren Gottesbildern der Figuren. In diesen Zusammenhang gehört ebenfalls die Auseinandersetzung mit den göttlichen Gesetzen, die aus der Tradition heraus als gemeinschafts- und identitätsstiftende Instanzen fungieren und aus denen Norm- und Wertvorstellungen konzipiert sind. Die im Dramentext als sexuell erotisch beschriebene Beziehung zwischen David und Bathseba stellt als Ehebruch eine Normverletzung dar und ist zugleich Auslöser für die Reflexion des dadurch gestörten Verhältnisses Davids zu Gott.

Bevor dies anhand des Dramentextes näher analysiert wird, steht zunächst die Frage nach den historischen und kulturellen Zusammenhängen im Zentrum, die eine Auseinandersetzung in Bezug auf die Bindungskräfte innerhalb der jüdischen Gemeinschaft erfordern. Dazu ist es notwendig, den Fokus auf die deutsch-jüdische Kulturgemeinschaft um 1900 zu richten, um anschließend die Zeitschrift „Ost und West" in dieser Kulturgemeinschaft zu verorten.

„‚Jüdisch' bezeichnet um die Jahrhundertwende keine fest umrissene, universale Religions- oder Nationalgemeinschaft, sondern eine heterogene Gruppe."[110] Diese Heterogenität resultiert aus den historischen Umwälzungen des 19. Jahrhunderts, durch die sich eine differenzierte jüdi-

---

[109] Podewski, Medienordnungen, S. 132.
[110] Henneke-Weischer, Kulturgemeinschaft, S. 265. Im Anschluss an Christoph Schulte benennt Henneke-Weischer die Kategorien „deutsch" und „jüdisch" bzw. deren Kollektivbegriffe „Deutschtum" resp. „Judentum" als Kernproblem der Darstellung der deutsch-jüdischen Kulturgemeinschaft, denn eine objektive Definition dieser Begriffe erweist sich aus verschiedenen Gründen als unmöglich. Die Begriffe unterliegen sowohl den historischen Veränderungen als auch dem ambivalenten Ringen zwischen Vereinbarkeit und Trennung und dem damit einhergehenden wechselnden Festschreibungen und Begriffskonnotationen. Siehe ebd., S. 258.

sche Gemeinschaft in Deutschland herausgebildet hat.[111] In Bezug auf die religiöse Orientierung und Praxis der jüdischen Bevölkerung findet sich orthodoxe und liberale Religiosität ebenso wie religiöse Indifferenz und Apathie. Auch hinsichtlich der Frage der Integration und des Zusammenlebens gibt es um 1900 unter den deutschen Juden unterschiedliche Auffassungen. Innerhalb der jüdischen Gemeinschaft finden sich sowohl Bestrebungen zu einer assimilierten Bürgerlichkeit als auch ein Erstarken des (kultur)zionistischen Selbstbewusstseins.[112]

Um 1900 leben etwa 600 000 Juden im deutschen Kaiserreich, dies entspricht ca. 1 % des Bevölkerungsanteils.[113] Die jüdische Bevölkerung stellt eine kleine Minderheit im deutschen Kaiserreich dar. Ihre Bedeutung in Bezug auf das wissenschaftliche, künstlerische sowie kulturelle Schaffen innerhalb der Kulturlandschaft des deutschen Kaiserreiches erscheint unter Berücksichtigung der Bevölkerungszahlen als überproportional hoch. Dieser Aspekt führt in der zeitgenössischen Auseinandersetzung zu einer konträren Interpretation.[114] Rückblickend betrachtend lassen sich nach Henneke-Weischer drei zeitgenössische „Diskurse" zur Interpretation der deutsch-jüdischen Kultur um 1900 erkennen: Im assimilatorischen Diskurs wird die kulturelle Präsenz der Juden als Beleg der jüdischen Integration und Verwurzelung innerhalb der Kultur verstanden. Im (kultur-)zionistischen Diskurs ist im Unterschied dazu die Selbstbestimmung und Rückbesinnung auf das Judentum in Bezug auf das geistig-kulturelle oder das politisch-nationale präferiert. Im antisemitischen Diskurs wird die kulturelle Präsenz der Juden argwöhnisch und kritisch gewertet: Die „jüdische Dominanz" hinsichtlich Wirtschaft, Handel sowie Kultur wird skeptisch betrachtet und findet in der antisemitischen Propaganda Aufnahme. In dem antisemitischen Diskurs deutet sich bereits an, „(d)ie Vereinbarkeit von Judentum und Deutschtum wird von

---

[111] Als beeinflussende Faktoren des historischen Kontexts benennt Henneke-Weicher die Emanzipation, die Akkulturation und Säkularisierung sowie der wachsende Antisemitismus. Siehe Henneke-Weischer, Kulturgemeinschaft, S. 262–267.
[112] Siehe ebd., S. 265.
[113] Siehe Nipperdey, Bürgergeist, S. 397, ebenso Henneke-Weischer, Kulturgemeinschaft, S. 257.
[114] Siehe Henneke-Weischer, Kulturgemeinschaft, S. 257. Henneke-Weisher weist darauf hin, dass über die herausragende Bedeutung der jüdischen Bevölkerung „für die Kulturlandschaft Deutschlands und Österreichs […] nahezu Konsens" besteht. Ebd., S. 257.

außen verneint, jüdische Identität muss unter den Bedingungen der Moderne neu definiert werden."[115]

Die Zeitschrift „*Ost und West*", in der Hellmuths Drama „*David und Bathseba*" 1906 veröffentlicht wurde, ist Gegenstand des mannigfaltigen und komplizierten Prozesses der jüdischen Identitätsbildung im ausgehenden 19. Jahrhundert. Die Monatsschrift gilt in der Forschung als exemplarische

> Institution eines neuen, jungjüdischen Selbstbewusstseins, in dem die Verbindung zwischen westlicher Moderne und östlicher Tradition versucht und in der eine neue jüdische Kunst proklamiert, gefördert und geboten wird – und ganz ebenso wie die sonstigen Institutionen im Umfeld kulturzionistischer Bewegungen, die denselben Zwecken auf ähnliche Weise dienen: […] die Begründung einer jüdischen Eigenständigkeit, die sich nicht gänzlich von deutscher Kultur und auch nur partiell von westlicher Zivilisation lösen will.[116]

Der Anspruch der Zeitschrift ist demnach, ein Publikationsorgan „der jüdischen Renaissance"[117] zu sein. Das Periodikum verortet sich im Umfeld jener Bewegung, die die jüdische Identität sowohl profilieren als auch selbstbewusst abstecken will. In Abgrenzung zu der eher traditionellen Hinwendung zur Assimilation zielt die Zeitschrift auf die Herausstellung der jüdischen Eigenständigkeit und die Hervorhebung jüdischer Eigenart, die über die bloße Konfession hinaus auch auf den Gedanken des Volkes bzw. der Nation basiert.[118]

Madleen Podewski hat in ihrer Analyse Rolle der Literatur in der deutsch-jüdischen Zeitschrift „*Ost und West*" anhand aller publizierten Jahrgänge herausgestellt, dass in den Dramen und Erzähltexten der Zeitschrift meist ähnliche Fragestellungen thematisiert werden. Es handelt sich dabei um die „Frage nach der inneren Kohärenz jüdischer Gemeinschaften, die zu klären hat, welche Störfaktoren das Judentum aus sich selbst heraus generiert und wie solche internen Irritationen zu bewältigen

---

[115] Henneke-Weischer, Kulturgemeinschaft, S. 271. Henneke-Weischer spricht in diesem Zusammenhang von einer „kollektiven Identitätskrise" mit jeweils individueller Ausprägung. Ebd., S. 271.
[116] Podewski, Medienordnungen, S. 9f.
[117] Ebd., S. 7.
[118] Siehe ebd., S. 7f.

sind"[119]. Als weitere Fragestellung nennt Podewski die Konsequenzen externer Einflüsse auf die jüdische Identität und ihre Stabilität in Bezug auf die Einzelperson und die Gemeinschaften.[120]

In Hellmuths Drama begegnet als Störfaktor das gegenseitige Begehren Davids und Bathsebas, das im Ehebruch kulminiert.[121] Dabei divergieren die Wertungen über den Ehebruch. Die Figuren Michal und Nathan werten ihn als Verstoß gegen die göttliche Ordnung und klassifizieren ihn als „Schuld", „Missetat", „Sünde" oder „Hölle".[122] Im Gegensatz dazu verteidigt Bathseba in ihrer Rede an Ahitophel (2. Akt, Szene 8) den Ehebruch als exklusives Zeichen des Lebens.[123] Davids Wertung des Ehebruchs ist ambivalent, wie der folgende Dramenauszug, eine Darstellung der Reaktion Davids auf die Entschleierung Bathsebas, die sein Begehren auslöst, zeigt:

> Ich seh Dich wieder, blendend nackt enttauchst Du
> Dem Bad, umrauscht vom Mantel finstren Haar's,
> Von ungestillten Feuern brennst und rauchst Du,
> Rot glüh'n die Knospen Deines Brüstepaars!
> Dein Kuss ist Taumel, Wahnsinn und Entehrung,
> Vor Deinem Lächeln wird mein Gott zu nicht,
> In Deinem Schoss haust Hölle und Verheerung
> Der Sünde Du süss tötliches Gesicht.
> Ich opfre Dir den Glauben und die Ehre,
> Gott wird zersplittern mein entweihtes Schwert,
> Er flieht die schuldbeladenen Altäre,
> Brandmarkt, wer sein Nächstes Weib begehrt.
> Ich weiss, in dieser Stunde Wollustschauern
> Zertrümmre ich den ew'gen Geist in mir!
> Ich säe Mord und grenzenloses Trauern
> Und meinen Fluch umarme ich in Dir!

---

[119] Podewski, Medienordnungen, S. 120.
[120] Siehe ebd., S. 120f.
[121] Podewski nennt als Störfaktor und Auslöser der Ordnungsstörungen die Erotik. Siehe ebd., S. 134. Dieser Begriff ist m. E. aufgrund seiner kulturspezifischen Semantisierung problematisch und missverständlich, löst der Terminus Erotik heute andere Assoziationen aus als im Dramentext z. B. in Form des Gedichts Davids, siehe Hellmuth, David und Bathseba, Sp. 595, vorausgesetzt. Anstatt des Begriffes der Erotik wird in der vorliegenden Arbeit der Begriff des Begehrens verwendet, der stärker auf die Figuren und ihre Perspektive bezogen ist.
[122] Hellmuth, David und Bathseba, Sp. 588f., 592f.
[123] Vgl. ebd., Sp. 602.

> Und dennoch, dennoch, schaudernd hingegeben
> An meiner Sinne blut'ge Raserei,
> Umschliess ich brünstig Dich, allmächt'ges Leben,
> Ein Mensch, der seine Ketten riss entzwei,
> Zum ersten Male gottvergessen frei![124]

David wertet in dieser Rede sein erotisches Begehren nach Bathseba selbst als ambivalent. Einerseits sieht er darin eine Normverletzung der göttlichen Gesetze, eine „Sünde", die er nicht hinterfragt. Andererseits wertet er sein Begehren positiv als Form der höchsten sexuellen Erregung und Ausdruck eines Allmacht spendenden Lebens. In dieser ambivalenten Wertung liegt die Zwiespältigkeit der Figur Davids, denn sie erkennt die Verbindlichkeit der göttlichen Normen an, kann sich aber nicht des darin verbotenen Ehebruchs, der für die Figur das Leben in seiner ganzen Anziehungskraft darstellt, erwehren. Der das Begehren auslösende Blick Davids auf Bathseba und die daraus resultierende Normverletzung in Form des Ehebruchs stößt den Wandel hin zu Davids Gottesferne an.[125]

Im Drama „David und Bathseba" werden in der Reflexion über die geeignete Form der Beziehung zwischen Gott und Menschen unterschiedliche Gottesbilder von einzelnen Figuren entworfen. Es begegnen zwei radikale Positionen: Das Spektrum reicht dabei von einem exklusiven und extremen Individualismus, der in Atheismus mündet, bis hin zu einem überindividuellen, orthodoxen Gottesverständnis.[126] Die verschiedenen Gotteskonzepte der Dramenfiguren entwickeln sowie profilieren sich zum Teil gegenseitig und werden in Bezug auf identitätsstiftende Aspekte der Gemeinschaft (z. B. das Gesetz vom Sinai)[127] gestellt und bis auf eine Ausnahme, dem Gottesbild Davids, das er am Ende des Dramas vertritt, in ihrer extremen Ausrichtung *ad absurdum* geführt.

Konstitutiv dafür ist eine Umstellung der biblischen Handlungsfolge der TFE. Zwar steht 2 Sam 11 im Zentrum der Dramatisierung, allerdings

---

[124] Hellmuth, David und Bathseba, Sp. 595.
[125] Entgegen Podewski, Medienordnungen, S. 139, die den Anfang dieses Wandels hin zur Gottesferne erst mit der Ermordung Urias bestimmt und den Ehebruch davon ausschließt. Dagegen spricht m. E. die Rede David an Michal im 1. Akt, Szene 4, wo David bereits im Anschluss an dem das Begehren auslösenden Blick auf Bathseba einen Wandel in seiner Gottesbeziehung feststellt: „Michal, der Gott, der mich trug wie ein Adler,/Ich such' ihn umsonst, ich fall' und versinke! [...] Mich zerbrach ein Augenblick,/Da ich sie sah!" Hellmuth, David und Bathseba, Sp. 589.
[126] Ebenso Podewski, Medienordnungen, S. 132.
[127] Siehe Hellmuth, David und Bathseba, Sp. 603.

werden die katastrophalen Folgen des Ehebruchs im Unterschied zur biblischen TFE noch stärker mit diesem verbunden. So wird Thamars Bericht im 2. Akt, Szene 2 über die Vergewaltigung durch ihren Halbbruder Amnon in der Handlungsfolge des Dramas zeitlich parallel zum Ehebruch gesetzt. Ebenso steht die Bekanntgabe vom Tod Urias durch den Boten Joabs im Zusammenhang mit dem Aufstand Absaloms. Für die Aufständischen ist die Überführung Davids als „Meuchelmörder" an Uria Anlass zur Forderung: „Hinweg mit David, Absalom sei König!"[128] Der Fokus richtet sich somit verstärkt auf die Fehler Davids, die vom Ehebruch ausgehen und weitreichende Folgen besitzen.

Neben schwerwiegenden ethischen Verfehlungen Davids wie der arglistigen und boshaften Tötung Urias durch den Todesbrief und sein falsches Urteil über den loyalen Mephiboseth, missachtet er mehrfach die (göttlichen) Gesetze. Sowohl die sexuelle Intimität mit Bathseba als auch seine Gnade gegenüber Amnon, dem rechtmäßig die Todesstrafe zusteht, stellen Verletzungen der geltenden Normen dar. Weitere Konsequenzen treffen die Familienordnung, die aufgrund der Vergewaltigung Thamars in derselben Nacht, in der David Ehebruch begeht, und die daran anschließenden Tötungen von Thamar und Amnon gestört ist. Schließlich ist Davids königliche Herrschaft und die damit im Zusammenhang stehende gesellschaftliche Ordnung durch den Aufstand Absaloms beinträchtig. Durch diese „Fehler" und deren Reflexion gelangt David schließlich zu einem tragfähigen Gottesbild, das letztlich Bestand hat. Bevor dieses vorgestellt und Davids Ringen darum skizziert wird, sollen die Gottesbilder der anderen Figuren thematisiert werden.

Mit *Michals Gottesvorstellung* begegnet eine der Extrempositionen. Nach ihrer Wahrnehmung ist Gott letztlich nichts als eine menschliche Projektion. Im Dialog mit Nathan im 4. Akt, Szene 5 entwirft sie dem Propheten entsprechend folgendes Gottesbild:

> Der Mensch, so denke i c h , schuf erst den Gott,
> Das unsichtbare Etwas, dem er nach
> Sich hebt und strebt, hinauf bis in den Himmel,
> Den leeren blauen Abgrund! Aus der Sehnsucht
> Des Menschen nur ist Gott geboren worden
> Und wir sind seine Schöpfer, er nicht unser![129]

---

[128] Hellmuth, David und Bathseba, Sp. 616.
[129] Ebd., Sp. 620f.

Die atheistischen Züge von Michals Rede sind unverkennbar, sie stellen allerdings auch innerhalb des Ringens Michals um Gott einen Höhepunkt dar und müssen daher relativiert werden. Zuvor im ersten Dialog mit Nathan im 1. Akt, Szene 7 fordert sie den Propheten auf, „(g)ib mir den Gott,/Den makellosen, ihn, den meine Seele/Verzweifelnd sucht"[130]. Dies deutet auf eine grundsätzliche Suche Michals nach Gott hin, die allerdings am Anfang des 4. Aktes das oben genannte Extremum erreicht. Michal begegnet hier als Gotteszweiflerin. Dies bleibt allerdings nicht die endgültige Auffassung der Figur. Am Dramenende wandelt sich in Bezug auf David nochmals ihr Gottesbild, die atheistischen Züge werden durch ein Internalisierungskonzept ersetzt: „Nur, weil die Kraft zur Sünde in Dir lebte,/Wardst Du Dir selbst, ward Gott Dir offenbar!/Als Sieger kommst Du aus der Lebensschlacht!"[131].

Mit *Ahitophels Gottesbild* begegnet das andere Extrem der Gotteskonzepte, das auf der figuralen Ebene von Bathseba als „Rachegott"[132] bezeichnet wird. Gott erscheint dabei als eine Instanz, der sich der Mensch in jeder Hinsicht zu unterwerfen hat.[133] Im Dialog mit seiner Enkeltochter Bathseba lässt sich das Gottesbild Ahitophels dokumentieren:

> Willst Du [Bathseba A. F.] den Bund zerreisen, der ans Herz
> Des Ewigen uns schliesst mit tausend Ketten?
> Mit allen Tränen, die geweint die Väter,
> Mit allen Wundern, die er an uns tat?
> Knechte und Mägde unterm Joch Mizraim's —
> Doch ein mit Ihm, ein strahlend Volk von Priestern,
> Von Kön'gen und Propheten, Herrn der Welt,
> Die dem Gehorsam er verheissen hat!
> Gehorsam dem Gesetz vom Sinai![134]

Ahitophel zeichnet das Bild eines strafenden Gottes, der sich seines Volks, das unter der Sklaverei in Ägypten (Mizraim) litt, annimmt. In diesem Gotteskonzept verschmilzt somit die Vorstellung eines strafenden Gottes mit der Erfahrung eines befreienden Gottes, der sein Volk aus der Sklaverei errettete. Ahitophel verweist auf den Bund Gottes mit seinem Volk, sodass sein Gottesbild nicht in Bezug auf ein Individuum, sondern

---

[130] Hellmuth, David und Bathseba, Sp. 592.
[131] Ebd., Sp. 626.
[132] Ebd., Sp. 603.
[133] Ebenso Podewski, Medienordnungen, S. 138.
[134] Hellmuth, David und Bathseba, Sp. 603.

auf ein Kollektiv bezogen ist. Gott tritt dabei als Bündnispartner auf. Die Einhaltung der Gesetze ist Teil dieses Bündnisses und deren Verletzung stellt einen Bruch (des Bundes) mit Gott dar. Gleichzeitig verspricht nach Auffassung Ahitophels die Befolgung der Sinai-Gesetze eine Stabilisierung der Gemeinschaft der Israeliten. Dieses Gotteskonzept setzt eine Externalisierung Gottes sowie die Unterwerfung des Volkes und des Königs unter die Gesetze voraus, was mit einer grundlegenden Passivität des Volkes einhergeht.

Im Drama wird Ahitophels Gottesvorstellung von Seiten der übergeordneten Erzählinstanz tendenziell diskreditiert.[135] Erkennbar ist dies sowohl an der Figurendarstellung Ahitophels, der als intrigante, egozentrische Figur auftritt, als auch an der Zusammenstellung und Anordnung der Geschehensmomente. Bevor Ahitophel die oben zitierte Rede an Bathseba hält (2. Akt, Szene 8), offenbaren sich seine Hinterlistigkeit, sein Misstrauen und Egoismus im Anschluss an den Dialog mit Absalom (2. Akt, Szene 7).[136]

Innerhalb der *Gottesvorstellung Bathsebas* findet ein Wandel statt. Zunächst entwirft sie das Gottesbild eines subjektinternen Gottes im Kontext ihrer exklusiven Lebenserfahrung in Gestalt des Begehrens und der Liebe zu David.[137] Prägnant äußert sie diese Vorstellung im Dialog mit ihrem Großvater Ahitophel im 2. Akt, Szene 8:

> Was ist der Menschen sterblich enge Satzung,
> Was eines unerreichbar unsichtbaren
> Gottes Gebot mir, die ich blüh' und brenne
> Vom Lebenswunder, das in mir geschah?
> Gott ist in mir, er stieg in mich herab,
> Des Weibes Liebe ist sein einz'ger Glaube![138]

---

[135] Siehe Podewski, Medienordnungen, S. 136.
[136] Während Ahitophel dem Königssohn seine Unterstützung zugesprochen hat, spricht er, nachdem Absalom die Bühne verlassen hat, spöttisch über ihn: „Narr, der da wähnt, ich trau dem Lügensohne,/Der Vaterliebe zahlt mit Schlangenlohn,/Du bist wie alle, die vom Staubgeschlecht,/Des blinden Wollens zügelloser Knecht,/Wer treulos jeder Pflicht, verdient kein Recht!" Hellmuth, David und Bathseba, Sp. 602. Ahitophel selbst setzt Absalom im Dialog in Kenntnis über seine Selbstliebe, wenn er sagt: „Trau keinem, Königssohn, als nur Dir selbst/ […] Vor mich auch, ich bin nur mein eigner Freund,/Ich liebe keinen als mein selbst allein". Ebd., Sp. 601.
[137] Siehe Podewski, Medienordnungen, S. 136.
[138] Hellmuth, David und Bathseba, Sp. 602.

Im Verlauf der weiteren Dramenhandlung distanziert sich Bathseba von dieser Gottesvorstellung, ihr Gottesbild erweist sich als nicht stabil. In Folge der Strafandrohung Nathans, dem prophezeiten Tod ihres Kindes, verlangt sie von David, zu Gott zu beten, um so die Strafe abzuwehren:

> Bathseba:
> Der Priester sprach: Mein Kind, mein Kind muss sterben
> Noch war ich Mutter nicht, als ich so dreist
> Mich des vermass, kehr um, kehr' um zu Gott,
> Das Leben unsres Kindes zu erfleh'n![139]

Diese Forderung setzt einen allmächtigen, strafenden Gott voraus, der durch Sühne von seiner Strafandrohung abgebracht werden kann. Den Wandel innerhalb ihres Gotteskonzepts thematisiert Bathseba somit selbst.

Wie bereits gezeigt, ist das *Gottesbild Davids*, das er am Ende des Dramas vertritt, zukunftsträchtig und erlangt unter den verschiedenen Gotteskonzepten die höchste Gültigkeit. Podeweski weist darauf hin, dass bereits die Ausführlichkeit der Darstellung, wie David zu seinem Gottesbild kommt, auf dessen außerordentliche Relevanz hindeutet.[140] Das Ringen Davids um und mit Gott ist Thema aller vier Akte und jeweils verbunden mit dort geschilderten Geschehensmomenten. Bereits am Dramenanfang wird der Abfall von Gott darstellt und in Zusammenhang mit dem Begehren nach Bathseba gestellt. Im 1. Akt, Szene 4 offenbart David seiner Frau Michal Folgendes:

> David:
> Michal, der Gott, der mich trug wie ein Adler,
> ich such' ihn umsonst, ich fall' und versinke! […]
> In meinen Adern ist alles Feuer
> Mein Mund ist heiser von Wehgeschrei,
> Mich zerbrach ein Augenblick,
> Da ich sie sah![141]

Durch den Blick auf Bathseba ist Davids Beziehung zu Gott gestört. Wie oben dargestellt, kommt es aufgrund seines Begehrens und des daraus resultierenden Ehebruchs zu einer Spaltung der Figur David, die den Ehebruch sowohl als Zeichen des Lebens, aber auch als Verstoß gegen

---

[139] Hellmuth, David und Bathseba, Sp. 623.
[140] Siehe Podewski, Medienordnungen, S. 137.
[141] Hellmuth, David und Bathseba, Sp. 589.

die göttlichen Gesetze begreift. In dieser Ausweglosigkeit wertet David sein Gefühl zu Bathseba als Schmerzliebe und begreift den Tod als einzigen Ausweg daraus.[142] Mit dem Begehren nach Bathseba setzt das Ringen Davids um Gott ein. Im Anschluss daran folgt eine Art Selbstermächtigung Davids, in der er seinen eigenen Willen betont und gegen Gott opponiert. Aus dem Ringen um Gott wird ein Ringen mit Gott. David beschuldigt Gott, ihn versucht zu haben:

> So lacht' es wohl in Dir, Du Unbegriffener,
> Als Du zum Dach hinlenktest meinen Schritt
> An jenem Abend – – – , als aus klarer Welle
> Das nackte Weib sich hob.[143]

Indem er Gott verantwortlich für seinen Blick auf Bathseba macht und in Folge der ersten Konsequenzen aus dem Ehebruch (der Tod Thamars und Amnons), erwacht Davids Wunsch, sich von Gott zu befreien. Im Anschluss an das Abfassen des Todesbriefes spricht David:

> So schlägt ein Gott! Ich bin der Gott der Erde,
> Lass sehen Du dort oben, wer der Meister,
> Du kannst nicht sichrer treffen Dein Geschöpf,
> Als ich mit diesem Briefe ihn erlege![144]

In seiner Selbstwahrnehmung avanciert David zum „Gott der Erde" und will sich auf eine Stufe mit Gott stellen. Diese Provokation wird im weiteren Monolog fortgeführt und kulminiert in Davids Hoffnung, mit der auch die Szene endet, er könne Gott, ebenso wie er es bei Uria tat, töten:

> Die Kön'ge lernen schnell, Schweigsamer Du,
> Der irgendwo Du bist, – Dein Schüler wächst
> Zu Dir empor, es stürmen seine Taten
> Den Himmel; — Ehebrecher, Mörder ward ich,
> Das Schaudern vor mir selbst muss ich verlernen!
> Noch immer fühle ich den Gott in mir,
> Wie mein lebend'ges Herz, er zuckt — — er leidet — —
> Unsterblich ist er in dem Sterblichen — — —
> O könnt' ich in Uria ihn erschlagen![145]

---

[142] Siehe Hellmuth, David und Bathseba, Sp. 595. Erkennbar wird dies in Davids Frage, die er im Anschluss an die gemeinsame Nacht mit Bathsebas stellt: „Warum durft' ich nicht fluten in den Tod/In den Vernichtungswonnen dieser Nacht?" Ebenda.
[143] Ebd., Sp. 612.
[144] Ebenda.

In der abschließenden Hoffnung deutet sich bereits Resignation an, denn diesem Wunsch ist die Einsicht inhärent, dass Gott „Unsterblich ist [...] in den Sterblichen". Obwohl David als Ehebrecher und Mörder mit Gott gebrochen hat und seine Provokation erneut eine Normverletzung der göttlichen Gesetze darstellt, fühlt er noch immer Gott in sich. Dieses internalisierende Gottesbild Davids setzt nach wie vor die Gültigkeit und Verinnerlichung der göttlichen Gesetze voraus.

Im Ringen mit Gott und seinen Normen wird sich David zunehmend selbst fremd und die vernichtenden Konsequenzen, ausgelöst durch seinen Ehebruch, überwältigen ihn. In dieser Situation wendet sich David im Gebet an Gott und reflektiert seine Beziehung zu ihm:

> Allein sind wieder wir im Endlos-Leeren,
> Nur Du noch, Ewiger, und meine Seele,
> Lebendigtot will sie empor zu Dir!
> Ein Krampf wie Wehen der Gebärerin
> Durchrüttelt sie, den Gott muss sie gebären
> Aus sich, die Ewigkeit bricht an in ihr!
> Es bersten alle Mauern meines Ich
> Vor Deiner Liebe brausenden Sonnenströmen,
> Ergiessend sich aus Dir und mir zugleich!
> Ich liebe Dich in mir und mich in Dir,
> Ich flute in das tiefe Feuermeer,
> Das Deine Liebe ist, die Flamme Gottes!
> Ich halte Dich und lasse Dich nicht wieder,
> Die Welt zerfiel, — in mir ist Gottes Reich![146]

David wendet sich an Gott als Gegenüber und verwendet wie zuvor die Anrede „Du". Der Hinweis, dass David zu Gott empor will, setzt eine Bewegung Davids hin zu Gott voraus und weist auf die Externalisierung Gottes hin. Davids Ringen um Gott wird folgend in der Metapher des Gebärens dargestellt. Dies setzt allerdings ein internalisierendes Gottesbild voraus, wonach David aus sich selbst Gott hervorbringt. Zugleich deutet der Geburtsakt auf die Notwendigkeit der aktiven Handlung Davids hin, die wiederum im Gegensatz zu seiner Gebetshaltung steht. Die Geste des Kniens lässt sich nach Podewski als Unterwerfung und Ausdruck der Passivität verstehen.[147] Ein weiterer Aspekt des Gotteskonzepts

---

[145] Hellmuth, David und Bathseba, Sp. 613.
[146] Ebd., Sp. 624.
[147] Siehe Podewski, Medienordnungen, S. 139.

Davids stellt die individuelle Liebe dar, durch die die Beziehung zwischen David und Gott bestimmt ist und auf die im zitierten Dramentext mehrfach verwiesen wird.[148] Am Ende des Dramas interpretiert David selbst sein Ringen um und mit Gott und den Weg aus seiner existentiellen Krise. Im Dialog mit Michal reflektiert er seine Erfahrung:

> In diesen Tag' und Nächten, da ich rang
> Mit Gott um ihn, verging das, was ich war,
> Ein and'rer wurde ich, ein Niegewes'ner,
> Ein neuer Boden, junger Zukunft Land![149]

Davids Weg aus der Krise wird als Wiedergeburt dargestellt. Damit ist seine existentielle Krise, die durch sein Begehren und den Ehebruch ausgelöst wurde und sich in einer Art Selbstermächtigung gegenüber Gott fortsetzte, überwunden.

Im Drama „*David und Bathseba*" wird für ein Gotteskonzept plädiert, das Gott als personales Du, als Gegenüber ansieht. Zudem stützt es sich auf die Vorstellung der individuellen Liebe. Das Verhältnis zwischen Gott und Mensch ist als „liebevolle" Beziehung verstanden, die nicht mehr hierarchisch, sondern in der Betonung des Du als Korrespondenz gedacht wird. Darüber hinaus gelten in dem Gotteskonzept die göttlichen Gesetze als verinnerlicht und werden den Bundesgesetzen mit dem Anspruch eines rigiden Befolgens vorgezogen. Podewski weist darauf hin, dass durch die Verinnerlichung der Gesetze der „Zusammenhalt der jüdischen Gemeinschaft besser gesichert ist als durch die Verfolgung abstrakter Verträge und darüber hinaus auch nicht gestört wird von egoistischem, erotischem Begehren."[150]

Die Autorin Martha Schlesinger verortet in ihrem Drama die Handlung in einem biblischen Milieu und knüpft an die Religiosität und Tradition der jüdischen Gemeinschaft an. Das Drama thematisiert anhand der darin entworfenen Gottesbilder und der Auseinandersetzung mit den göttlichen Gesetzen den richtigen Umgang mit Gott. Inwiefern die verschiedenen Gottesvorstellungen und die damit im Zusammenhang stehenden Auffassungen zu den Bundesgesetzen die unterschiedlichen Strömungen der Religiosität in der jüdischen Gemeinschaft um 1900 widerspiegeln, muss in einer weiteren Analyse geklärt werden.

---

[148] Ebenso Podewski, Medienordnungen, S. 146.
[149] Hellmuth, David und Bathseba, Sp. 625.
[150] Podewski, Medienordnungen, S. 146.

5.3 Bernhard, Emil: *Der Brief des Uria* (1919)

Unter dem Pseudonym Emil Bernhard veröffentlichte der Schriftsteller und Rabbiner Emil Moses Cohn 1919 im Bonner Botenverlag das Trauerspiel *„Der Brief des Uria"*. Unter den recherchierten Dramentexten zu 2 Sam 11 aus der Jahrhundertwende erregt dieses Stück aufgrund des Dramentitels gleich in mehrfacher Hinsicht Aufmerksamkeit. Im Titel werden im Unterschied zu den meisten anderen dramatischen Rezeptionen weder David noch Batseba als Hauptfiguren des Erzählstoffes erwähnt, stattdessen findet eine Fokussierung auf Uria statt. Wie im Abschnitt *„Der Stoff der ‚David, Batseba und Urija'-Erzählung in deutschsprachigen Dramen um 1900"* aufgezeigt wurde, ist dieser Figurenname im Dramentitel eher selten.[1]

Der Titel erweckt außerdem Assoziationen zum sogenannten Todesbzw. Urija-Brief und dem damit verbundenen Motivkomplex.[2] Dabei wird dieses Motiv nicht einfach adaptiert, indem der Brief als Handlungselement aufgenommen oder der Briefinhalt zitiert wird. Cohn greift stattdessen den Todesbrief auf, variiert dessen Komponenten und erreicht so eine überraschende Wendung. Im Unterschied zur biblischen Erzählung, in der David den Brief initiiert, schreibt und durch Uria an Joab sendet, ist im Dramentext Uria der Initiator des Todesbriefes. Uria diktiert dem König den Briefinhalt, wodurch er nach seiner Wahrnehmung die eigene Identität und Unabhängigkeit gegenüber David wahrt bzw. durchsetzt. Damit ist bereits der zentrale Dramenaspekt angedeutet: Cohns Text greift den zeitgenössischen Problemkomplex der sogenannten „Ich-Krise" auf. Nicht nur in der Figur Uria, sondern auch bei David deutet sich ein Ringen um Identität an.

Die Publikation der Dramatisierung trägt eine Widmung, die unmittelbar auf den Dramentitel folgt. Mit der Dedikation „Geweiht der Erinnerung an Erich Rosenkranz"[3] verweist Cohn auf den Arzt Erich Rosenkranz, der ebenso wie Cohn 1881 geboren wurde und bereits 1914 verstarb. Rosenkranz war gemeinsam mit Cohn Mitglied im „Bund Jüdischer

---

[1] Siehe dazu die vorausgegangenen Ausführungen, S. 45f.
[2] Zum Motiv des Todesbriefes siehe die Ausführungen im Rahmen der exegetisch-narratologischen Analyse des ersten Teilbandes: Fischer, Könnigsmacht, S. 136–138. Siehe ebenso: Fischer, Wechselwirkungen, S. 77–97.
[3] Bernhard, Brief des Uria, S. 2.

Corporationen".⁴ Beide engagierten sich dort aktiv in den studentischen Verbindungen. Während Cohn von 1904 bis 1905 die dem Bund eigene Vierteljahreszeitschrift herausbrachte, zählt Rosenkranz zu den führenden Persönlichkeiten der jüdischen Studentenvereine.⁵

Innerhalb von Cohns literarischen Werken kommt dem Drama „*Der Brief des Uria*" eine besondere Bedeutung zu, denn es ist das erste Stück des Schriftstellers, das auf der Bühne inszeniert wurde. Cohn schrieb das Trauerspiel 1908 während seiner Zeit in Kiel.⁶ Am 12. April 1909 wurde der „*Brief des Uria*" bei den Kammerspielen des Deutschen Theaters in einer Inszenierung von Max Reinhardt uraufgeführt.⁷ Auf die Premiere folgten weitere Aufführungen in mehreren deutschen Städten wie Leipzig, Kiel, Essen, Hamburg, Koblenz, Bonn sowie Saarbrücken.⁸ Erst 1919 wurde der Dramentext im Botenverlag Bonn publiziert. 1931 kam es in Berlin zu einer Neuinszenierung des Theaterstücks, woraufhin das Drama ins Hebräische übertragen und durch die „Habimah" 1934 und nochmals 1935 in Szene gesetzt wurde.⁹

Die Erstaufführung des Dramas „*Der Brief des Uria*" sowie dessen Neuinszenierung 1931 haben eine Vielzahl an Reaktionen in Form von Rezensionen hervorgebracht.¹⁰ Aus diesen sollen im Folgenden exemplarisch zwei zeitgenössische Rezensionen, die sich auf die Uraufführung im April 1909 beziehen, näher betrachtet werden. In der Zeitschrift „*Jüdische Rundschau*" findet sich die folgende Rezension von Lazarus Barth zum Drama „*Der Brief des Uria*":

---

4   Siehe Reinharz, Zionismus, S. 144; Heuer, Lexikon, S. 209. Bei dem „Bund Jüdischer Corporation" handelt es sich um einen Zusammenschluss mehrerer jüdischer Studentenvereine, die sich in Folge der Gründung des „Vereins Jüdischer Studenten" an der Berliner Universität auch an anderen Universitäten bildeten.
5   Es handelt sich hierbei um die Zeitschrift „*Der Jüdische Student*". Siehe Heuer, Lexikon, S. 210. Siehe Reinharz, Zionismus, S. 62.
6   Siehe Horner, Cohn, S. 31. Im „*Lexikon deutsch-jüdischer Autoren*" findet sich eine abweichende Datierung der Entstehung des Theaterstückes, nach der das Drama „*Der Brief des Uria*" bereits 1905 geschrieben wurde. Vgl. Heuer, Lexikon, S. 213.
7   Siehe Sakheim, Echo, Sp. 1179; Bab, Emil, S. 69; Horner, Cohn, S. 31.
8   Siehe Horner, Cohn, S. 31f.
9   Siehe ebd., S. 32. Während seiner Reise nach Israel im März 1935 nahm Cohn an Gesprächen zu den Aufführungen des Dramas durch die Theatergruppe „Habimah" teil. Siehe ebd., S. 50.
10   Vgl. Barth, Brief, S. 180f.; Sakheim, Echo, Sp. 1179f.; L.B., Emil, Beiblatt I; hs., Brief, S. 10. Hinweise auf weitere Rezensionen finden sich bei Heuer, Lexikon, S. 213.

> Der Dichter, der die Personen dieser Erzählung über die Bretter der Bühne schreiten liess, hat Uria und sein Weib Batseba aus ihrer Passivität erlöst. Das Spiel zwischen den dreien zu schildern, erfordert einen echten Dichter. [...] Es ist nicht schwer zu sehen, dass Hebbel stark auf den Dichter eingewirkt hat. [...] Uria ist eine kraftstrotzende Natur, die vor den Augen des Zuschauers die ganze Skala der Gefühle durchlebt, einen grossen Kampf durchficht und als Sieger hervorgeht. An ihm hat der Dramatiker Bernhardt gezeigt, dass wir es von ihm zu hoffen haben.[11]

Barth würdigt Cohns schriftstellerisches Talent und hebt seine Hinwendung zu den Figuren Uria und Batseba hervor, die in der biblischen Erzählung viel passiver dargestellt sind. Darüber hinaus wird die Ausrichtung von Cohns Darstellung auf das Figureninnere betont und auf den Einfluss durch Friedrich Hebbel verwiesen. Der Einfluss Hebbels auf Bernhards Drama „Der Brief des Uria" wird in vielen zeitgenössischen Rezensionen thematisiert, gelegentlich ironisch kommentiert oder gar kritisiert wie in der folgenden Rezension in der Literaturzeitschrift „Das Literarische Echo" von 1909:

> Den Dichter reizte es, den Zwiespalt der Gefühle, in den sich David durch seinen königlichen Frevel am Weibe seines Dieners, Bathseba durch ihre Hingabe an den sie begehrenden König, Uria durch den Konflikt von Pflicht und Mannesehre gleichzeitig gestellt sehen, zum Gegenstand psychologischer Analyse zu machen. Der Name Hebbel drängt sich dem Hörer dabei von der ersten Szene an auf die Lippen [...]. Bernhard scheint einer von denen, auf die Herbert Eulenbergs im Kern berechtigter Mahnruf ‚Hütet euch vor Hebbel' [...] zutrifft: über der eigensinnig bohrenden Psychologie und der Sucht des Motivierens verlieren seine Gestalten die Blutwärme und Glaubhaftigkeit.[12]

---

[11] Barth, Brief, S. 180f.
[12] Sakheim, Echo, Sp. 1179f. Der Einfluss Hebbels wird in den zeitgenössischen Rezensionen sowohl an der Begrenzung und Gruppierung von vier Personen (David, Batseba, Uria und die Sklavin Thamar) als auch an der vermittelnden Rolle der Sklavin gesehen. Die Sklavin erinnere, so Sakheim, „an die eigentümliche dramatische Stilisierung des ‚Gyges'" in Hebbels Tragödie „Gyges und sein Ring" aus dem Jahr 1854. Sakheim, Echo, Sp. 1180. Auch die Struktur des Trauerspiels, das sich in „dem Sichhineinbohren in die Seelen seiner Menschen, in der Entwicklung der Katastrophe" äußert, weise nach Barth auf den Einfluss Hebbels hin. Barth, Brief, S. 181.

Diese kritischere Rezension von Sakheim schließt mit einer Würdigung des Dramentexts. Emil Cohns Erstlingswerk verbinde „ein nicht gewöhnliches Talent der Szenenführung, dichterisch wertvolle Einzelzüge und eine auffallend beherrschte und reiche Sprache."[13]

Eine der von Sakheim benannten Schwächen des Theaterstücks ist der Dramenschluss, der nach seiner Auffassung, „den Knoten nur äußerlich"[14] löse. Neben der Fokussierung auf die Figur Urias und der reich dargestellten Introspektion, die in der biblischen Erzählung in Bezug auf die Figuren Batseba und Uria kaum vorliegt, liegt m. E. gerade im Handlungsausgang, in dem eine überraschende Wendung und bemerkenswerte Lösung aufgezeigt wird, die Stärke dieses Dramentextes. Um diese Besonderheit herauszuarbeiten, werden im Folgenden Struktur und Handlung des Dramas *„Der Brief des Uria"* von Emil Bernhard vorgestellt.

5.3.1 Der Brief des Uria (1919) – Struktur und Inhalt

Das Drama ist in fünf Akte untergliedert und folgt somit dem klassischen Dramenaufbau. Zwischen den Akten findet jeweils ein Ortswechsel statt. Während der 1. und 4. Akt im Königspalast und der 2. und 5. Akt im (innersten) Gemach des Königs spielen, bildet das Haus Urias den Raum des 3. Aktes. Neben den Ortswechseln finden zwischen den ersten vier Akten zudem Figurenwechsel statt. Auch zum letzten Akt hin verändert sich die Figurenkonstellation. Neben den beiden Personen Uria und Abjathar tritt mit Beginn des 5. Aktes David wieder auf. Zudem ist diese Segmentierung durch die räumliche Bewegung von Uria und Abjathar hervorgehoben, denn Uria dringt, gefolgt von dem Leibwächter, in die innersten Gemächer des Königs ein.

Eine weitere Segmentierung in Szenen findet nicht statt. Eine Exposition liegt in Form eines in die Handlung integrierten Stückauftakts innerhalb des 1. Aktes vor. Im Dialog zwischen Bathseba und Thamar werden die Geschehnisse aus der Vergangenheit benannt, die als Expositionsfak-

---

Kritiker äußert sich folgender Rezensient: „Aus der Erzählung des Buches Samuel von Davids Buhl- und Blutschuld hat Emil Bernhard ein edles Deklamatorium gemacht, dessen – man könnte fast sagen – Hebbel-Sensation im letzten der vier Akte dialektisch ausbricht [...]. Wie gesagt: es hapert (und hebbelt) mit diesem überspitzten Schluß." hs., Brief, S. 10.

[13] Sakheim, Echo, Sp. 1180.
[14] Ebenda.

ten die Grundlage für die Handlung darstellen. Die problematische Figurenkonstellation wird in der folgenden Rede Bathsebas erkennbar:

> Du schaust mich an.
> Ich, eines anderen Weib, aus seinem Hause
> Geholt, geraubt, von einem König zwar,
> Doch immerhin .... und glücklich? — Sagst du was?[15]

Bathseba verweist in ihrer Rede auf die Dreiecksbeziehung zwischen sich, ihrem Ehemann sowie dem König und deutet einen inneren Konflikt an – ihren glücklichen Gefühlszustand angesichts des ihr widerfahrenen Unrechts.

„*Der Brief des Uria*" ist ein diskurslastiges Drama, denn die nonverbalen Aktionen und Handlungen besitzen im Text weitaus weniger Aussagekraft als die Äußerungen der Personen, denen hingegen eine hohe Bedeutung zukommt.[16] Die meisten Angaben im Nebentext dienen dazu, die dramatischen Reden auszugestalten. Es finden sich dort vermehrt Hinweise zur Stimmmodulation oder zum Setzen von Pausen.[17]

In Bezug auf den Nebentext lässt sich festhalten, dass dessen Umfang im Vergleich zum Haupttext auffällig gering ist. Die meisten Passagen des Nebentextes sind kurze Informationen in Bezug auf einzelne Handlungen der Personen oder stellen knappe Regieanweisungen dar.[18] Davon unterscheidet sich der Umfang des Nebentextes am Dramenende.[19] Seine Länge übertrifft die der gerahmten Rede Davids. Durch diese ausführlicheren Angaben im Nebentext werden die dramatische Situation selbst sowie ihre Inszenierung am Ende des Dramas zusätzlich ausgestaltet.

---

[15] Bernhard, Brief des Uria, S. 6.
[16] Zur Unterscheidung siehe Schößler, Dramenanalyse, S. 113f.
[17] Im Dramentext findet sich unter den Angaben im Nebentext 14 Mal der Vermerk einer (tiefen) Pause und 29 Mal der Hinweis auf die Modulation der Stimme, wonach die betreffende Person beispielsweise zornig (Bernhard, Brief des Uria, S. 78), drohend (Ebd., S. 79) oder heiser (Ebd., S. 83) sprechen soll.
[18] Neben den Informationen zu den Pausen und den Stimmmodulationen finden sich im Nebentext 21 Mal Angaben zum Auftritt bzw. Abgang von Personen sowie etwa 50 Beschreibungen von Handlungen. Nur viermal verweist der Nebentext auf den Einsatz bzw. auf Handlungen mit Requisiten. Knappe Angaben zum Raum, in dem die Handlung spielt, finden sich lediglich am Anfang eines jeden Aktes. Regieinformationen hinsichtlich des Lichts begegnen ausschließlich im 5. Akt, siehe Bernhard, Brief des Uria, S. 76; 88.
[19] Vgl. ebd., S. 88.

Im Anschluss an das Personenverzeichnis im einleitenden Nebentext findet sich folgender Hinweis zum Zeitrahmen des dramatischen Geschehens: „Das Drama spielt von Mittag bis Mitternacht".[20] Im Nebentext findet sich zu Beginn des 5. Aktes eine zweite Zeitangabe, nach der der 5. Akt um Mitternacht spielt.

Das Drama *„Der Brief des Uria"* von Emil Bernhard weist eine geschlossene Form auf. Erkennbar ist dies zum einen daran, dass zwischen und innerhalb der Akte auf Schauplatzwechsel sowie auf Zeitsprünge verzichtet wird. Zum anderen wird durch Vorausdeutungen sowie Rückverweise innerhalb der Handlung Kontinuität hergestellt. Es begegnen im Drama zwei Vernetzungstechniken, die im Folgenden vorgestellt werden sollen. In Form eines Traumes (5. Akt), in dem Uria seine Frau entehrt sieht, wird auf die zuvor dargestellte Handlung, Urias Erkennen des Ehebruchs, zurückverwiesen.[21] Zugleich handelt es sich bei dem Traum um ein andeutendes Ereignis. Uria möchte mit seiner Traumvision den König zum Geständnis des Ehebruchs bewegen. Dabei wird eine Vernetzungsstruktur aufgegriffen, die in Form der Requisite des Schwertes vorliegt. Dieser Gegenstand bekommt innerhalb der Handlung mehrfach Bedeutung. Zuerst wird dieser Gegenstand im 2. Akt erwähnt: Uria bekommt von Abjathar ein Schwert von David überreicht, das der König selbst in mehreren Schlachten mit sich führte und eine „Gabe seiner königlichen Huld"[22] darstellt. Ebenfalls im 2. Akt ist das Schwert Thema im Dialog zwischen Uria und der Sklavin Thamar. Dort wird der Gegenstand zunächst näher beschrieben und von Uria dazu verwendet, Thamar dazu zu bringen, ihn über die Motivation Davids aufzuklären:

>Uria
>Was willst du?
>Der König schenkte mir sein gutes Schwert,
>Ein Schwert, mit Diamanten ausgelegt,
>Ein Schwert, in zwanzig Schlachten ausgeprobt,
>In auserlesnem Heldenblut gewaschen.
>Sag' ihm, dass ich den Wink verstanden habe!
>Ich gehe in mein Haus![23]

---

[20] Bernhard, Brief des Uria, S. 3.
[21] Vgl. ebd., S. 77–80.
[22] Ebd., S. 24.
[23] Ebd., S. 31.

Dem Schwert kommt eine weitere Bedeutung zu. Es wird nicht nur als königlicher Gunsterweis verstanden, sondern Uria sieht darin den königlichen Befehl, Bathseba aufgrund ihrer Schuld zu richten. Uria erhöht mit dem Verweis auf das Schwert den Druck auf Thamar, indem er ein Bedrohungsszenario für Bathseba entwirft. Dadurch resigniert Thamar letztlich und informiert Uria über den Ehebruch.

Das Schwert begegnet erneut im 5. Akt. Wie zuvor verwendet Uria eine List, bei der dem Schwert eine besondere Rolle zukommt. Um David dazu zu bewegen, den Ehebruch mit Bathseba zu gestehen, berichtet Uria dem König von Bathsebas Forderung:

> Uria
> „Uria, komm' zu mir und bringe gleich
> Das Schwert mit, das der König dir geschenkt!
> Du wirst es brauchen können!"
> David
> Sonderbar!
> Meint sie sich selbst? […]
> Ich hab' mir einst von ihr erzählen lassen,
> Dass sie sehr edel sei.
> Uria
> Ist sie es nicht,
> Da sie den Gatten, ihren Richter ruft,
> Zu sühnen ihre tiefbereute Schuld?[24]

Die erneute Nennung des Schwertes stellt einen Rückverweis auf das frühere Geschehen im 2. Akt dar. Damit ist in Erinnerung gebracht, dass es Uria bereits gelang, durch die Etablierung eines Bedrohungsszenarios unter Verweis auf das Schwert Thamar ein Geständnis abzuringen. Auch in der eben zitierten Passage wird eine Relation zwischen dem Schwert und dem Richteramt hergestellt. Uria will David angesichts der Bathseba angedrohten Strafaktion zum Geständnis bringen. Durch den Gegenstand des Schwertes, der von Uria als Instrumentarium des Gerichts konnotiert ist, ergeben sich Referenzen zwischen den beiden Ereignissen. Diese Vernetzungsstruktur innerhalb der Handlung lässt die geschlossene Form des Dramas erkennen.

Wie bereits ausgeführt, handelt es sich bei diesem literarischen Werk Cohns um ein diskurslastiges Drama. Das Gewicht der Dramenaussagen

---

[24] Bernhard, Brief des Uria, S. 79.

liegt nicht auf den Aktionen der Figuren, sondern auf den Sprechhandlungen. Die Sprache des Textes ist als artifiziell zu kennzeichnen, das Drama ist in Versen verfasst. Damit greift Emil Cohn eine zeitgeschichtliche Entwicklung auf: „Um 1900, also mit dem wachsenden Interesse an einem Theater, das sich von der Wirklichkeit abhebt, wird der Vers erneut attraktiv"[25]. Die längeren Figurenreden weisen die Versform des Blankverses auf.[26] Dieser besteht aus fünf Jamben, die entweder auf eine männliche oder weibliche Kadenz enden. Charakteristisch für den Blankvers sind seine Reimlosigkeit sowie die relative Kürze der Zeile, was ihn letzten Endes sehr prosanah wirken lässt.[27] Cohn greift in seinem Drama eine Versform auf, die innerhalb der Weimarer Klassik sowie im 19. Jahrhundert äußert beliebt war.[28] Aufgrund der einheitlichen Verwendung des Blankverses bei allen Figuren findet eine Angleichung der Figurenrepliken statt.

In den Figurenreden kommt der Darstellung der Figurenpsyche hohe Relevanz zu. Die dramatische Rede ist bis auf wenige Ausnahmen dialogisch angelegt. Innerhalb des Dramas gibt es drei kurze Monologe. Nachdem David die Bühne verlässt und bevor der Leibwächter Abjathar sie betritt, ist Uria dort im 2. Akt allein. In einem kurzen Monolog äußert er seine Skepsis gegenüber der königlichen Gunst, wünscht sich fort und will zu Bathseba, seiner Frau, eilen.[29]

Im 4. Akt tritt Uria nochmals alleine auf.[30] Er reflektiert seine Handlungen gegenüber David und benennt seine Intention gegenüber dem königlichen Ehebrecher. Es handelt sich hierbei um einen nichtaktionalen Monolog, der reflektierend die Innerlichkeit Urias entfaltet. Mit einem weiteren Monolog endet das Drama. David ist nach dem Abgang Urias allein und spricht nach den Angaben des Nebentextes, „als

---

[25] Schößler, Dramenanalyse, S. 122.
[26] Der Blankvers kommt in folgenden längere Reden der jeweiligen Figuren vor: Batseba S. 7–9, 65; David S. 13, 81f.; Uria S. 65f., 85f. Auch die Figurenreden Thamars und Abjathar, die im Vergleich zu den anderen *dramatis personae* einen wesentlich kürzeren Umfang aufweisen, folgen im Metrum dem Blankvers, vgl. Bernhard, Brief des Uria, S. 24, 35, 51, 54.
[27] Siehe Schößler, Dramenanalyse, S. 121.
[28] Siehe ebd., S. 122.
[29] Vgl. Bernhard, Brief des Uria, S. 22.
[30] Vgl. ebd., S. 62.

wenn seine Diener um ihn wären"[31]. In seinem Monolog stellt David sein Königtum als Bürde dar.

Die fünf Akte des Dramas weisen insgesamt 14 Pausen auf. Dabei begegnen diese gehäuft im 2. Akt. Dort verstummen die Figuren in ihren Reden insgesamt siebenmal. Die gehäuften Pausen im 2. Akt fungieren zur Inszenierung der Wahrheitsfindung Urias im Dialog mit Thamar.[32]

Im Vergleich zu den anderen dramatischen Entwürfen zu 2 Sam 11 fällt die begrenzte Anzahl an Figuren in Cohns Drama auf. Im einleitenden Verzeichnis des Nebentextes werden nur fünf Personen benannt: David, Uria, dessen Frau Bathseba, die Sklavin Thamar sowie Davids Leibwächter Abiathar.[33] Im 1. Akt treten zudem namenlose Krieger auf, denen jedoch keine Redeanteile zukommen.[34]

Bis auf wenige Ausnahmen befinden sich nicht mehr als zwei Figuren gleichzeitig auf der Bühne. Nur in kurzen Passagen kommen eine dritte sprechende Person bzw. weitere Personen ohne Figurenreden hinzu, sodass sich die Rede in Form eines Mehrgesprächs organisiert.[35] Die Analyse der Auftrittsfrequenz lässt erkennen, dass die Figur Davids als einzige in allen fünf Akten auftritt. Die höchste Frequenz mit 12 Auftritten besitzt Uria, David folgt mit 11 Auftritten. Somit lassen sich diese beiden Figuren als zentrale Gestalten des Dramas benennen.

Mit jeweils sieben Auftritten sind Bathseba, Thamar und Abjathar[36] serielle Figuren. An der Auftrittsfrequenz Bathsebas lässt sich beobachten, dass sie an allen Dialogen bzw. Gesprächen des 1. und 3. Aktes be-

---

[31] Bernhard, Brief des Uria, S. 88.
[32] Siehe ebd., S. 28f., 65, 36f.
[33] Im Drama variiert die Schreibweise des Figurennamens Abjathars. Während im Personenverzeichnis der Name *Abiathar* zu finden ist, wird anschließend die Schreibweise *Abjathar* verwendet. In Passung zu den zitierten Dramenauszügen wird in der vorliegenden Analyse von der Schreibweise des Personenverzeichnisses abgewichen und stattdessen die Variante *Abjathar* verwendet.
[34] Vgl. Bernhard, Brief des Uria, S. 17f. Aus diesem Grund werden die Krieger auch nicht in der weiteren Figurenanalyse berücksichtigt. Sie treten am Ende des 1. Aktes auf und bekommen von David den Befehl, Bathseba in ihr Haus zu eskortieren. Diese inszeniert ihren Abgang, indem sie, David verlassend, königlich durch die Gruppe der Krieger hindurch schreitet. Die Krieger folgen ihr.
[35] Im Dramentext sind drei Polyloge zu finden, siehe Bernhard, Brief des Uria, S. 17f., 45f., 76f.
[36] Abjathar tritt insgesamt siebenmal auf, allerdings spricht er im 1. Akt nicht, sondern agiert nur.

teiligt ist. Uria, der hier nicht auftritt, agiert hingegen in den übrigen Akten fast durchweg.[37]

Die Verteilung der Auftritte mit der Frage nach der Häufigkeit der Relation zwischen den Figuren lässt eine Besonderheit erkennen. Nur ein einziges Mal kommt es zum Dialog zwischen Uria und Bathseba, alle anderen Dialoge bzw. Gespräche zwischen den Figuren finden mehrfach statt.[38]

Die beiden Figuren Thamar und Abjathar kommen im Unterschied zu Uria, David und Bathseba nicht in der biblischen Erzählung in 2 Sam 11 vor. Allerdings findet man sie in anderen biblischen Kontexten. Aus diesem Grund sollen sie im Folgenden im Rahmen dieses Kapitels näher analysiert werden. Um Redundanzen zu vermeiden, werden David, Batseba und Uria hingegen erst im anschließenden Kapitel unter Anwendung der RE analysiert.

Innerhalb der biblischen Texte begegnen insgesamt drei biblische Frauenfiguren mit dem Namen Tamar (תָּמָר). Erstmals wird eine Frau mit diesem Namen in Gen 38 benannt. Dieses Kapitel unterbricht die sogenannte Joseferzählung und thematisiert den sozialen Brauch des Levirats. Tamar ist eine kinderlose Witwe. Ihr Schwiegervater Juda will der Leviratspflicht nachkommen und fordert seinen zweiten Sohn Onan auf, für seinen verstorbenen, älteren Bruder einen Nachkommen zu zeugen. Als dieser sich verweigert und schließlich stirbt, lehnt Juda es aus Furcht um das Leben seines dritten Sohnes Schela ab, die Leviratsehe zu vollziehen. Daraufhin fordert Tamar ihr Recht ein und bringt ihren Schwiegervater Juda mit einer List zum Beischlaf. Sie wird schwanger und gebärt die Söhne Perez und Serach.

Innerhalb der davidischen Erzählungen begegnet in 2 Sam 13,1 eine weitere Frauenfigur mit dem Namen Tamar. Sie wird als Schwester Absaloms eingeführt und somit indirekt als Tochter Davids benannt. Sie ist als schöne Frau (יפה) charakterisiert, die von ihrem Halbbruder Amnon geliebt (אהב) wird. In 2 Sam 13 wird die Vergewaltigung Tamars durch Amnon erzählt. Sie versucht ihren Halbbruder von den sexuellen Hand-

---

[37] Ausnahmen davon bilden der Beginn des zweiten und der Anfang des 4. Aktes, in denen jeweils ein Dialog zwischen David und Abjathar die weiteren Reden, in denen Uria auftritt, vorbereiten. Der 5. Akt schließt mit einem kurzen Monolog Davids, der an den Abgang Urias anschließt. Siehe Bernhard, Brief des Uria, S. 19f., 54–57, 88.

[38] Das Gespräch zwischen Uria und Bathseba findet im vierten Akt statt, siehe Bernhard, Brief des Uria, S. 62–67.

lungen an ihr durch einen „rhetorisch ausgefeilten verbalen Widerstand"[39] abzubringen. Sie verweist in ihrer Rede sowohl auf die mögliche Legalisierung seines Begehrens als auch auf die Konsequenzen der Vergewaltigung für ihn.

Tamars verbaler Widerstand ist im Vergleich mit anderen Erzählungen über sexuelle Gewalt (Gen 34; Ri 19) außergewöhnlich. Sie wird darin als kluge und weitsichtige Frau dargestellt, deren Argumentation von der Erzählgemeinschaft mitgetragen wird.[40]

In 2 Sam 14,27 ist eine dritte Frauenfigur mit Namen Tamar benannt. Sie ist die Tochter Absaloms und wird ebenso wie seine Schwester als schöne Frau beschrieben (יפת מראה).

Bernhard gibt keine Gründe für die Wahl des Namens Tamar als Bezeichnung der Sklavin an. Auch in der Literatur lassen sich keine Informationen darüber finden. Eine Gemeinsamkeit der biblischen Frauenfiguren mit Namen Tamar in Gen 38 und 2 Sam 13 ist ihre Klugheit, die sie angesichts auswegloser, bedrohender Situationen beweisen.

Der Figur Thamars kommen in Cohns Drama mehrere Funktionen zu. Zum einen übernimmt sie im 3. Akt die Funktion eines Boten und überbringt im Auftrag Urias Bathseba und David die Nachricht, dass Uria nicht mehr zu seiner Frau kommt und „Lebe wohl" sagt.[41] Zudem tritt sie als Vermittlerin zwischen Uria und Batseba auf. Schließlich deutet Tamar das Geschehen aus ihrer Sicht und stellt somit eine weitere Figurenperspektive neben den genannten dar.

Auch bei Abjathar handelt es sich um eine Figur, die im Zusammenhang der Davidserzählung in der Bibel auftaucht und in den biblischen Erzählungen in Beziehung zum biblischen David steht. In 1 Sam 22,20 wird Abjatar (אֶבְיָתָר) als Sohn des Abimelech eingeführt, der als Einziger der Strafaktion Sauls an den Priestern in Nob entgangen ist. Als Überlebender flieht er zu David und informiert ihn über das Massaker (1 Sam 22,21). Zudem bringt er David den Efod.

Darüber hinaus wird Abjatar in den Beamtenlisten in 2 Sam 8,16–18; 2 Sam 20,23–26 und 1 Chr 18,15–17 erwähnt. Daraus lässt sich schlie-

---

[39] Müllner, Art. Tamar, 3.1.
[40] Ebd., 3.3.
[41] Die Beauftragung Thamars als Botin Urias ist bereits am Ende des 2. Aktes dargestellt, die Überbringung der Botschaft an Bathseba und David erfolgt erst im 3. Akt. Siehe Bernhard, Brief des Uria, S. 37f.,45–48.

ßen, dass Abjatar einer der wichtigsten Beamten unter der Königsherrschaft Davids war.[42] Mit Zadok zusammen übt Abjatar nach 2 Sam 20,25 das Amt des Oberpriesters aus. Während der Auseinandersetzung Davids mit seinem Sohn verhält sich Abjatar gegenüber David loyal. In den Auseinandersetzungen um die Thronnachfolge stellt sich Abjatar auf die Seite Adonjas und wird vom späteren König Salomo aufgrund seiner Treue gegenüber David nicht mit dem Tod bestraft, sondern verbannt.

Die Figur Abjathars in Cohns Drama unterscheidet sich vor allem hinsichtlich ihres Amtes von der biblischen Figur. Während die biblische Figur das Amt des Oberpriesters bekleidet und kultische Handlungen wie Opferungen und den Dienst an der Lade vollzieht, ist die gleichnamige Dramenfigur als Leibwächter des Königs tätig. Eine Gemeinsamkeit mit der biblischen Figur stellt die Loyalität gegenüber König David dar.

Die anderen *dramatis personae* werden in der anschließenden Analyse unter Verwendung der REs dargestellt. Eine Voraussetzung für deren Anwendung stellt der folgende Überblick über die Handlung dar, mit der der Abschnitt zu Inhalt, Sprache und Struktur endet.

Zusammenfassung der Handlung

Zu Beginn des *1. Aktes* treten die beiden weiblichen Figuren Bathseba sowie ihre Sklavin Thamar auf. In ihrem Gespräch verweist Bathseba auf ihre Liaison mit David und äußert den Wunsch, Königin zu werden. Darüber hinaus spielt sie mehrfach auf einen geheimen Umstand an, der ihr helfen soll, ihr Ziel, die Königskrone, zu erreichen. Der Dialog wird unterbrochen durch den Auftritt Davids. In der folgenden Rede zwischen diesen beiden Hauptfiguren etabliert sich der grundlegende Konflikt: Beide wollen ihre Beziehung zueinander, die bislang einerseits vom männlichen Begehren und Sexualität bestimmt ist und andererseits aufgrund Bathsebas Ehe mit Uria eine Rechtswidrigkeit darstellt, verändern. Während die schwangere Bathseba vom König als legitime Ehefrau und Königin institutionalisiert werden will, fordert David,

---

[42] Siehe van Zee-Hanssen, Art. Abjatar, 2. In diesem Zusammenhang ist auf den Widerspruch in den Beamtenlisten in Bezug auf die Reihenfolge und familiäre Relation zwischen Ahimelech und Abjatar hinzuweisen. In 2 Sam 20,25 findet sich die Notiz, Zadok und Abjatar waren Priester. Im Unterschied dazu werden in 2 Sam 8,17 „Zadok, der Sohn des Ahitub, und Ahimelech, der Sohn des Abjatar" als Priester benannt. Die familiäre Beziehung zwischen Abjatar und Ahimelech wäre im Vergleich zu 1 Sam 22,20–22 umgekehrt. Nach Japhet könne es sich bei der Vertauschung der Reihenfolge von Ahimelech und Abjatar in 2 Sam 8,17 und 1 Chr 18,17 um eine Textverderbnis handeln. Diese im Vergleich zu 1 Sam 22,20 umgekehrte familiäre Reihenfolge „stand bereits in der Vorlage des Chronisten von 2 Sam und wurde dann nach 1 Chr 24,3.6 übernommen; dort ist Ahimelech, nicht Abjatar, der Hohepriester zusammen mit Zadok". Japhet, Chronik, S. 330.

durch einen Gerichtsfall seine Schuld erkennt und diese bereut, von Bathseba: „Kehre zurück in deines Gatten Haus!"[43]. Durch ihre Schwangerschaftsbekanntgabe erhofft sich Bathseba, dass David von seiner Forderung abrückt. Dies geschieht jedoch nicht. Der König informiert sie stattdessen darüber, dass er Uria bereits vom Kriegslager zurückrufen ließ und er auf seine Ankunft wartet. Bathseba fordert darauf hin wiederholt den Tod Urias. Der König ruft Wachen, die Bathseba in Urias Haus bringen sollen. Diese werden jedoch von ihr zurückgewiesen. Bathseba geht und spricht dabei die Drohung an den König aus, er solle nicht zu lange warten, sie als Königin – nicht Geliebte – in den Palast zurückzuholen.

Die Hauptfigur des *2. Aktes* ist Uria. Dieser kommt in den Palast Davids und bittet den König um die Botschaft, wegen der er nach Jerusalem kommen sollte. Uria eilt es, er möchte unverzüglich ins Lager zurückkehren. Auf die Frage Davids, wie es um Joab und das Heer steht, erzählt Uria, dass Rabbath-Ammon bald erobert sei. Der König möchte seinem Soldaten aufgrund dieser guten Nachricht seine Gnade erweisen und gewährt ihm eine Nacht bei seiner Frau. Außerdem überreicht er ihm als Geschenk ein Schwert sowie die Sklavin Thamar. Der König werde Uria persönlich am Abend seine Aufwartung in dessen Haus machen. Die dreimalige Wiederholung dieser königlichen Gunst irritiert Uria. Deshalb versucht er bei Abjathar, dem königlichen Leibwächter, und anschließend bei Thamar den Grund des königlichen Wohlwollens zu erfragen. Mit einer Täuschung bringt er Thamar zum Reden. Nach anfänglichem Leugnen gesteht sie, dass sie Urias Frau, Bathseba, kenne und sie in der vergangen Zeit begleitet habe. Uria erkennt, dass Bathseba Ehebruch begangen hat und sieht im geschenkten Schwert von David einen Appell, die Ehebrecherin mit dem Tod zu bestrafen. Thamar hält ihn davon ab und verteidigt Bathseba, indem sie ihre Unschuld betont. Diese bezweifelt Uria und verweist auf Batsebas Pflicht, dem Ehebruch durch Suizid zu entgehen. Thamar, die versucht beschwichtigend auf Uria einzureden, verrät dabei immer mehr Details, aus denen Uria Batsebas Gefühle gegenüber David ableitet. Die Sklavin wirft ihm vor, zu lange von Batseba getrennt gewesen zu sein. Uria erkennt diesen Fehler an und sieht in seinem Tod den einzigen Ausweg. Er sendet Thamar mit einer Botschaft („Ich komme nicht! Leb' wohl!"[44]) zu Bathseba und bittet sie, David die gleiche Nachricht zu überbringen, sodass der König zu Uria eilen werde. Der einzige Trost für Urija ist sein moralischer Sieg über David.

Im *3. Akt* tritt neben David und Bathseba auch Thamar auf. David, der in das Haus Urias kommt, findet dort nur Bathseba vor. Er erkundigt sich nach dem Verbleib Urias und ist irritiert, dass er diesen nicht in seinem Haus angetroffen hat. Bathseba unterbricht den König und fragt diesen, wann er sie in sein Haus zurückholen wolle, wann er sie heirate und wann er sie inthronisieren werde. David erkennt an, dass er schuldig an Bathseba gehandelt hat und möchte deshalb die Liaison beenden. Bathseba werde lernen, Uria wieder zu lieben. Daraufhin droht sie dem König, ihre Schwangerschaft und seine Vaterschaft öffentlich zu machen. David bittet Batseba zu schweigen und fordert ihr daher einen Schwur ab. Die Sklavin Thamar kommt hinzu und richtet Urias Botschaft aus, er werde nicht kommen und lebe wohl sagen. David eilt daraufhin sofort zu Uria. Batseba will von Thamar erfahren, woher sie diese In-

---

[43] Bernhard, Brief des Uria, S. 15.
[44] Ebd., S. 37.

formationen hat. Daraufhin erzählt ihr die Sklavin, was Uria als Geschenk vom König überreicht wurde. Auch berichtet sie, dass er Kenntnis über den Ehebruch besitze. Batseba drängt zu erfahren, wie Uria darauf regiert habe. Thamar rühmt Uria als edlen Mann, der vor Schmerz geweint habe. Bathseba reagiert panisch und hat Angst vor der Wut und der Vergeltung ihres Ehemannes. Thamar beruhigt sie und teilt ihrer Herrin mit, dass sie Bathseba gegenüber Uria als schuldlos dargestellt habe. Bathseba gesteht Thamar ihre Schuld gegenüber Uria ein, seinen Tod gefordert zu haben, und setzt sie über die Schwangerschaft in Kenntnis. Obwohl Thamar versucht sie davon abzubringen, will Bathseba Uria persönlich mitteilen, dass sie selbst vom König den Tod des Ehemannes gefordert habe.

David, der nach seinem Feldherrn geschickt hat, wird am Beginn des *4. Aktes* von seinem Leibwächter Abjathar informiert, dass dieser sich betrinke. Der König beauftragt ihn, Uria zu holen und ihn später, wenn er eingeschlafen ist, zu Bathseba zu bringen. Als Uria den Palast betritt, stellt er sich im Gespräch mit David betrunken. Der König erkundigt sich bei ihm, weshalb er seiner Frau fern geblieben sei. Dieser verweist sowohl auf seine Loyalität zu den Mitsoldaten als auch auf die sexuelle Attraktivität Bathsebas, von der er sich lieber distanziere. Uria deutet ein Weinen an und braust anschließend auf, sodass David erschrickt und nach Abjathar ruft. Der König eilt davon. Abjathar bittet Uria, in sein Haus zu gehen. Dieser legt sich jedoch am Eingang des Palastes nieder und deutet in Form eines Monologes an, dass er die Möglichkeit gehabt hätte, David sofort mit dem Ehebruch zu konfrontieren. In seiner Rede wird er unterbrochen, als Batseba zu ihm kommt.

Sie gesteht ihrem Mann den Ehebruch und gibt zu, am frühen Tage von David seinen Tod gefordert zu haben. Uria fordert Batseba wiederholt dazu auf, glücklich zu sein. Sie ist ergriffen und verletzt von seinen Worten und provoziert ihn, um eine anderen Reaktion bei ihrem Ehemann hervorzurufen. Uria entgegnet ihr, dass er als Krieger kein Recht auf eine Ehefrau habe und versucht seinerseits Bathseba von seinem keineswegs schuldlosen Leben zu überzeugen: Er sei betrunken und habe zuvor schon mit vielen Frauen und Dirnen Ehebruch begangen. Bathseba entlarvt dies als Lüge. Sie gesteht Uria, dass sie schwanger sei und ein Kind von David erwarte. Schmerzlich von dieser Neuigkeit getroffen, schwindet Urias Groll gegenüber David um Batsebas und ihres Kindes willen. Die versöhnten Eheleute verabschieden sich mit einem letzten Kuss voneinander. Batseba befiehlt Thamar, sie solle ihm zur Seite stehen, und geht. In Gedanken an Batseba fasst Uria den Plan, sie als Königin zu etablieren. Damit möchte Uria demonstrieren, dass er und nicht David der Stärkere ist. Uria bittet Thamar, Batseba in der folgenden Zeit beizustehen. Er verabschiedet sich von der Sklavin und dringt in den königlichen Palast ein. Abjathar kann Uria nicht davon abhalten, in die königlichen Gemächer vorzudringen.

Am Beginn des *5. Aktes* stellt sich Uria im Gespräch mit David erneut betrunken und versucht den König seiner Schuld zu überführen. Dazu berichtet er dem König von seinem Traum, in dem Bathseba von jemandem entehrt wurde. Uria, der plötzlich in Raserei gerät, will seine ehebrecherische Frau mit dem von König David geschenkten Schwert richten und den „Buhler" ausfindig machen. Der König gesteht daraufhin seine Tat. Uria ist entsetzt, dass David solange versucht hat, seine Fehler ihm gegenüber zu verheimlichen. Auf Urias Äußerung, er wolle die Knechte rufen und die schändliche Tat Davids öffentlich machen, droht David ihm, er solle schweigen oder er werde sterben. David gesteht seine Schuld ein und versucht Uria sein Vorhaben, die

Rückführung Bathsebas zu ihrem Ehemann, zu erklären. Der König erniedrigt sich vor Uria und gewährt diesem eine Bitte: Uria fordert David auf, einen Brief an Joab zu schreiben und diktiert ihm diesen. Das königliche Schreiben hat den Tötungsbefehl von Uria zum Inhalt. Während der Abfassung des Briefes erschrickt und stockt David mehrfach und versucht Uria davon abzubringen. Der Soldat erinnert den König jedoch an seinen Schwur und entgegnet, er könne nicht mehr ohne Bathsheba und mit der erlittenen Demütigung leben. David beendet den Brief, unterzeichnet und siegelt ihn. Uria nimmt das Schreiben und verabschiedet sich vom König. Er fordert ihn auf, Bathsheba zu lieben, zu ehren und als Königin gut zu versorgen. Uria verlässt David, der darüber bestürzt ist, nicht nur Ehebrecher, sondern auch ein Mörder zu sein. Mit folgendem Monolog Davids endet das Drama: „Bringt eine Krone eurer Königin!/Und mir auch meine Krone, denn ein König,/Ein König – muss – i c h – – sein! – – –"[45].

5.3.2 Analyse des Dramentextes unter Anwendung der Referenzelemente

5.3.2.1 Handlung

Von den 25 konstitutiven Handlungselementen der biblischen „David, Batseba und Uria"-Erzählung werden in Cohns Drama *„Der Brief des Uria"* elf aufgegriffen. Folgende REs finden in der Dramatisierung Anwendung: RE Nr. 1c, 1d, 1f, 1h, 1i, 1j, 1k, 1l, 1n, 1p und 1q. Die Reihenfolge der Handlungselemente im Dramentext variiert von der Abfolge in der biblischen Erzählung. So ist beispielsweise das erste im Dramentext aufgegriffene und anschließend mehrfach wiederholte Handlungselement das (gewaltsame) Nehmen Bathsebas durch David (RE Nr. 1f).[46]

Auffällig ist die Auslassung der beiden Handlungselemente RE Nr. 1a und RE Nr. 1b, die die Exposition der biblischen Erzählung bilden und durch die eine räumliche Differenzierung der Schauplätze in Jerusalem und Rabba sowie der Hinweis über Davids Verbleiben in Jerusalem vorgenommen wird. Aufgrund dieser Auslassung fällt der kriegerische und gewaltbestimmte Kontext weg, der als Hintergrundfolie für die anschließende Handlung in der biblischen Erzählung dient, (RE Nr. 5). Die Ambiguität, die durch Davids Verbleiben in Jerusalem konstituiert ist (RE Nr. 47), fällt ebenfalls weg.

Darüber hinaus gibt es weitere Auslassungen. Die Identifizierung Bathsebas als Tochter Eliams fehlt gänzlich (RE Nr. 1e), weshalb die Traditionslinie, die sich über die Figur Eliams herleitet und nach der Bathseba die Enkeltochter Ahitofels ist (RE Nr. 60), nicht vorkommt.

---

[45] Bernhard, Brief des Uria, S. 88.
[46] Siehe ebd., S. 6, 14, 35.

Ausgelassen werden zudem die Darstellung des sexuellen Aktes (RE Nr. 1g) und jene Handlungselemente der biblischen Erzählung, die außerhalb der Handlungsenden des Dramas liegen (RE Nr. 1m, 1r–y).

Besondere Bedeutung kommt in Cohns Dramatisierung zwei Handlungselementen zu. Dabei handelt es sich zum einen um die Zustandsaussage, Uria stieg nicht in sein Haus hinab, die unter den RE Nr. 1l und 1n subsumiert ist. Ebenso wie in der biblischen Erzählung wird auch im Dramentext mehrfach betont, dass Uria nicht in sein Haus zu seiner Ehefrau Batseba geht. Von hoher Relevanz im Dramentext sind zum anderen die Abfassung (RE Nr. 1p) sowie der Inhalt (RE Nr. 1q) des Todesbriefes. Beides wird im 5. Akt ausführlich dargestellt.

Die Dramatisierung greift, wie die im Dramentext rezipierten Handlungselemente zeigen, nicht die gesamte Handlung von 2 Sam 11,1–27 auf, sondern beschränkt sich auf 2 Sam 11,4–15. Aus der Retrospektive wird zudem auf die Waschung Bathsebas in 2 Sam 11,2 (RE Nr. 1c) sowie auf ihre Schönheit (RE Nr. 1d), die zwar betont, aber nicht in Bezug zur Waschung gestellt wird, verwiesen.[47]

Das Drama *„Der Brief des Uria"* beginnt mit einem Dialog zwischen Bathseba und Thamar, wobei die Repliken Bathsebas wesentlich länger sind und mehr Informationen aufweisen als die von Thamar. Der Dialog enthält Expositionsfakten, wie beispielsweise Informationen zum „Raub" Bathsebas durch David, der als Ausgangspunkt für die Handlung zu werten ist.[48] In diesem einleitenden Dialog verbinden sich gleich mehrere REs. Es wird Introspektion in die Figur Bathseba gewährt (RE Nr. 53). Mehrfach äußert sich Bathseba, sie sei „glücklich". Diese Introspektion wird kombiniert mit einem weiteren RE, der Schwangerschaftsbekanntgabe, die im ersten Dialog bereits vorbereitet und im weiteren Verlauf des 1. Aktes an exponierter Stelle dargestellt wird (RE Nr. 29).[49]

Die Handlung des Dramas endet im 5. Akt mit einem längeren Dialog zwischen David und Uria, in dem die Abfassung des Todesbriefes dargestellt wird.[50] Daran schließt ein kurzer Monolog Davids an, in dem er die Tragik seines Königtums zum Ausdruck bringt.

---

[47] Vgl. Bernhard, Brief des Uria, S. 24.
[48] Siehe ebd., S. 6.
[49] Im einleitenden Dialog spielt Bathseba mehrfach auf ein Geheimnis an, dass sie im anschließenden Dialog mit David als Schwangerschaft enthüllt. Siehe ebd., S. 8, 16.
[50] Siehe, ebd., S. 78–88.

Es ist m. E. lohnend, bevor weitere REs unter den Kategorien *Perspektive* und *Figuren* untersucht werden, einige Handlungselemente des Dramentextes ausführlicher zu betrachten. Dies ist sowohl aussagekräftig in Bezug auf die Umsetzung der Dramatisierung einzelner Handlungselemente als auch essentiell für das Figurenverständnis. Zudem handelt es sich bei den folgenden Auszügen um exponierte Stellen, in denen mehrere RE miteinander kombiniert sind. Dies lässt sich beispielsweise anhand der Darstellung von Bathseba Bad erkennen. Im Dialog mit Bathseba erinnert sich David, wie er Bathseba beim Baden beobachtet hat:

> David
>
> Als ich dich sah von meines Daches Zinnen
> Im Dämmer deines heimlichen Gemachs,
> Wie du dem Bad entstiegst, ein weisser Schwan,
> Von Silbertropfen schimmernd überperlt — —[51]

In dieser Passage ist das Handlungselement RE Nr. 1c aufgegriffen. David sieht eine Frau beim Baden. Hierin lässt sich bereits eine Variation des Handlungselements erkennen. Während sich die Frau in der biblischen Erzählung wäscht, nimmt sie in der Dramatisierung ein Bad. Im Dramentext bleibt ebenso wie in der biblischen Erzählung offen, ob sie bekleidet oder nackt ist (RE Nr. 60).

Die Leerstelle in Bezug auf den Ort der Badenden wird aber geschlossen (RE Nr. 50). David beschreibt diesen Ort als „heimliches Gemach". Der Zusatz „heimlich" lässt sich als Hinweis darauf verstehen, dass sich Bathseba nicht zur Schau gestellt hat, sondern im Verborgenen badet.

Ein wesentlicher Unterschied zur biblischen Erzählung lässt sich anhand der RE Nr. 10 und 26 erkennen. Der Blick Davids auf Bathseba geht nicht mit einer expliziten Wertung von Bathsebas Schönheit aus der Perspektive Davids einher. Stattdessen greift David auf einen Tiervergleich zurück, um Bathsebas Schönheit zu beschreiben.[52] Indem der Blick Da-

---

[51] Bernhard, Brief des Uria, S. 14.
[52] Dass der Tiervergleich als Hinweis auf Bathsebas Schönheit zu verstehen ist, belegt der Artikel zum Schwan in dem zeitgenössischen Nachschlagewerk „*Meyers Großes Konversations-Lexikon*". Dort heißt es in Bezug auf den Schwan: „Ihre Schönheit und Anmut nehmen sehr für sie ein". Meyer, Konversations-Lexikon, S. 106. Neben der Schönheit werden dem Tier weitere Eigenschaften wie „Herrschsucht, Rauflust und Bosheit" zugesprochen. Ebd., S. 106. Inwiefern diese Eigenschaften bei der Beschreibung Davids mitschwingen, lässt sich aus dem Kontext des Dramenauszugs nicht bestimmen.

vids nicht mit einer expliziten und eindeutigen Wertung der Schönheit Bathsebas verbunden ist, fallen Davids Blick und seine Begehren im Unterschied zur biblischen Erzählung nicht zusammen. Die Darstellungsweise der Erinnerung Davids an Bathsebas Bad lässt erkennen, dass bei ihm kein Begehren (mehr) ausgelöst wird. Dies korrespondiert mit der königlichen Intention, die Liaison mit Bathseba zu beenden. Dies soll anhand eines weiteren Dramenauszugs belegt werden, der im gleichen Dialog zwischen Bathseba und David zu verorten ist. Die Besonderheit des im Folgenden zitierten Dramtextes ist die Kontrastierung der Intentionen Davids und Bathsebas:

David
    Als ich dich nahm aus des Uria Haus – […]
    Ich habe schwer gefehlt!
Bathseba
    Werde nicht schuldig!
David
    Gutmachen muss ich!
Bathseba
    Was? An wem?
David
    An ihm,
    Wenn nicht an dir! Beschlossene Sache ist's, –
    O lass es eine Tat der Liebe sein!
    Bei deiner Liebe, Weib –
Bathseba
    Ich l i e b e dich!
David
    Kehre zurück in deines Gatten Haus!
Bathseba
    Nicht das, o, nur nicht das, geliebter Mann,
    Lass diese Tat in Juda nicht geschehn!
    Entsetzliches verlangst du ja von mir!
    Schon einmal hast du schlimm an mir getan,
    Doch das ward gut. Doch nun – nein, nein!
David
    Ich muss!
Bathseba
    Ich aber w i l l es nicht
David
    Wer sagt mir das?

Bathseba
Das sagt das Kind dir unter meinen Herzen.
David (erstarrt).[53]

David erscheint in diesem Dramenauszug als Sünder, der seine Tat als Fehler erkennt und diesen gutmachen will. Insofern findet im Dramentext auch die Traditions- und Rezeptionslinie von David als reuigem Sünder (RE Nr. 57) Aufnahme. Die Intention Davids ist ein wesentliches Element der Handlung und auf das Engste mit seinem Amt als König verbunden.[54] Im weiteren Handlungsverlauf wird dabei herausgestellt, dass David unfähig ist, auch die Folgen seiner Sünde zu tragen und daher die Schwangerschaft Bathsebas vertuschen und mit List Uria das Kind unterschieben will. Uria eröffnet ihm, dass der Ehebruch nicht einfach gutzumachen sei, sondern neben dem gezeugten Kind noch weitere Folgen verursacht habe.[55] Auch diese Konsequenzen müsse David tragen. Wie in der zitierten Textpassage dargestellt, fordert David Bathseba auf, in ihr Haus zurückzukehren. Diese Rückkehr zu Uria ist für sie unvorstellbar und stellt für sie ein größeres Verbrechen als der Ehebruch dar. Im 3. Akt werden Gedanken und Gefühle, die diese Forderung Davids bei ihr auslöst, dargestellt (RE Nr. 53).[56] Anhand des zitierten Dramentextes lässt sich erkennen, dass Bathseba der königlichen Aufforderung nicht direkt nachkommt, sondern sie versucht, David von seiner Absicht abzubringen. Darübr hinaus bewertet sie Davids Forderung als „entsetzlich" und versucht dem König ihre Perspektive nahe zu bringen. David hält allerdings an seiner Forderung fest, weshalb Bathseba den König über ihre Schwangerschaft informiert. Mit ihrer Schwangerschaftsbekanntgabe versucht Bathseba sowohl David von seiner Forderung abzubringen als auch ihre zuvor formulierte Absicht, als Gattin des Königs zusammen mit David als Königin im Palast zu leben, durchzusetzen.[57]

---

[53] Bernhard, Brief des Uria, S. 15f.
[54] Vor der zitierten Textpassage weist David explizit auf sein Königsamt hin, zu dessen Aufgaben die Rechtsprechung zählt. Anhand eines zu verhandelnden Falls – hierbei handelt es sich die sogenannte Natanparabel – erkennt David sein Vergehen an Uria und Bathseba. Siehe ebd., S. 13f.
[55] Siehe Bernhard, Brief des Uria, S. 86. Uria spielt in diesem Zusammenhang auf die Konsequenzen für sich selbst sowie Bathseba an.
[56] Vgl. ebd., S. 44.
[57] Siehe ebd., S. 9.

Wie bereits der Dramentitel signalisiert, kommt dem Uriasbrief eine besondere Bedeutung in Cohns Dramatisierung zu. Mit der Adaption des Todesbriefmotivs endet das Drama und findet zugleich darin seinen Höhepunkt. Dabei variieren Inhalt und Abfassung des Todesbriefes in Cohns Drama erheblich von der biblischen Erzählung. Aus diesem Grund sollen im Folgenden die Handlungselemente RE Nr. 1p und 1q anhand von Zitaten aus dem Drama näher erläutert werden. Im 5. Akt gelingt es Uria, David sowohl das Geständnis der ehebrecherischen Tat abzuringen als auch den König zur folgenden Aussage zu bewegen: „Verlange, was du willst von meiner Macht"[58]. Uria fordert daraufhin von David einen königlichen Brief, dessen Inhalt Uria selbst diktiert:

> David
>   So sprich, ich schreibe schon.
> Uria
>   *(diktiert):* „An Joab!"
> David
>   *(schreibend):* Joab! — —
>   Uria fordre, was du fordern willst:
>   Du sollst nach Joab mir der zweite sein,
>   Ein Fürst im Volk, ein König neben mir!
> Uria
>   *(fortfahrend):* Der König seinem Knechte Joab Gruss!
>   Der Mann, der diesen Brief dir überbringt,
>   Den stelle, wenn du Rabbath-Ammon stürmst,
>   — Und stürme bald, noch heute, wenn du kannst —
>   Vor allen andern in die erste Reihe!
> David
>   Die Fackel halte fest, dir bebt die Hand!
> Uria
>   Ich halte sie. — Hast geschrieben schon?
> David
>   Ich schrieb's — sieh hier! Doch fordre endlich nun,
>   Dass meine Gnade sich bewähren kann!
> Uria
>   „ — Doch wenn der Sturm erfolgt, so ziehet euch
>   Plötzlich von ihm zurück —"[...]
> David
>   *(heiser):* Warum? [...]

---

[58] Bernhard, Brief des Uria, S. 82.

David
    Da — mit — —
Uria
    „— er fällt!"[59]

Der Inhalt des Todesbriefes ist im zitierten Dramenauszug identisch mit der biblischen Darstellung in 2 Sam 11,15c–g. Uria soll bei der Erstürmung der gegnerischen Stadt Rabbath-Ammon durch einen Hinterhalt umgebracht werden. David schreibt den Inhalt des Briefes nieder, Joab gilt als dessen Adressat. Differenzen gibt es sowohl in der Wortwahl als auch hinsichtlich des Initiators des Schreibens. Uria diktiert David den Inhalt. In der biblischen Erzählung ist David sowohl Initiator als auch Schreiber des Briefes, weshalb der Briefinhalt dem königlichen Befehl entspricht. Im Dramentext bildet das königliche Schreiben hingegen eine Divergenz zu Davids eigentlicher Intention. Er möchte Uria seine Gnade erweisen, wie im zitierten Dramentext erkennbar ist. Er bietet ihm sogar hohe militärische und politische Ämter an. Mit der Aussage „Verlange, was du willst von meiner Macht"[60] eröffnet David Uria sämtliche Optionen in Form von Wünschen, Vergünstigungen oder Vorteilen. Diese interessieren Uria jedoch nicht, sondern indem er selbst den Todesbrief diktiert, stellt er König David bloß und konfrontiert ihn mit seiner schändlichen Tat und den damit einhergehenden Konsequenzen. Anhand des folgenden Zitates, in dem Uria den Todesbrief weiter diktiert, wird dies besonders deutlich:

Uria
    Darum nun: —
    Den Griffel nimm' und schreibe kurz und stumm
    Den letzten Satz! […]
    „Zieht plötzlich euch zurück, damit er fällt!
    Und wenn du mir die Kunde überbringst,
    Dass ihn im Kampf ein Pfeil getötet habe,
    Gleichviel ob er die Brust, den Rücken traf,
    So will ich danken dir mein Leben lang —."
    — Bist du so weit?
David
    Ich bins.

---

[59] Bernhard, Brief des Uria, S. 83–85. Der Inhalt des Todesbriefes ist im Dramentext durch Anführungszeichen im Schriftbild erkennbar.
[60] Ebd., S. 82.

Uria
    Die Unterschrift?
David
    Da!
Uria
    Siegel?
David
    Senk' die Fackel! — Da! — — Uria! —[61]

Der Todesbrief endet in Cohns Drama nicht mit der oben genannten Forderung, dass Uria stirbt, sondern wird entscheidend erweitert. Die Erläuterung „Gleichviel ob er die Brust, den Rücken traf"[62] stellt eine Hinzufügung dar, mit der der königliche Befehl ergänzt wird. Demnach solle Uria, wenn er den Sturm auf Rabbath-Ammon überlebt, mit einem Pfeil aus den eigenen Reihen getötet werden. Uria, der den Todesbrief diktiert und an dieser Stelle entscheidend erweitert, diskreditiert auf diese Weise König David zusätzlich und zeigt ihn als Meuchelmörder. Das Motiv des Todesbriefes findet somit im Dramentext eine entscheidende Erweiterung, die zu einem wesentlich negativeren Bild Davids führt. Dies entspricht dem RE Nr. 20a.

5.3.2.2 Perspektive

Der Tod Urias ist das zentrale Thema der Handlung und lässt sich insofern als „Sinn der Erzählung" werten (RE Nr. 3). Im Unterschied zur biblischen Erzählung wird der Tod Urias im Drama jedoch nicht dargestellt oder gar multiperspektivisch vermittelt (RE Nr. 4). Vielmehr deutet der Brief mit dem darin verfassten Todesurteil auf den Tod Urias voraus. In Cohns Dramatisierung kommt es zu einer entscheidenden Veränderung: Der Anlass für Urias Tod ist nicht mit der Figurenperspektive Davids verbunden, sondern Uria benennt die Gründe für seinen Tod selbst und vermittelt diese aus seiner eigenen Perspektive heraus. Die folgende Rede bietet einen Einblick in Urias Motivation:

Uria
    [...] Sprich du von Schicksal und von Unrecht nicht,
    Dir wird dein Recht, so wie du es verdient!
    Und das dirs werde, dass ich selbst es sei,

---

[61] Bernhard, Brief des Uria, S. 87.
[62] Ebenda.

> Der dirs verschafft und vollgemessen schafft,
> Das war mein Kampf an diesem dunklen Tage,
> Mein Herz nach innen blutend, meine Not! [...]
> Nenn' Rache, was ich tu'.
> Nenn's wie du willst: Ich kann nicht, kann nicht gehen,
> Eh' ich nicht eins vollbracht: Mein wildes Weh,
> Und ihrs — ja, ja, und ihrs — in e i n e r Sonne
> Gemessnem Kreis durchlitten unermesslich,
> Ich schleudr' es sterbend dir ins stumpfe Herz:
> Schlepp' du die Schuld, wie wir das Weh geschleppt!
> Ein Buhle warst du, warum sollst du nicht
> Ein – Mörder sein?[63]

In dieser Passage nennt Uria gleich mehrere Gründe für seinen Tod. Dieser bietet ihm Möglichkeit, eine angemessene Strafe für den König zu erwirken und zu vollziehen. Darüber hinaus zielt Urias Tat darauf, bei David Sensibilität gegenüber den Konsequenzen seiner negativen Handlung zu bewirken. Uria spricht in diesem Zusammenhang von seinem „wilde(n) Weh,/Und ihrs". Damit verweist er zum einen auf die Folgen von Davids Taten für sich selbst und lenkt zum anderen den Fokus auf Bathseba. Dies wird nochmals intensiviert durch die anschließende Gemination „ja, ja, und ihrs". Das Leid, das Davids Ehebruch und die anschließende Vertuschung evoziert hat, bezieht sich sowohl auf Uria als auch auf Bathseba und ist nach Urias Ansicht unermesslich.

Aus der Handlung, die dem Zitat vorausgeht, lassen sich zudem noch weitere Motivationen für die von Uria gewählte Form des Todes entnehmen. Uria, der sich zuvor mit Bathseba ausgesöhnt hat (4. Akt), möchte für sie den Status als rechtmäßige Königin sichern sowie ihr und ihrem ungeborenen Kind ein Leben an der Seite Davids einfordern.[64] Zudem stellt der Tod für ihn die einzige Möglichkeit dar, mit der ihm widerfahrenen „Schmach" angemessen umzugehen und so seine Identität gegenüber David zu behaupten.[65]

Der eben zitierte Dramentext deutet bereits auf eine kritische Auseinandersetzung Urias mit David hin. Innerhalb des Textes kommt es zudem zu explizit kritischen Darstellungen Davids (RE Nr. 6). Diese begegnen in Form von figuralen Charakterisierungen als Fremdkommenta-

---

[63] Bernhard, Brief des Uria, S. 86.
[64] Siehe ebd., S. 72, 87f.
[65] Vgl. ebd., S. 72.

re. So äußert sich beispielsweise Uria im 5. Akt gegenüber David sehr aggressiv:

> Jetzt erst, verdammter Buhle meines Weibes?
> Jetzt erst, du Schuft? So lange konntest du
> Die Maske tragen, die mein Feuerblick
> Schon lang zerschmolz, dass dir die Wangen brannten?
> Jetzt erst gestehst du mir? Ein armes Weib,
> Das fortgeschleudert ward von frevler Hand,
> Das läuft mir nach und liefert sich mir aus!
> Und du, der heuchlerischen Büberei
> Schimpflich bewusst, musst dich erst hetzen lassen
> Durch Ängste in ein schändliches Gestehn?
> Jetzt erst? Am Ende?[66]

In diesem Zitat finden sich mehrere negative Zuschreibungen für David wie „verdammter Buhle" und „Schuft". Urias Kritik an David bezieht sich darüber hinaus vor allem auf seine Handlungen. Die Frage „Jetzt erst gestehst du mir?" wird am Ende des Zitats nochmals aufgenommen. Die beiden Fragen bilden einen Rahmen für die Gegenüberstellung von Bathsebas und Davids Schuldeingeständnis gegenüber Uria. Während Bathseba bereits zu Uria gegangen ist, um ihm ihre Schuld zu gestehen, muss dem König das Geständnis abgerungen werden. Die von Uria geäußerte Kritik konterkariert David eingangs formulierte Intention, seine Sünden wiedergutzumachen.[67]

Die Aussage „Ein armes Weib,/Das fortgeschleudert ward von frevler Hand" verweist auf die sehr bildhafte Sprache, mit der Urias Kritik gegenüber Davids Verhalten ausgedrückt wird. Er missbilligt m. E. sowohl den Ehebruch, erkennbar an dem Verweis auf die „frevler Hand"[68] als auch die Forderung Davids, Bathseba möge gegen ihren Willen wieder zurück in ihr Haus und zu ihrem Mann gehen.

Weitere Kritik an David äußert Bathseba. Die Relation zwischen den beiden Figuren wandelt sich mit der bereits zitierten Forderung Davids, Bathseba möge zurück in ihr Haus und zu Uria gehen. Während sie zuvor David positiv charakterisiert und ihn als „königliche(n) Held"[69] oder

---

[66] Bernhard, Brief des Uria, S. 80f.
[67] Siehe ebd., S. 15f.
[68] Ebd., S. 81. David verwendet die ähnliche Wortverbindung „frevler Arm" im Dialog mit Bathseba und verweist damit auf den Ehebruch.
[69] Ebd., S. 9.

„Fröhlicher, der mich so froh geliebt!"[70] bezeichnet, findet sie im 3. Akt kritischere Worte für ihn:

> Bathseba
> [...] O eitler Mann, zu spät erkenn' ich dich:
> Siehst du nicht, wie du zur Gewalttat fügst
> Dein lächerliches Nichts und dich behängst
> Mit einem bunten Lappen, den du dir
> Aus einer Laune der Gerechtigkeit
> Und falscher Reu' zurecht gewoben hast?
> Du hast doch sonst nicht nach dem Recht gefragt?
> Warum bei mir? Warum soll heut die Welt
> Zu Grunde gehen, da sie so lange stand?
> Frag' du mich nicht nach meiner Liebe mehr,
> Ich schäme mich, dass ich dich je geliebt![71]

Die negative Charakterisierung Davids am Beginn des Zitats als „eitler Mann" lässt bereits eine Distanzierung Batsebas von David erkennen im Vergleich zu den am Dramenbeginn zu findenden Charakterisierungen. Im abschließenden Satz der zitierten Passage wird die Distanzierung erneut aufgegriffen und präzisiert. Bathseba, die zuvor Liebe für David empfunden hat, schämt sich ihrer Gefühle. Die Kritik an David wird zudem als Erkenntnis Bathsebas präsentiert. Sie wirft ihm falsche Reue sowie Selbsttäuschung vor und disqualifiziert seine Handlungen als Gewalttat.[72] Wie anhand der beiden Zitate gezeigt, ist die Figur Davids in Form von Fremdkommentaren negativ charakterisiert.

Unter der Kategorie der Perspektive wird des Weiteren der Schauplatz der Handlung thematisiert (RE Nr. 7 und 8). Sie spielt ausschließlich in Jerusalem. Aus dem Nebentext ist ersichtlich, dass die Handlung mit Ausnahme des 3. Aktes, der im Haus Urias spielt, im Palast bzw. in den königlichen Gemächern verortet ist. Somit begegnen die beiden Binnenräume Jerusalems, der königliche Palast (RE Nr. 7a) sowie Urias Haus (RE Nr. 7b) im Dramentext. Diese weisen jedoch im Unterschied zur biblischen Erzählung andere Konnotationen auf.[73] Der zweite Schauplatz

---

[70] Bernhard, Brief des Uria, S. 11.
[71] Ebd., S. 42.
[72] Die Formulierung „dein lächerliches Nichts" ist ambig und kann m. E. sowohl für Davids Leben stehen als auch sein Königtum oder konkrete Handlungen bezeichnen.
[73] Die königlichen Gemächer sind nicht als Raum der königlichen Macht konnotiert. Dies wird bereits daran deutlich, dass Uria am Beginn des 5. Aktes in die inneren kö-

Rabba (RE Nr. 8) wird nur in den Figurenreden in Bezeichnung Rabbath-Ammon erwähnt, die Handlung spielt jedoch nicht dort.

Mehrfach erwähnt ist der erste sexuelle Kontakt zwischen Bathseba und David innerhalb der Dramenhandlung. Dabei finden sich sowohl aus der Perspektive Davids als auch aus Bathseba Figurenperspektive Zuschreibungen, die darauf hinweisen, dass der sexuelle Akt keine freiwillige oder aktiv herbeigeführte Handlung Bathsebas ist. Gegenüber Thamar stellt Bathseba beispielsweise fest, sie sei geholt und geraubt worden.[74] In Davids Rede im 1. Akt wird zudem darauf hingewiesen, dass Bathseba nach Uria schrie, als David sie zu sich holte.[75] In der Dramatisierung findet das RE Nr. 9 somit Anwendung.

5.3.2.3 Figuren

Auf die geringe Anzahl der Figuren im Drama „Der Brief des Uria" wurde bereits eingangs hingewiesen. Unter dem RE Nr. 16 wird das Personenverzeichnis des Dramentextes mit der Übersicht der Figuren in 2 Sam 11 verglichen. Lediglich die Figuren David, Bathseba und Uria werden in Cohns Dramatisierung aufgegriffen. Dies entspricht den RE Nr. 16a–c. Der Heerführer Joab, der im 5. Akt als Adressat des Todesbriefes erwähnt wird, tritt im Drama nicht auf. Auch die Gottesfigur kommt nicht im Cohns Drama vor. Aus dem Fehlen dieser beiden Figuren ergibt sich, dass die RE Nr. 38–46 zu den Figuren sowie die davon abhängigen RE Nr. 11, 20b, 48, 56 und 65 in der vorliegenden Analyse keine Berücksichtigung finden.

Nachdem die Nebenfiguren Abjathar und Thamar bereits im vorigen Abschnitt zu Struktur und Inhalt des Dramas analysiert wurden, richtet sich der Fokus in der folgenden Untersuchung auf die Figuren David, Bathseba sowie Uria.

---

niglichen Gemächer eindringt und David dazu bringt, den Todesbrief zu schreiben (5. Akt). Das Haus Urias ist in der biblischen Erzählung als Raum der Gravidität konnotiert. Im Dramentext hingegen bleibt Bathseba, nachdem David sie zu sich geholt hat, im Palast und erkennt dort ihre Schwangerschaft.

[74] Siehe Bernhard, Brief des Uria, S. 6: „So liebst du ihn [Uria, A. F.] nicht mehr, nach dem du schriest, als dich mein frevler Arm —".

[75] Siehe ebd., S. 15.

(a) David

Die erste Erwähnung der Figur Davids ist kunstvoll gestaltet. Bathseba verweist im Dialog mit Thamar auf ihren „Gatten". Hierbei handelt es sich aufgrund des Dreiecksverhältnisses um eine doppeldeutige Bezeichnung. Erst auf Nachfrage Thamars führt Bathseba weiter aus: „Er, der königliche Held,/Der mich erhoben hat zu seiner Liebe/Und mich erheben wird zur Königin: David —"[76].

Damit wird die Bezeichnung des „Gatten" nachträglich auf David projeziert und als Wunschvorstellung Bathsebas entlarvt. Dieser kurze Dramenauszug weist David als König aus. Somit wird die Figur im Unterschied zur biblischen Erzählung gleich zu Beginn explizit als König bezeichnet und in dieser Sozialität wahrgenommen (RE Nr. 17a).[77] Eine weitere Differenz zwischen 2 Sam 11 und der Dramatisierung ist die räumliche Zuordnung Davids (RE Nr. 17b). Während sich der König in der biblischen Erzählung ausschließlich im Palast aufhält, der als machtvoller Raum konnotiert ist, bewegt er sich in Cohns Dramatisierung zwischen den einzelnen Schauplätzen.[78] Erkennbar ist dies beispielsweise am Beginn des 3. Aktes, wenn David das Haus Urias betritt und darauf wieder in den Palast zurückeilt.[79]

Obwohl David bereits im einleitenden Dialog als König bezeichnet wird, tritt er nicht durchweg als die machtvolle Figur auf, die, wie der biblische David, die anderen Figuren in Bewegung versetzen kann. Das RE Nr. 17c findet somit keine Anwendung im Dramentext. Davids königliche Autorität wird von Bathseba und Uria unterlaufen. Am Ende des 1. Aktes befiehlt er beispielsweise Bathseba, in ihr Haus zurückzukehren. Als sie sich weigert, ruft David seine Krieger, um Bathseba abzuführen. Auch Uria gehorcht nicht dem königlichen Befehl „Geh in dein Haus!"[80]. Zwar will er zunächst Davids Forderung entsprechen und zu seiner Frau gehen. Durch die Gespräche mit Abjathar und Thamar ändert er jedoch

---

[76] Bernhard, Brief des Uria, S. 9.
[77] Diese Beschreibung Davids als „königlicher Held" stellt eine explizite Bezeichnung Davids als König dar. Dies unterscheidet die Dramatisierung von der biblischen Erzählung, in der eine explizite Zuschreibung fehlt (RE Nr. 18).
[78] Zur Zuordnung Davids zum Palast in der biblischen Erzählung siehe dazu die ausführlichen Darstellungen in der narratologischen Analyse des Raums: Fischer, Königsmacht, S. 285–308.
[79] Siehe Bernhard, Brief des Uria, S. 39.
[80] Ebd., S. 22.

seine Meinung, sodass Uria ebenso wie in der biblischen Erzählung dem königlichen Befehl nicht nachkommt. Uria weigert sich mehrfach, in sein Haus zu gehen. Dieser Widerstand Urias ist zugleich ein königlicher Autoritäts- bzw. Machtverlust.

Gegenstand des RE Nr. 21 ist die Motivation Davids. Diese weist im Dramentext unterschiedliche Facetten auf. Wie bereits dargestellt, ist Davids Handlung, seine Forderung an Bathseba im 1. Akt, beeinflusst von seiner Entscheidung, seine Schuld wiedergutzumachen.[81] In dieser Motivation findet das RE Nr. 57 Aufnahme. Wie in der Figurenanalyse zu David als Symptom herausgestellt, begegnet David als Exempel eines reuigen Sünders häufig innerhalb der Rezeptionsgeschichte. Nach Bekanntgabe der Schwangerschaft Bathsebas wird Davids Motivation durch eine weitere Facette ergänzt. Der König versucht, die Folgen des Ehebruchs zu vertuschen. Ebenso wie in der biblischen Erzählung wird auch im Dramentext Davids Handeln durch die Motivation bestimmt, Uria dazu zu bewegen, in sein Haus zu gehen, um ihn so als Vater des ungeborenen Kindes zu etablieren.[82] Dieser Versuch, den Ehebruch und die Vaterschaft Davids zu vertuschen, wird im Dialog zwischen Thamar und Uria im 2. Akt als List Davids entlarvt.[83]

(b) Bathseba

Die Figur Bathsebas ist im Gegensatz zur biblischen Erzählung nicht über ihre Körperlichkeit (RE Nr. 25) eingeführt, sondern über ihre Sozialität. Gleich zu Beginn des 1. Aktes antwortet Thamar auf den Zuruf Batsebas mit der Anrede „Herrin"[84]. Die Schönheit Bathsebas findet erst im weiteren Verlauf des Dramas Erwähnung. Wie bereits anhand des Dramentextes dargestellt, äußert sich im 1. Akt David in Form eines Vergleichs zum Äußeren Bathsebas. Eine explizite Charakterisierung durch die Zuschreibung von Schönheit erfolgt erst im 2. Akt durch die Fremdkommentierungen Abjathars und Urias.[85] In der Rede Urias finden sich zudem Informationen zum Figurenkörper Bathsebas (RE Nr. 52), womit eine Leerstelle der biblischen Erzählung geschlossen wird. Uria beschreibt ihre

---

[81] Siehe Bernhard, Brief des Uria, S. 15f.
[82] Siehe ebd., S. 17, 22, 25, 56.
[83] Vgl. ebd., S. 33.
[84] Ebd., S. 5.
[85] Siehe ebd., S. 24, 29f.

schwarzen Locken und ihre schmale Hand und beendet die Darstellung seiner Erinnerung mit der Feststellung: „Sie ist sehr schön."[86]

Eine Besonderheit in der Dramatisierung Bathsebas lässt sich anhand der im Dramentext adaptierten REs benennen. In Cohns Drama finden sich hinsichtlich der Figur Batsebas nur wenige REs, die als Elemente aus der biblischen Erzählung in 2 Sam 11 abgeleitet sind. Auf die Hervorhebung der Schwangerschaftsbekanntgabe (RE Nr. 29) und ihre Bedeutung für die Figur Bathsebas wurde bereits eingangs anhand der zitierten Textpassage hingewiesen.[87] Im Unterschied zur biblischen Erzählung gibt Bathseba mit der Bekanntgabe ihrer Schwangerschaft nicht die Handlungsoption an David ab (RE Nr. 31c), sondern versucht stattdessen mit dieser Information David von seinem Vorhaben abzubringen. Neben dieser Handlung Bathsebas wird von den vier Handlungen, die ihr in der biblischen Erzählung zugewiesen sind, lediglich die Waschung im Dramentext aufgegriffen (RE Nr. 31a). Dabei kommt es zu einer Umdeutung, wonach die Waschung durch ein Bad ersetzt wird. Die Handlung des Badens ist nicht näher konkretisiert und wird innerhalb der Dramenhandlung in Form eines Rückblickes dargestellt.

Häufiger als Elemente der biblischen Erzählung werden in Bezug auf die Figur Bathsebas jene REs aufgegriffen, die entweder biblische Leerstellen wie die Körperlichkeit oder Figurenpsyche schließen oder dem Kontext der Figurenrezeption zuzuordnen sind.

Neben den Hinweisen zu ihrer Körperlichkeit (RE Nr. 52)[88] wird vor allem die Leerstelle zur Introspektion Bathsebas (RE Nr. 53) im Drama geschlossen. An mehreren Stellen innerhalb des Textes ist Introspektion in die Figur Bathseba gewährt. Das Innenleben der Figur weist viele, recht unterschiedliche Facetten auf und bildet m. E. einen grundlegenden Zugang zum Figurenverständnis. Aus diesem Grund werden im Folgenden ausgewählte Passagen des Dramentextes, die Introspektion in die Figur Bathseba ermöglichen, zitiert und besprochen. Im einleitenden Dialog zwischen Bathseba und ihrer Sklavin findet sich wiederholt die als Eigenkommentar dargestellte Aussage Bathsebas, sie sei glücklich. Diese emotionale Äußerung steht in Relation zur ihrer Schwangerschaft. Der Dialog mit Thamar schließt mit dem folgenden Hinweis auf Bathsebas

---

[86] Bernhard, Brief des Uria, S. 29.
[87] Siehe ebd., S. 16.
[88] Siehe ebd., S. 14, 24, 30.

Motivation: „Er, der königliche Held,/Der mich erhoben hat zu seiner Liebe/Und mich erheben wird zur Königin: David —"[89].

Im Kontext dieser Fremdcharakterisierung von König David bilden die beiden inneren Verse einen synthetischen Parallelismus. Durch dieses Stilmittel wird die rückblickende Erinnerung Bathsebas, die ihr von David entgegengebrachte Liebe, weiterentfaltet und kulminiert in der Darstellung ihrer Hoffnung, dass David sie zur Königin erheben wird. In diesem Parallelismus deutet sich die Abhängigkeit Bathsebas von König David an. Ihre Hoffnung bricht, wie bereits dargestellt, durch die Forderung Davids, sie solle in ihr Haus zurück zu Uria gehen, jäh zusammen. Auch die anschließende Schwangerschaftsbekanntgabe kann David von seiner Forderung nicht abbringen, stattdessen reagiert er auf Bathsebas Neuigkeit folgendermaßen:

David
> Dann bin ich froh,
> Dass ich getan hab' was ich tat

Bathseba
> Und was
> Hast du getan?

David
> Ich habe hingesandt
> Eh gestern schon in meines Feldherrn Lager,
> Wo nun seit Jahresfrist dein armer Gatte
> Ahnungslos weilt: Uria kommt!

Bathseba
> *(schrecklich, mit erhobenen Armen):* Töt' ihn!
> Töt' ihn!

David
> Dirne! Dein Gatte!

Bathseba
> Töte ihn![90]

Die wiederholte Forderung Bathseba nach dem Tod Urias angesichts seiner baldigen Rückkehr aus dem Heerlager sticht in diesem Dramenauszug besonders hervor und lässt vergessen, dass die von David initiier-

---

[89] Bernhard, Brief des Uria, S. 9.
[90] Ebd., S. 17.

te Rückkehr Urias eine List des Königs dargestellt.[91] Die verstörende Aussage Bathsebas wird durch die in der Rede Davids gewählte Bezeichnung Urias verstärkt. Der charakterisierende Zusatz „dein armer Gatte" wirkt sympathielenkend. Zudem lässt er durch die Hervorhebung der familiären Verbindung zwischen den Eheleuten die anschließende Forderung Bathsebas und den darin enthaltenen Bruch mit ihrem Ehemann intensiver erscheinen.

Die zitierte Forderung Bathsebas wird in der weiteren Handlung relativiert. Im 3. Akt gewährt sie nochmals Einblick in ihre Gefühle sowie Emotionen und beschreibt ihre Gedanken und Ängste angesichts der baldigen Ankunft Urias:

> Bathseba
> Ich aber kann
> Kaum bis zur nächsten Stunde denken mehr,
> Und denk' ich, steht mir der Gedanken Rad:
> Ha, wenn er kommt, der unbefleckte Mann,
> Zu der befleckten, schuldgen Gattin kommt,
> Wenn arglos lächelnd er das rote Blut,
> Das meine Schmach mir von den Wangen schreit,
> Für reine Glut der reinsten Liebe nimmt,
> Wenn er die Stirne mir und Lippen küsst
> Und mit den keuschen Armen mich umfängt,
> Und ich dann schweigen muss und meine Tränen
> Im toten Brand der Augen löschen muss,
> Was bleibt mir noch? Was ist mein Leben dann?
> Was mein Gemüt? Herz, Liebe, Sehnsucht, alles,
> Wenn d a s geschieht? Geschieht nicht wohl noch mehr?
> Ich sprach bisher allein, was werden soll,
> Wenn schweigend ich, dein Kind im Leibe hebend,
> Die grauenvolle Schande tragen muss:
> Wer aber bürgt dir, König, dass ich — schweige?[92]

---

[91] In diesem Zusammenhang muss im Dramentext unterschieden werden. Davids ursprüngliche Intention, weshalb er Uria aus dem Heerlager rufen ließ, bezieht sich auf die Rückkehr Bathsebas zu Uria. David erhofft sich, dass sie, wenn sie nun erstmal mit Uria leben werde, ihn auch wieder lieben lerne. Durch die Schwangerschaftsbekanntgabe kommt als weitere Intention hinzu, dass David Uria als Vater des im Ehebruch gezeugten Kindes konstituieren will.
[92] Bernhard, Brief des Uria, S. 43f.

In der äußerst kunstvoll gestalteten Passage wird die Leerstelle zum Innenleben der Figur angesichts des baldigen Zusammentreffens mit ihrem Ehemann Uria geschlossen. Die Passage lässt sich in vier Abschnitte gliedern. Der Erste ist einleitend und legt den Fokus auf Bathsebas gegenwärtige, unruhige und aufgewühlte Gemütslage. Der zweite Abschnitt beschreibt ihre Gedanken in Bezug auf das Treffen mit Uria und kulminiert in einer Aneinanderreihung rhetorischer Fragen. Diese leiten zum letzten Abschnitt über, in dem sie David droht. Diese drohende Äußerung gegenüber dem König (!) stellt einen Beleg dafür dar, dass Bathseba, anders als in der biblischen Erzählung, an den Ereignissen innerhalb der Dramenhandlung stärker partizipiert (RE Nr. 59).

Der Fokus auf Bathsebas Innenleben ist wesentlich bestimmt durch den folgenden Chiasmus: „Ha, wenn er kommt (A), der unbefleckte Mann (B)/zu der befleckten, *schuldgen* Gattin (B') kommt (A')."[93] Diese Kreuzstellung hebt die Kontrastierung der beiden Figuren hervor, wonach Uria als „unbefleckter Mann" der „befleckten Gattin" Bathseba gegenübergestellt wird. Durch die Erweiterung des Objektes (B') um das Adjektiv *schuldig*, dass im chiastisch verbundenen Objekt (B) keine Entsprechung hat, wird die Schuld Bathsebas zusätzlich hervorgehoben. Die Gegenüberstellung der beiden Figuren in der Rede Batsebas ist durch weitere Zuschreibungen und Charakterisierungen unterstützt: Sie spricht in Bezug auf ihren Ehemann von seinen keuschen Armen und verweist auf sein argloses Lächeln. Durch diese Zuschreibungen stützt und erweitert sie das Bild des „unbefleckten Mannes". Die ihr selbst zugewiesene Darstellung als Sünderin umfasst neben der im Chiasmus grundlegenden Beschreibung als befleckte, schuldige Gattin zudem die Begriffe „meine Schmach", „toten Brand der Augen" sowie die abschließende, inhaltliche Substitution „grauenvolle Schande".

Bathseba stilisiert sich in diesem Abschnitt des Textes als Sünderin gegenüber Uria. In der weiteren Handlung des Dramas kommt es im 4. Akt zu einem Zusammentreffen der beiden Eheleute. In dem Dialog, der sich nun entfaltet, gesteht Bathseba ihre Schuld gegenüber ihrem Mann ein. Zunächst bekennt sie den Ehebruch und gesteht ihm schließlich ihre „größte" Schuld: „Dein Weib hat heut den Buhlen hinter dich

---

[93] Bernhard, Brief des Uria, S. 44 [Hervorhebungen und in Klammern gesetzte Einfügungen gehen zurück auf A.F.].

gestellt zum Mord!".[94] Im weiteren Dialog kommt es zur Aussöhnung der Eheleute. Neben den zitierten Textauszügen gibt es weitere Passagen, in denen die Leerstelle zur Figurenpsyche Bathsebas geschlossen wird.[95]

Eine weitere Leerstelle, die innerhalb des Dramas „Der Brief des Uria" mehrfach aufgegriffen und geschlossen wird, stellt die Charakteristik der ehelichen Beziehung zwischen Uria und Bathseba dar (RE Nr. 51). Dabei ist zunächst auf eine grundlegende Differenz zwischen biblischer Erzählung und Cohns Dramatisierung hinzuweisen: Während in der biblischen Erzählung ein Zusammentreffen der Eheleute nicht dargestellt ist, kommt es im Dramentext, im 4. Akt, zur Begegnung mit anschließender Aussöhnung zwischen Uria und Bathseba.

Die Leerstelle zur Charakteristik der ehelichen Beziehung zwischen Bathseba und Uria wird im Dramentext geschlossen. Dies geschieht, indem Figuren entweder die Beziehung erinnernd charakterisieren, die Dauer der Trennung thematisieren oder auf die Kinderlosigkeit der Ehe hinweisen.[96] Die Kinderlosigkeit stellt eine weitere Leerstelle der biblischen Erzählung dar. In 2 Sam 11 wird nicht erzählt, ob Bathseba bereits Kinder hat oder zuvor schwanger war. Im Handlungsverlauf des Dramas ist mehrfach auf ihre Kinderlosigkeit verwiesen. So thematisiert beispielsweise Uria diese im Gespräch mit Thamar:

> Mein Weib! — Ich will dir sagen, wie sie ist:
> Zehn Monde sah ich nicht ihr holdes Haupt,
> Zehn Monde sitzt es nun in Schleiern schon
> Und wartet! Wartet! Mir geschieht schon recht:
> Ein Krieger, der von hundert Tagen einen
> Nur kann daheim an seinem Herde sein,
> Er führe nie ein Weib ins Haus! Nun ja,
> Wenn er ihr liebe Kinder geben kann!
> Uns waren Kinder nicht beschert; die Jahre
> Die wenigen, die uns beschieden waren
> Für unsre Liebe Monde kaum.[97]

---

[94] Bernhard, Brief des Uria, S. 65. Siehe ebd., S. 64. Im Dialog mit Thamar bekennt Bathseba, dass ihre große Sünde nicht der Ehebruch, sondern ihre Forderung an David war, Uria zu töten. Siehe ebd., 52.
[95] Vgl. ebd., S. 40, 47, 51, 65f., 69.
[96] Siehe ebd., S. 15, 30. Uria gibt die Zeitspanne „zehn Monde" an, in denen er von seiner Frau Bathseba getrennt ist. Vgl. ebd., S. 22. Darüber hinaus finden sich weitere Hinweise auf die Dauer der Trennung, siehe ebd., 29, 35.
[97] Ebd., S. 29.

Zunächst weist Uria in seiner Rede auf die Zeitspanne hin, in der er von seiner Frau getrennt ist. Anschließend problematisiert er die Vereinbarkeit von Soldatendienst und ehelichen Verpflichtungen im Allgemeinen und gibt anschließend weitere Informationen zu seiner eigenen Ehe mit Bathseba. Er weist auf die Kinderlosigkeit hin und begründet diesen Zustand mit dem Hinweis auf die geringe Anzahl an Ehejahren, wozu hinzukommt, dass er durch seinen Soldatendienst die meiste Zeit im Krieg verbrachte.

Die Kinderlosigkeit ist auch Thema in der Begegnung zwischen Uria und Bathseba im 4. Akt. Zuvor gesteht sie ihrem Ehemann ihre Schuld worunter der Ehebruch sowie die Forderung nach seinem Tod fallen. Anschließend eröffnet Bathseba ihm, dass sie ein Kind erwartet. Uria erkennt, da er nicht der Vater sein kann, die Machinationen Davids und spricht Folgendes:

> Uria
>   Jetzt ist mir alles klar! Ha, König Schuft!
>   Prinz Räuber! Herzog Steig ins Fenster mir!
>   Ich muss zu ihm!
> Bathseba
>   Was sinnst du?
> Uria
>   Fürchte nichts!
>   Bathseba, o Bathseba! Fluch, der mich
>   Vernichtet! O mein kinderloses Haus!
>   Mein kinderloses Haus! Mein Weib! Mein Weib!
>   *(Tiefe Pause)*.
> Bathseba
>   *(in Tränen):* Es tut mir leid, dass ich dir das gesagt.
>   Uria!
> Uria
>   Geh! — Sei — glücklich, — Bathseba![98]

Am Beginn des zitierten Textauszugs erklärt Uria, dass er von Davids Unrecht weiß, dass er ihm und Bathseba angetan hat. Als Ursache für das erlittene Unrecht benennt er die Kinderlosigkeit seiner ehelichen Beziehung zu Bathseba und bezeichnet diese als vernichtender Fluch.[99] In der

---

[98] Bernhard, Brief des Uria, S. 69.
[99] Dieses Aussage bezieht sich m. E. nicht auf die zuvor genannte Figur Bathsebas, sondern auf die nachfolgende, wiederholte Aussage „(O) mein kinderloses Haus". Erkennbar ist dies daran, dass der Verweis auf die Figur Bathseba – jeweils im Sprach-

254

stilistischen Form einer Geminatio wird der Aussage „(O) mein kinderloses Haus!" mehr Nachdruck verliehen. Dieser Repetition kommt eine verstärkende Funktion zu. Am Ende des zitierten Dialogauszugs wird die Aussöhnung zwischen den beiden Figuren explizit. Bathsebas Entschuldigung gegenüber Uria bezieht sich auf die Mitteilung ihrer Schwangerschaft. Der Hinweis im Nebentext, sie sei in Tränen, unterstützt Bathsebas Aussage und deutet auf ihre emotionale Betroffenheit gegenüber Uria hin.[100] Dieser fordert Bathseba auf, zu gehen und glücklich zu sein.[101]

Wie die eben zitierten Textstellen zeigen, wird die Leerstelle zur Charakteristik der ehelichen Beziehung im Dramatext geschlossen. Dabei erweisen sich die Kinderlosigkeit der Ehebeziehung sowie die Aussöhnung zwischen Uria und Bathseba als wesentliche Aspekte dieser Dramatisierung.

(c) Uria

Nachdem bereits die Leerstelle der ehelichen Beziehung zwischen Bathseba und Uria thematisiert wurde, steht nun die Figur Urias im Fokus der Analyse. Die Figurencharakterisierung Urias, z. B. seine Handlungen und und deren Motivation ist in Cohns Drama wesentlich davon bestimmt, dass sich Uria gegenüber König David behauptet und so seine eigene Identität wahrt. Dieser Aspekt der Figurenbeschreibung ist Gegenstand des folgenden Abschnitts 5.3.3.2 und wird, um Redundanzen zu vermeiden, erst dort ausführlich vorgestellt.

Uria tritt als Figur erst im 2. Akt auf, allerdings wird er bereits im 1. Akt im Dialog Davids mit Bathseba erstmals erwähnt. Der König verweist in seiner Rede in folgender Weise auf ihn:

---

mittel der Gemination dargestellt – als Rahmung fungiert, der das Gerahmte, wozu sowohl der Hinweis auf Urias Fluch als auch die Kinderlosigkeit seines Hauses zählen, miteinander verbindet.

[100] Im Dialog mit Uria wird Bathseba in den wenigen Angaben des Nebentextes zuvor als „wild" und „ausbrechend" beschrieben.

[101] Damit greift Uria die Forderung „sei glücklich, Bathseba" auf, die er zuvor bereits dreimal geäußert hat. Siehe Bernhard, Brief des Uria, S. 64, 65 (zweimal). Er ergänzt diesen Wunsch nun um eine weitere Forderung, sie möge gehen. Daran lässt sich erkennen, dass es zu einer Aussöhnung Urias mit Bathseba kam.

David
　　Als ich dich nahm aus des Uria Haus —
Bathseba
　　Du nanntest mir ihn nie seit jener Zeit,
　　Da du an ihm, der ferne, Räuber wurdest:
　　Weh dir und mir, dass du ihn heute nennst![102]

In der Rede Davids wird der Figurenname Urias in Zusammenhang mit dem Nomen Haus gestellt, sodass er als Oberhaupt dieser familiären Einheit dargestellt ist. Zugleich findet sich in der Rede Davids ein Hinweis auf die Tat des Königs: David nahm Bathseba aus dem Haus. In ihrer anschließenden Rede konkretisiert sie weiter, David habe sie von Uria geraubt. In der ersten Erwähnung wird die Figur als Ehemann Bathsebas präsentiert. Das RE Nr. 33 findet somit in der Dramatisierung bei Cohn Aufnahme. Zugleich geht diese Darstellung, wie gezeigt, über die bloße Herausstellung von Urias Sozialität als Ehemann, wie dies in der biblischen Erzählung in V.3d vorliegt, hinaus.

Der erste Auftritt des Feldherrn findet am Beginn des 2. Aktes statt und wird durch die Ankündigung Abjathars vorbereitet. Dieser weist David darauf hin, „Uria, (d)ein Hauptmann wartet vor der Tür"[103]. Hier deutet sich bereits an, Urias Sozialität als Soldat im Heer Davids steht beim ersten Auftritt im Fokus. Die anschließende Anrede Urias durch David als „Held"[104] und seine Funktion als Berichterstatter und Bote zwischen dem Königspalast und dem Feldlager bestätigen diese Auffassung. Das Drama knüpft somit an die Darstellung Urijas in der biblischen Erzählung an und legt den Fokus bei der ersten Erwähnung zunächst auf Urias Sozialität als Ehemann (RE Nr. 33) und anschließend auf seine soziale Stellung als Soldat unter König David (RE Nr. 34).

Weder in der ersten Erwähnung noch im ersten Auftritt des Hauptmannes wird das Epitheton „der Hethiter" verwendet. Überhaupt ist an keinr Stelle des Dramas das Gentilizium „der Hethiter" (RE Nr. 36) aufgegriffen oder in Bezug auf die Herkunft Urias thematisiert.

Im weiteren Verlauf der Handlung wird die Figur durch mehrere Fremdkommentare näher charakterisiert. David spricht Urias Tapferkeit und Loyalität als Soldat an.[105] Thamar stellt gegenüber Bathseba fest: „Er

---

[102] Bernhard, Brief des Uria, S. 15.
[103] Ebd., S. 19.
[104] Ebd., S. 20.
[105] Siehe ebd., S. 21.

ist ein edler Mann!"[106]. Dieses Urteil wird durch Bathseba bestätigt („Ich weiss, ich weiss!"[107]) und kritisch erweitert, indem sie auf sein aufbrausendes Temperament verweist.

Im Dramentext finden sich keine Hinweise zum Figurenkörper Urias. Diese biblische Leerstelle (RE Nr. 54) wird auch in Cohns Drama nicht geschlossen. Stattdessen ist seine Körperlichkeit durch eine charakteristische Verhaltensweise bestimmt. Wie in der biblischen Erzählung weigert sich Uria, dem königlichen Befehl Folge zu leisten und geht nicht in sein Haus (RE Nr. 35a). Die iterative Darstellung dieser Weigerung stellt eine weitere Gemeinsamkeit zwischen biblischer Darstellung und deren Dramatisierung dar.[108] Zugleich handelt es sich bei der Weigerung, in sein Haus zu gehen, um eine der Handlungen, die unter dem RE Nr. 37 subsumiert und charakteristisch für die biblische Figur Urijas sind.[109]

Im Unterschied zur biblischen Erzählung wird im Dramentext explizit herausgestellt, dass Uria um Bathsebas Ehebruch und ihre Schwangerschaft weiß. Das RE Nr. 49a, worunter dieses ambige Figurenverständnis, das aus der fehlenden Information zu Urijas Wissen hinsichtlich des Ehebruchs und der Schwangerschaft Bathsebas resultiert, wird im Dramentext aufgelöst. Im Dialog mit Thamar (2. Akt) erhält Uria Kenntnis vom Ehebruch, und Bathseba informiert ihren Ehemann selbst über ihre Schwangerschaft (4. Akt).[110]

Auch die ambige Figurenrede Urijas in 2 Sam 11,11 mit ihrer multikausalen Erklärung für seine Weigerung, in sein Haus zu gehen (RE Nr. 49b), wird im Dramentext nivelliert. Dies lässt sich an der folgenden Paraphrase von V.11 erkennen:

> Uria
> Zu meinem Weibe soll ich?
> Da meine Brüder draussen in den Zelten
> Vor Kälte zittern und die Windesbraut

---

[106] Bernhard, Brief des Uria, S. 48.
[107] Ebenda.
[108] Siehe ebd., S. 37, 45, 48.
[109] Die beiden anderen charakteristischen Handlungen Urias, das Legen sowie das Sterben, kommen nicht bzw. nur abgewandelt im Dramentext vor. Als Handlung Urias ist sein Tod nicht Bestandteil der Handlung. Stattdessen wird sein Sterben iterativ im Brief vermittelt und als Todesurteil dargestellt. Aufgrund des Arrangements des Todesbriefes als Diktat Urias an David ist das Sterben Urias iterativ dargestellt. Als Vorausschau wird dabei viermal der Tod Urias erwähnt. Vgl. ebd., S. 85, 87.
[110] Siehe ebd., S. 31–38, 68.

> Als nächtge Buhle in den Armen halten,
> Soll ich bei meinem Weibe, Herr, mich ruhn,
> Auf ihrem Leib, dem alabasternen,
> Den Schlummerthron der süssen Nacht errichten?
> Bei diesem Weibe, Herr, bei diesen Brüsten
> Und diesem blüh'nden Leibe, Herr?[111]

Ein wesentlicher Unterschied zur biblischen Rede Urias ist das Fehlen der religiösen Begründung für sein Fernbleiben. Ein Hinweis auf die Lade und die damit assoziierten JHWH-Kriegsvorschriften fehlen im zitierten Dramentext. Auch der Schwur auf Königs Davids Leben findet in der Dramatisierung keine Aufnahme. Stattdessen führt Uria seine Solidarität mit den Mitsoldaten als Begründung für sein Fernbleiben an und greift somit nur eine der Erklärungen auf, die die Figurenrede Urijas in der biblischen Erzählung zu finden sind. Außerdem wird diese Erklärung variiert und durch einen Vergleich in Bezug zu Bathseba gestellt.[112] Urias Äußerung kulminiert in einer sexuell konnotierten Beschreibung von Bathsebas Körper. Wie anhand der beiden Referenzelemente, RE Nr. 49a und 49b, gezeigt, wird die Ambiguität im Figurenverständnis des biblischen Urija im Drama „*Der Brief des Uria*" aufgelöst.

5.3.2.4 Die übergeordnete Erzählinstanz

In Bezug auf die übergeordnete Erzählinstanz ist zunächst auf die grundlegenden Schwierigkeiten ihrer Bestimmung in Dramentexten hinzuweisen. Wie im Kapitel zu den RE herausgestellt, ist das sprechende Subjekt der Bühnenanweisungen im Nebentext des Dramas nicht bzw. nicht primär der Dramatiker, sondern ein Erzähler. Der geringe Umfang des Nebentextes im Drama bietet einen Textkorpus, der nicht ausreicht, um sich dieser Erzählinstanz sinnvoll annähern zu können.

5.3.2.5 Bibelübersetzung und Rezeptionskontext

Im Dramentext werden mehrere Bibeltexte paraphrasiert bzw. begegnen als Allusionen.[113] Aufgrund der Verssprache und der Paraphrasierung der

---

[111] Bernhard, Brief des Uria, S. 58.
[112] In diesem Vergleich setzt Uria seine Brüder, d. h. seine Mitsoldaten, und ihre „Windesbraut" in Bezug zu sich und seiner Frau Bathseba.
[113] Aus 2 Sam 11 und deren unmittelbarem Kontext werden folgende Textstellen im Drama aufgriffen: Die sog. Nathan-Parabel (2 Sam 12,1–4) begegnet im 1. Akt, vgl.

im Drama verwendeten Bibelstellen ist es äußerst schwierig, die zugrundeliegende Bibelübersetzung bzw. Bibeledition zu bestimmen. Zudem lässt sich aus Cohns Biographie schließen, um dies dem folgenden Abschnitt vorwegzunehmen, dass er nicht auf eine Bibelübersetzung angewiesen war. Ein Jahr vor der Abfassung des Dramas *„Der Brief des Uria"* legte er 1907 sein Examen als Rabbiner in Berlin ab und beherrschte somit zur Abfassungszeit geprüfte Kenntnisse der hebräischen Sprache. Cohn konnte somit selbst auf den hebräischen Bibeltext zugreifen und war nicht zwingend auf eine Übersetzung angewiesen.[114]

5.3.2.6 Bibelwissen

Im 1. Akt des Dramas *„Der Brief des Uria"* wird mehrfach die Liebe zwischen David und Batseba thematisiert, wie beispielsweise Davids Anrede gegenüber Bathseba belegt: „Sei mir gegrüsst, o Liebe, tausendmal!"[115] Auch im anschließenden Dialog versichert sich David ihrer Liebe, indem er fragt: „Bathseba, liebst du mich?", woraufhin Bathseba entgegnet: „O frevle Frage das!"[116] Die Antwort Bathsebas lässt erkennen, dass es sich um ein Gefühl von gegenseitiger Liebe handelt. Dies ändert sich, wie bereits dargestellt, in der weiteren Handlung, indem sich Bathseba von ihrem Gefühl gegenüber David distanziert. Dies wird im 3. Akt dargestellt.

Indem die Relation zwischen David und Bathseba als Liebesbeziehung im Dramentext dargestellt bzw. problematisiert ist, wird auf sog. Bibelwissen zurückgegriffen. Wie in der exegetisch-narratologischen Auslegung der „David, Batseba und Urija"-Erzählung herausgestellt, ist 2 Sam 11 keine Liebeserzählung. Diese Zuschreibung verbietet sich m. E.

Bernhard, Brief des Uria, S. 14 und die Figurenrede Urias in 2 Sam 11,11 wird im 4. Akt dramatisiert, siehe ebd., S. 58. Wie bereits in der Handlungsanalyse dargestellt, wird der Inhalt des Todesbriefes mit Ergänzungen im letzten Akt wiedergegeben, siehe ebd., S. 83–85, 87.

[114] In den frühen 1920er Jahren arbeitet Cohn gemeinsam mit anderen Mitwirkenden an einer deutschsprachigen Bibelübersetzung des Tanach, die von der jüdischen Gemeinde in Berlin in Auftrag gegeben wurde. Dies lässt sich, trotz der zeitlichen Diskrepanz, als ein weiterer Beleg für Cohns Kenntnisse der hebräischen Sprache ansehen.

[115] Bernhard, Brief des Uria, S. 10.

[116] Ebd., S. 11.

aus mehreren Gründen.[117] Allerdings bildet sich innerhalb der Wirk- und Rezeptionsgeschichte genau diese Auffassung heraus. In Bezug auf das Thema „David und die Liebe" hat Thomas Naumann wiederholt darauf hingewiesen, dass 2 Sam 11 meist in diesen Kontext gestellt wird.[118] Zwei Gründe dafür gibt Naumann an:

> Zum einen wegen des moralisch-religiösen Dilemmas von Davids Sündenfall, der sich schwer mit dem verklärenden Bild vom frommen König und Prototyp des Messias verträgt; zum anderen – wie die Kunstgeschichte verrät – wegen der männlichen Lust am Blick auf eine schöne Frau (beim Baden), die hier eine biblische und daher religiös unverfängliche Gestaltungsvorlage fand.[119]

Auch in der vorliegenden Untersuchung mit ihrem Fokus, gerichtet auf Wirkung der Figuren, wurde herausgestellt, dass vor allem die sogenannte Badeszene in 2 Sam 11,2–5 und ihre Darstellung in der europäischen Kunstgeschichte wesentlich zur Fokussierung auf diese Szene und somit auf die Beziehung zwischen David und Batsebas beigetragen haben. Auch in den typologischen Auslegungen von 2 Sam 11 wie der „*Bible Moralisée*" des „*Codex Vindobonensis 2554*" wird die Liebe zwischen David als Abbild von Christus und Batseba als Abbild der Kirche aufgegriffen und thematisiert.[120]

Die Liebe zwischen David und Batseba stellt somit in der Kultur relevant gewordenes Wissen dar, das sich jedoch nicht mit den Aussagen der biblischen Erzählung deckt. In Cohns Drama wird dieses Bibelwissen aufgegriffen und dessen Wissensinhalte sowohl zunächst bestätigt als

---

[117] Mit der 2 Sam 11,1–12,25 rahmenden Darstellung des Ammoniterkrieges wird der sexuelle Akt in 2 Sam 11,4d in einen gewaltkonnotierten Kontext eingeordnet, wodurch es sich m. E. verbietet, die Relation zwischen David und Batseba in 2 Sam 11 als Liebesbeziehung zu romantisieren. Ebenso Müllner, Gewalt, S. 95. Zudem gibt es innerhalb der biblischen Erzählung Hinweise, die eine solche Lesart verbieten. David ist nicht an einer längeren Liaison interessiert, dies lässt sich daran erkennen, dass er um Batsebas Ehestatus weiß, als er sie zu sich holen lässt. Zudem begegnet in der Aneinanderreihung von Handlungen in V.4 das Verb לקח (V.4b). David hat Bathseba genommen, mit anderen Worten, er hat Batseba seiner Verfügungsgewalt unterworfen.

[118] Siehe Naumann, Liebe, S. 64; Naumann, Beziehungen, S. 19.

[119] Naumann, Liebe, S. 64. Einen Ausgleich der divergenten Facetten Davids als Sünder einerseits und „Prototyp des Messias" andererseits bietet die bereits besprochene typologische Auslegung bei Augustinus, siehe Aug., Faust. 22.87. Siehe dazu: Fischer, Königsmacht, S. 456–458.

[120] Vgl. Fischer, Königsmacht, S. 458–463.

auch durch die Auseinandersetzung Bathsebas mit ihrem Gefühl der Liebe gegenüber David problematisiert.

5.3.3 Historische und kulturelle Verortung

5.3.3.1 Der Schriftsteller Emil Moses Cohn (1881–1948)

Anlässlich des fünfzigsten Geburtstags von Emil Moses Cohn im Jahr 1931 spricht Julius Bab, ein Freund Cohns und renommierter Dramaturg sowie Theaterkritiker, von ihm als „eine(m) der merkwürdigsten Zeitgenossen im deutschen Judentum"[121] und würdigt anschließend Cohns schriftstellerische Tätigkeit:

> Man wird im ganzen urteilen dürfen, daß er ein Autor von ungewöhnlichem Reichtum der Erfindung, keineswegs alltäglicher Geschichtlichkeit in der Szenenführung ist, und dabei doch niemals ohne innerliche Beziehung zu sehr ernsten Problemen der Zeit und des zeitlichen Menschentums arbeitet.[122]

In dieser Würdigung weist Bab auf die das breite Spektrum von Kenntnissen und Fähigkeiten Cohns hin, der sowohl Rabbiner und überzeugter Zionist als auch ein angesehener und erfolgreicher Schriftsteller war. Was aus der heutigen Sicht nicht problematisch erscheint, war allerdings zu Beginn des 20. Jahrhunderts noch anders.[123] Dies belegt die sog. „Cohn-Affäre": Aufgrund seiner zionistischen Überzeugung wurde Cohn 1907 als Rabbiner der jüdischen Gemeinde in Berlin entlassen. Auch die Synthese zwischen Rabbinat und schriftstellerischer Tätigkeit ist nicht konflikt- und problemfrei, wie der folgende Tagebucheintrag von Emil Cohn zeigt:

> Aber so erfolgreich ich auch war als Rabbiner und als Schriftsteller, immer hat der Rabbiner dem Schriftsteller, und der Schriftsteller dem Rabbiner im Wege gestanden, immer hat der Schriftsteller über den Schatten des Rabbiners springen müssen ...[124]

In Emil Cohn vereinen sich die unterschiedlichen Facetten: Rabbiner, Zionist und Schriftsteller. Dies spiegelt sich in seinem literarischen Œuv-

---

[121] Bab, Emil, S. 69.
[122] Ebenda.
[123] Siehe Horner, Cohn, S. 7.
[124] Tagebucheintrag von Emil Cohn, zitiert nach Horner, Cohn, S. 6.

re wider, das umfangreich ist und neben Theaterstücken auch Kurzgeschichten, Gedichtbände, Streitschriften, geschichtliche und biographische Abhandlungen sowie Einleitungen in die jüdische Religion und hebräische Sprache umfasst. Viele der Dramentexte publizierte er unter dem Pseudonym Emil Bernhard – ein Künstlername, der nach Hans Tramer ein Andenken Cohns an seinen Vater Bernhard darstellt.[125] In der Wahl des Pseudonyms drückt sich demnach die Verbundenheit zwischen Vater und Sohn aus.

Der am 18.02.1881 in Steglitz geborene Emil Cohn wurde von seinem Vater Bernhard (1841–1901), einem Mediziner und späteren Schriftsteller, wesentlich beeinflusst. Gemeinsam mit seiner Frau Cäcilie Zippora (gestorben 1935) vermittelte er Emil sowie seinen sechs Geschwistern die Liebe zur Literatur und ließ den Kindern eine zionistische Erziehung zu Teil werden.[126] Bernhard Cohn, ein überzeugter Zionist, der mit Theodor Herzl korrespondierte, veröffentlichte 1896 die Schrift *„Vor dem Sturm. Erste Mahnworte an die deutschen Juden"*[127], in der er die Juden in Deutschland vor antisemitischen Ausschreitungen sowie vor „Untergang und Vernichtung"[128] warnt und zur Auswanderung in die USA rät.[129]

Infolge der Auseinandersetzung mit dem christlichen Arzt in Steglitz und antisemitischen Anfeindungen siedelt die Familie Cohn 1981 nach Berlin über. Emil setzt, nachdem er bis dahin das Gymnasium in Steglitz besuchte, seine schulische Ausbildung am Berliner Prinz-Heinrich-Gymnasium fort, wo er 1899 sein Abitur ablegt.[130] Anschließend studiert er an der Universität Berlin orientalische Wissenschaften und widmet sich an der Berliner Hochschule für die Wissenschaft des Judentums rabbinischen Studien. Cohn wird Mitglied im „Verein für jüdische Studenten an

---

[125] Vgl. Tramer, Cohn, S. 344.
[126] Siehe Horner, Cohn, S. 16. Hans Tramer verweist in diesem Zusammenhang darauf, dass Bernhard Cohn eine zionistische Familie hinterließ: „Alle seine Kinder waren schon in ihrem Jugendjahren Zionisten und tätige Mitglieder nationaljüdischer, zionistischer Verbände." Tramer, Cohn, S. 340.
[127] Cohn, Sturm. Vor der Publikation wurde das fast sechzigseitige Manuskript von Emil Cohn im Alter von 14 Jahren handschriftlich kopiert. Siehe Horner, Cohn, S. 18.
[128] Ebd., S. 20.
[129] Zur Korrespondenz mit Herzl siehe Tramer, Cohn, S. 326f. Bernhard Cohn sieht im Antisemitismus in Deutschland eine besondere Gefahr für die jüdische Bevölkerung: „Man sage nicht, bei uns ist es noch nicht so schlimm wie in Russland. Im Gegenteil, bei uns steht es schlimmer [...] Der deutsche Antisemitismus hat Methode und ist darum für uns am gefährlichsten." Cohn, Sturm, S. 34.
[130] Siehe Heuer, Lexikon, S. 208f.

der Universität Berlin" und grümdet 1901 die studentische Verbindung: „National-jüdischer Verein der Hörer an der Lehranstalt für die Wissenschaften des Judentums in Berlin".[131] Dieser Verein löst sich wegen der Androhung des Verweises aller Mitglieder von der Hochschule bereits 1902 wieder auf. Cohn ist zudem Gründungsmitglied und Mitherausgeber der ersten nationalen jüdischen Vierteljahresschrift *„Der Jüdische Student"*, dem Publikationsorgan des „Bund Jüdischer Corporationen".[132]

Cohn promoviert 1902 in Heidelberg.[133] Im selben Jahr entstehen seine ersten literarischen Werke, die Satire *„Amtsgerichtsrat David Markus"*[134] sowie die Tragödie *„König Saul"*. Das Theaterstück reicht er im Hofburgtheater in Wien ein, dort wird es allerdings abgelehnt.[135] Im Jahr 1905 besteht Cohn das rabbinische Examen. Im Alter von 25 Jahren wird er 1906 zum Prediger in der jüdischen Gemeinde in Berlin gewählt und ist als Religionslehrer am Falk-Realgymnasium tätig. Aufgrund seiner zionistischen Überzeugung kommt es allerdings 1907 zur Entlassung. Die sogenannte „Cohn-Affäre" findet in der deutschen und internationalen Öffentlichkeit Resonanz, was darauf hinweist, dass der Konflikt zwischen Rabbiner und Gemeindevorstand nicht zufällig oder regional begrenzt ist.[136] Die zionistischen Gruppen greifen die Entlassung Cohns auf und etablieren bzw. propagieren diesen Fall als einen Angriff auf die Gedankenfreiheit. Cohn regiert auf seine Entlassung mit der Veröffentlichung der beiden Streitschriften *„Mein Kampf ums Recht"* und *„Die Geschichte meiner Suspension"*[137] im Mai 1907.

> These small pamphlets were reprinted in various German and English language publications and the ‚Cohn Affair' became an absorbing topic of conversation in the German Jewish community and abroad.[138]

---

[131] Siehe Tramer, Cohn, S. 341; Heuer, Lexikon, S. 209.
[132] Siehe Heuer, Lexikon, S. 209.
[133] Siehe Cohn, Wucher.
[134] Siehe Cohn, Amtsgerichtsrat.
[135] Siehe Horner, Cohn, S. 21.
[136] Chana Schütz ordnet die „Cohn-Affäre" den zeitgeschichtlichen Entwicklungen zu: „Die Zeichen der Zeit standen auf Identitätskrise und Generationskonflikt; auch die deutschen Juden waren von diesem Zeitgeist gepackt." Horner, Cohn, S. 7.
[137] *„Die Geschichte meiner Suspension"* ist im Anhang der zuvor genannten Publikation *„Mein Kampf ums Recht"* enthalten. Siehe Heuer, Lexikon, S. 212.
[138] Horner, Cohn, S. 26.

Cohn, der nicht auf eine erneute Anstellung als Rabbiner hofft, beginnt 1907 ein Jurastudium in Kiel.[139] Dort wird er 1908 zum Rabbiner gewählt und übt dieses Amt bis 1912 aus. Anschließend ist Cohn in Essen als Rabbiner tätig und heiratet Margarete Kaufmann (1892–1965). Aus ihrer Ehe stammen die Kinder Hanna (geb. 1914), Miriam (geb. 1919) sowie Bernhard N. (geb. 1923). Zwischen 1914 und 1925 lebt Cohn in Bonn und arbeitet dort als Rabbiner und Schriftsteller, bevor er 1926 mit seiner Familie nach Berlin zurückkehrt. Im Vorort Grunewald übernimmt er das Rabbinat der orthodoxen Synagoge in der Franzenbader Straße.

Mit der Anstellung an der orthodoxen Synagoge deutet sich bereits an, dass sich ein Wandel in Cohn vollzogen hat, den Horner folgendermaßen beschreibt:

> In the early 1920s Emil Cohn became more conservative, indeed orthodox in his religious beliefs and began to keep a kosher household and ‚lay tefillin', a form of personal prayer.[140]

Neben seiner Tätigkeit als Rabbiner in der Gemeinde ist Cohn in Berlin auch als Religionslehrer am Grunewald Gymnasium tätig. Mit seinen Studenten sowie Bekannten führt er Gespräche und Diskussionen in seinem heimischen Salon.[141] Zudem trifft sich Cohn mit Kollegen und Freunden zum wöchentlichen „Stammtisch" im Künstlerlokal „Romantisches Cafe", wo über Kunst, Theater und Politik diskutiert wird.[142] Er pflegt vor allem in seiner Berliner Zeit Freundschaften zu bekannten zeitgenössischen Künstlern. Zu diesen zählen die Schriftstellerin Else Lasker-Schüler, der Maler Hermann Struck sowie der Schauspieler Alexander Granach.

Im Jahr 1933 wird Cohn erstmals verhaftet. Zwei Jahr später ist er wegen Landesverrats angeklagt und wird 1936 durch die Gestapo erneut inhaftiert. Cohn gelingt während eines Hafturlaubs anlässlich der Bar-Mizwa seines Sohnes Bernhard die Flucht nach Amsterdam. Er emigriert 1939 mit Unterstützung von Albert Einstein und Stephen Wise, einem prominenten amerikanischen Rabbiner und Zionisten, in die Vereinigten Staaten. Auch seine Frau Margarete sowie die Kinder fliehen aus Deutschland. Die Familie findet erst 1941 wieder zusammen und lässt

---

[139] Siehe Tramer, Cohn, S. 342.
[140] Horner, Cohn, S. 35. Siehe dazu auch Tramer, Cohn, S. 343.
[141] Siehe Horner, Cohn, S. 39.
[142] Siehe ebd., S. 41.

sich in Kalifornien nieder. Dort ist Cohn als Rabbiner und Dozent für hebräische Literatur an der Stanford University tätig und unterrichtet jüdische Geschichte an der School of Jewish Studies.[143] Bevor Cohn eine neue Stelle als Bibliothekar des Jewish Community Council of Los Angeles antreten kann, stirbt er an den Folgen eines Straßenunfalls am 28.02.1948 in Los Angeles.[144]

Das Drama *„Der Brief des Uria"*, abgefasst 1908, gehört zu den frühen Werken von Emil Cohn. Seine großen Erfolge am Theater feiert er erst später im Jahr 1926, als sein Stück *„Jagd Gottes"* im Schauspielhaus in Frankfurt a. M. aufgeführt wird.[145] Im selben Jahr schließt er das Drama *„Das Reissende Lamm"* ab, das unter Leitung der Berliner Volksbühne in vielen deutschen Städten, darunter Düsseldorf, Frankfurt und Hamburg gespielt wird.[146] Alexander Berkman überträgt das Stück ins Englische, wo es zwischen Dezember 1927 und Februar 1928 mehrmals im Eugene O'Neill's Provincetown Playhouse in New York zur Aufführung kommt.[147] Durch die Übersetzungen seiner Dramen erweitert sich das Publikum von Emil Bernhard. Seine Theaterstücke wie *„Der Brief des Uria"* oder *„Das Reissende Lamm"* werden nicht nur in Deutschland, sondern auch in den USA und in Israel aufgeführt.[148] Eine Auszeichnung erhält Cohn im Jahr 1945, als er den Drama-Preis der International Jewish Playwriting Competition in London bekommt.

Mit Beginn der nationalsozialistischen Herrschaft verändern sich die Inhalte von Cohns Publikationen. Verstärkt greift er jüdische Themen auf und konzentriert sich auf die Veröffentlichung von Einführungs- und Übersichtswerken zur jüdischen Religion, Geschichte und Kultur.[149] Bereits 1923 entsteht die Monographie *„Judentum – Ein Aufruf an die Zeit"*.[150] Nach Einschätzung von Horner handelt es sich hierbei um „a book he considered his most important"[151].

Eine weitere Facette seiner schriftstellerischen Tätigkeit stellt die Beschäftigung mit pädagogischen Fragestellungen dar. Für Cohn ist die

---

[143] Siehe Heuer, Lexikon, S. 209.
[144] Siehe Horner, Cohn, S. 56f.
[145] Siehe Bernhard, Jagd Gottes.
[146] Siehe Bernhard, Lamm.
[147] Siehe Horner, Cohn, S. 45.
[148] Siehe ebd., S. 14.
[149] Siehe ebd., S. 9.
[150] Siehe Cohn, Judentum.
[151] Horner, Cohn, S. 37.

Pädagogik, der Unterricht sowohl von jungen Leuten als auch der von Erwachsenen ein besonderes Anliegen. Er veröffentlicht in diesem Bereich Handreichungen und Publikationen wie beispielsweise die von ihm herausgegebenen Schriften *„Jüdischer Kinderkalender"* (1928/1929) und *„Jüdischer Jugendkalender"* (1929/1930).

Mit Blick auf die vorliegende Arbeit ist bereits ein weiterer Bereich von Cohns literarischer Produktivität zu erwähnen. Während seiner Berliner Zeit beteiligt er sich ebenso wie andere Rabbiner an einer wissenschaftlichen Bibelübersetzung. Hierbei handelt es sich um die von der jüdischen Gemeinde in Berlin 1924 in Auftrag gegebene Bibelübersetzung unter Verantwortung des Rabbiner Leo Baeck. Die Übersetzung erfolgt arbeitsteilig. Im Geleitwort zur Ausgabe von 1954 (4. Aufl.) wird Emil Bernhard Cohn gemeinsam mit weiteren Mitarbeitern des Übersetzungsprojektes benannt.[152] Trotz vorgegebener Grundsätze entstehen im Stil und in der formalen Umsetzung individuelle Übersetzungsbeiträge, sodass Harry Torczyner zur Veröffentlichung die Einzelbeiträge tiefgreifend und harmonisierend redigieren muss.[153] Die 1924 initiierte Bibelübersetzung kann somit erst in den Jahren 1934 bis 1937 unter dem Titel *„DIE HEILIGE SCHRIFT ins Deutsche übertragen"* veröffentlicht werden.[154]

Dieser biographische Abriss zeigt den Facettenreichtum der Person Emil Moses Cohn als Rabbiner, Zionist und Schriftsteller auf und deutet das Spektrum seiner schriftstellerischen Tätigkeit an. Deborah Horner benennt drei Besonderheiten in der Biographie Cohns, die eine gegenwärtige Beschäftigung legitimieren:

> First, and perhaps most importantly for him, he was an artist, a writer in the German language and from childhood continually engages in a myriad of literary pursuits. [...] Second, he had a persuasive influence on the evolving identity of German Jews in the first half of the 20th century. [...] Finally, the issues that were central to him as a minister to his community and personally as a writ-

---

[152] Siehe Bechtoldt, Bibelübersetzungen, S. 51.
[153] Torczyner verwendete und publizierte in Folge seiner Rückkehr nach Jerusalem 1933 den hebraisierten Namen Naftali Herz Tur-Sinai. Siehe Bechtoldt, Bibelübersetzungen, S. 51.
[154] Siehe ebd., S. 50. Die Bibelübersetzung trägt in der aktuellen, der 6. Gesamtauflage von 2013, den Titel *„DIE HEILIGE SCHRIFT ins Deutsche übertragen von NAFTALI HERZ TUR-SINAI"*. Eine Besprechung der Bibelübersetzung bietet Bechtoldt, vgl. Bechtoldt, Bibelübersetzungen, S. 52–56.

er remain pertinent in our modern world: freedom of the individual to establish an identity in society, social justice and man's relationship with a higher being.[155]

Gerade dieser letzte Legitimationspunkt, den Horner anführt, lässt sich m. E. bereits im Frühwerk von Emil Cohn anhand des Dramas „*Der Brief des Uria*" aufzeigen. Es setzt sich mit der Ambivalenz der Individualität des Einzelnen und vor allem mit der Identitätsfindung innerhalb einer Gesellschaft auseinander und bietet Antwortversuche auf die um die Jahrhundertwende postulierte „Identitätskrise".

5.3.3.2 Dramenaspekt: Identität

Die Beschäftigung mit der Frage nach der Identität ist für den deutschjüdischen Autoren Cohn essenziell. Sein literarisches Œuvre weist, wie aufgezeigt, eine Vielzahl an Schriften auf, in denen jüdische Identität thematisiert wird. Deborah Horner deutet in ihrer Biographie zu Emil Moses Cohn an, welche Signifikanz die Identität für ihn hat: „Identity was a subject that continued to occupy Emil Cohn as rabbi, teacher, author and playwright."[156]

Mit der Hinwendung zur Identität und der Beschäftigung mit dem *Ich* ist ein zeitgeschichtlicher Aspekt aufgegriffen, der die Kultur um die Jahrhundertwende wesentlich bestimmt hat.[157] Im Abschnitt zur „*Geschichte und Kultur um 1900*" wurde bereits darauf hingewiesen, dass dem *Ich* sowohl in der Literatur als auch in weiteren Wissenschaften wie Philosophie, Psychologie oder Psychoanalyse der Jahrhundertwende hohe Relevanz zukommt. Es „gilt als zentrales Charakteristikum der Epoche"[158] und tritt in ambivalenten und zum Teil polarisierenden Ausprägungen auf. Um 1900 begegnen in der subjekttheoretischen Reflexion neben Ansätzen, die auf eine Auflösung des *Ich* zielen, auch Apologien des *Ich*.[159]

---

[155] Horner, Cohn, S. 13–15.
[156] Ebd., S. 29.
[157] Christine Kanz weist in diesem Kontext darauf hin, dass das *Ich* sowie dessen *Identitätskrise* sich auf das *männlich* konnotierte Subjekt beschränken. Siehe Kanz, Moderne, S. 356.
[158] Kimmich / Wilke, Literatur, S. 35.
[159] Einen Überblick über die subjekttheoretischen Arbeiten bieten Kimmich und Wilke, siehe ebd., S. 67–75. In Anlehnung an Ernst Mach und seine bereits 1886 veröffentlichten „*Beiträge zur Analyse der Empfindungen*" begegnet die Formulierung vom

Zwischen Subjetkritik bzw. Subjektivismus und dem zunehmenden Krisenbewusstsein um 1900 bestehen Interdependenzen. Das Krisenbewusstsein basiert zum einen auf der Wahrnehmung einer zunehmend instabiler werdenden Außenwelt, in der aufgrund des sozialen Wandels Institutionen und bestehende Werte wie Familie oder Geschlechterverhältnisse infrage gestellt werden.[160] Zum anderen resultiert das zunehmende Krisenbewusstsein aus den zahlreichen und vor allem strukturellen Erkenntnissen der Wissenschaften. Das Wissen um die unsichtbaren Prinzipien der Soziologie oder Ökonomie sowie die Erkenntnisse zum Atom oder der Psychologie evozieren die Wahrnehmung einer „doppelten Wirklichkeit"[161], wonach die Wirklichkeit in eine banale bzw. bedeutungsarme Oberfläche und eine bedeutungsschwere Tiefe gesplittet wird.[162] Durch die Erforschung der sozialen sowie biologischen Bedingtheit des Menschen ist dessen Autonomie infrage gestellt und die bisherigen Subjektkonzepte, wonach das *Ich* als autonome, zeitlich stabile, rationale sowie bewusste Einheit galt und die bis in die 1880er Jahre Gültigkeit besaßen, werden für obsolet erklärt.[163]

Angesichts der skizzierten Krisen kommt es zur Hinwendung auf die Innenwelt des Menschen, d. h. dessen innere Empfindungen sowie psychischen Zustände stehen im Fokus und sollen möglichst authentisch abgebildet werden. Im kulturellen Umfeld Wiens entwickeln sich in der frühen Moderne Vorstellungen und Denkansätze über die menschliche Innenwelt und deren Struktur.[164] In diesem Zusammenhang ist auf den Ansatz von Ernst Mach sowie die bedeutenden Arbeiten zur Tiefenpsychologie von Sigmund Freud hinzuweisen.[165] Teile der Autorenschaft orientierten sich um 1900 nicht länger mehr an Biologie oder Soziologie, sondern fokussieren das menschliche Innenleben und knüpfen dabei an

---

„unrettbaren Ich". Diese Formulierung ist nach Kimmich und Wilke ein prägnantes Beschreibungsinstrumentarium für die Epoche, da es das epochale Selbstverständnis ausdrückt. Siehe Kimmich / Wilke, Literatur, S. 68.

[160] Siehe Kanz, Moderne, S. 356. Dies ist Gegenstand einer kaum zu überschaubaren Menge an Schriften und Abhandlungen zu Themen wie Ehe, Familie sowie Kindererziehung. Siehe ebd., 356.
[161] Brandl, Identitätskrisen, S. 177f.
[162] Ebd., S. 178.
[163] Siehe Ajouri, Literatur, S. 16.
[164] Siehe Brandl, Identitätskrisen, S. 178.
[165] Vgl. Mach, Empfindungen.

die wissenschaftlichen Erkenntnisse der zeitgenössischen Psychologie, Psychiatrie sowie die Neurosen- und Hysterielehre an.

Brandl schlussfolgert ausgehend von ihrer Untersuchung zu den *„Identitätskrisen und die Konstruktion psychischer Innenwelten um 1900"* die Feststellung, dass „all jenes, was Verunsicherung und Angst auslöste, im Zusammenhang mit der Frage nach dem Ich und der Identität, [...] aus dem wissenschaftlichen Gespräch ausgeklammert"[166] wurde. Diese Erfahrungsbereiche finden stattdessen Aufnahme in den literarischen Texten der Zeit. Erkennbar ist dies, so Brandl, sowohl an der Auswahl der literarischen Bilder und den Gestaltungsmitteln als auch an der Thematisierung der Veränderung des Selbstgefühls.[167]

Letzteres lässt sich an der Figur Urias in Cohns Drama *„Der Brief des Uria"* aufzeigen. Bevor die Thematisierung der Veränderung des Selbstgefühls von Uria anhand ausgewählter Dramenzitate vorgestellt wird, gilt es, sich zunächst dem Begriff der Identität und dem davon abgeleiteten Konzept der Identität in der deutschsprachigen Literatur um die Jahrhundertwende anzunähern.

Eine erste Schwierigkeit stellt die Definition der persönlichen Identität dar. Der gebräuchliche und scheinbar verständliche Begriff ist aufgrund einer Vielzahl von unterschiedlich akzentuierten Theorien zur Identität komplex und nicht kompatibel für alle identitätstheoretischen Reflexionen.[168] Identität ist zunächst ein relationaler Begriff, der sich nach Stefan Glomb in einem

> Beziehungsgeflecht situiert, wobei die hierfür konstitutiven Relationen je unterschiedliche Facetten von Identität aufscheinen lassen: als überzeitliche Kontinuität, als übersituative Konsistenz, wie auch als Abgleich von Innen- und Außenperspektive.[169]

Um die Jahrhundertwende setzt sich die Auffassung durch, dass die Identität keine statische oder absolute Größe ist. Stattdessen handelt es sich um Selbstbilder, die immer wieder in einem dynamischen Prozess am Schnittpunkt zwischen gesellschaftlicher Interaktion und individueller

---

[166] Brandl, Identitätskrisen, S. 191.
[167] Siehe ebd., S. 191.
[168] Siehe Glomb, Art. Identität, S. 306.
[169] Ebd., S. 307.

Biographie des Einzelnen bzw. der Einzelnen neu konstruiert und revidiert werden.[170]

Um 1900 werde, so Titzmann, das Subjekt in der Literatur „als eine Menge von ihm inhärenten Möglichkeiten gedacht, die zum jeweiligen Zeitpunkt nur partiell realisiert sind"[171]. Dem Subjekt seien unterschiedliche psychische Operationen zugewiesen wie z. B. die Etablierung, das Setzen oder Verschieben von Grenzen nach außen oder innerhalb der Person, die Selbstfindung sowie die Selbstverwirklichung. Auch die Identität sei, so Titzmann, eine der Operationen des Subjekts und lasse sich „als (Selbst- oder Fremd-)Erfahrung der Einheit einer Person"[172] definieren. Die Selbstfindung liege dann vor, wenn eine Identität zwischen Selbstbild und realisierter oder potentieller Person hergestellt wird.

Im Drama „*Der Brief des Uria*" ist die Veränderung des Selbstgefühls Urias thematisiert und so die Selbstfindung anhand einer der Hauptfiguren dargestellt. Beide stehen ihm Zusammenhang mit dem Handlungselement des Ehebruchs Davids und Batsebas. Der dargestellten Welt des Dramentextes liegt ein anerkanntes Normsystem zugrunde. Der sexuelle Akt zwischen dem König und der verheirateten Frau gilt dabei als Normverletzung. Dies wird, wie bereits in der Analyse des Dramentextes dargelegt, auch aus der Perspektive der beiden Figuren als solche vermittelt.[173] Die Normverletzung Davids und Batsebas stellt für Uria einen Selbstverlust dar und bewirkt eine Veränderung seines Selbstgefühls. Seine Motivation und Handlungen, nachdem er um den Ehebruch weiß, zielen darauf, diese Normverletzung zu sanktionieren, wodurch Uria seine Identität durch den Prozess der Selbstfindung wieder herstellen kann.

---

[170] Siehe Glomb, Art. Identität, S. 207.
[171] Titzmann, Konzept, S. 36. Titzmann unterscheidet in diesem Zusammenhang zwischen realisierter Person und potentieller Person(en) und zwischen bewusst und nichtbewusst. Als weitere Differenzierungen benennt er folgende Dichotomien: bewusst (in der Psyche gespeichert) und nicht-gewusst (nicht in der Psyche gespeichert), bewusstseinsfähig und nicht-bewusstseinsfähig, Selbst(bild) und Fremdbild, ich-synton und ich-dyston sowie die Unterscheidung in soziales Nicht-Personales und psychisches bzw. biologisches Nicht-Personales.
[172] Ebd., S. 39.
[173] Sowohl David als auch Bathseba bezeichnen den Ehebruch und das dem sexuellen Akt vorausgegangene „Nehmen", womit der Akt bezeichnet ist, bei dem David Bathseba seine Verfügungsgewalt unterstellt, als „Raub" bzw. „frevelhafte" Handlung, vgl. Bernhard, Brief des Uria, S. 6, 15.

Wesentlich für die Thematisierung der Veränderung des Selbstgefühls der Figur Urias ist m. E. sowohl der Dialog zwischen Uria und Thamar im 2. Akt als auch der Monolog Urias im 4. Akt.[174] Der Fokus der folgenden Analyse richtet sich auf diese beiden Textpassagen.

Dem Dialog zwischen Uria und Thamar im 2. Akt geht die Begegnung Urias mit dem König voraus. David hat seinem Soldaten, der ihn über die Kriegsgeschehnisse vor Rabbath-Ammon informiert, sein Wohlwollen ausgesprochen und beschenkt ihn zunächst mit einem Schwert, das der Leibwächter Abjathar überreicht. Auch Thamar wird von König David zu Uria gesandt. Sie soll ihm als Sklavin dienen. Uria ist angesichts des königlichen Wohlwollens, das ihm entgegengebracht wird, irritiert und spricht zu Thamar:

> Ich denke nach, wo ich nicht denken darf,
> Ich taumle hin und her, und das, bei Gott,
> Das ist nicht meine Art! Heraus damit:
> Was will er? Sprich! Du weisst es![175]

Diese kurze Textpassage gewährt Introspektion in die Figur Urias. Die Eigenkommentierung der ersten beiden Verse ist eine Reflexion der Erfahrung Urias in Bezug auf seine eigene Verunsicherung. Der Hinweis „Das ist nicht meine Art!" ist eine Feststellung, durch die die Differenzen zwischen seiner gegenwärtiger Selbstwahrnehmung, d. h. seinem Selbstbild, und seiner Wahrnehmung als bislang realisierter Person hervorgehoben wird. Nach Titzmann handelt es sich hierbei um einen Selbstverlust. Dieser deutet bereits eine Veränderung des Selbstgefühls an. Das Zitat schließt mit der Frage nach Davids Intention. Im weiteren Dialog benennt Thamar den Befehl, mit welchem David sie zu Uria gesandt hat, und erklärt, dass der König selbst am Abend nach Uria in seinem Haus schauen werde. Dies erregt das Misstrauen Urias gegenüber seinem Herrn und führt dazu, dass er von Thamar weitere Auskunft über Davids Beweggründe fordert. Er bedrängt sie mit List und unter Andeutung von Gewalt und bringt sie schließlich dazu, den Ehebruch Davids mit Batseba einzuräumen. Thamar tritt als Fürsprecherin für Bathseba ein und kann so verhindern, dass ihr Uria Gewalt antut. Zudem kritisiert sie sein langes Fortbleiben und weist auf die Kinderlosigkeit Batsebas hin. Uria reagiert in diesem Zusammenhang mit folgender Äußerung:

---

[174] Vgl. Bernhard, Brief des Uria, S. 25–38, 62.
[175] Ebd., S. 26.

> Erbarmungslose,
> Was plärrst du mir mein Elend, Elend nach?
> Ist es noch nicht genug, dass du mir sagtest,
> was ich verlor? Mein Weib! Mein Weib! Mein Weib!
> *(Pause).*
> *(dumpf):* So fluch ich allen Kriegen! Nicht die Besten
> Erwürgt er nur, d a s   B e s t e in uns selbst
> Wird uns erwürgt, das Totenfeld der Seelen
> Ist grenzenloser als die Wahlstatt draussen!
> O, o, o, o![176]

Dieses Zitat wird durch den Hinweis auf die Pause im Nebentext in zwei Abschnitte differenziert. Im ersten Teilstück weist Uria auf sein Elend hin und bestimmt dieses als Verlust seiner Frau Bathseba näher. Im zweiten Abschnitt stellt er diesen Verlust in Zusammenhang mit seinem Soldatentum. Die trennende Pause dazwischen fungiert m. E. einerseits als Ausdruck für Urias innere Reflexion und dient zum anderen als Manifestation seiner veränderten Emotionalität, die zudem durch die anschließende Information im Nebentext in der Sprachmodulation der Figur unterstützt wird. Im zweiten Abschnitt setzt sich Uria mit seinem Soldatentum auseinander und benennt die negativen Folgen des Krieges. Er verurteilt den Krieg, nicht nur aufgrund der Todesopfer, sondern auch hinsichtlich seiner Auswirkungen auf das Leben eines jeden Soldaten. Uria schließt seine Rede mit dem Vergleich „das Totenfeld der Seelen (i)st grenzenloser als die Wahlstatt draussen"[177] und verstärkt damit das zuvor Gesagte. Die Opfer für die den Krieg überlebenden Soldaten sind „grenzenloser" als die Opfer der im Krieg Gefallenen.

In dieser Kriegskritik verbindet sich die kritische Wertung seiner eigenen Rolle als Soldat mit der Erkenntnis, dass er durch seine Tätigkeit als Soldat am Verlust Batsebas Mitschuld trägt. Angesichts dieses Selbstverlustes reflektiert Uria im Dialog mit Thamar seine Handlungsoptionen. Aus seiner Perspektive ist das „Alleräußerte [...] Das Unsagbare"[178], der Tod, der einzige Ausweg aus seiner Situation. Darin sieht er zugleich die einzige Möglichkeit bzw. das einzige Instrumentarium, um gegenüber

---

[176] Bernhard, Brief des Uria, S. 36.
[177] Ebenda. Der heute nicht mehr gebräuchliche Begriff „Wahlstatt" bezeichnet laut dem „*Pierer's Universal-Lexikon*" einen Ort an dem ein Kampf stattfinden soll oder bereits stattgefunden hat. Siehe Pierer, Lexikon, S. 752.
[178] Bernhard, Brief des Uria, S. 36.

David sein Selbstgefühl zu wahren und angesichts des erfahrenen Verlustes sein Selbst zu finden. Dies ist Thema des folgenden Auszugs:

> Uria
> Fürchte nicht für ihn!
> Er lebe! Aber ich will leben auch!
> Dass ich der Stärkere bin, dass ich es bin,
> Der ihm sein Leben schenkt und ihm das Weib
> Nachwirft in seine Schmach!
> Bin ich schon Sohn des Krieges, hat der Krieg
> Mir Kriegerschicksal zugewogen, nun,
> So will ich Krieger bleiben bis zuletzt
> Und mir mein Recht erkämpfen mit der Faust!
> Ich muss ihn unter diesen Händen haben,
> Mein Knie ihm setzen auf die feige Brust,
> Dann mag er aus dem Staube sich erheben,
> Den Mantel schütteln und von dannen gehen![179]

Die ersten beiden Sätze am Beginn des Zitats stellen eine Reaktion Urias auf Thamars Befürchtung dar, er könne David Gewalt antun bzw. wolle ihn töten, und stellt diese Sorge als unbegründet hin. Allerdings setzt er seine folgenden Äußerungen in Relation zu David. Indem er sein Innerstes, seine Motivation und seine Ziele benennt und dies alles in Beziehung zu David stellt, versucht er sein Selbstbild neu zu konstruieren. Uria legt in seiner Rede den Fokus auf sich, seine Ziele und Motivation. Dies ist durch die Betonung des Ich (Zeile 2), das auch im Schriftbild des Dramentextes hervorsticht, sowie die daran anschließenden Wiederholungen des Personalpronomens erkennbar. Uria, der im vorausgehenden Dialog den Entschluss gefasst hat, zu sterben, betont hier, er wolle leben. Dieser scheinbare Widerspruch löst sich nur auf, wenn der Begriff Leben in den Kontext von Urias Selbstfindung gestellt wird. Uria behauptet gegenüber David seine Wertvorstellung in Bezug auf das der dargestellten Welt eigene und akzeptierte Normsystem. Er ringt mit David und will sich ihm gegenüber behaupten. Darauf deutet der Satz: „Dass ich der Stärkere bin, dass ich es bin,/Der ihm sein Leben schenkt und ihm das Weib/Nachwirft in seine Schmach!"[180]

Die daran anschließende Äußerung zu seinem Soldatentum weist auf die oben zitierte Kriegskritik Urias zurück. Die dort geäußerte Erkenntnis

---

[179] Bernhard, Brief des Uria, S. 38.
[180] Ebenda.

zu Urias Selbstverlust wird nicht widerlegt, stattdessen wird dem Soldatentum eine weitere Facette hinzugefügt. Uria sieht in seinem Soldatensein die Voraussetzung gegeben, seine Ziele gegenüber David, wenn nötig mit Gewalt, zu erreichen. Anhand des zitierten Dramentextes und dessen Rückbezug hinsichtlich Urias Soldatentum wird deutlich, dass sich das Selbstbild Urias revidiert und neu konstruiert. Das Selbstgefühl Urias ändert sich während des Dialogs zwischen ihm und Thamar im 2. Akt. Der Monolog des Feldherrn im 4. Akt knüpft an dieses Selbstbild an und lotet es erneut aus:

> Uria
>
> Jetzt, Augen, zeigt, wie heldenhaft ihr seid!
> Mit eurer Wimper offenem Visier
> Bekämpft die Nacht, die schwarz gepanzerte,
> Die nun sich naht! Hier bin und bleibe ich!
> Graun über dich, Mann, der da drinnen schläft!
> Du meintest, Tor, ich sei so blind und taub
> Und liesse mich am leichten Zaume ziehn?
> An meine Zügel, Mann! Und glaube nicht,
> Dass ich am schlaffen Seil dich halten werde!
> Wohl ist es wahr: Ich hätte dir sofort
> Die Wahrheit auf die Stirne hämmern können.
> Ich tat es nicht, ich will ein anderes: —
> Von deinen Zähnen breche ich sie mir![181]

Der hier zitierte Monolog Urias weist drei Abschnitte auf. Der erste stellt einen Rückverweis auf seinen vorausgehenden Dialog mit Abjathar dar. Dort täuscht Uria dem Leibwächter eine Bitte vor, wonach er ihn, wenn er eingeschlafen sei, zu Bathseba trage. Die Bitte Urias zielt darauf, bei dem königlichen Leibwächter den Eindruck zu erwecken, dass von ihm in seinem – vorgetäuschten – betrunkenen Zustand keine Gefahr ausgehe. Am Beginn des Monologs stellt Uria somit die zuvor geäußerte Bitte als Täuschung heraus und betont: „Hier bin und bleibe ich!"[182]. Diese Feststellung ist eine Überleitung zum nächsten Abschnitt und bildet durch die räumliche Gegenüberstellung von David als „Mann, der da drinnen schläft", einen Rahmen um den somit hervorgehobenen Einschub „Graun über dich". Dies ist eine Drohung Urias gegenüber dem König. Die Gegenüberstellung zwischen den beiden Figuren setzt sich im zweiten Ab-

---

[181] Bernhard, Brief des Uria, S. 62.
[182] Ebenda.

schnitt von Urias Monolog in Form eines Parallelismus fort. Darin zeigt sich, dass sein Vorhaben die Intention Davids durchkreuzt.

Im letzten Abschnitt des zitierten Monologs benennt Uria eine Alternative zu seinem Vorgehen und lehnt diese mit Bezug auf seinen Willen ab. Er weiß um den Ehebruch und hätte David mit dieser Normverletzung in der vorausgehenden Begegnung (4. Akt) konfrontieren können. Davon hat Uria jedoch Abstand genommen, da er, wie aufgezeigt, ein anderes Ziel verfolgt. Durch die Erwähnung der Alternative wird jedoch seine Auseinandersetzung mit David und die damit einhergehende Selbstfindung als notwendiger Schritt für ihn herausgestellt.

Auch in der weiteren Handlung zielt Uria darauf ab, sich gegenüber dem König zu behaupten. Wie in der Analyse zur Handlung des Dramas herausgestellt, ringt Uria von David im 5. Akt ein Versprechen ab. Durch dieses bringt er den König dazu, Uria sein eigenes Todesurteil abzufassen und mit dem königlichen Siegel zu versehen.

Wie in diesem Abschnitt exemplarisch an der Figur Uria herausgearbeitet, findet im Drama *„Der Brief des Uria"* eine Hinwendung zum Innenleben der Figur(en) statt. Damit bestätigt sich das Ergebnis aus der Analyse des Dramas unter Anwendung der RE. Nicht nur die biblischen Leerstellen zur Figurenpsyche Urias und Bathsebas werden aufgenommen und geschlossen, sondern die Identität wird zum Thema der Dramatisierung. Anhand der Figur Urias wurde aufgezeigt, wie diese immer wieder neu auf Basis ihrer figuralen Biographie und in Relation zur Figur Davids prozessual Selbstbilder konstruiert, verwirft und revidiert. Vor allem im 2. Akt, im Dialog mit Thamar werden die Änderungen des Selbstgefühls in Bezug auf die Figur Urias zum Thema. Es wurde aufgezeigt, wie Uria sein *Ich* in Frage stellt. Durch die Erfahrung einer Verunsicherung, dem Erkennen der Normverletzung Davids und Batsebas sowie seiner indirekten Partizipation daran entsteht bei Uria eine Differenz zwischen seiner (realisierten) Person und seinem Selbst(gefühl). Im weiteren Dialog revidiert er sein Selbstbild. In Form eines dynamischen Prozesses und in Auseinandersetzung mit David kann Uria seine Ziele schließlich gegenüber dem König behaupten und findet wieder zu sich selbst.

In dem Drama *„Der Brief des Uria"* werden, wie gezeigt, figurale Innenwelten dargestellt und Identität wird zum Thema gemacht. Emil Moses Cohn partizipiert somit in seinem Frühwerk an der zeitgenössischen Hinwendung zum „Innenleben".

5.4 Zusammenfassung

Am Ende dieses Kapitels zu den deutschsprachigen Dramentexten als ausgewählten Rezeptionen der „David, Batseba und Urija"-Erzählung sollen die Ergebnisse der Dramenanalyse zusammengefasst werden. An dieser Stelle ist nochmals darauf hinzuweisen, dass die Dramentexte eine Auswahl der recherchierten Dramen darstellen, die den Stoff der „David, Batseba und Urija"-Erzählung um 1900 dramatisieren. Sie wurden bewusst aufgrund ihrer zeitlich sehr nahen Entstehungs- bzw. Publikationszeit sowie ihrer unterschiedlichen Fokussierungen auf eine der Hauptfiguren von 2 Sam 11 ausgewählt.

Das Drama „*Bath-Sebas Sünde*" von Paul Alberti entstand 1904 und wurde erstmals 1909 in Hamburg aufgeführt. Im Zentrum dieses Dramentextes steht, wie der Titel bereits vermuten lässt, die Figur Bath-Seba. Auch in Emil Bernhards Drama „*Der Brief des Uria*", das 1908 entstanden und ein Jahr später uraufgeführt wurde, steht, der Titel deutet es an, die Figur Urias im Mittelpunkt. Martha Hellmuths Dramatisierung „*David und Bathseba*", deren Entstehungszeit nicht mehr ermittelbar ist, wurde 1906 in der Zeitschrift „*Ost und West*" veröffentlicht und richtet den Fokus signifikant auf die Figur Davids. Der Dramentitel bei Hellmuth ist somit nur bedingt selbstreferenziell. Dass neben der Hauptfigur David auch Bathseba im Titel Erwähnung findet, dann im Dramentext jedoch nicht als Hauptfigur in Erscheinung tritt, lässt sich als Präzisierung des Erzählstoffs um David erklären, der neben der Erzählung in 2 Sam 11 noch weitere inhaltliche Elemente bzw. Motive aufweist.[1]

Bei einer vergleichenden Betrachtung der REs, die in den drei untersuchten Dramen vorkommen, lässt sich ein Pool an Handlungselementen benennen, die in allen drei Dramen rezipiert sind. Diese sieben Handlungselemente erweisen sich als integrale Komponenten d(ies)er Dramatisierungen des Erzählstoffes von 2 Sam 11 um 1900. Dazu zählen zunächst der Blick Davids auf die Frau, die sich wäscht (RE Nr. 1c). Diese Waschung ist in den untersuchten Dramen als Bad konkretisiert und in den Dramentexten von Paul Alberti und Martha Hellmuth mit dem Bi-

---

[1] Werden diese anhand der Figuren festgemacht, lassen sich folgende Komplexe benennen: 1. Davids Kampf mit Goliat, 2. Davids Beziehung zu Jonathan, 3. der Komplex um David und Saul (Siehe Nebel, Harfe, S. passim.), 4. David und der Prophet Samuel, 5. David und Michal, 6. David und Abigajil, 7. David und Batseba, 8. David uns Absalom, 9. David und Abisag. Siehe Langenhorst, Könige, S. 160–164.

belwissen der Nacktheit der Badenden verbunden. Im Unterschied zur Erzählung in 2 Sam 11, in der von einem Waschen (רחץ) des Körpers bzw., unter Annahme einer begrenzten Wasserversorgung, einzelner Körperteile auszugehen ist, evoziert diese Präzisierung als Bad andere Assoziationen – das erotische Potential scheint sich zu erhöhen. Eng verbunden mit dem „Bad" der schönen Frau ist die Eigenschaftsaussage zur ihrem Figurenäußeren (RE Nr. 1d). Die Schönheit der sich waschenden Frau wird mit dem Blick Davids verbunden. Auch das RE Nr. 1f, worunter Davids Handlung, Bathseba seiner Verfügungsgewalt zu unterstellen, gefasst ist, ist in diesem Zusammenhang zu nennen. In allen drei Dramen geht somit die Initiative der Begegnung zwischen David und Bathseba im Anschluss an das „Bad" vom König aus. Auch die Schwangerschaft Bathsebas (RE Nr. 1h) zählt ebenso wie die Begegnung zwischen Urija und David (RE Nr. 1j) zu dem Pool an Handlungselementen, die in allen drei Dramentexten vorkommen. Als weiteres konstitutives Handlungselement begegnet in allen drei Dramatisierungen sowohl David als Schreiber des Todesbriefes (RE Nr. 1p) als auch die Tatsache, dass jeweils der Inhalt des Briefes wiedergegeben wird (RE Nr. 1q).

Als weiteres Handlungselement, welches nicht unter den RE gelistet ist, begegnet in allen drei Dramen der Befehl Davids an Uria, in sein Haus zu Batseba zu gehen. In der narratologischen Handlungsanalyse wurde dies nicht als konstitutives Merkmal benannt. Durch die Dramenanalysen hat sich allerdings herauskristallisiert, dass dieses Handlungselement in den Dramen zu den konstitutiven Charakteristika zählt.[2] Im Drama *„David und Bathseba"* von Martha Hellmuth wird Davids Widerwille, diesen Befehl auszusprechen, sogar zum Thema gemacht.[3]

---

[2] In der narratologischen Analyse ist bereits auf die Schwierigkeit bei der Bestimmung der Wichtigkeit von Handlungselementen hingewiesen worden. Die dort erfolgte Differenzierung der Handlungselemente in „Kerne" und „Satelliten" sollte als Ausgangslage für einen Vergleich mit den Dramenhandlungen dienen, die ggf. auch revidiert werden kann. Siehe die entsprechenden Passagen in der Handlungsanalyse in Fischer, Königsmacht, S. 205f., 218–226.

[3] Siehe Hellmuth, David und Bathseba, Sp. 610. In der Figurenrede Davids am Ende der sechsten Szene ist der Widerwille an den Regieanweisungen erkennbar. Auch im anschließenden Monolog Ahitophels (3. Akt, Szene 7) wird dies deutlich, wenn Ahitophel spricht: „David erzitterte, als er ihn [Uria, A. F.] geh'n hiess,/Mit Wucherzins zahlt er die Liebesnächte,/In Todesqual sich windend, bis es tagt,/Wenn er sich malt in eifersücht'ger Ohnmacht/Bathseba, in Uria's Armen liegen,/Ihm preisgegeben, Liebeswonnen heuchelnd". Ebd., Sp. 610.

Die insgesamt acht genannten Handlungselemente stellen für die hier analysierten Dramentexte um die Jahrhundertwende die unverkennbaren und konstitutiven Komponenten des Stoffs der „David, Bathseba und Urija"-Erzählung dar.[4]

In Bezug auf die Figuren liegt im Drama *„Der Brief des Uria"* von Emil Bernhard die geringste Anzahl an *dramatis personae* vor. In dieser Dramatisierung werden nur drei Figuren, die in der biblischen Erzählung in 2 Sam 11 vorkommen, aufgegriffen. Dies deutet darauf hin, dass David, Batseba sowie Urija und ihre Dreiecksbeziehung die konstitutiven Bestandteile des Erzählstoffes bilden.

Über die Handlungselemente (RE Nr. 1) und die Figuren (RE Nr. 16) hinaus gibt es nur wenige REs, die allen drei Dramentexten gemeinsam sind. Zu diesen zählen u. a. drei Elemente, die auch Gegenstand der biblischen Erzählung sind. Es handelt sich dabei um:
1. Davids Sozialität als König, durch die er als machtvolle Figur ausgewiesen ist (RE Nr. 17a),
2. Batsebas Handlung des Waschens bzw. Badens (RE Nr. 31a) sowie
3. die Herausstellung von Urijas Sozialität als Soldat in Davids Heer beim ersten Auftritt dieser Figur (RE Nr. 34).

Neben diesen Elementen aus der biblischen Erzählung begegnet mit dem RE Nr. 59, der Tendenz einer stärkeren Partizipation Batsebas an den Ereignissen, ein weiteres gemeinsames RE. Dies ist allerdings der Rezeptionsgeschichte zugehörig, die aus der symptomatischen Analyse der Figuren abgeleitet wurde. Als weitere Gemeinsamkeit zwischen den Dramentexten kann das Aufgreifen sowie Schließen mehrerer Leerstellen der biblischen Erzählung genannt werden. In allen drei Dramentexten wird die Charakteristik der ehelichen Beziehung zwischen Urija und Batseba dargestellt (RE Nr. 51), wobei die Varianten, wie diese Leerstelle geschlossen wird, unterschiedlich ausfallen. Während in Albertis Drama die Ehe sowohl aus der Perspektive Urias als auch Bath-Sebas anfänglich als positiv empfundene Zweisamkeit dargestellt und mit dem Gefühl der Liebe verbunden ist, steht in Hellmuths Drama Bathsebas Einsamkeit in ihrer Ehe mit Uria im Fokus. Die Charakterisierung der ehelichen Beziehung zwischen Urija und Batseba wirkt sich wesentlich auf das Geflecht von Dramenhandlung, Figurenkonstellation sowie Lenkung der Rezipie-

---

[4] Dieses Ergebnis wird durch einen Abgleich mit den anderen recherchierten Dramentexten um 1900 bekräftigt.

renden aus. Dadurch, dass in Albertis Drama die Ehe anfangs positiv konnotiert ist, fehlt ein Hinweis auf die Ursache für Bath-Sebas Abwendung von Uria. Im Unterschied dazu wird die Ehe zwischen Uria und Bathseba in Hellmuths Drama als kalt sowie lieblos beschrieben und mit Blick auf Bathseba wird ihre Einsamkeit hervorgehoben, sodass der Ehebruch sich als nahezu unausweichliche, willkommene Abwechslung in Bathsebas Leben darstellt. Die Charakteristik der Ehe zwischen Urija und Batseba ist in allen drei Dramen mit dem Hinweis auf die Kinderlosigkeit Batsebas verbunden.

Als weitere Leerstellen, die in den hier analysierten Dramatisierungen geschlossen werden, sind die Körperlichkeit Batsebas (RE Nr. 52) sowie die fehlende Introspektion in diese Figur (RE Nr. 53) zu nennen. Die Figur Batsebas entspricht in den Dramentexten entweder den Weiblichkeitsentwürfen um 1900, wie sie in der Darstellung als Femme fatale in Albertis Drama begegnet, oder sie wird entsprechend den Vorstellungen der Jahrhundertwende von Frauen aus der biblischen Zeit konstruiert, wie z. B. in Hellmuths Drama, wo die Figur verschleiert auftritt und ihr Figurenkörper orientalische Züge aufweist.[5]

In den Handlungen der untersuchten Dramen werden Ereignisse aus dem literarischen Kontext der biblischen Erzählung aufgegriffen und in die Dramatisierung von 2 Sam 11 eingeflochten. Dies ist besonders prägnant in Hellmuths Drama. Dort wird sowohl der literarische Kontext von 2 Sam 11, die TFE, stärker mit der Handlung verwoben als auch darüber hinaus auf andere biblische Texte verwiesen, die zur Erhellung der dargestellten Situationen dienen wie z.B. Ahitophels Vergleich Batsebas mit Dina (Gen 34).[6]

Nachdem die markantesten Gemeinsamkeiten in Bezug auf die vorkommenden REs benannt wurden, sollen im Folgenden Eigenart und Besonderheiten für jedes der drei untersuchten Dramen zusammengefasst werden.

In Paul Albertis Drama „Bath-Sebas Sünde" gilt als auslösendes Moment Joabs Rivalität mit Uria um das oberste militärische Amt des Heerführers. Es ist die Figur Joabs, die veranlasst, dass David Urias Ehefrau Bath-Seba nackt sieht. Diese Rivalität Joabs um den Oberbefehl über das Heer wird mehrfach innerhalb der Handlung aufgegriffen und stellt ein

---

[5] Siehe Hellmuth, David und Bathseba, Sp. 595.
[6] Siehe ebd., Sp. 607f.

wesentliches Moment des Dramentextes dar. Sein Hauptmann Joab weiß um die Schwäche Davids und nutzt diese aus, somit wird eine Erwartung der Lesenden vorweggenommen, wonach David seinen Blick auf Bath-Seba und sein Begehren nach der schönen Frau nicht zügeln kann.

Die misogyne Lesart, dass Frauen Unheil über Männer und sogar Könige bringen, durchzieht wie eine Linie das gesamte Drama und wird sukzessive mit der Figur Bath-Sebas identifiziert.[7] Im Fokus der Dramatisierung bei Alberti steht somit nicht Davids Fehlverhalten, sondern Bath-Sebas „Sünde", und die daraus resultierenden Folgen in Bezug auf die anderen Figuren. Sowohl durch diese misogyne Ausrichtung des Dramentextes, die kontinuierlich durch Frauen abwertende Äußerungen explizit wird, als auch durch Joabs Initiierung des folgereichen Blicks Davids auf die schöne Frau kommt es m. E. zu einer Entschuldung Davids.

Die Figurenmodelle der beiden Hauptfiguren David und Bath-Seba verlaufen während der Handlung konträr zueinander. David wird in den ersten Szenen als erfolgreicher Krieger und Herrscher, der von Gott eingesetzt und geliebt ist, dargestellt. Mit der sukzessiven Identifizierung Bath-Sebas als Femme fatale behauptet sie sich ihm gegenüber und erteilt dem König sogar Befehle. Mit der zunehmenden Partizipation Bath-Sebas sinkt Davids Einfluss. Die Figur des Königs wird weitaus weniger aktiv dargestellt, als dies in der biblischen Erzählung der Fall ist. Besonders deutlich ist dies im 4. Akt, Szene 1: Der Todesbrief wird von Bath-Seba initiiert. Sie ist es, die dem schreibenden König den Wortlaut diktiert.[8] Auch hier wird die Tendenz der Entschuldung Davids erkennbar, indem Bath-Seba wesentlich die Tötung ihres Mannes Uria mit dem Verfassen des Todesbriefes voranbringt.

Eine weitere Besonderheit in Albertis Drama ist das Aufgreifen der Ambiguität in V.1 (RE Nr. 47). Diese ist im Dramentext zugunsten einer Bedeutung aufgelöst, die in der Erklärung gründet, dass David in Jerusalem verbleibt um am „Schabuothfest"[9] teilzunehmen. Mit der anschließenden Erklärung „Gottesdienst geht vor Waffendienst"[10] wird der König äußert positiv darstellt und als gottesfürchtiger Mann charakterisiert.

---

[7] Vgl. Alberti, Bath-Sebas Sünde, S. 11, 21, 22, 46, 55.
[8] Vgl. ebd., S. 48.
[9] Ebd., S. 20.
[10] Ebenda.

Der Dramentext öffnet zudem mit der umfassenden Darstellung der Beziehung zwischen Joab und Uria den Blick darauf, dass diese Beziehung in der biblischen Erzählung nicht näher beschrieben oder determiniert ist.

In Martha Hellmuths Drama „*David und Bathseba*" werden von den untersuchten Dramentexten die meisten Handlungselemente, die unter dem RE Nr. 1 subsumiert sind, aufgenommen, und darüber hinaus weist es die höchste Anzahl an vorhandenen REs auf. Damit deutet sich an, dass diese Dramatisierung sich inhaltlich an den biblischen Grundmustern orientiert und Nähe zur biblischen Erzählung aufweist. Auffällig ist zum einen, dass mit Ausnahme der Gottesfigur, die nicht als Protagonistin bzw. Protagonist auftritt, sondern in Form von unterschiedlichen Gotteskonzepten der verschiedenen *dramatis personae* zum immanenten Thema der Dramenhandlung wird, alle Figuren der biblischen „David, Batseba und Urija"-Erzählung in der Dramatisierung vorkommen. Zum anderen werden viele der unter den RE Nr. 50–56 genannten biblischen Leerstellen geschlossen, und es wird auf weitere Stellen in der biblischen Erzählung verwiesen, die dort ausgespart bleiben oder nicht determiniert werden. Neben der Kinderlosigkeit Batsebas trifft dies auch auf die im Bibeltext fehlende Darstellung von Davids Gedanken und Emotionen zu, die er hinsichtlich des drohenden Beischlafs von Uria mit Bathseba, der ihre Schwangerschaft verbergen soll, hat.[11] In diesem Zusammenhang ist schließlich auf Basmath hinzuweisen, die im Dramentext als Initiatorin der Vertuschung der Schwangerschaft gilt. In der biblischen Erzählung wird suggeriert, dass die Motivation und die Durchführung des Vertuschungsversuches einzig auf David zurückgehen.

In Hellmuths Drama wird mehrfach die Liebe zwischen David und Bathseba herausgestellt und problematisiert. Dieses Gefühl zwischen den beiden Figuren ist sowohl in Form von Fremdkommentaren als auch figuralen Eigenkommentaren belegt und stellt Bibelwissen dar.[12]

Auch in Emil Bernhards Drama „*Der Brief des Uria*" findet das Bibelwissen über die Liebe zwischen David und Batseba Aufnahme. Eine

---

[11] Siehe Hellmuth, David und Bathseba, Sp. 600, 623, 610.
[12] Beispielsweise im 2. Akt, Szene 6 konstatiert Basmath gegenüber Ahitophel: „Ich sage Euch, seit den Tagen, wo Jakob liebte unsere Elternmutter Rahel, ist so was von Liebe nicht dagewesen!" Ebd., Sp. 600. David äußert seine Liebe gegenüber Bathseba im 3. Akt, Szene 3 im Gespräch mit Basmath: „Bathseba […], die ich liebe, wie ich noch nie ein Weib geliebt habe!" Ebd., Sp. 607.

Besonderheit ist zudem, dass dem Ausfüllen von Leerstellen im Dramentext hohe Bedeutung zukommt. Nicht nur die Leerstellen zur Figurenpsyche werden umfangreich geschlossen, sondern der Fokus wird auf weitere Leerstellen innerhalb der biblischen Erzählung gerichtet. So ist im Dramentext z. B. Urias Antwort auf Davids Frage nach dem Schicksal Joabs und des Heeres, die in der biblischen Erzählung im Anschluss an V.7 nicht erzählt wird, wiedergegeben.[13] Auch das in 2 Sam 11,8 nicht näher definierte Geschenk des Königs wird im Dramentext als Schwert präzisiert.[14] Der besondere Reiz dieser Dramatisierung liegt jedoch in der Fokussierung auf Uria. Die Ausrichtung auf ihn ist einmalig unter den recherchierten Dramentexten zu 2 Sam 11 aus der Zeit um die Jahrhundertwende. Damit einher geht eine zentrale Verschiebung der Perspektiven. Während in der biblischen Erzählung die Ereignisse durch die Erzählerperspektive und durch die Figurenperspektive Davids vermittelt werden, rücken im Dramentext Uria und Bathseba als Vermittlungsinstanzen in den Vordergrund. Für Uria wurde unter dem Dramenaspekt ausführlich dargestellt, welche Folgen der Ehebruch und die Schwangerschaft Bathsebas für ihn haben. Aus seiner Perspektive werden unterschiedliche Möglichkeiten für den Umgang damit eruiert. Zudem werden im 3. Akt Bathsebas Gefühle und Emotionen eindrücklich beschrieben, die sie als Ehebrecherin angesichts der nahenden Ankunft ihre Mannes Uria hat. Damit findet sich in der Dramatisierung eine Perspektive, die der biblischen Figur Batseba in 2 Sam 11 nicht zugestanden wird.

Nachdem die Besonderheiten der jeweiligen Dramatisierungen von 2 Sam 11 benannt wurden, sollen nun die Ergebnisse der historischen und kulturellen Verortung der Dramentexte präsentiert werden. Die vorliegende Untersuchung zielt darauf, sich den Rezeptionskontexten sowie den historischen und kulturellen Bedeutungen der hier analysierten Dramatisierungen von 2 Sam 11 anzunähern. Dazu wurden zunächst die Biographien der deutsch-jüdischen Schriftstellerin Martha Schlesinger sowie der Schriftsteller Paul Albers und Emil Moses Cohn vorgestellt. Dieser Schritt war notwendig, um zum einen gegenüber den kulturellen und religiösen Grundannahmen bzw. Voraussetzungen der Verfasserin und der Verfasser zu sensibilisieren und zum anderen die situativen Kontexte zu erhellen, in denen ihre Dramatisierungen von 2 Sam 11 entstanden und

---

[13] Siehe Bernhard, Brief des Urias, S. 20.
[14] Siehe ebd., S. 23.

aufgeführt wurden. Drittens war es notwendig, die Dramatisierungen in das Œuvre der Autorin bzw. der Autoren einzuordnen.

Unter dem Terminus „Dramenaspekt" wurde eine Besonderheit des jeweiligen Dramentextes in den Blick genommen, die wesentlich durch den historischen und kulturellen Kontext beeinflusst ist und m. E. nur unter dessen Berücksichtigung erfasst werden kann. Die Auswahl des entsprechenden Dramenaspekts basierte auf den Analyseergebnissen der RE sowie einer hohen Passung zwischen den Lektüreeinsichten bezüglich der Dramen und den herausgearbeiteten historischen und literargeschichtlichen Spezifika zur Kultur und Literatur um 1900. Die REs weisen auf den Dramenaspekt voraus und stützen diesen.

In Albertis Drama *„Bath-Sebas Sünde"* werden die meisten RE (RE Nr. 26, 27, 31a.c, 50, 52, 53) zur biblischen Figur Batseba aufgegriffen, der Fokus in dieser Dramatisierung liegt wesentlich auf dieser Figur. Unter dem Abschnitt Dramenaspekt wird die Figur als Femme fatale, einem der wesentlichen Weiblichkeitsentwürfe in der Literatur um 1900, untersucht. In Bernhards Drama „Der Brief des Uria" sind es die Leerstellen zur Figurenpsyche, die auffällig umfangreich geschlossen werden. Es ist das einzige Drama, in dem die Motivation Davids (RE Nr. 21) thematisiert wird und den Motivationen der übrigen Figuren, ihren Gefühlen und Emotionen sowie Intentionen viel Raum gegeben wird. Im Fokus steht dabei die Figur Urias, die um den Ehebruch Davids und die Schwangerschaft Bathsebas weiß. Für Uria sind es seine Frau und sein Soldatentum, die ihn stützen, seine Identität ausmachen. Beides wird nun durch den Ehebruch und die Schwangerschaft grundlegend in Frage gestellt. Uria sucht nach Möglichkeiten mit dieser Identitätskrise umzugehen und sein Selbstwertgefühl wieder herzustellen. In dieser Hinsicht knüpft Bernhards Drama an das um 1900 prominente Thema der Identität an und bietet eine Dramatisierung zur Frage nach dem Umgang mit Identitätskrisen.

Das ausführliche Vorwort in Hellmuths Drama „David und Bathseba" weist auf den Dramenaspekt hin, der als Ringen mit und um Gott bezeichnet wird. Das Drama, das die höchste Anzahl an REs aufweist und somit den biblischen Grundmustern inhaltlich verbunden ist, hat zum Gegenstand die Auseinandersetzung mit den Kohärenzfaktoren jüdischer Gemeinschaft, die um 1900 als äußerst heterogene Gruppe auftritt.

Die drei hier vorgestellten und eingehend untersuchten Dramen sind m. E. jeweils Antwortversuche auf Krisenerfahrungen. Jedes der Dramen ist eine Auseinandersetzung mit einen der Aspekte, die um 1900 als Krisenerscheinung wahrgenommen wurden. Die Darstellung Bathsebas als Femme fatale in Paul Albertis Drama lässt sich als Auseinandersetzung mit der durch den sozialen Wandel des 19. Jahrhunderts bedingten veränderten Stellung der Frau und den daraus resultierenden Weiblichkeitsentwürfen in der Literatur um 1900 verstehen. Der Weiblichkeitsentwurf der Femme fatale ist um die Jahrhundertwende ein Phänomen, in dem das allgemeine Krisenbewusstsein mit der allgemeinen Verunsicherung und Orientierungslosigkeit korrespondiert. In der Dramenfigur Bath-Sebas findet dieser Weiblichkeitsentwurf Anwendung – einen Höhepunkt bildet der 4. Akt – und zugleich wird dieser Frauentypus im 5. Akt dekonstruiert sowie kritisch bewertet. Hierin bestätigt sich die Auffassung von Keller, dass der Autor Paul Albers eher tendenziell konservativ den „modernen" Erscheinungen entgegensteht.[15]

Hellmuths Drama kann ebenfalls als Reaktion auf eine Krisenerfahrung verstanden werden. Dies legt erstens das Publikationsmedium nahe, in dem der Dramentext veröffentlicht wurde. Die Zeitschrift *„Ost und West"* versteht sich als Publikationsorgan des Kulturzionismus und fordert eine „jüdische Renaissance". Eine solche Forderung impliziert (entsprechend des Renaissance-Begriffes), dass die vorherige Zeit als krisenhafte wahrgenommen wird. Der Anspruch der Zeitschrift, sich auf identitätsstiftende Momente zurückzubesinnen, findet mit der Thematisierung eines tragfähigen Gotteskonzepts in Hellmuths Drama Anwendung. Die Frage nach dem Umgang mit Gott und den (göttlichen) Gesetzen wird anhand des Erzählstoffes von 2 Sam 11 dramatisiert und in Bezug auf ihre zeitüberdauernde Gültigkeit reflektiert.

Der Dramenaspekt „Identität" in Bernhards Drama steht im Kontext der fundamentalen Krise des Subjekts um 1900, die unter dem Schlagwort „Modernisierung des Ich"[16] gefasst werden kann. Entgegen der Annahme einer Autonomie des Menschen wird auf dessen Bedingtheit durch seine sozialen Beziehungen oder psychischen Voraussetzungen verwiesen. Wie anhand der Figur Urias aufgezeigt, lässt sich m. E. das Figurenmodell unter Berücksichtigung der tiefenpsychologischen Depotenzierung des Ichs im Anschluss an Sigmund Freud, die um 1900 in der Literatur rezipiert wurde, besser erfassen.

---

[15] Siehe Keller, Art. Albers, S. 546.
[16] Ajouri, Literatur, S. 16.

Anhand dieser Ergebnisse lässt sich folgende These wagen: Der biblische Stoff der „David, Bathseba und Urija"-Erzählung wurde um 1900 als Reaktion auf die erlebten, mannigfaltigen Krisenerfahrungen dramatisiert.

Von dieser These ausgehend können weitere Charakteristika der drei Dramatisierungen des biblischen Erzählstoffes von 2 Sam 11 erklärt werden. Die Kinderlosigkeit Bathsebas in der Ehe mit Urija wird in allen drei Dramentexten thematisiert und als Problem ihrer Beziehung genannt. In der biblischen Darstellung ist nicht erzählt, ob Bathseba bereits Kinder hat oder schwanger war. Aus welchem Grund wird in den Dramentexten dann ihre Kinderlosigkeit herausgestellt und vor allem in Hellmuths Drama als wesentliche Unzulänglichkeit der Ehe mit Uria hervorgehoben? Als Erklärung können der historische und kulturelle Kontext der Dramatisierungen dienen, denn die Thematisierung weiblicher Fertilität ist zum Gegenstand sowohl politischer als auch wissenschaftlicher Diskurse um 1900 avanciert.[17] Nach Urte Helduser begegnet mit der „unfruchtbaren" Frau ein zentrales Motiv der Jahrhundertwende. „Unfruchtbarkeit" stellt dabei eine diskursive Konstruktion dar, die von unterschiedlichen theoretischen Einflüssen bestimmt ist. Neben dem medizinischen und dem naturwissenschaftlichen Diskurs über den weiblichen Körper lassen sich in diesem Zusammenhang Nietzsches Lebensphilosophie oder Darwins Evolutionstheorie nennen.[18] Es lässt sich mit Helduser festhalten: „Fruchtbarkeit [...] liegt als Paradigma, als wiederkehrendes Muster den Weiblichkeitskonstruktionen in Literatur und Kulturkritik des ausgehenden 19. und beginnenden 20. Jahrhunderts zugrunde."[19] Die Hervorhebung der Kinderlosigkeit Batsebas in der Ehe mit Urija ließe sich demnach als Aufnahme des „Motivs der ‚unfruchtbaren Frau'"[20] verstehen, eine ausführliche Auseinandersetzung mit diesem Erklärungsversuch kann an dieser Stelle nicht vorgenommen werden, mag aber als Anregung für weitere Arbeiten gelten.

Gleiches gilt für die auffällige Gemeinsamkeit zwischen den Dramentexten, die an dieser Stelle nur angedeutet werden kann. In alle drei Dramen sind Traumeinlagen enthalten.[21] In Albertis Drama begegnet im

---

[17] Siehe Helduser, Unfruchtbarkeit, S. 12.
[18] Siehe ebd., S. 3.
[19] Ebenda.
[20] Ebenda.
[21] Zur Traumeinlage im Drama siehe Pfister, Drama, S. 295–298.

5. Akt eine szenisch präsentierte Traumdarstellung der Imaginationen Bath-Sebas.[22] Für die Figur Bath-Sebas ist die Grenze zwischen Realität und Traumwelt durchlässig. Sie unterliegt im 5. Akt zweimal Sinnestäuschungen, die bei ihr Angstzustände auslösen. Die Traumszenen können als Ausdruck innerpsychischer Vorgänge Bath-Sebas verstanden werden und ihnen kommt die Funktion der Figurencharakterisierung zu. In den Dramen von Hellmuth und Bernhard begegnen hingegen narrativ vermittelte Traumeinlagen der Figur Urias. Im Drama *„David und Bathseba"* von Martha Hellmuth berichtet Uria im 3. Akt, Szene 10 von seinem Traum, in dem er von David und Bathseba umgebracht wird.[23] Die Traumeinlage von Uria ist dem Geschehen untergeordnet und steht in unmittelbaren Zusammenhang damit. Uria tritt selbst im seinem Traum auf, der als thematische Spiegelung des Geschehen aufzufassen ist. Sein im Traum imaginierter Tod lässt sich als Vorbestimmtheit deuten. Der Umfang von Urias Traum im 5. Akt von Bernhards Drama ist sehr gering und hat lediglich zum Inhalt, dass Uria seine Frau entehrt sieht.[24] Im Traum wird auf die zuvor dargestellte Handlung, Urias Erkennen des Ehebruchs, zurückverwiesen. Auch hier kommt dem Traum die Funktion der thematischen Spiegelung zu. Uria zielt darauf ab, mit seiner Traumvision den König zum Geständnis des Ehebruchs zu bewegen.

In Bezug auf diese Traumeinlagen ließe sich fragen, inwiefern diese von der psychoanalytischen Schrift *„Die Traumdeutung"* aus dem Jahr 1900 von Sigmund Freud beeinflusst sind, denn eine Erstrezeption von Freuds „Traumdeutung" fand zeitnah statt.[25]

Mit diesen Anfragen und Anknüpfungsmöglichkeiten endet der umfangreiche Abschnitt zu den Rezeptionen der „David, Batseba und Urija"-Erzählung in deutsch- sprachigen Dramentexten. Nun gilt es die Wechselbeziehungen zwischen der biblischen Erzählung in 2 Sam 11 und deren literarischen Rezeptionen, wie sie im Forschungsprozess offensichtlich wurden, zusammenzufassen.

---

[22] Siehe Alberti, Bath-Sebas Sünde, S. 58f., 69.
[23] Siehe Hellmuth, David und Bathseba, Sp. 611f.
[24] Siehe Bernhard, Brief des Uria, S. 77.
[25] Siehe Ajouri, Literatur, S. 135. Arthur Schnitzler und Hermann Bahr setzen sich bereits früh nach 1900, mit Freuds „Traumdeutung" auseinander. Im Jahr 1903 griff Hugo von Hofmannsthal psychoanalytisches Wissen in seinem Drama *„Elektra"* auf. Siehe ebd., S. 135f.

6. Wechselwirkungen zwischen Bibel- und Rezeptionstext

In der vorliegenden Untersuchung wurde die Relation zwischen biblischem Text und dessen Rezeption als Wechselbeziehung in Form eines intertextuellen Spannungsfeldes verstanden. Hierdurch zeigt sich einerseits, dass die biblische Erzählung aufgrund ihrer Unbestimmtheitsstellen, die als Leerstellen und Ambiguitäten in 2 Sam 11 auftreten, in der Lektüre bzw. der dieser eigenen Kommunikationsstruktur eine Vielzahl von verschiedenen Lesarten ermöglichen. In der Analyse der drei Dramentexte zeigt sich, dass die biblischen Leerstellen aufgriffen und jeweils mit unterschiedlichem Sinnpotential entsprechend der Dramenstruktur geschlossen werden. Hierin wird deutlich, dass ausgehend von Dramentexten Erkenntnisse über den biblischen Text gewonnen werden können. Durch die Lektüre der Dramentexte werden die Leerstellen und Ambiguitäten der biblischen Erzählung betont und eröffnen ihre Bedeutung für das textkohärente Geflecht des biblischen Stoffes von 2 Sam 11. Indem die Dramentexte an die Leerstellen anknüpfen bzw. die Ambiguitäten aufgreifen, zeigt sich, dass diese nicht lediglich den Stoff von 2 Sam 11 verarbeiten und umdeuten, sondern dass sie am Problemstand des Textes und seinen erzählerischen Kunstfertigkeiten partizipieren.

Andererseits wird durch die unterschiedlichen Rezeptionen der Blick auf die verwobene Struktur, die kunstvolle Gestaltung der biblischen Erzählung geschärft, mit anderen Worten, die Komplexität der Struktur und ihre Formierung zu einer sinnstiftenden Erzählung wird durch die Rezeptionen profiliert.

Diese Wechselbeziehungen zwischen biblischer Erzählung und Rezeptionstexten traten innerhalb des Forschungsprozesses in Erscheinung und wurden als elementarer Gegenstand des wechselseitigen Prozesses in Lektüre und Auslegung beider Pole wahrgenommen. Im Folgenden soll ein Einblick in diesen produktiven Forschungsprozess anhand eines typischen und für die Ergebnisse weiterführenden Einzelfalls exemplarisch aufgezeigt werden.

Die wechselseitige Lektüre zwischen biblischer Erzählung und Dramentexten war für das Verständnis der Figurengruppe der אַנְשֵׁי־חַיִל („tüchtige Männer") in 2 Sam 11,16d äußerst konstruktiv, denn sie eröffnete den Blick auf den Zusammenhang dieser Figurengruppe mit der Relation zwischen Joab und Urija. Durch die Dramentexte wurde deutlich, dass die Position Urijas im Heer Davids nicht näher beschrieben ist, dass es sich hierbei um eine Leerstelle in der biblischen Erzählung handelt. Das militärische Amt Urijas hat aber erhebliche Auswirkung auf die Figurenrelation zwischen Joab und Urija. In der Rezeptionsgeschichte finden sich unterschiedliche Varianten, wie diese Leerstelle geschlossen wird.

In Paul Albertis Drama „*Bath-Sebas Sünde*" tritt Urija neben Joab als Feldhauptmann in Erscheinung und wird somit zum direkten Rivalen Joabs um das Amt des Heerführers.[1] Daneben finden sich literarische Beispiele für das Schließen der biblischen Leerstelle, in denen Urija als Waffenträger Joabs auftritt und die beiden Figuren eine Beziehung (im Sinne einer gegenseitig positiv konnotierten Relation) verbindet. Eine solche Lesart liegt in der Qumranschrift 4Q51 fr 91,9 sowie in Josephus Darstellung „*Die Jüdischen Altertümer*" vor.[2]

Die Lektüre der genannten Rezeptionen sensibilisiert gegenüber der biblischen Erzählung, denn wie diese Leerstelle geschlossen und welche der beiden genannten Konstellation vorausgesetzt wird, hat Auswirkungen auf die Interpretation und Analyse der Figurengruppe אנשי־חיל in V.16d. Die Figurengruppe ist kausal und temporal mit der Handlung Joabs, seinem Beobachten der Stadt, verbunden. Da die Figurengruppe nicht explizit determiniert wird und die Textstelle in V.16d offenlässt, zu welchem der militärischen Lager die אנשי־חיל gehören, bleibt ambig, welche Intention Joab verfolgt, als er Urija dort aufstellt, wo die kriegserprobten Männer zu finden sind.

Unter der Annahme einer vermeintlichen Rivalität ist es naheliegend, dass die אנשי־חיל als Bewohner der besetzen Stadt (vgl. V.17a) angesehen werden. Joab will mit seiner Positionierung Urijas sichergehen, dass dieser zu Tode kommt. Im Gegensatz zu dieser Lesart und unter Annahme, die אנשי־חיל gehören dem davidischen Heer an, liegt die Vermutung nahe, Joab möchte Urija, indem er ihn zu den (kriegs-)tüchtigen Männern des ihm unterstellten Heeres stellt, möglichst schützen. Durch die Beachtung der unterschiedlichen Lesarten, wie sie aus der Lektüre verschiedener Rezeptionen erschlossen wurde, ist offensichtlich, dass die biblische Textstelle in 2 Sam 11,16d und somit die Näherbestimmung der Figurengruppe אנשי־חיל ambig bleiben.

---

[1] Siehe dazu die Figurenanalyse Joabs, Fischer, Königsmacht, S. 538–544.
[2] Siehe 4Q51 fr 91,9: [הליא זאת בת שבע בת אליעם] אש [ת אוריה החתי נ] ושא כלי יואב, zitiert nach Polak, King, S. 63. Siehe Josephus, Ant., 7.131.

Dieses Beispiel aus dem Forschungsprozesses, das durch eine Vielzahl weiterer solcher Exempel ergänzt werden kann, deutet auf die komplexen, erkenntnisfördernden und konstruktiven Wechselwirkungen zwischen biblischer Erzählung und ihren literarischen Rezeptionen hin.

Die biblische Darstellung in 2 Sam 11 wird in den Dramentexten weitergedacht und bietet alternative Deutungsmöglichkeiten an. Dadurch wird nicht nur die biblische Aussage geschärft, ihr gegenüber sensibilisiert, sondern die literarischen Rezeptionen in Form der Dramentexte belegen die Wertschätzung der Bibel als Literatur. Zugleich weisen die Dramatisierungen um 1900 die immer wieder gegenwärtige, zeitliche Aktualität der biblischen Texte nach. Wie hinsichtlich der untersuchten Dramentexte herausgearbeitet, wird 2 Sam 11 um die Jahrhundertwende als Krisenerzählung wahrgenommen und in einer Zeit mannigfaltig wahrgenommener Krisen vermehrt rezipiert.

Die Dramentexte weisen zudem auf den biblischen Textcharakter und das Selbstverständnis der biblischen Schrift hin, wonach die Bibel als Buch des Dialogs immer wieder neu ausgelegt und rezipiert werden möchte. Wie in der vorliegenden Untersuchung gezeigt, fungiert die biblische „David, Batseba und Urija"-Erzählung als Materialpool zur Dramatisierung dieses Erzählstoffes.

III. REFLEXION UND ZUSAMMENFASSUNG

Zielsetzung der vorliegenden Untersuchung war die Annäherung an die unterschiedlichen Zugänge zur biblischen „David, Batseba und Urija"-Erzählung sowie die gezielte Untersuchung des narrativen Potentials dieses biblischen Textes. Als ein wesentliches Ergebnis ist die Pluralität der unterschiedlichen und sich zum Teil ausschließenden Lesarten der biblischen Erzählung in 2 Sam 11 festzuhalten. Mit Hilfe der narratologischen sowie der rezeptionsgeschichtlichen Bibelauslegung wurde sich den verschiedenen Lesarten sowohl in Bezug auf die biblische Erzählung als auch deren Dramatisierungen um 1900 angenähert. Das produktive Wechselspiel zwischen biblischer Erzählung und den Dramatisierungen konnte anhand ausgewählter Dramentexte aufgezeigt und die damit einhergehenden Vorzüge benannt werden.

Der Ansatz dieser Analyse spiegelt sich im Aufbau der vorliegenden Arbeit wider. Als Ausgangspunkt fungierte die biblische Erzählung in 2 Sam 11, die im *ersten Teilband* zunächst als Texteinheit abgegrenzt, in ihrem literarischen Kontext verortet und anschließend in Bezug auf ihren Aufbau untersucht wurde. Die anschließende narratologische Analyse fokussierte die Erzählstruktur der Texteinheit. Wie die Untersuchung gezeigt hat, weist die biblische Erzählung in 2 Sam 11 eine hohe Erzählkunst auf. Das differenzierte und präzise Methodeninstrumentarium der Narratologie ermöglichte einen detaillierten Zugang zur Textstruktur von 2 Sam 11 und eröffnete einen detaillierten Blick sowohl auf die „Geschichte" als auf den „Diskurs" der Erzählung.

Als relevante und signifikante Erzähltechniken für 2 Sam 11 wurden in der Forschung jeweils in einzelnen Beiträgen die Erzählmotive (Fischer, Naumann)[1], die Leerstellen und Ambiguitäten (Sternberg, Bodner)[2] als solche herausgestellt. Diese Ansätze wurden entsprechend den Erkenntnissen der hier vorliegenden Untersuchung diskutiert und entsprechend der oben genannten Intention in konzentrierter Form dargestellt. Vor allem in Bezug auf die Figuren konnten ausgehend von der differenzierten Figurentheorie Jens Eders weitere Leerstellen benannt werden.

---

[1] Siehe Fischer, David und Batseba, S. 50–59; Naumann, David, S. 136–167; Fischer, Wechselwirkungen, S. 77–97.
[2] Siehe Sternberg, Poetics, S. 186–229; Bodner, David, S. 77–88.

Neben den genannten Darstellungstechniken erweist sich m. E. das multiperspektive Erzählen in der vierten Szene als weiterer wesentlicher Aspekt, der die Erzählweise in 2 Sam 11 genauer bestimmen lässt. In der Untersuchung stellte sich heraus, dass das negative Bild Davids, welches in Anlehnung an diese Erzählung präsentiert wird, wesentlich durch die Erzählstimme vermittelt ist. Was Thomas Naumann anhand der Erzählmotive aufgezeigt hat, dass nämlich die Erzählerstimme bei der Aufnahme (altorientalischer) Erzählmotive von dem traditionellen Ausgang abweicht, sodass David als besonders negativ erscheint, kann ebenfalls anhand der Perspektivenstruktur in V.15–24 aufgezeigt werden. Die Erzählstimme, der eine Erzählerperspektive zukommt und die auch in Funktion einer ordnenden Instanz in Erscheinung tritt, zeichnet in der multiperspektiven Darstellung in V.15–24 ein negatives Bild Davids. Erkennen lässt sich dies anhand der Bezeichnung Urijas und dem Verweis auf weitere Opfer des Kampfes. Während David in seinem Brief ausschließlich den Namen Urijas ohne Epitheton oder eine relationalen Hinzufügung verwendet und weitere Opfer durch die befohlene Kampfstrategie vermeiden will, kulminiert die anschließende Erzählerperspektive in der Angabe weiterer Kriegsverluste (V.17c) und der Nennung Urijas mit dem Gentilizium „der Hethiter". Die von der Erzählstimme geordnete Reihenfolge der multiperspektivischen Darstellung von Urijas Tod endet mit der Darstellung aus der Figurenperspektive Joabs. Hier kommt es zu einer entscheidenden Erweiterung der Bezeichnung Urijas. Er wird sowohl mit dem Epitheton als auch mit der relationalen Zuschreibung „dein Diener" beschrieben. Mit dem Zusatz עבדך (V.21f; V.24c) wird eine explizite Beziehung des toten Urija zu David hergestellt. Durch die sukzessive Charakterisierung Urijas zunächst in der Erzählerperspektive und anschließend in der Figurenperspektive Joabs sowie durch Herausstellung zusätzlicher Kriegsopfer bei diesen Erzählperspektiven wird ein negativeres Bild Davids entworfen.

Wie die Analyse des Raumes gezeigt hat, kommt dieser Kategorie eine hohe Bedeutung für die Auslegung von 2 Sam 11 zu. Sowohl als grundlegendes Setting, das in V.1 etabliert und konstitutiv für die weitere Handlung ist, als auch in Bezug auf die räumliche Verortung der Figuren lässt sich die Relevanz des Raumes erfassen. Anhand der Ergebnisse der Raumanalyse wurde in der Untersuchung besonders deutlich, dass die für die narratologische Bibelauslegung notwendige Unterteilung in die einzelnen Erzählkategorien artifizieller Art ist. Die Ergebnisse aus der Untersuchung des Raumes fanden produktive Aufnahme in anderen Kategorien wie beispielsweise in der Figurenanalyse.

Zielsetzung der vorliegenden Untersuchung war zudem die Hinterfragung und Evaluierung gegenwärtiger Auslegungen und Interpretationen zu 2 Sam 11. Von besonderem Interesse war für die Autorin die Auslegung der Figur Batseba und somit die kritische Auseinandersetzung mit gegenwärtigen Forschungsarbeiten zur Figur. In diesem Zusammenhang wurde nachgewiesen, dass Batseba wesentlich mehr ist als ein „*flat character*", der lediglich die Handlung voran bringt. Ihr wird eine eigene Figurenperspektive zugestanden (V.5e), und zudem tritt sie als Kontrastfigur zu David auf (V.4e).

Als immens produktiv erwies sich die differenzierte Figurentheorie Jens Eders, in der die Rezeption einen hohen Stellenwert einnimmt. Für das Verständnis der biblischen Figuren lässt sich m. E. auf der Grundlage dieser Theorie erkennen, dass die Dispositionen der Lesenden stärker berücksichtigt werden müssen. Diese mentalen Dispositionen sind für die Bildung mentaler Modelle im Kontext der Figurensynthese entscheidend und können zweitens durch die Figurenrezeption beeinflusst oder gar mit Blick auf das Bibelwissen von diesen überlagert sein. Daraus resultiert in Bezug auf die biblischen Texte die Forderung, stärker die Rezeption der Figuren in deren Auslegung zu berücksichtigen. Im Fokus dieser Überlegungen stand der Versuch, folgendem Phänomen hermeneutisch und methodisch zu begegnen:

> Die Lesenden sehen die Charaktere aber nicht unbedingt vom Text her, indem sie die angebotenen Textsignale zu einer Figur zusammensetzen, sondern nach dem Mass ihrer jeweiligen Einsicht, Weltsicht und biographischen Erfahrung.[3]

In diesem Zusammenhang kommt den rezeptionsgeschichtlichen Entwicklungen eine herausragende Bedeutung zu, da sie das Spektrum, in dem sich mögliche Einsichten, Weltsichten und biographische Erfahrungen herauskristallisieren, abstecken und widerspiegeln. Dies wurde im ersten Teilband bereits in der Untersuchung der Figuren Davids, Batsebas, Urijas und Joabs als Symptome, d. h. der Analyse ihrer Figurenrezeption deutlich.

---

[3] Naumann, Liebe, S. 70.

Auch im *zweiten Teilband* ist dies Gegenstand der Untersuchung. Wie anhand der ausgewählten Dramentexte gezeigt, geben die Dramatisierungen von 2 Sam 11 sowie deren historischer, kultureller und situativer Kontext Aufschluss über Lesarten, die gegenwärtig als ungewöhnlich aufgefasst oder gar abgelehnt werden. Sehr eindrucksvoll lässt sich dies anhand der Auslegung Batsebas aufzeigen. In der Forschung existiert eine Vielzahl von Auslegungen, deren Spektrum die beiden konträren Positionen abstecken, wonach Batseba einerseits als Opfer und anderseits als Intrigantin in 2 Sam 11 auftritt. Diese letzte Extremposition steht im Zusammenhang mit 1 Kön 1–2 und weist Batseba, von diesen Erzählungen her kommend, eine strategische Motivation zu z. B. in Bezug auf das Bad. Während ausgehend von den Ergebnissen der exegetisch-narratologischen Analyse die zweite Position, von 2 Sam 11 herkommend, dies verbietet, findet sich in der Rezeptionsgeschichte, wie in der vorliegenden Arbeit herausgestellt wurde, ebenfalls die Tendenz, Batseba als Intrigantin zu lesen. Ein Höhepunkt dabei stellt sicher die Darstellung Batsebas als Femme fatale dar, wie sie in Albertis Drama begegnet. Im Blick auf diese Dramatisierung wurde aufgezeigt, dass diese Gestaltung Batsebas als Femme fatale nicht losgelöst von ihrem kulturellen und historischen Kontext betrachtet werden kann.

Eine weitere Zielsetzung dieser Arbeit war die Erstellung eines „Katalogs" aus RE, die sowohl als Spezifika des Erzählstoffes von 2 Sam 11 aufzufassen sind als auch einen gesicherten *ersten* Zugang zu den Rezeptionstexten ermöglichen. Die Arbeit mit den RE und deren Anwendung auf die Dramentexte haben sich als gesicherte Möglichkeit erwiesen, um sich den Wechselwirkungen zwischen biblischer Erzählung und Dramentext anzunähern und die historischen und kulturellen Kontexte abzuleiten.

Die Differenzierung der unterschiedlichen Formen der RE stellte sich als vorteilig und nützlich heraus. Die *Elemente der Erzählung* sind jene Form, der zahlenmäßig der höchste Anteil an RE zukommt. In der exegetisch-narratologischen Analyse wurden 46 RE abgeleitet, die diesem Bereich zuzuordnen sind. Im Zusammenhang mit der Dramenanalyse wurde mit dem Befehl Davids ans Urija (V.8b–c) zudem ein weiteres konstitutives Handlungselement benannt, das ebenfalls diesem Bereich angehört. In der exegetisch-narratologischen Analyse wurden drei Ambiguitäten und sieben Leerstellen herausgestellt, die ebenfalls als RE fungieren. Die Dramentextanalyse hat weitere Leerstellen offengelegt, wie z. B. die Kinderlosigkeit Batsebas, die in allen drei Dramen thematisiert wird.

Neben diesen Referenztypen sind als dritte Form die *Elemente der symptomatischen Analyse der Figuren* benannt, unter der neun RE aus der Rezeptionsgeschichte der biblischen Figuren subsumiert sind. Als Ergänzung für die Analyse der Dramentexte wurden als weitere Kategorien zum einen die *Bibelübersetzung und die Rezeptionskontexte* in Bezug auf die Aufnahme zeitgenössischer exegetischer oder archäologischer Erkenntnisse oder Vorstellungen zur biblischen Zeit bestimmt und zum anderen das *Bibelwissen* genannt.

Die Zuordnung und Benennung von Bibelübersetzungen, die den Dramentexten zugrunde gelegen haben bzw. auf die sich die Autorin bzw. die Autoren stützten, zeigt sich – wie bereits im Vorfeld eingeräumt – als problematisch. Wie anhand der drei Dramen nachgewiesen, gestalten sich die Zuordnung und die Bestimmung der gewählten Bibelübersetzung als schwierig.

Wie die Untersuchung gezeigt hat, wird in den Dramentexten der Jahrhundertwende „Bibelwissen" aufgegriffen. Es findet sowohl Aufnahme in Bezug auf Batsebas Nacktheit (Alberti, Hellmuth), ihre Schuldhaftigkeit (Alberti) als auch hinsichtlich der Liebesbeziehung zwischen David und ihr (Hellmuth, Bernhard). Das vermeintliche Wissen um ihre Liebesbeziehung ist kulturell relevant geworden, es resultiert, wie in der Dramenanalyse aufgezeigt, aus der Wirk- und Rezeptionsgeschichte der biblischen Erzählung, geht aber nicht aus dem biblischen Text in 2 Sam 11 selbst hervor. In der exegetisch-narratologischen Analyse ist hingegen mehrfach herausgestellt worden, dass sich die Lesart einer Liebesbeziehung zwischen David und Batseba für die Erzählung in 2 Sam 11 verbietet.

Die Unterscheidung von biblischem Wissen und „Bibelwissen" sowie die anerkennende Beachtung des „Bibelwissens" sind m. E. für die Auslegung biblischer Texte von hoher Relevanz: Das „Bibelwissen" stellt einen wesentlichen Strang in der wirk- und rezeptionsgeschichtlichen Entwicklung des Bibeltextes dar. Es fungiert als rezeptionsästhetische Kategorie und ermöglicht eine differenziertere Betrachtung der mentalen Dispositionen und Vorannahmen der Lesenden und Rezipierenden. Dies soll an einem Beispiel verdeutlicht werden: Ausgehend von der berühmten Batseba-Darstellung Rembrandts aus dem 17. Jahrhundert ist die Annahme der Nacktheit Batsebas in Bezug auf die Waschung in 2 Sam 11,2 naheliegend.[4] Dieses Bibelwissen über ihre Nacktheit, das sich wesentlich aus der europäischen Kunstgeschichte und der Herauslösung des weiblichen Aktes aus 2 Sam 11 speist, entfaltet ein Potential an Auslegungen, das weit über das biblische Wissen zur Erzählung hinausreicht. Unter Beachtung und Wertschätzung des „Bibelwissens" scheiden solche Lesarten, wie die Nacktheit Batsebas oder die Liebesbeziehung zwischen David und ihr nicht von vornherein aus oder werden als falsch diskreditiert, sondern können unter dem Terminus „Bibelwissen" analysiert werden. Eine Voraussetzung hierfür ist m. E. die historische und kulturelle Verortung des „Bibelwissens".

Die Aufnahme von „Bibelwissen" und ebenso das Schließen von Leestellen in den Dramentexten ermöglichen m. E. einen Zugang zu den historischen und kulturellen Kontexten der Dramatisierungen von 2 Sam 11. Unter dem Begriff „Dramenaspekt" war diese Kontextualisierung Gegenstand der Analyse und erwies sich als konstruktiver und lohnender Zugriff auf die Frage, wie die Schriftstellerin Martha Schlesinger und die Schriftsteller Paul Albers und Emil Cohn die biblische „David, Batseba und Urija"-Erzählung aufgenommen und im Kontext ihrer gegenwärtigen Kultur aufbereitet, konkretisiert und aktualisiert haben. In diesem Zusammenhang wurde nach dem kommunikativen Potenzial des biblischen Erzählstoffes gefragt, das diesem in der ausgewählten Epoche der Jahrhundertwende um 1900 zukommt. Die Ergebnisse der Dramenanalyse bieten erste Hinweise darauf. Um diese Frage konkreter beantworten zu können, bedarf es weiterer Untersuchungen hinsichtlich zum einen der Rezeption der voraus- und nachfolgenden literaturgeschichtlichen Epoche, um so das Spezifische der Rezeption von 2 Sam 11 herauszustellen. Zum anderen scheint es notwendig, neben den Dramentexten andere Gattungen in die Überlegung mit einzubeziehen, denn nur so lässt sich die Eigenart der Dramenrezeption erkennen.

Auf die produktiven Wechselwirkungen bei der Lektüre der biblischen Erzählung sowie der Dramentexte wurde bereits in der Zusammenfassung des vorausgehenden Abschnittes hingewiesen, auf ein Beispiel wurde vorgestellt. Über den Zeitraum des Erarbeitungsprozesses, der Auslegung der biblischen Erzählung und der vertieften Lektüre der Dramentexte,

---

[4] Rembrandt Harmensz van Rijin: Bathseba mit König Davids Brief, 1654, Öl auf Leinwand, Paris, Musée du Louvre.

ergaben sich mehrfach solche korrelativen Prozesse, die sich für die Autorin als überaus bereichernd und produktiv herausstellten.

Im Fokus der Überlegungen zum rezeptionsgeschichtlichen Hauptteil stand die Frage, weshalb um 1900 Dramatisierungen des biblischen Stoffes der „David, Batseba und Urija"-Erzählung in der deutschen Literatur in dieser Häufung zu finden sind. Dies ist eine Frage, die durch diese Arbeit nicht gänzlich geklärt werden konnte. Zunächst lässt sich ein ambivalentes Bild konstatieren: Einerseits wurden die Dramatisierungen von 2 Sam 11 von Theaterkritikern wie z. B. Julius Bab kritisch betrachtet und andererseits, wie anhand der Aufführungen des Dramas „Der Brief des Uria" von Emil Bernhard Cohn gezeigt, ist dieses in verschiedenen deutschen Städten aufgeführt, vom Publikum begeistert aufgenommen und sogar in den frühen 1930er Jahren erneut auf die Bühne sowohl in Deutschland als auch den Vereinigten Staaten gebracht worden. Das bemerkenswerte Interesse an Dramatisierungen des biblischen Stoffes der „David, Batseba und Urija"-Erzählung ist nicht zu übersehen.

Inger Nebel nennt als einen Grund dafür das zunehmende Interesse für alttestamentliche Texte, zu dem „nicht zuletzt für die Bücher Samuel […] im deutschsprachigen Bereich wahrscheinlich der einflussreiche protestantische Theologe und Philologe Julius Wellhausen (1844–1918) beigetragen"[5] hat. Seine in den 1870er Jahren erschienen Werke beeinflussten wesentlich die Bibelwissenschaft und wurden, wie Nebel aufgezeigt hat, auch von Schriftstellern wahrgenommen.[6] Eine explizite Bezugnahme konnte für die in der vorliegenden Arbeit näher untersuchten Dramatisierungen sowie deren Autorin und Autoren allerdings nicht nachgewiesen werden.

Vielmehr sind, wie in der Untersuchung gezeigt, die drei untersuchten Dramentexte vielmehr jeweils als Antwortversuche auf Krisenerfahrungen zu verstehen. Die Dramatisierungen zu 2 Sam 11 von Paul Albertis (1904), Martha Hellmuth (1906) sowie Emil Bernhard (1919, geschrieben bereits 1908) können jeweils als Auseinandersetzung mit einem der Aspekte, die um 1900 als Krisenerscheinung wahrgenommen wurden, verstanden werden.

Die Beschäftigung mit diesen Dramentexten fügt dem Erzählstoff von 2 Sam 11 eine besondere Deutungsmöglichkeit hinzu, nämlich ihn als

---

[5] Nebel, Harfe, S. 268.
[6] Vgl. Nebel, Harfe, S. 269.

Krisenerzählung wahrzunehmen und zu verstehen. Anders formuliert 2 Sam 11 besitzt das Potential einer Krisenerzählung, die nicht nur im politischen Sinne als Krise des Königs zu verstehen ist, wie das die TFE suggeriert, sondern als Krisenerzählung der Figur Davids. Dies korrespondiert mit der Erkenntnis, dass David in 2 Sam 11 auf dem Höhepunkt seiner Macht ist und seine dort geschilderten Handlungen eine Reihe von weiteren Krisen Davids, die in der weiteren TFE dargestellt sind, einleiten. Diese Deutung, dass 2 Sam 11 als Krisenerzählung wahrgenommen werden kann, liegt auch dem in der Hinführung des ersten Teilbandes vorgestellten, so genannten „Bathseba-Syndrom" zugrunde.[7]

Die Gesamtstudie versteht sich letztlich als Plädoyer für eine stärkere Berücksichtigung rezeptionsgeschichtlicher Erkenntnisse in der Auslegung von biblischen Texten. Wie im ersten Band anhand der Figurenrezeption als Teil der Figurenanalyse sowie ausführlich im vorliegenden Band in der Analyse der Dramatisierungen von 2 Sam 11 gezeigt, ist die Beschäftigung mit Rezeptionen in Literatur und Kunst lohnenswert und weiterführend für die Bibelauslegung. Wünschenswert wäre in diesem Zusammenhang eine ausführliche Darstellung der Rezeptionsgeschichte von 2 Sam 11 durch die Jahrhunderte hindurch.

---

[7] Vgl. Fischer, Königsmacht, S. 13–15.

IV. ABKÜRZUNGSVERZEICHNIS

ÄE	Äußerungseinheit
BHS	Biblia Hebraica Stuttgartensia
DtrG	Deuteronomistisches Geschichtswerk
EBR	Encyclopedia of the Bible and its Reception
ELB	Elberfelder Bibel
LE	Das Literarische Echo. Halbmonatsschrift für Literaturfreunde
LXX	Septuaginta
LXX $_{Luk}$	Lukianische Version der Septuaginta
MT	Masoretentext
RE	Referenzelement
TFE	Thronfolgeerzählung
ZÜR	Zürcher-Bibelübersetzung

V. LITERATURVERZEICHNIS

Die Abkürzungen folgen mit wenigen Ausnahmen den Vorgaben von Collins, Billi Jean: The SBL Handbook of Style, 2. Aufl., Atlanta 2014, S. 171–260. Abkürzungen für Zeitschriften oder Reihen, die dort nicht zu finden sind, folgen Schwertner, Siegfried M., Internationales Abkürzungsverzeichnis für Theologie und Grenzgebiete. Zeitschriften, Serien, Lexika, Quellenwerke mit bibliographischen Angaben, 2. Aufl., Berlin u. a. 1994. Die in den Fußnoten angegebenen Kurztitel werden kursiv gesetzt, z. B. *Samuel*.

1. Biblische Textausgaben und Quellen

Allgemeine, wohlfeile Bilderbibel für die Katholiken oder die ganze heilige Schrift des alten und neuen Bundes, hrsg. v. Heinrich Joachim Jäck, Leipzig 1844.
Bible Works 9. Software for Biblical Exegesis and Research Version, hrsg. v. Bible Works LLC, Norfolk 2011.
Biblia Hebraica Stuttgartensia, hrsg. v. Karl Ellinger/Wilhelm Ruldolph, 5. Aufl., Stuttgart 1997.
Biblia Sacra vulgatae editionis. Die Heilige Schrift des Alten und Neuen Testaments. Mit dem Urtexte der Vulgate, als 10. Aufl. des Alliolischen Bibelwerkes, hrsg. v. Augustin Arndt, 3 Bd., Regensburg 1899–1901.
Catholische Bibel. Das ist die ganze Heilige Schrift, alten und neuen Testaments, übersetzt von Adam Ludwig Wirsing u. a., Nürnberg 1763.
Die Bibel oder die ganze Heilige Schrift. Alten und Neuen Testaments nach Johann Friedrich von Meyer nochmals aus dem Grundtext berichtigt von Rudolf Stier, Bilefeld 1856.
Die Bibel oder die Schriften des Alten und Neuen Bundes übersetzt und für die Gemeinde erklärt von Christian Carl Josias von Bunsen, 3 Bd., Leipzig 1858–1868.
Die Heilige Schrift des Alten Testaments übersetzt von Emil Kautzsch, Freiburg i. Br./Leipzig 1894.
Die Heilige Schrift des Alten und Neuen Testamentes. Aus der Vulgata mit Bezug auf den Grundtext neu übersetzt und mit Anmerkungen erläutert von Joseph Franz Allioli, 10 Bd., Nürnberg 1830–1837.

Die Heilige Schrift des Alten und Neuen Testaments. Übersetzt von Willhelm Martin Leberecht de Wette, 4. Aufl., Heidelberg 1858.
Die Heilige Schrift. Elberfelder Bibel, revidierte Fassung, 4. Aufl., Wuppertal, Zürich 1992.
Die Heilige Schrift. In berechtigter Uebersetzung mit kurzen Anmekrungen von Johann Friedrich von Meyer, Frankfurt a. M. 1819.
Die Heilige Schrift. Ins Deutsche übertragen von Naftali Herz Tur-Sinai, 6. Aufl., Witten 2013.
Die heilige Schrift des alten Testaments. Zweyten Theils erster Band welcher die Bücher Josua, Richter, Ruth und Samuels enthält, hrsg. v. Dominikus von Brentano/Thaddäus A.Dereser, Frankfurt a. M. 1801.
Die Heiligen Schriften des Alten und Neuen Testamentes, übersetzt von Leander van Eß, Sulzbach 1858.
Die Heiligen Schriften des alten und neuen Testamentes, übersetzt von Valentin Loch und Wilhelm Reischl, 3 Bd., Regensburg 1851–1854.
Septuaginta Deutsch. Das griechische Alte Testament in deutscher Übersetzung; hrsg. v. Wolfgang Kraus/Martin Karrer, Stuttgart 2009.
Uebersetzung und Erläuterung der heiligen Bücher des Alten Testaments von Johann Heinrich Daniel Moldenhawer, Quedlinburg 1774–1787.
Zürcher Bibel, revidierte Fassung; hrsg. v. der Evangelisch-Reformierten Landeskirche des Kantons Zürich, Zürich 2007.

2. Sekundärliteratur

Ajouri, Philip: *Literatur* um 1900. Naturalismus – Fin de Siècle – Expressionismus, Berlin 2009 (Akademie Studienbücher).
Albers, Paul: Moderne *Apostel*. Ein sozialistischer Sittenroman der Gegenwart, Dresden 1921.
Albers, Paul: Am *Wartburghof*. Eine vaterländische Erzählung in 12 Kapiteln aus den Jahren 1207 und 1208, Breslau 1902.
Alberti, Paul (Pseudonym für Paul Albers): *Bath-Sebas Sünde*. Trauerspiel in fünf Akten, Zürich 1904.
Asmuth, Bernhard: *Dramenanalyse*, 6. Aufl., Stuttgart, Weimar 2004 (Sammlung Metzler 188).
Auty, Robert/Angermann, Norbert/Bautier, Robert-Henri (Hg.): *Lexikon* des Mittelalters, 10 Bd., München, Zürich, 1980–1999.
Bab, Julius: Der *Wille* zum Drama. Neue Folge der Wege zum Drama. Deutsches Dramanjahr 1911-1918, Berlin 1919.

Bab, Julius: *Emil* Bernhard-Cohn, in: Bayrische israelitische Gemeindezeitung 7 (1931), H. 5, S. 69.

Bar-Efrat, Shimon: Das zweite Buch **Samuel**. Ein narratologisch-philologischer Kommentar, Stuttgart 2009 (BWANT 181).

Barth, Lazarus: „Der *Brief* des Uria", in: Jüdische Rundschau 14 (1909), H. 16, S. 180–181.

Barthes, Roland: *Image*, music, text. Essays selected and translated by Stephen Heath, London 1977 (Fontana communications series).

Bauer, Dieter: *Rippe*, Schlange und Apfel. Missverständnisse über Eva, in: BiHe 51 (2015), H. 4, S. 11–15.

Bauer, Matthias: *Art. Ambiguität*, in: Nünning, Ansgar (Hg.): Metzler Lexikon Literatur- und Kulturtheorie. Ansätze – Personen – Grundbegriffe, 4. Aufl., Stuttgart, Weimar 2008, S. 17.

Beal, Timothy: *Reception* History and Beyond. Toward the Cultural History of Scriptures, in: BibInt 19 (2011), H. 4–5, S. 357–372.

Bechtoldt, Hans-Joachim: Jüdische deutsche *Bibelübersetzungen* vom ausgehenden 18. bis zum Beginn des 20. Jahrhunderts, Stuttgart 2005.

Becker, Sabina/Kiesel, Helmuth: Literarische *Moderne*. Begriff und Phänomen, in: Dies./Ders. (Hg.): Literarische Moderne. Begriff und Phänomen, Berlin, New York 2007, S. 9–35

Berger, Bruno/Rupp, Heinz: Deutsches *Literatur-Lexikon*. Biographisch-bibliographisches Handbuch, 3. Aufl., Berlin u. a. 1968.

Bernhard, Emil: Das reissende *Lamm*. Drama in fünf Akten, Berlin 1926.

Bernhard, Emil: Die *Jagd Gottes*. Drama in fünf Akten, Berlin 1925.

Bernhard, Emil: Der *Brief des Uria*. Ein Trauerspiel in Fünf Akten, Bonn 1919.

Bigl, Sven: Von der *Reformationszeit* bis 2017. Die Revisionsgeschichte der Lutherbibel, in: Jahr, Hannelore (Hg.): „… und hätte der Liebe nicht". Die Revision und Neugestaltung der Lutherbibel zum Jubiläumsjahr 2017, Stuttgart 2016, S. 31–41.

Bigler-Marschall, Ingrid: *Art. Sorge,* (Karl-Ferdinand) Reinhard, in: Herkommer, Hubert/Lang, Carl Ludwig (Hg.): Deutsches Literatur-Lexikon, Bd. 18, 3. Aufl., Bern 1998, Sp. 332f.

Bocian, Martin: *Lexikon* der biblischen Personen, 2. Aufl., Stuttgart 2004.

Bodi, Daniel: L'Histoire de *David et Bethsabée*. Etude interdisciplinaire, Paris 2004 (Yod 8).

Bodner, Keith: *David* Observed. A King in the Eyes of his Court, Sheffield 2005.

Boenisch, Peter M.: Die „*Absolutheit* des Dramas" (Szondi) als analytisches Modell, in: Marx, Peter W. (Hg.): Handbuch Drama. Theorie, Analyse, Geschichte, Stuttgart 2012, S. 157–161.

Böttcher, Maximilian: *Krach* im Hinterhaus. Komödie in 3 Akten, Eisenach 1935.

Brandl, Sarah Yvonne: „... wenn das Ich nicht Herr im eigenen Haus ist". *Identitätskrisen* und Konstruktion psychischer Innenwelten um 1900., in: Olk, Claudia (Hg.): Innenwelten vom Mittelalter zur Moderne. Interiorität in Literatur, Bild und Psychologiegeschichte, Trier 2002, S. 177–191.

Catani, Stephanie: Das fiktive *Geschlecht*. Weiblichkeit in anthropologischen Entwürfen und literarischen Texten zwischen 1885 und 1925, Würzburg 2005 (Würzburger Beiträge zur deutschen Philologie 28).

Chatman, Seymour Benjamin: *Story* and discourse. Narrative structure in fiction and film, Ithaca 1978.

Cohen, Leonard: *Hallelujah*, Nashville 1995.

Cohn, Bernhard: Vor dem *Sturm*. Ernste Mahnworte an die deutschen Juden, 2. Aufl., Berlin 1896.

Cohn, Emil Bernhard: *Judentum*. Ein Aufruf an die Zeit, München 1923.

Cohn, Emil: Mein *Kampf* ums Recht. Eine Streitschrift gegen Vorstand und Repräsentanz der Jüdischen Gemeinde zu Berlin, Berlin 1907.

Cohn, Emil: Der Wucher im *Talmud*, seine Theorie und ihre Entwicklung. Ein Beitrag zur Rechts- und Wirtschaftsgeschichte des Talmud, in: Zeitschrift für vergleichende Rechtswissenschaft 18 (1905), S. 37–72.

Cohn, Emil: *Amtsgerichtsrat* David Markus. Tendenzsatire in einem Akt, Berlin 1903.

Cohn, Emil: Der *Wucher* (Ribâ) in Qor'ân, Chadîth und Fiqh. Ein Beitrag zur Entstehungsgeschichte des mohammedanischen Rechtes, Berlin 1903 (Berliner Juristische Beiträge zum Civilrecht, Handelsrecht, Strafrecht und Strafprozess und zur vergleichenden Rechtswissenschaft 2).

Daemmrich, Horst S./Daemmrich, Ingrid G.: *Themen* und Motive in der Literatur. Ein Handbuch, 2. Aufl., Tübingen, Basel 1995.

Dannenberg, Max: Die *Verwendung* des biblischen Stoffes von David und Bathseba im englischen Drama, Königsberg 1905.

Dieckmann, Detlef: *Segen* für Isaak. Eine rezeptionsästhetische Auslegung von Gen 26 und Kontexten, Berlin u. a. 2003 (BZAW 329).

Dietrich, Walter: Stefan Heyms *Ethan* ben Hoshaja und der Hauptverfasser der Samuelbücher, in: Dietrich, Walter (Hg.): The books of Samuel. Stories – history – reception history, Leuven 2016 (BETL 284), S. 3–39.

Dietrich, Walter: *David*. Der Herrscher mit der Harfe, Leipzig 2006 (Biblische Gestalten 14).

Dietrich, Walter/Herkommer, Hubert (Hg.): König David – biblische *Schlüsselfigur* und europäische Leitgestalt. 19. Kolloquium (2000) der Schweizerischen Akademie der Geistes- und Sozialwissenschaften, Freiburg, Stuttgart 2003.

Dietrich, Walter: Von David zu den *Deuteronomisten*. Studien zu den Geschichtsüberlieferungen des Alten Testaments, Stuttgart 2002 (BWANT 156).

Dietrich, Walter: Gott, *Macht* und Liebe. Drei neue Romane über die Davidszeit, in: Reformatio 38 (1989), S. 301–308.

Dohmen, Christoph: Die *Bibel* und ihre Auslegung, 3. Aufl. München 2006.

Eberle-Küster, Dorothea: *Lesen* als Akt des Betens. Eine Rezeptionsästhetik der Psalmen, Neukirchen-Vluyn 2001 (WMANT 87).

Eco, Umberto: Die *Grenzen* der Interpretation, München 1995.

Eder, Jens: *Gottesdarstellung* und Figurenanalyse. Methodologische Überlegungen aus medienwissenschaftlicher Perspektive, in: Eisen, Ute E./Müllner, Ilse (Hg.): Gott als Figur. Narratologische Analysen biblischer Texte und ihrer Adaptionen, Freiburg, Basel, Wien 2016 (HBS 82), S. 27–54.

Eder, Jens: Die *Figur* im Film. Grundlagen der Figurenanalyse, Marburg 2008.

Engler, Balz: *David* im englischen Drama, in: Dietrich, Walter/Herkommer, Hubert (Hg.): König David – biblische Schlüsselfigur und europäische Leitgestalt. 19. Kolloquium (2000) der Schweizerischen Akademie der Geistes- und Sozialwissenschaften, Freiburg, Stuttgart 2003, S. 761–775.

Ettlinger, Josef: *Echo* der Bühnen. Kurze Nachrichten, in: Das Literarische Echo. Halbmonatsschrift für Literaturfreunde 11 (1908/1909), Sp. 744f.

Exum, Jo Cheryl: Fragmented *Women*. Feminist (sub)versions of biblical narratives, Valley Forge 1993.

Eymer, Wilfrid: Eymers *Pseudonymen-Lexikon*. Realnamen und Pseudonyme in der deutschen Literatur Pseudonymen, Teil 2. Pseudonyme mit Verweisen auf die Realnamen, Bonn 1997.
Feuchtwanger, Lion: Das *Weib des Uria,* in: Ders. (Hg.): Kleine Dramen. Joel. König Saul. Das Weib des Urias. Der arme Heinrich. Donna Bianca. Die Braut von Korinth, München 1905 (verschollen).
Fischer, Alexander: *David und Batseba.* Ein literarkritischer und motivgeschichtlicher Beitrag zu II Sam 11, in: ZAW 101 (1989), H. 1, S. 50–59.
Fischer, Andrea: *Königsmacht*, Begehren, Ehebruch und Mord – Die Erzählung von „David, Batseba und Urija" (2 Sam 11). Narratologische Analysen, Berlin 2019 (EXUZ 26).
Fischer, Andrea: *Wechselwirkungen* zwischen 2 Sam 11 und dessen literarischen Rezeptionen – dargestellt anhand des Todesbriefmotivs, in: PZB 22 (2013), H. 2, S. 77–97.
Fischer, Irmtraud u. a.: *Frauen*, Bibel und Rezeptionsgeschichte. Ein internationales Projekt der Theologie und ihrer Genderforschung, in: Fischer, Irmtraud/Puerto, Mercedes Navarro/Taschl-Erber, Andrea (Hg.): Tora, Stuttgart 2010 (Die Bibel und die Frauen 1.1), S. 9–35.
Fischer, Irmtraud: *Rut,* 2. Aufl., Freiburg 2005 (HThKAT).
Florack, Ruth: *Erotik* als Provokation und Projektion. Zu Frank Wedekinds Lulu, in: Gutjahr, Ortrud (Hg.): Lulu von Frank Wedekind. Geschlechter-Szenen in Michael Thalheimers Inszenierung am Thalia Theater Hamburg, Würzburg 2006 (Reihe Theater und Universität im Gespräch 1), S. 19–30.
Fludernik, Monika: *Narrative* in Drama, in: Pier, John u. a. (Hg.): Theorizing Narrativity, Berlin 2008 (Narratologia 12), S. 353–384.
Foucault, Michel: Die *Sorge* um sich. Sexualität und Wahrheit Bd. 3, 11. Aufl., Frankfurt 2012.
Foucault, Michel: Der *Gebrauch* der Lüste. Sexualität und Wahrheit Bd. 2, 11. Aufl., Frankfurt 2012.
Foucault, Michel: Der *Wille* zum Wissen. Sexualität und Wahrheit Bd. 1, 19. Aufl., Frankfurt 2008.
Frenzel, Elisabeth: *Motive* der Weltliteratur. Ein Lexikon dichtungsgeschichtlicher Längsschnitte, 6. Aufl., Stuttgart 2008.
Frenzel, Elisabeth: *Stoffe* der Weltliteratur. Ein Lexikon dichtungsgeschichtlicher Längsschnitte, 10. Aufl., Stuttgart 2005.
Fricke, Klaus Dietrich: Die Fortsetzung der *Revisionsarbeit* von 1870 bis 1956, in: Fricke, Klaus Dietrich/Meurer, Siegfried (Hg.): Die Ge-

schichte der Lutherbibelrevision von 1850 bis 1984, Stuttgart 2001 (Arbeiten zur Geschichte und Wirkung der Bibel 1), S. 149–187.

Fricke, Klaus Dietrich/Schwank, Benedikt/Lange, Joachim (Hg.): Ökumenisches *Verzeichnis* der biblischen Eigennamen nach den Loccumer Richtlinien, 2. Aufl., Stuttgart 1981.

Friedrichs, Elisabeth: Die deutschsprachigen *Schriftstellerinnen* des 18. und 19. Jahrhunderts. Ein Lexikon, Stuttgart 1981.

Frohmut, Martha: *David*. Biblisches Schauspiel in fünf Bildern; den christlichen Jünglings- und Lehrlingsvereinen dargebracht, Schwerin 1894.

Frontain, Raymond-Jean: *David*, in: Jeffrey, David Lyle (Hg.): A Dictionary of Biblical Tradition in English Literature, Grand Rapids 1992, S. 180–185.

Frontain, Raymond-Jean/Wojcik, Jan (Hg.): The *David Myth* in Western Literature, West Lafayette 1980.

Fuchs, Konrad/Raab, Heribert (Hg.): *Wörterbuch* Geschichte, 13. Aufl., München 2002.

Garsiel, Moshe: The *Story* of David and Bathsheba. A Different Approach, in: Biblical Quarterly 55 (1993), H. 2, S. 244–262.

Geiger, Albert: Das *Weib des Uria*. Ein biblisches Spiel in fünf Aufzügen, Heilbronn 1909.

Genette, Gérard: Die *Erzählung*, 3. Aufl., Paderborn 2010.

Glomb, Stefan: *Art. Identität*, persönliche, in: Nünning, Ansgar (Hg.): Metzler Lexikon Literatur- und Kulturtheorie. Ansätze – Personen – Grundbegriffe, 4. Aufl., Stuttgart, Weimar 2008, S. 306f.

Göbel, Walter: *Art. Epochen*, literaturgeschichtliche/Epochenbegriffe, in: Nünning, Ansgar (Hg.): Metzler Lexikon Literatur- und Kulturtheorie. Ansätze – Personen – Grundbegriffe, 4. Aufl., Stuttgart, Weimar 2008, S. 165f.

Grohmann, Marianne: *Vorwort,* in: Grohmann, Marianne (Hg.): Religion übersetzen. Übersetzung und Textrezeption als Transformationsphänomene von Religion, Göttingen 2012 (Religion and Transformation in Contemporary European Society 2), S. 7–12.

Grohmann, Marianne: *Aneignung* der Schrift. Wege einer christlichen Rezeption jüdischer Hermeneutik, Neukirchen-Vluyn 2000.

Gubler, Marie-Louise: *Bathseba* – oder: Wie ist Gott? Roman von Torgny Lindgren, in: KuI 17 (2002), H.1, S. 31–44.

Gundert, Wilhelm: *Art. Bibelübersetzungen.* IV. Bibelübersetzungen in europäische Sprachen vom 17. Jh. bis zur Gegenwart, in: TRE, Bd. 6, Berlin, New York 1980, S. 266–299.

Hacker, Lucia: Schreibende *Frauen* um 1900. Rollen – Bilder – Gesten, Berlin 2007 (Berliner ethnographische Studien 12).

Hagestedt, Lutz (Hg.): Deutsches *Literatur-Lexikon* – das 20. Jahrhundert. Biographisch-bibliographisches Handbuch. Begr. v. Wilhelm Kosch, Berlin, Boston 2000 –.

Halden, Hans: *Bathseba im Bade.* Komödie in drei Akten, Berlin 1930.

Halter, Marek: Bethsabée ou l'éloge de l'adultère, Paris 2006.

Hanisch, Volker: *Art. Hellmuth*, Martha, in: Hagestedt, Lutz/Kosch, Wilhelm (Hg.): Deutsches Literatur-Lexikon das 20. Jahrhundert. Biographisch-Bibliographisches Handbuch, Bd. 16, Berlin 2011, Sp. 349f.

Harders, Levke/Seltsam, Nadin: *Spurensuche.* Helene (1877–1944) und Max Herrmann (1865-1942), in: ZfG 20 (2010), H. 2, S. 307–323.

Hartlieb, Wladimir von: *König David.* Ein Drama in fünf Aufzügen, Leipzig, Wien 1917.

Havea, Jione: *David* W[e]aves, in: Linafelt, Tod/Camp, Claudia V./Beal, Timothy (Hg.): The Fate of King David. The Past and Present of a Biblical Icon, New York, London 2010 (LHBOTS 500), S. 289–301.

Heither, Theresia: *David*, Münster 2012 (Biblische Gestalten bei den Kirchenvätern 5).

Helduser, Urte: *„Unfruchtbarkeit"* als Pathologie der Moderne um 1900, in: Dawson, Stephen u.a. (Hg.): Extraordinary Times, Wien 2001 (IWM 11).

Heller, Joseph: *Weiss Gott.* Roman, München 1985.

Hellmuth, Martha: *David und Bathseba.* Drama in vier Aufzügen, in: Ost und West. Illustrierte Monatsschrift für modernes Judentum 6 (1906), H. 8/9, Sp. 583–626.

Hellmuth, Martha: *Kirke* das Spiel der Verwandlungen in einem Akt, Berlin 1905.

Hellmuth, Martha: *Josef und Zohárath.* Drama in vier Aufzügen, in: Ost und West. Illustrierte Monatsschrift für modernes Judentum 2 (1902), H. 8, Sp. 555–664.

Hellmuth, Martha: *Ruth.* Biblisches Idyll in einem Akt, in: Jahrbuch für jüdische Geschichte und Literatur 5 (1902), S. 247–266.

Hellmuth, Martha: *Eva.* (Fragment), in: Monatsblätter. Organ des Vereins Breslauer Dichterschule 16 (1890), S. 67–69; 82–84.

Hellmuth, Martha: *Wieland*, der Schmied und andere Gedichte, Berlin 1889.

Henneke-Weischer, Andrea: Die deutsch-jüdische *Kulturgemeinschaft*, in: Haupt, Sabine/Würffel, Stefan Bodo (Hg.): Handbuch Fin de siècle, Stuttgart 2008, S. 256–278.

Hess, Anke: *Art. Böttcher*, Maximilian. (2001), in: Rupp, Heinz (Hg.): Deutsches Literatur-Lexikon. Das 20. Jahrhundert. Biographisch-Bibliographisches Handbuch, 2. Aufl., Berlin u. a., Sp. 343.

Heuer, Renate: *Bibliographia* Judaica. Verzeichnis jüdischer Autoren deutscher Sprache, Bd. 3, Frankfurt, New York 1988.

Heuer, Renate: *Lexikon* deutsch-jüdischer Autoren, Bd. 5, München u.a. 1997.

Heym, Stefan: Der König-David-*Bericht*. Roman, Frankfurt 1988.

Hilmes, Carola: Die *Femme fatale*. Ein Weiblichkeitstypus in der nachromantischen Literatur, Stuttgart 1990.

Horner, Deborah: Emil Bernhard *Cohn*. Rabbi, playwright and poet, Berlin 2009 (Jüdische Miniaturen 49).

hs.: „Der *Brief* des Uria", in: Gemeindeblatt der Jüdischen Gemeinde zu Berlin 24 (1934), H. 18 , S. 10.

Hühn, Peter/Sommer, Roy: *Art. Narration* in Poetry and Drama, in: Hühn, Peter u. a. (Hg.): The Living Handbook of Narratology (2012), https://www-archiv.fdm.uni-hamburg.de/lhn/node/40.html (zuletzt geprüft: 22.08.2022).

Iser, Wolfgang: Der *Akt* des Lesens. Theorie ästhetischer Wirkung, 4. Aufl., München 1994.

Jahn, Manfred: Narrative *Voice* and Agency in Drama. Aspects of a Narratology of Drama, in: New Literary History 32 (2001), H. 3, S. 659–679.

Japhet, Sara: 1 *Chronik*, Freiburg , Basel, Wien 2002 (HThKAT).

Jeffrey, David Lyle (Hg.): A *Dictionary* of Biblical Tradition in English Literature, Grand Rapids 1992.

Kanz, Christine: Die literarische *Moderne* (1890–1920), in: Beutin, Wolfgang u. a. (Hg.): Deutsche Literaturgeschichte. Von den Anfängen bis zur Gegenwart, 7. Aufl., Stuttgart 2008, S. 342–386.

Keller, Andreas: *Art. Albers*, Paul, in: Roloff, Hans-Gert (Hg.): Die Deutsche Literatur. Biographisches und bibliographisches Lexikon. Reihe VI: Die Deutsche Literatur zwischen 1890 und 1990, Stuttgart, Bad Cannstatt 2003, S. 544–553.

Killy, Walther (Hg.): *Literaturlexikon.* Autoren und Werke deutscher Sprache, Gütersloh 1988–1993.
Killy, Walther/Vierhaus, Rudolf (Hg.): Deutsche biographische *Enzyklopädie*, München 1995–2003.
Killy, Walther/Vierhaus, Rudolf (Hg.): Deutsche *biographische Enzyklopädie*, 2. Ausg., München 2005–2008.
Kimmich, Dorothee/Wilke, Tobias: Einführung in die *Literatur* der Jahrhundertwende, 2. Aufl., Darmstadt 2011 (Einführungen Germanistik).
Kipfer, Sara: Der bedrohte *David*. Eine exegetische und rezeptionsgeschichtliche Studie zu 1 Sam 16 – 1 Kön 2, Berlin, Boston 2015 (SBR 3).
Kirschbaum, Engelbert (Hg.): *Lexikon* der christlichen Ikonographie, Freiburg u. a. 1990.
Klauck, Hans-Josef u. a. (Hg.): *Encyclopedia* of the Bible and its reception, Berlin u. a. 2009–.
Klenz, Heinrich (Hg.): Kürschners Deutscher *Literatur-Kalender, 31.* Jg., Leipzig 1909.
Knoch, Otto B./Scholtissek, Klaus: *Art. Bibel.* VIII. Bibelübersetzung. 3. Mittelalterliche, neuzeitliche u. moderne europäische Übersetzungen, in: LThK, Bd. 2, 3. Aufl., Freiburg 2009, Sp. 388–396.
Koenen, Klaus: *Art. Erzählende Gattungen* (AT), in: Das Wissenschaftliche Bibellexikon im Internet (2006), http://www.bibelwissenschaft.de/stichwort/17700/ (zuletzt geprüft: 22.08.2022).
Koenig, Sara M.: Isn't this *Bathsheba*? A study in characterization, Eugene 2011 (PTMS 177).
Koosed, Jennifer L.: *Art. Bathsheba.* Literature, in: EBR, Bd. 2, Berlin, Boston 2011, Sp. 606.
Krumme, Peter: *Art. Sebrecht*, Friedrich, in: Killy, Walther (Hg.): Literaturlexikon. Autoren und Werke deutscher Sprache. Bd. 10, Gütersloh, München 1991, S. 484f.
Kunoth-Leifels, Elisabeth: *Art. Bathseba*, in: LCI, Bd. 1, Rom u. a. 1968, Sp. 253–257.
Kunoth-Leifels, Elisabeth: Über die *Darstellung* der „Bathseba im Bade". Studien zur Geschichte des Bildthemas 4. bis 17. Jahrhundert, Essen 1962.
La Bossière, Camille R.: *Art. Bathsheba*, in: Jeffrey, David Lyle (Hg.): A Dictionary of Biblical Tradition in English Literature, Grand Rapids 1992, S. 77f.

Lahn, Silke/Meister, Jan Christoph: Einführung in die *Erzähltextanalyse*, Stuttgart 2008.

Langenhorst, Georg: Theologie und Literatur. Aktuelle *Tendenzen*, in: TRev 109 (2013), H. 5, Sp. 355–372.

Langenhorst, Georg: *Theologie und Literatur*. Ein Handbuch, Darmstadt 2005.

Langenhorst, Georg: „*Wörter* und Sätze – voller Zauber und Kraft". Die kulturprägende Bedeutung der Bibel als Literatur, in: ThPQ 152 (2004), H. 1, S. 16–26.

Langenhorst, Georg: Theologie und Literatur 2001 – eine *Standortbestimmung*, in: StZ 219 (2001), S. 121–132

Langenhorst, Georg: Von heiligen Tänzern und Tempelbauern – Israels *Könige*, in: Schmidinger, Heinrich (Hg.): Die Bibel in der deutschsprachigen Literatur des 20. Jahrhunderts, Bd. 2, 2. Aufl., Mainz 2000, S. 151–176.

L. B.: *Emil* Bernhard „Der Brief des Uria", in: CV-Z 13 (vom 10.05.1934), H. 19, Beiblatt I.

Lehmann, Leopold: *Batseba*. Ein Drama, Berlin 1920.

Leonhardt, Nic: Der *Theaterboom* des 19. Jahrhunderts und die Proliferation der Gattungen, in: Marx, Peter W. (Hg.): Handbuch Drama. Theorie, Analyse, Geschichte, Stuttgart 2012, S. 283–285.

Lepel, Hans von: *Bath-Seba*. Ein Vorspiel und drei Akte aus dem Alten Testament, sine loco 1920. Online verfügbar unter: https://nbn-resolving.org/urn:nbn:de:bvb:70-dtl-0000011856 (zuletzt geprüft: am 22.08.2022).

Linafelt, Tod/Camp, Claudia V./Beal, Timothy (Hg.): The *Fate* of King David. The Past and Present of a Biblical Icon, New York, London 2010 (LHBOTS 500).

Lindgren, Torgny: *Bathseba*. Roman, München 1991.

Lüdtke, Gerhard: Kuerschners Deutscher Literatur-Kalender *Nekrolog*, 1901–1935. (Nachdruck der Ausgabe von 1936), Berlin, New York 1973.

Lüdtke, Gerhard/Neuner, Erich: Kürschners Deutscher *Literatur-Kalender*, 40. Jg., Berlin, Leipzig 1922.

Mach, Ernst: Die Analyse der *Empfindungen* und das Verhältnis der Physischen zum Psychischen. Darmstadt 1991 (Bibliothek klassischer Texte).

Maillard, Christine/Titzmann, Michael: *Vorstellung* eines Forschungsprojekts. „Literatur und Wissen(schaften) in der Frühen Moderne", in:

Dies./Ders. (Hg.): Literatur und Wissen(schaften) 1890–1935, Stuttgart 2002, S. 7–37.
Markus, Stefan: *Bathseba*. Drama in einem Akt, in: Ders. (Hg.): Biblische Tragödien, Stuttgart 1919 , S. 63–107.
Marx, Peter W.: *Dramentheorie*, in: Ders. (Hg.): Handbuch Drama. Theorie, Analyse, Geschichte, Stuttgart 2012, S. 1–11.
Meißner, Alfred von: Das *Weib des Urias*. Tragödie in fünf Akten, Leipzig 1851.
Meyer, Joseph: Meyers Großes *Konversations-Lexikon.* Ein Nachschlagewerk des allgemeinen Wissens, Bd. 18, 6. Aufl., Leipzig 1909.
Millet, Oliver/Robert, Phillippe de: *David* et Batsheba dans la littératur francaise. Sens spirituel et littératur d'imagination, in: Dietrich, Walter/Herkommer, Hubert (Hg.): König David – biblische Schlüsselfigur und europäische Leitgestalt. 19. Kolloquium (2000) der Schweizerischen Akademie der Geistes- und Sozialwissenschaften, Freiburg, Stuttgart 2003, S. 777–791.
Motté, Magda: „Esthers *Tränen*, Judiths Tapferkeit". Biblische Frauen in der Literatur des 20. Jahrhunderts, Darmstadt 2003.
Motté, Magda: „Daß ihre *Zeichen* bleiben". Frauen im Alten Testament, in: Schmidinger, Heinrich (Hg.): Die Bibel in der deutschsprachigen Literatur des 20. Jahrhunderts, Bd. 2, 2. Aufl., Mainz 2000, S. 205–258.
Müllner, Ilse: Die *Samuelbücher* – Gott in Menschen, Tieren und Dingen erzählen, in: Eisen, Ute E./Müllner, Ilse (Hg.): Gott als Figur. Narratologische Analysen biblischer Texte und ihrer Adaptionen, Freiburg, Basel, Wien 2016 (HBS 82), S. 88–123.
Müllner, Ilse: *Art. Tamar*, in: Das Wissenschaftliche Bibellexikon im Internet (2009), https://www.bibelwissenschaft.de/stichwort/32354/ (zuletzt geprüft: 22.08.2022).
Müllner, Ilse: *Blickwechsel*. Batseba und David in Romanen des 20. Jahrhunderts, in: BibInt 6 (1998), H. 3/4, S. 348–366.
Müllner, Ilse: *Gewalt* im Hause Davids. Die Erzählung von Tamar und Amnon (2 Sam 13,1–22), Freiburg u. a. 1997 (HBS 13).
Muny, Eike: *Erzählperspektive* im Drama. Ein Beitrag zur transgenerischen Narratologie, München 2008 (Cursus 26).
Naumann, Thomas: David und die Liebe. Die *Beziehungen* zu Michal, Jonatan und Batseba, in: *BiHe* 48 (2012), H. 190, S. 17–19.
Naumann, Thomas: David und die *Liebe*, in: Dietrich, Walter/Herkommer, Hubert (Hg.): König David – biblische Schlüsselfigur

und europäische Leitgestalt. 19. Kolloquium (2000) der Schweizerischen Akademie der Geistes- und Sozialwissenschaften, Freiburg, Stuttgart 2003, S. 51–83.

Naumann, Thomas: *David* als exemplarischer König. Der Fall Urijas (2 Sam 11) vor dem Hintergrund altorientalischer Erzähltradition, in: Pury, Albert de/Römer, Thomas (Hg.): Die sogenannte Thronfolgegeschichte Davids. Neue Einsichten und Anfragen, Freiburg, Göttingen 2000 (OBO 176), S. 136–167.

Nebel, Inger: *Harfe*, Speer und Krone. Saul und David in deutschsprachigen Dramen 1880 – 1920, Göteborg 2001 (Göteborger germanistische Forschungen 40).

Neumann, Stepanka: Stefan *Heym* – Literat und Dissident auf Lebenszeit. Biblische Allegorie und der ewige Schriftsteller, Hamburg 2009 (Poetica 105).

Nipperdey, Thomas: Deutsche Geschichte 1866–1918. Bd. 1 Arbeitswelt und *Bürgergeist*, München 1998.

Nipperdey, Thomas: Deutsche Geschichte 1866–1918. Bd. 2 *Machtstaat* vor der Demokratie, München 1998.

Nord, Christiane: Die einzig seligmachende *Version*? Ideologische und translationswissenschaftliche Aspekte der Bibelübersetzung, in: Grohmann, Marianne (Hg.): Religion übersetzen. Übersetzung und Textrezeption als Transformationsphänomene von Religion, Göttingen 2012 (Religion and Transformation in Contemporary European Society 2), S. 145–164.

Nünning, Ansgar/Nünning, Vera: Von der strukturalistischen *Narratologie* zur ‚postklassischen' Erzähltheorie. Ein Überblick über neue Ansätze und Entwicklungstendenzen, in: Ders./Dies. (Hg.): Neue Ansätze in der Erzähltheorie, Trier 2002 (WVT-Handbücher zum literaturwissenschaftlichen Studium Bd. 4), S. 1–33.

Nünning, Vera/Nünning, Ansgar: Produktive *Grenzüberschreitungen*. Transgenerische, intermediale und unterdisziplinäre Ansätze in der Erzähltheorie, in: Ders./Dies. (Hg.): Erzähltheorie transgenerisch, intermedial, interdisziplinär, Trier 2002 (WVT-Handbücher zum literaturwissenschaftlichen Studium 5), S. 1–22.

Nünning, Ansgar/Sommer, Roy: Diegetic and Mimetic *Narrativity*. Some Further Steps towards a Narratology of Drama, in: Pier, John (Hg.): Theorizing Narrativity, Berlin 2008 (Narratologia 12), S. 329–352.

Nünning, Ansgar/Sommer, Roy: *Drama* und Narratologie. Die Entwicklung erzähltheoretischer Modelle und Kategorien für die Dramenana-

lyse, in: Nünning, Ansgar/Nünning, Vera (Hg.): Erzähltheorie transgenerisch, intermedial, interdisziplinär, Trier 2002 (WVT-Handbücher zum literaturwissenschaftlichen Studium 5), S. 105–128.
Oberhänsli-Widmer, Gabrielle: Joseph *Gikatilla*. Das Mysterium, dass Bathscheva David seit den sechs Tagen der Schöpfung vorbestimmt war (Ende 13./Anfang 14. Jahrhundert), in: Judaica 65 (2009), H. 1, S. 75–83.
Oberhänsli-Widmer, Gabrielle: Ein talmudischer *Midrasch* zu König David. Schabbat 56a, oder: wie Bathscheva zu ihrem Scheidebrief kam, in: KuI 19 (2004), H. 1, S. 3–16.
Oeming, Manfred: Biblische *Hermeneutik*. Eine Einführung, 4. Aufl., Darmstadt 2013.
Pataky, Sophie: Lexikon deutscher *Frauen* der Feder. Eine Zusammenstellung der seit dem Jahre 1840 erschienenen Werke weiblicher Autoren, 2 Bd., Pforzheim 1987.
Perry, Menahem/Sternberg, Meir: The *King* through Ironic Eyes. Biblical Narrative and the Literary Reading Process, in: *Poetics Today* 7 (1986), H. 2, S. 275–322.
Perwe, J.: *David*. Biblisches Schauspiel in 3 Aufzügen, München 1915.
Pfister, Manfred: Das *Drama*. Theorie und Analyse, 11. Aufl., München 2001.
Pierer, Heinrich August: Pierer's Universal-*Lexikon* der Vergangenheit und Gegenwart oder Neuestes encyclopädisches Wörterbuch der Wissenschaften, Künste und Gewerbe, Bd. 18, 4. Aufl., Altenburg, Greifswald 1864.
Podewski, Madleen: Komplexe *Medienordnungen*. Zur Rolle der Literatur in der deutsch-jüdischen Zeitschrift „Ost und West" (1901–1923), Bielefeld 2014 (Lettre).
Polak, Frank H.: *King*, Spear and Arrow in the Saul-David Narratives, in: Dietrich, Walter (Hg.): Seitenblicke. Literarische und historische Studien zu Nebenfiguren im zweiten Samuelbuch, Göttingen 2011 (OBO 249), S. 53–70.
Polaschegg, Andrea/Weidner, Daniel: *Bibel* und Literatur. Topographie eines Spannungsfeldes, in: Dies./Ders. (Hg.): Das Buch in den Büchern. Wechselwirkungen von Bibel und Literatur, München 2012 (TRAJEKTE), S. 9–35.
Polaschegg, Andrea: „Denn es stehet (nicht) geschrieben …". Das Bibelwissen der *Literatur*, in: Renovatio 65 (2009), H. 3./4., S. 42–52.

Polaschegg, Andrea: Literarisches *Bibelwissen* als Herausforderung für die Intertextualitätstheorie. Zum Beispiel: Maria Magdalena, in: Scientia Poetica 11 (2007), S. 209–240.

Reinharz, Jehuda: Dokumente zur Geschichte des deutschen *Zionismus* 1882–1933, Tübingen 1981 (Schriftenreihe wissenschaftlicher Abhandlungen des Leo Baeck Instituts 37).

Richardson, Brian: *Drama* and narrative, in: Herman, David (Hg.): The Cambridge companion to narrative, Cambridge, New York 2007 (Cambridge companions to literature 10), S. 142–155.

Richardson, Brian: *Voice* and Narration in Postmodern Drama, in: New Literary Hisotry 32 (2001), H. 3, S. 681–694.

Robert, Carl: *David und Bathseba*. Drama in fünf Aufzügen, in: Ders. (Hg.): Dramatische Dichtungen. Tristan und Isolde. David und Bathseba, Berlin 1871, S. 127–237.

Rusterholz, Peter: Stefan *Heym – Der König David Bericht*, in: Dietrich, Walter/Herkommer, Hubert (Hg.): König David – biblische Schlüsselfigur und europäische Leitgestalt. 19. Kolloquium (2000) der Schweizerischen Akademie der Geistes- und Sozialwissenschaften, Freiburg, Stuttgart 2003, S. 809–830.

Sachslehner, Johannes: *Art. Hartlieb*, Waldimir, in: Killy, Walther (Hg.): Literaturlexikon. Autoren und Werke deutscher Sprache, Bd. 5, Gütersloh 1990, S. 31.

Sakheim, Arthur: *Echo* der Bühnen. Wien, in: Das Literarische Echo. Halbmonatsschrift für Literaturfreunde 11 (1908/1909), Sp. 1179f.

Sallwürk, Ernst von: *Echo* der Bühnen. Karlsruhe, in: Das Literarische Echo. Halbmonatsschrift für Literaturfreunde 11 (1908/1909), Sp. 521f.

Schäfer, Heinz: Biblische Redensarten und Sprichwörter 3000 Fundstellen aus der Lutherbibel, Stuttgart 2004.

Schmid, Heike: „Gefallene *Engel*". Deutschsprachige Dramatikerinnen im ausgehenden 19. Jahrhundert, St. Ingbert 2000 (Saarbrücker Beiträge zur Literaturwissenschaft 67).

Schmid, Wolf: My *Narratology*. Ein Interview mit Wolf Schmid, in: DIEGESIS. Interdisziplinäres E-Journal für Erzählforschung 3.2 (2014), S. 144–146, https://www.diegesis.uni-wuppertal.de/index.php/diegesis/article/download/158/230 (Zugriff: 22.08.2022)

Schmid, Wolf: *Elemente* der Narratologie, 3. Aufl., Berlin, Boston 2014.

Schmid, Wolf: Elemente der *Narratologie*, Berlin u. a. 2005 (Narratologia 8).

Schmidinger, Heinrich (Hg.): Die *Bibel* in der deutschsprachigen Literatur des 20. Jahrhunderts, 2 Bd., 2. Aufl., Mainz 2000.

Schmidt, Lothar: Die Anfänge der ersten kirchenamtlichen *Lutherbibelrevision*, in: Fricke, Klaus Dietrich/Meurer, Siegfried (Hg.): Die Geschichte der Lutherbibelrevision von 1850 bis 1984, Stuttgart 2001 (Arbeiten zur Geschichte und Wirkung der Bibel 1), S. 37–129.

Schmidt, Uta: Art. *Michal*, in: Das Wissenschaftliche Bibellexikon im Internet (2008), http://www.bibelwissenschaft.de/stichwort/27673/ (zuletzt geprüft: 22.08.2022)

Scholl, Dorothee: Biblische *Frauengestalten* in Kunst und Literatur der Jahrhundertwende, in: Kapp, Volker/Kiesel, Helmuth/Lubbers, Klaus (Hg.): Bilderwelten als Vergegenwärtigungen und Verrätselung der Welt. Literatur und Kunst um die Jahrhundertwende, Berlin 1997 (Schriften zur Literaturwissenschaft 12), S. 157–191.

Schöpflin, Karin: Die Bibel in der *Weltliteratur*, Stuttgart 2011.

Schößler, Franziska: Einführung in die *Dramenanalyse*, Stuttgart, Weimar 2012.

Schöttker, Detlev: Art. *Sorge,* Reinhard Johannes, in: Killy, Walther (Hg.): Literaturlexikon. Autoren und Werke deutscher Sprache, Bd. 11, Gütersloh, München 1991 , S. 71f.

Schult, Maike: Im *Grenzgebiet*: Theologische Erkundung der Literatur, in: Dies./David, Philipp (Hg.): Wortwelten. Theologische Erkundung der Literatur, Berlin 2011 (Kieler theologische Reihe 11), S. 1–30.

Schüngel-Straumann, Helen: *Eva*. Die erste Frau der Bibel: Ursache allen Übels?, Paderborn 2014.

Sebrecht, Friedrich: *David*. Tragödie, Leipzig 1918.

Simeon, Nikolaus: David als *König*, Paderborn 1899.

Siquans, Agnete: *Rezeption*. Annäherung an ein Phänomen, in: PZB 22 (2013), H. 1, S. 1–17.

Sorge, Reinhard Johannes: König David. *Schauspiel*, Berlin 1916.

Spiering, Anna Luisa: *Bath Seba*. Dramatische Szenen von vor drei Jahrtausenden, Leipzig 1921.

Sprengel, Peter: *Geschichte* der deutschsprachigen Literatur 1900–1918. Von der Jahrhundertwende bis zum Ende des Ersten Weltkriegs, München 2004 (Geschichte der deutschen Literatur von den Anfängen bis zur Gegenwart 9,2).

Stanzel, Franz Karl: *Theorie* des Erzählens, 8. Aufl., Göttingen 2008.

Steinberg, Salomon David: *David*. Biblische Gedichte, Zürich 1919.

Sternberg, Meir: The *Poetics* of Biblical Narrative. Ideological Literature and the Drama of Reading, Bloomington 1987.

Stüssi, Anna: *Art. Geiger, Albert*, in: Rupp, Heinz/Lang, Carl Ludwig (Hg.): Deutsches Literatur-Lexikon. Biographisch-bibliographisches Handbuch, Bd. 6, 3. Aufl., Berlin u. a. 1998, Sp. 141f.

Surkamp, Carola: Die *Perspektivenstruktur* narrativer Texte. Zu ihrer Theorie und Geschichte im englischen Roman zwischen Viktorianismus und Moderne, Trier 2003 (ELCH 9).

Titzmann, Michael: Das *Konzept* der ‚Person' und ihrer ‚Identität' in der deutschen Literatur um 1900, in: Pfister, Manfred (Hg.): Die Modernisierung des Ich. Studien zur Subjektkonstitution in der Vor- und Frühmoderne, Passau 1989 (Passauer Interdisziplinäre Kolloquien Bd. 1), S. 36–52.

Tramer, Hans: Bernhard und Emil *Cohn*. Zwei Streiter für den zionistischen Gedanken, in: *BulletinLBI* 8 (1965), H. 32, S. 326–345.

Traub, Ulrike: Theater der *Nacktheit*. Zum Bedeutungswandel entblößter Körper auf der Bühne seit 1900, Bielefeld 2010 (Theater 24).

Türk, Franz: Das *Weib des Urias*. Trauerspiel in 5 Acten nebst einem Vorspiel, Wien 1876 (Neues Wiener Theater Bd. 55).

Valler, Shulamit: *King* David and „his" women. Biblical stories and talmudic discussions, in: Brenner, Athalya (Hg.): Samuel and Kings, Sheffield 2000 (FCB 5), S. 129–142.

van der Bergh, Ronald H.: Is *Bathsheba* guilty? The Septuagint's perspective, in: JSem 17 (2008), H. 1, S. 182–193.

van der Zee-Hanssen, Lara: *Art. Abjatar*, in: Das Wissenschaftliche Bibellexikon im Internet (2007), https://www.bibelwissenschaft.de/stichwort/12264 (zuletzt geprüft: 22.08.2022).

Vette, Joachim: Narrative *Poetics* and Hebrew Narrative. A Survey, in: Liss, Hanna/Oeming, Manfred (Hg.): Literary Construction of Identity in the Ancient World, Winona Lake 2010, S. 19–61.

Vieweger, Dieter: *Art. Archäologie* Palästinas, in: Das Wissenschaftliche Bibellexikon im Internet (2008), http://www.bibelwissenschaft.de/stichwort/13733/ (zuletzt geprüft: 22.08.2022).

Wechsler, Ernst: Berliner *Autoren*, in: Die Gesellschaft. Monatsschrift für Litteratur und Kunst 5 (1889), H. 4, S. 1599–1615.

Weigand, Jörg: *Pseudonyme*. Ein Lexikon: Decknamen der Autoren deutschsprachiger erzählender Literatur, 3. Aufl., Baden-Baden 2000.

Weiser, Karl: *Rabbi David*. Schauspiel in fünf Aufzügen, Leipzig 1894 (Reclam's Universal-Bibliothek 3271).

Welzel, Petra: Rembrandts *Bathseba* – Metapher des Begehrens oder Sinnbild zur Selbsterkenntnis? Eine Bildmonographie, Frankfurt u. a. 1994 (Europäische Hochschulschriften Reihe 28, Kunstgeschichte 204).

Wenzel, Edith: Die schuldlose *Schöne* und die schöne Schuldige. Batseba in mittelalterlicher Kunst und Literatur, in: Gaebel, Ulrike/Kartschoke, Erika (Hg.): Böse Frauen, gute Frauen. Darstellungskonventionen in Texten und Bildern des Mittelalters und der Frühen Neuzeit, Trier 2001 (LIR 28), S. 89–107.

Werfel, Franz: Der Weg der *Verheissung*. Ein Bibelspiel, Wien 1935.

Wininger, Salomon: Grosse jüdische National-*Biographie* mit mehr als 8000 Lebensbeschreibungen namhafter jüdischer Männer und Frauen aller Zeiten und Länder. Ein Nachschlagewerk für das jüdische Volk und dessen Freunde, Bd. 5, Cernăuţi 1931.

Wojcik, Jan: *Discrimination* against David's Tragedy in Ancient Jewish and Christian Literature, in: Frontain, Raymond-Jean/Ders. (Hg.): The David Myth in Western Literature, West Lafayette 1980, S. 12–35.

Wuckelt, Agnes: „Der *Brautpreis*". Die jüdische Schriftstellerin Grete Weil im Dialog mit David, in: Dillmann, Rainer (Hg.): Bibel-Impulse. Film – Kunst – Literatur – Musik – Theater – Theologie, Berlin 2006 (INPUT 5), S. 107–123.

Zapletal, Vincenz: *David und Bethsabe*. Kulturgeschichtliche Erzählung aus biblischer Zeit, Paderborn 1923.

Zarek, Otto: *David*. Ein dramatisches Gedicht in fünf Akten, München 1921.

Zwickel, Wolfgang: *Frauenalltag* im biblischen Israel, Stuttgart 2005.

VI. ANHANG

1. Übersicht der Referenzelemente

Nr.	Referenzelement	Kategorie
1	Handlungselemente	
a	David sendet Joab, seine Diener mit ihm und ganz Israel aus	
b	David bleibt in Jerusalem	
c	David sieht eine Frau sich waschen	
d	Die Frau ist von sehr schönem Aussehen (Eigenschaftsaussage)	
e	Waschende Frau wird als Batseba, Tochter Eliam, Frau Urijas identifiziert (Eigenschaftsaussage)	
f	David lässt sie nehmen	
g	David liegt bei ihr	
h	Frau wird schwanger	
i	David sendet zu Joab	
j	Urija kommt zu David	
k	Urija legt sich an den Eingang des Palastes	
l	Aber zu seinem Haus stieg er nicht hinab (Zustandsaussage)	Handlung
m	Urija bleibt in Jerusalem	
n	Aber zu seinem Haus stieg er nicht hinab (Zustandsaussage)	
o	Urija geht aus dem Palast, um sich auf sein Lager bei (den) Dienern seines Herrn zu legen	
p	David schreibt einen Brief an Joab	
q	Motiv des Todesbriefes: Wiedergabe des Briefinhalts	
r	Joab stellt Urija an die gefährdete Stelle	
s	Urija stirbt	
t	Joab sendet aus	
u	Bote berichtet David alles	
v	David spricht zum Boten	
w	Frau hält Totenklage für ihren Ehemann	
x	David nimmt Urijas Frau in sein Haus auf	
y	JHWH verurteilt Davids Taten (Zustandsaussage)	

Nr.	Referenzelement		Kategorie
2	Handlungsenden		Handlung
	a	Erzählanfang: Entwurf einer fiktionalen Welt mit ihren eignen Gesetzen und Figurenkonstellationen mit räumlicher Konstruktion zweier Hauptschauplätze *(Jerusalem und Rabba)*	
	b	Doppelter Erzählschluss: auf das scheinbare happy end folgt die explizite Verurteilung von Davids Taten durch JHWH/Erzählstimme	
3	Tod Urijas als „Sinn der Erzählung"		Perspektive
4	Multiperspektivisches Erzählen über den Tod Urijas		
5	Kriegs- und Gewaltkonnotation		
6	Davidkritische Erzählweise		
7	Jerusalem als Raum mit zwei sich diametral gegenüberstehenden Binnenräumen *(Dichotomie oben-unten beim Blick Davids auf Batseba; Auseinandersetzung zwischen David und Urija um Raum)*		
	a	Palast (בית המלך) als Raum der königlichen Macht und Sexualität	
	b	Haus Urijas als Raum der Gravidität und Reproduktion	
8	Rabba als gefährdeter, unsicherer Raum und Ort von Urijas Tod		
9	sexueller Akt als <u>nicht</u> aktive oder freiwillige Handlung der Figur Batseba		
10	Blick Davids auf Batseba mit Wertung ihrer Schönheit als Auslöser für sein (sexuelles) Begehren		
11	Blick JHWHs auf Davids Taten, verbunden mit deren Verurteilung		
12	anonyme, extradiegetische Erzählstimme		Erzählinstanz
13	Heterodiegetische Erzählstimme		
	a	Allwissenheit *(Introspektion; Wissen um das anderen Figuren Verborgene; gewährt nur begrenzt Einblick in die Gefühle, Motivationen usw.)*	
	b	Omnitemporalität	
	c	Omnipräsenz	
14	Erzählstimme als jene diegetische Erzählinstanz, die am meisten erzählt		

Nr.	Referenzelement		Kategorie		
15	Erzählerkommentare als Ausdruck ihrer Explizität		*Erzählinstanz*		
	a	Batsebas Reinigung von der Unreinheit (V.4e)			
	b	Urijas Weigerung, in sein Haus zu gehen (V.9b)			
	c	Wertung von Davids Taten (V.27f)			
16	Verzeichnis der Figuren in 2 Sam 11		*Verzeichnis*		
	a	David			
	b	Frau/Batseba			
	c	Urija			
	d	Joab			
	e	Bote (Joabs) als Überbringer der Nachricht von Urijas Tod			
	f	Gott			
	g	Diener (Davids)			
	h	ganz Israel			
	i	(kriegstüchtige) Männer			
17	machtvolle Figur			*Figuren*	
	a	Sozialität als König			
	b	statische Zuordnung am Ort des Palastes als semantisch aufgeladener Raum			
	c	versetzt die übrigen Figuren durch Befehle in Bewegung			
18	Keine explizite Bezeichnung als König *(Indirekte Ableitung im ambigen V.1)*				*David*
19	Kontrastfigur: Die Figur David weist die häufigsten kontrastären Gegenüberstellungen zu anderen Figuren(gruppen) auf: Urija (V.8–11), Batseba (V.4e), JHWH (V.25c.27f), Joab und das Heer (V.1)				
20	Negatives Bild Davids, durch:				
	a	Erzählmotive und ihre Abweichung von den traditionellen Erzählverläufen: Darstellung der Figur David als exemplarisch fehlbaren Herrscher			
	b	Distanzierung durch Erzählstimme			
21	Davids Motivation ist wesentlich von der Vertuschung des Ehebruchs bestimmt				
22	Verschleierung seiner Beteiligung an der Tötung Urijas (V.14–15)				
23	Etablierung eines Wertesystems aus der Figurenperspektive Davids (V.25c): David als urteilende Instanz				

Nr.	Referenzelement		Kategorie	
24	verzögerte Partizipation am Wissen aus der Perspektive Davids *(Schwangerschaftsbekanntgabe in V.5, Urijas Weigerung, in sein Haus zu gehen V.9–10)*		David	Figuren
25	Einführung der Figur über ihre Körperlichkeit *(Grundlage für die Entwicklung des mentalen Modells)*		Batseba	
26	Zuschreibung der Schönheit Batsebas aus der Perspektive Davids			
27	Hervorhebung der sozialen Stellung als Ehefrau und werdende Mutter			
28	Selbstheiligung als Hinweis auf Batsebas Motivation mit dem Ziel der Kontrastierung gegenüber David			
29	Hervorhebung der Schwangerschaftsbekanntgabe			
30	Schwangerschaftsbekanntgabe als Partizipation an Batsebas Figurenperspektive			
31	Wesentliche Handlungen der Figur:			
	a	Waschen		
	b	Selbstheiligung		
	c	Schwangerschaftsbekanntgabe mit Abgabe der Handlungsoption an David		
	d	Totenklage für Urija		
32	Ehefrau Batseba im Kontext von Davids Heiratspolitik			
33	Einführung der Figur über ihre Sozialität als Ehemann		Urija	
34	Erster Auftritt: Sozialität als Soldat im Heer Davids			
35	Bestimmung der Körperlichkeit durch:			
	a	charakteristische Verhaltensweisen *(Weigerung, in sein Haus zu gehen)*		
	b	räumliche Zuordnung *(Zuordnung zu gefährdeten Räume; hohe Bewegungsfrequenz, weiträumige Bewegungen)*		
36	Figurenname durch *gentilic* „der Hethiter" als Hinweis auf seine ursprüngliche Identität			
37	Handlungen: Weigerung, in sein Haus zu gehen; sterben (4mal); legen (3mal, als Kontrastierung zu David)			
38	Einführung über die Sozialität als Heerführer		Joab	
39	familiäre Relation zwischen Joab und David			
40	Ambivalente Relation zum König			
	a	Kontrastierung am Erzählanfang *(David „alleine", in Jerusalem, während Joab mit Heer [als „Ganzheit" präsentiert] vor Rabba aktiv Krieg führt)*		

Nr.	Referenzelement		Kategorie	
40	b	Versteckte Kritik am König *(Verweis auf das Fallbeispiel Abimelechs)*	*Joab*	
41	geschickter Rhetoriker			
42	Symbolische Bedeutung als Opponent des Königs *(„Motiv der Söhne der Zeruja")*			
43	Verweis auf JHWH durch den Kultgegenstand der Lade		*Gottesfigur*	*Figuren*
44	Einführung als Einzelfigur am Ende der Erzählung			
45	Zuschreibung von anthropomorphen Zügen (רעע, עין) und übernatürlichen Fähigkeiten *(z. B. stetige Wahrnehmung der Ereignisse)*			
46	Gestaltungsweise der Gottesfigur (doppelte Fokalisierung mit Überlagerung der Erzählerperspektive durch die Perspektive der Gottesfigur sowie die Position am Erzählende) bestimmen maßgeblich die Interpretation des Gesamttextes *(Werturteil auf der reflexiven Metaebene zum Geschehen)*			
47	Davids Verbleiben in Jerusalem (V.1e)		*Mehrdeutigkeiten*	
48	Gegenstand von Gottes Verurteilung: Ambiguität des Wortes דבר („Sache", V.27f)			
49	Ambiguität Urijas			
	a	Fehlende Informationen zum Wissen Urijas hinsichtlich Ehebruch und Schwangerschaft Batsebas		
	b	ambige Begründung Urijas für seine Weigerung, in sein Haus zu gehen (V.11)		
50	Ort der sich Waschenden		*Leerstellen*	
51	Charakteristik der ehelichen Beziehung zwischen Urija und Batseba			
52	Körperlichkeit Batsebas *(z. B. Figurenkörper, Haarfarbe, Kleidung)*			
53	fehlende Introspektion in die Figur Batseba *(Gefühle, Motivation, Emotionen)*			
54	Körperlichkeit Urijas *(Figurenkörper, Alter)*			
55	Position Urjias im Heer Davids			
56	Reaktion Joabs auf den Todesbrief			

Nr.	Referenzelement	Kategorie
57	David als reuender Sünder	*Figurenrezeption*
58	Tendenz der Vermeidung einer Individualisierung Batsebas und Reduzierung ihrer Komplexität	
59	Tendenz einer stärkeren Partizipation Batsebas an den Ereignissen	
60	Traditionslinie: Batseba als Enkeltochter Ahitofels	
61	Traditionslinie: Zusammengehörigkeit von David und Batseba	
62	Urija als Waffenträger Joabs	
63	Tendenz: Zuweisung moralischer Defizite und Diskreditierung Urijas	
64	Reduzierung der Komplexität der Figur Urijas	
65	Rivalität Joabs gegenüber anderen Feldhauptmännern	
66	verwendete oder vorliegende Bibelübersetzung/ Bibelausgabe der Dramenautorinnen bzw. Dramenautoren	*Bibelübersetzung/ Rezeptionskontext*
67	Rezeptionskontext: Aufnahme zeitgenössischer (exegetischer, archäologischer) Erkenntnisse und Vorstellungen zur biblischen Zeit	
68	Nacktheit Batsebas	*Bibelwissen*
69	Schuldhaftigkeit Batsebas	

2. Übersicht der recherchierten literarischen Rezeptionen von 2 Sam 11

(a) Frühe Rezeptionen im Judentum

- bBM 59a
- bEr 100b
- bKet 9b
- bNed 20a
- bPes 113a
- bSan 69b
- bSan 107a
- bShab56a
- bTam 24a
- bYom 22b
- 4QD V, 5
- MidShem 25,2
- Josephus, Ant. 7.130–146

(b) Frühe christliche (außerbiblische) Rezeptionen

- Ambr., Apol. Dav 1.4.15f
- Ambr., Exp. Luc. 3,37
- Aphr. Dem. 18,9.
- Apos. Con. 7,5
- Athan., Exp. Ps. 50
- Athan., Exp. Ps 71
- Aug., Doctr. chr. 3,21
- Aug., Faust. 22.87
- Chrys., Hom. poenit.
- Chry., Hom. Matt 3,5
- Chrys., Hom. Matt 26,6–8
- Chry., Hom. Matt 39,1
- Chry., Hom. Matt 42,7
- Cyr. H., Catech. 2,11
- Euch., Comm. Lib. Reg., 2,11
- Eus., Comm. Ps 37
- Greg. d. Gr., Hom. in Ev. 25,8
- Jer., Epist. 22,12
- Iren., Haer., 4.27,1
- Isid., Quest. in Vet. Testam., in Regum II.
- Orig., Comm. 2,14 in Röm 3,1–4.
- Orig., Hom. in Luc 28,2–3
- Orig., Ep. Rom 2,14
- Orig., Schol. Apoc 30
- Tert., Pud. 6

(c) Mittelalterliche Literatur

Bible moralisée, fol. 106–107, in: Haussherr, Reiner: Bible moralisée. Codex Vindobonensis 2554 der Österreichischen Nationalbibliothek. 3. Aufl., Graz 1999 (Glanzlichter der Buchkunst 2).

Brant, Sebastian: Das Narrenschiff, 33. Von Ehebruch – Hält man für nicht schlimm, in: Fischer, Hans-Joachim: Sebastian Brant. Das Narrenschiff, Wiesbaden 2007 (Die Bibliothek der verbotenen Bücher), S. 107–110.

Brun von Schönbeck, Hohes Lied (1276), Vv. 2465–2476, in: Fischer, Arwed (Hg.): Das hohe Lied von Brun von Schonebeck, Tübingen 1893 (Bibliothek des Litterarischen Vereins in Stuttgart 198).

Gikatilla, Joseph: Das Mysterium, dass Batscheva David seit den sechs Tagen der Schöpfung vorgestimmt war, in: Oberhänsli-Widmer, Gabrielle: Joseph Gikatilla. Das Mysterium, dass Bathscheva David seit den sechs Tagen der Schöpfung vorbestimmt war (Ende 13./Anfang 14. Jh.), in: Judaica 65 (2009), H. 1 , S. 75–83.

Jansen Enikel: Weltchronik, Vv. 11152–11327, in: Strauch, Phillipp (Hg.): Jansen Enikels Werke, Dublin, Zürich 1972.

Montaiglon, Anatole de: Le livre du chevalier de la tour Landry 1371. Pour l'enseignement de ses filles, Paris 1854.

Petrarca, Triumphe III, 40. Vers, in: Förster, Karl/Grote, Hans (Hg.): Canzoniere, Triumphe, verstreute Gedichte. Italienisch und Deutsch, Düsseldorf 2002, S. 568f.

Rudolf von Ems: Weltchronik aus der Wernigeroder Handschrift, Vv. 28644–28654, in: Ehrismann, Gustav (Hg.): Rudolfs von Ems Weltchronik. Aus der Wernigeroder Handschrift, 2. Aufl., Dublin, Zürich 1967.

Sachs, Hans: *Comedia* mit 10 Personen, der David mit Batseba im ehbruch, unnd hat fünff actus, Hildesheim 1964 (Bibliothek des Litterarischen Vereins 131) S. 288–307.

Voith, Valentin: Ein schön Lieblich Spiel, von dem herlichen ursprung: Betrübten Fal. Gnediger widerbrengunge. Müseligem leben, Seligem Ende, und ewiger Freudt des Menschen aus den Historien heiliger schrifft gezogen gantz Tröstlich (1538), in: Ackermann, Hans (Hg.): Dramen von Ackermann und Voith, Tübingen 1884 (Bibliothek des Litterarischen Vereins in Stuttgart 170), S. 207–316.

(d) Literarische Rezeptionen nach 1550

Alberti, Paul: Bath-Sebas Sünde. Drama (1904).

Barr, Elisabeth: Bath-Seba. Gedicht (1922).

Belleau, Remy: Les Amours de David et de Bath-sabèe. (1572).

Belleau, Remy: La Bergerie. (1565).

Bernhard, Emil : Der Brief des Uria. Drama (1919).
Birnbaum, Uriel: Davids Schuld. Gedicht (1957).
Birnbaum, Uriel: Urija. Gedicht (1957).
Böttcher, Maximilian: David und Bathseba. Drama (1920).
Buchanan, Frank: Batscheba. Gedicht (1946).
Cremer, Drutmar: Aus Urzeit-Erinnerung: David und Batseba. Gedicht (1984).
Eich, Günter: Alte Holländer. Gedicht (1946).
Eidlitz, Walter: Die Gewaltigen. Novelle-Triologie (1926).
Feuchtwanger, Lion: Das Weib des Uria. Drama (1905/1906; verschollen).
Fikus, Franz: David. König und Gejagter. Roman (2003).
Forestier, George: Der Urias Brief. Gedicht (1968).
Gaedke, W.: Urias Tocher. Drama (1893, verschollen).
Gauger, Hans-Martin: Davids Aufstieg. Erzählung (1993).
Geiger, Albert: Das Weib des Urijas. Drama (1908).
Gide, André: Bathseba. Dramatisches Gedicht (1920).
Goes, Albrecht: Davids Traum. Gedicht (1960).
Gondinez, F.: Las lacrimas de David. (1635).
Hagedorn, Friedrich von: Das Geraubte Schäfchen. Gedicht (s. a.).
Halden, Hans: Bathseba im Bade. Komödie (1930).
Halter, Marek: Bethsabée. Ou L'Eloge de l'adultère. Roman (2006).
Harsdörffer, Georg Phillip: Der Große Schauplatz jämmerlicher Mordgeschichte, Derbe Theil, 160. Die andere Lucretia. Gedicht (1656).
Hartlieb, Wladimir von: König David. Drama (1917).
Heller, Joseph: Weiß Gott. Roman (1984).
Hellmuth, Marta: David und Bathseba. Drama (1906).
Hermann, Matthias: Batsebas Tod. Gedicht (2002).
Heym, Stefan: Der König David Bericht. Roman (1972).
Horie, Hildegard: David – der Geliebte. Erzählung (1993).
Hunold, Christian Friedrich: Der nach der Schrift eingerichtete Lebenslauf des theatralischen Frauenzimmers. Gedicht (1713).

Ibn Zahav, Ari: David and Bathsheba. Novelle (1951).
Klopstock, Friedrich Gottlieb: David. Trauerspiel (1772).
Lehmann, Leopold: Batseba. Drama (1920).
Lepel, Hans von: Bath-Seba. Drama (1920).
Lindgren, Torgny: Bathseba. Roman (1984).
Markus, Stephan: Bathseba. Drama (1919).
Massie, Allan: Ich, König David. Roman (1996).
Meißner, Alfred: Das Weib des Urias. Drama (1851).
Messadié, Gerald: David, König über Israel. Roman (2001).
Mignon, Alfred. Batseba. Die Frau an mancher Seite. Gedicht (2010).
Pape, Alexander: David victus et victor. Drama (1602).
Payot, Armand: Bethsabée. (1950).
Peele, George: The love of king David and fair Bethsabe. Drama (1599).
Peikert-Flaspöhler, Christa: Batseba spricht. Gedicht (1995).
Phillips, Stephen: The sin of David. Drama (1904).
Pinski, David: King David and his wives. Drama (1923).
Piontek, Heinz: David. Gedicht (1987).
Rivers, Francine: Batseba. Eine Frau die Gnade fand. Roman (2003).
Robert, Carl: David und Bathseba. Drama (1871).
Rühmkorf, Peter: Sodomitische Ansichtskarte. Gedicht (1999).
Rühmkorf, Peter: In Erwartung Bathsebas. Gedicht (1999).
Schmitt, Gladys: David, the king. Roman (1946).
Sebrecht, Friedrich: David. Drama (1918).
Sephton, Geoffrey: Bathseba. Drama (1922).
Shamir, Moshe: David's Stranger. Roman (1956).
Shott, James R.: Batseba. Aus dem Schatten ins Licht. Roman (2000).
Slaughter, Frank G.: König David. Roman (1988).
Spiering, Anna Luisa: Bath Seba. Drama (1921).
Sorge, Reinhard Johannes: König David. Drama (1916).
Türk, Franz: Das Weib des Urias. Drama (1876).
Vondel, J. van den: König David. Drama (1660).
Weil, Grete: Der Brautpreis. Roman (1988).

Werfel, Franz: Der Weg der Verheißung. Drama (1935).
Wohl, Louis de: König David. Roman (1986).
Wohl, Louis de: Der König, der aus der Wüste kam. Roman (1986).
Wynne, Charles Whitworth: David and Bathshua. Drama (1903).
Zapletal, Vincenz von: David und Bathsabe. Erzählung (1923).

Exegese in unserer Zeit
Kontextuelle Bibelinterpretationen
hrsg. von Ute E. Eisen (Gießen/Deutschland), Irmtraud Fischer (Graz/Östereich), Erhard S. Gerstenberger (Marburg/Deutschland)

Raphaela Swadosch
Das Hohelied als Beitrag zur Radikalisierung der Beziehungsidee
Eine Untersuchung der Resonanzverhältnisse des Hohelieds
Die Auslegungen des Hohelieds entwickeln sich von Polarität zu Pluralität. Diese Arbeit macht einen interdisziplinären Zugang zum Hohelied stark, der Theologie und Soziologie in Dialog bringt. Dabei dient die Resonanztheorie nach Hartmut Rosa als hermeneutischer Schlüssel, der biblisch-anthropologische mit kanonischer Textauslegung zusammenführt. Ergebnis: Das Resonanzgeschehen im und durch das Hohelied entpuppt sich als unverfügbarer und erotisch affizierender Transformationsprozess, der ein radikal-relationistisches Verständnis von Selbst-Welt-Beziehungen offenbart.
Bd. 31, 2022, ca. 304 S., ca. 39,90 €, br., ISBN 978-3-643-15129-2

Marius Nel
LGBTIQ + people and Pentecostals
An African Pentecostal hermeneutic perspective
This book provides Pentecostals with the necessary equipment and motivation to contribute to one of Africa's important ethical challenges, LGBTIQ+ people and Africa's homophobic reaction to them. The study is aimed at Christian believers and pastors, to empower them with relevant information about the issue. The issue is discussed in terms of existing biological, psychological, anthropological, sociological, philosophical and queer theory knowledge, along with a study of the biblical texts, in order to answer the question, what should a responsible African Pentecostal response be towards the LGBTIQ+ issue, and what should Pentecostals' attitude be towards such people?
Bd. 30, 2020, 394 S., 49,90 €, br., ISBN 978-3-643-91248-0

Daniela Feichtinger
Josef und die Frau des Potifar
Eine exegetische und literaturvergleichende Untersuchung von Gen 39
Sowohl das Thema – die sexuelle Nötigung und Verleumdung eines ausländischen Sklaven – als auch die mit erotischen und ironischen Doppeldeutigkeiten gespickte Sprache machen Gen 39 zu einem außergewöhnlichen Kapitel der Bibel.
Die vorliegende Arbeit analysiert die Erzählung und zieht Vergleiche zu biblischen Texten (z.B. über die „fremde Frau") sowie zu außerbiblischer Literatur (z. B. zur griechischen Komödie). Dabei zeigt sich, dass die Episode weishteitliche und komödiantische Elemente verbindet und womöglich im hellenistischen Ägypten entstanden ist.
Bd. 29, 2019, 398 S., 44,90 €, br., ISBN 978-3-643-50880-5

Bernadette J. Brooten
Liebe zwischen Frauen
Weibliche Homoerotik in hellenistisch-römischer und im frühen Christentum. Ins Deutsche übersetzt von Gerlinde Baumann
Dieses Buch zeigt erstmalig anhand von antiken Quellen, dass sich bereits in früher Zeit Menschen durchaus bewusst waren, dass Frauen einander begehren konnten und dies auch taten. Es untersucht biblische Quellen, griechische Satiren, lateinische Dichtungen und rhetorische Kontroversen, griechische Traumdeutungen, Zaubertafeln, medizinische Handbücher und rabbinisches Schrifttum nach kulturellen Vorstellungen von Weiblichkeit und Männlichkeit sowie den, was dazwischen liegt, und geht den Forderungen von Dominanz und Passivität nach. In einem ausführlichen Kommentar zu Römer 1,16-32 wird dargelegt, wie der Apostel Paulus weibliche homoerotische Erfahrungen mit Begriffen und Gender-Vorstellungen seiner Zeit beurteilte. Frühchristliche Apokalypsen und patristische Schriften bestätigen den zeitgenössischen Charakter dieser paulinischen Auslegungen.
Das Buch erhielt im englischen Original drei renommierte Auszeichnungen.
Bd. 28, 2020, 474 S., 39,90 €, br., ISBN 978-3-643-14071-5

LIT Verlag Berlin – Münster – Wien – Zürich – London
Auslieferung Deutschland / Österreich / Schweiz: siehe Impressumsseite

Andrea Fischer
Dramen zu „David, Batseba und Urija" (2 Sam 11)
Zur Rezeption hebräischer Erzählkunst in Literatur und Theater – Paul Alberti (1904), Martha Hellmuth (1906) und Emil Bernhard (1919)
Bd. 27, 2022, ca. 208 S., ca. 29,90 €, br., ISBN 978-3-643-14062-3

Andrea Fischer
Königsmacht, Begehren, Ehebruch und Mord – Die Erzählung von „David, Batseba und Urija" (2 Sam 11)
Narratologische Analysen
Die Erzählung von „David, Batseba und Urija" mit ihren Themen wie Königsmacht, Begehren, Ehebruch und Mord ist eine der spannendsten alttestamentlichen Geschichten und zugleich ein herausragendes Exempel der hebräischen Erzählkunst. Im Mittelpunkt dieser Studie steht die Analyse von 2 Sam 11 anhand narratologischer Kriterien wie Erzählstimme, Perspektive, Handlung, Raum, Zeit und Figuren. Diese ermöglichen eine detaillierte Beschreibung der biblischen Erzählung und zeigen, dass ebenso viel verschwiegen wie erzählt wird. Wie solche Leerstellen und Ambiguitäten die Lektüre des Bibeltextes beeinflussen, wird anhand der Rezeptionsgeschichte der Figuren aufgezeigt.
Bd. 26, 2019, 668 S., 39,90 €, br., ISBN 978-3-643-14061-6

Ute E. Eisen; Dina El Omari; Silke Petersen (Hg.)
Schrift im Streit – Jüdische, christliche und muslimische Perspektiven
Erträge der ESWTR-Tagung vom 2.–4. November 2016
Gegen das prognostizierte Ende der Religion meldet sich in Gesellschaft und Politik auf den verschiedensten Ebenen die religiöse Frage zurück. Fundamentalistische Rezeptionen heiliger Texte bestimmen dabei oft den Diskurs, woraus Gewalt und Exklusionen von Frauen und anderen gesellschaftlichen Gruppen resultieren. Dies nötigt zu einer Reflexion über Auslegungprinzipien heiliger Texte von Judentum, Christentum und Islam. Die Beiträge dieses Bandes sind interreligiös ausgerichtet und entwickeln unter Einbeziehung ethischer Fragen Alternativen zu einer exkludierenden Lektüre heiliger Schriften.
Bd. 25, 2020, 312 S., 39,90 €, br., ISBN 978-3-643-14068-5

Byung Ho Moon
Die Ausgrenzung von Fremden im Esra-Nehemiabuch
Durch eine umfassende Analyse der literarischen Struktur des Esra-Nehemiabuchs zeigt Byung Ho Moon auf, dass diese biblische Schrift eine sehr rigorose und exklusive Haltung ‚Fremden' gegenüber aufweist. Indem er den beiden Haupt-Erzählsträngen des Konflikts im Esra-Nehemiabuch nachgeht, arbeitet der Autor die sozialgeschichtlichen Rahmenbedingungen dieser fremdenfeindlichen Haltung als ‚Anti-Fremden-Ideologie' heraus. Im Anschluss an die inhaltliche Beleuchtung wird diese Anti-Fremden-Ideologie noch einmal aus ideologiekritischer Perspektive betrachtet und auf ihre Entstehungsbedingungen hin befragt.
Bd. 24, 2019, 337 S., 39,90 €, br., ISBN 978-3-643-13904-7

Irmtraud Fischer (Hg.)
Bibel- und Antikenrezeption
Eine interdisziplinäre Annäherung
Bd. 23, 2014, 440 S., 49,90 €, br., ISBN 978-3-643-50574-3

Yvonne Sophie Thöne
Liebe zwischen Stadt und Feld
Raum und Geschlecht im Hohelied
Bd. 22, 2012, 488 S., 49,90 €, br., ISBN 978-3-643-11633-8

LIT Verlag Berlin – Münster – Wien – Zürich – London
Auslieferung Deutschland / Österreich / Schweiz: siehe Impressumsseite

Beiträge zum Verstehen der Bibel / Contributions to Understanding the Bible
hrsg. von Prof. Dr. Manfred Oeming (Heidelberg), Prof. Dr. Dr. h. c. mult. Gerd Theißen (Heidelberg) und Prof. Dr. Moisés Moyordomo (Basel)

Rainer Schwindt
Im Anfang war die Leere
Zum horror vacui in Welt und Umwelt der Bibel
Bd. 49, 2022, ca. 400 S., ca. 59,90 €, gb., ISBN 978-3-643-15163-6

Jacobus Kok; Martin Webber (Eds., in collaboration with Jeremy Otten and Mark Paridaens)
Off the Beaten Path
A Festschrift in Honor of Gie Vleugels
Bd. 48, 2021, 242 S., 39,90 €, br., ISBN 978-3-643-91465-1

Filip Capek
Temples in Transformation
Iron Age Interactions and Continuity in Materiall Culture and in Textual Traditions
vol. 47, 2022, ca. 216 pp., ca. 39,90 €, br., ISBN-CH 978-3-643-91398-2

Kathrin Wohlthat
Die ewige Gültigkeit des Gesetzes
Q 16,17 vor dem Hintergrund des Frühjudentums und des Matthäusevangeliums
Bd. 46, 2020, 244 S., 39,90 €, gb., ISBN 978-3-643-14649-6

Wolfgang Weiß
Transformationen
Beiträge zum Neuen Testament und Frühen Judentum. Herausgegeben von Christian Wetz, Jördis Drees-Bajorat und Urs-Ullrich Muther
Bd. 45, 2021, 250 S., 39,90 €, br., ISBN 978-3-643-14617-5

Gerd Theißen
Kirchenträume
Kirche in urchristlicher Zeit und Gegenwart. Beiträge zu einer polyphonen Bibelhermeneutik Band 3
Bd. 44, 2022, ca. 408 S., ca. 49,90 €, br., ISBN 978-3-643-14534-5

Gerd Theißen
Resonanztheologie
Beiträge zu einer polyphonen Bibelhermeneutik Band 2: Gott – Christus – Geist
Bd. 43, 2020, 490 S., 59,90 €, br., ISBN 978-3-643-14533-8

Filip Čapek; Petr Sláma (Eds.)
And God Saw That It Was Good (Gen 1:12)
The Concept of Quality in Archaeology, Philology and Theology
Bd. 42, 2020, 306 S., 34,90 €, br., ISBN 978-3-643-91185-8

Heinz Janssen
„... es geschah wegen des Zornes JHWHs"
Studien zu Ursprung und Rezeption der unbedingten Unheilsprophetie im Jeremiabuch
Bd. 41, 2020, 388 S., 49,90 €, br., ISBN 978-3-643-14484-3

LIT Verlag Berlin – Münster – Wien – Zürich – London
Auslieferung Deutschland / Österreich / Schweiz: siehe Impressumsseite

Biblica Monasteriensia
Veröffentlichungen des Bibelmuseums der WWU Münster
hrsg. von Prof. Dr. Holger Strutwolf, Dr. Jan Graefe

Holger Strutwolf; Jan Graefe (Hg.)
„das man deutsch mit ihnen redet" – 500 Jahre Lutherbibel
Katalog zur Ausstellung Bibelmuseum Münster vom 3. Mai bis 13. November 2022 – in Kooperation der Wartburg, der Städte Eisenach und Münster
Im September 2022 jährt sich die Veröffentlichung des Werkes *Das Newe Testament Deutzsch* von Martin Luther zum 500. Mal. Das Bibelmuseum der WWU zeigt daher vom 3. Mai bis 13. November 2022 die Sonderausstellung *dass man deutsch mit ihnen redet – 500 Jahre Lutherbibel*.
Auf der Wartburg in Eisenach übersetzte Martin Luther ab 1521 das Neue Testament ins Deutsche. Luther redigierte Zeit seines Lebens den Text *seiner* Deutschen Bibel und erschuf die einheitliche deutsche Schriftsprache. Luthers Übersetzung wird auch von katholischer Seite benutzt, sie stellt die Grundlage der *Verbesserungen* des Textes durch Hieronymus Emser 1527, Johann Dietenberger 1534 und Johannes Eck 1537 dar.
Aber 1522 war die Übersetzungsarbeit nicht abgeschlossen. Im Gegenteil: Sie geht bis heute weiter. Man muss immer wieder *dem Volk aufs Maul schauen*, wie Luther es 1530 formuliert hat, also den aktuellen Sprachgebrauch studieren. Dazu braucht man ein möglichst verlässliches Original. Dafür sorgt seit 1959 das Institut für Neutestamentliche Textforschung (INTF). Es ist im 21. Jh. das, was Erasmus von Rotterdam für das 16. Jh. war. Jede moderne Bibelübersetzung nutzt den in Münster rekonstruierten griechischen Text des Neuen Testaments. Übersetzte Luther heute, käme er an den Münsteraner Ausgaben nicht vorbei.
Bd. 3, 2022, 222 S., 34,90 €, br., ISBN 978-3-643-15072-1

Holger Strutwolf; Jan Graefe (Hg.)
„Der Bach Gottes ist voller Wasser" – Wasser in der Bibel
Katalog zur Ausstellung im Bibelmuseum vom 15.06.–07.11.2021
In der Bibel spielt Wasser von der Schöpfungserzählung bis zur Apokalypse des Johannes sowohl als Lebensquelle als auch als Bild für die Bedrohung des Lebens eine zentrale und auch ambivalente Rolle. Es ermöglicht Leben (Gen. 2,5-6) im Garten Eden, ist aber zugleich als Wasser der Urflut eine kosmische Chaosmacht, die, wie die Sintflutgeschichte (Genesis 6-9) deutlich macht, alles Leben wieder auslöschen kann. Für den christlichen Glauben symbolisiert das Wasser der Taufe daher einerseits den Tod des alten Menschen, zum anderen den Beginn des neuen Lebens in Christus (Röm 6,3-11).
Bd. 2, 2021, 220 S., 29,90 €, br., ISBN 978-3-643-14812-4

Holger Strutwolf; Jan Graefe (Hg.)
„Wohlauf, lasst uns eine Stadt und einen Turm bauen"
Babel in der Bibel. Ausstellungskatalog zur Ausstellung im Bibelmuseum vom 25.8.2020 bis 15.11.2020
Die Erzählung vom Turm zu Babel ist eine der bekanntesten Geschichten des Alten Testaments und hat Menschen zu allen Zeiten theologisch und künstlerisch angeregt. Bekannte Künstler*innen haben sich mit dem Turmbau und der Sprachverwirrung durch Gott in großformatigen, monumentalen Gemälden auseinandergesetzt und die Erzählung neu interpretiert. Ausgehend von einem Ziegelstein vom Turm zu Babel begibt sich das Museum auf die Spuren der wissenschaftlichen Beschäftigung mit dem antiken Bauwerk. Babel und Babylon steht neben den architektonischen Meisterleistungen aber auch für die Überheblichkeit des Menschen, die „verruchte" und gefährliche Seite Babylons ist in der Bibel bekannt.
Bd. 1, 2020, 218 S., 24,90 €, br., ISBN 978-3-643-14619-9

LIT Verlag Berlin – Münster – Wien – Zürich – London
Auslieferung Deutschland / Österreich / Schweiz: siehe Impressumsseite